Colección Cervantes

CURSO INTENSIVO DE ESPAÑOL PARA EXTRANJEROS

CURSO INTENSIVO DE ESPAÑOL PARA EXTRANJEROS

Edición revisada y ampliada

L. Busquets y L. Bonzi

EDITORIAL Verbum

Este texto se completa con dos cassettes.
Voces de los actores:
IRENE GUEREDIAGA
FERNANDO LAGE
SERGIO MENDIZÁBAL
GAELLE ORTIZ
MANUEL PEREIRO
ESTRELLA PÉREZ VALERO
Bajo la dirección de:
CARLOS MIGUEL SUÁREZ RADILLO

PRIMERA EDICIÓN, (ISBN: 84-7962-029-3), 1993
SEGUNDA EDICIÓN REVISADA Y AMPLIADA, 1998
TERCERA EDICIÓN, PUESTA AL DÍA, 2002

EDITORIAL VERBUM agradece la colaboración
prestada para la realización de este
libro al dibujante Javier Aceytuno
y a PUBLICACIONS DE L'ABADIA DE MONTSERRAT.

© Loreto Busquets y Lidia Bonzi, 2002
© Editorial Verbum, S.L., 2002
Eguilaz 6, 2.º drcha. 28010 Madrid
Apartado Postal 10084, 28080 Madrid
Teléfono: 91-446 88 41 / Telefax: 91-594 45 59
e-mail: verbum@telefonica.net
I.S.B.N.: 84-7962-127-3
Depósito Legal: M-35.065-1998
Diseño de Cubierta: Tony Evora
Ilustraciones: Guillermo Mediavilla, Julioeloy,
Tony Evora, Pérez Fabo y Gustavo Sainz de Medrano
Fotocomposición: Origen Gráfico, S. L.
Printed in Spain / Impreso en España por
Talleres Gráficos Peñalara (Fuenlabrada)

índice

Índice

INTRODUCCIÓN

El presente libro es, como indica su título, un curso intensivo de español para extranjeros, destinado a personas adultas de formación diversificada, que entienden afrontar el estudio de la lengua española por sí mismos o con la guía de un profesor en clase individual o colectiva, con el fin de aprender a expresarse o a leer un texto en este idioma.

Pese a que la rapidez de aprendizaje depende de numerosos factores personales y lingüísticos y de la mayor o menor afinidad de la lengua del estudiante con la española, se estima que el curso puede desarrollarse en un espacio de tiempo que va de las 60 a las 80 horas lectivas.

El curso ofrece en un solo volumen la estructura morfológica y sintáctica del español en su totalidad a través de una serie de situaciones eminentemente conversacionales. De esta forma, aun privilegiando el aspecto comunicativo, se atiende a la exigencia por parte del estudiante sobre todo autodidacta, de sistematizar lo aprendido y de construir cuadros de referencia a los que acudir a lo largo y después del aprendizaje.

Finalizado el curso, el alumno estará en condiciones de satisfacer sus necesidades básicas de comunicación y de afrontar la lectura de un escrito, cualquiera que sea el tema y la dificultad del mismo; en él no hallará estructuras que le resulten desconocidas, sino a lo sumo dificultades de orden lexical que podrá resolver fácilmente con la ayuda de un diccionario incluso monolingüe. En cualquier caso, se encontrará preparado para acceder a libros de complemento y de perfeccionamiento, que dan por conocida la estructura gramatical del idioma, y para adentrarse autónomamente en aspectos de su personal interés (por ejemplo, la lectura de textos especializados).

El libro consta de 42 unidades de seis páginas cada una, organizadas uniformemente del modo siguiente:

A) diálogo / relato: **Hablar**
B) cuadro gramatical: **Observar y recordar**
C) ejercicios: **Practicar**
D) lectura: **Leer y comprender**

INTRODUCTION

According to the title, this text is a Spanish intensive course for non-native speakers.
It addresses to adult students with different cultural backgrounds, whose aim is to study this idiom on their own or in class.

Despite the fact that the ability to quickly learn a language depends both on personal features and the native tongue of the students, this course is esteemed to be completed in range of time going from 60 up to 80 lesson-hours.

This course provides in one volume all the morphological and syntactic points of the Spanish grammar throughout a number of conversational situations contained in almost all units. Although much importance is given to conversational aspects, one of the main purposes of this book is to satisfy the needs of self-learning students helping them to build grammar schemes and reference points for their future necessities.

Once finished the course, students will be able to meet their basic conversational and reading needs in dealing with items of any kind or difficulty level. Therefore they will not come across unfamiliar structures. At the most, they will have to face vocabulary problems which may be easily solved by the help of a Spanish vocabulary, even a Spanish dictionary. In any case, students will be provided with basic tools to study other Spanish language texts of upper level or particular aspects of the tecnical language, according to their job needs.

This volume is composed of 42 units, six pages each, which are divided in the following sections:

A) Dialogue / Short story
B) Grammar focus
C) Exercises
D) Reading

A) It deals with daily-life language situations to be repeated by students in their own words. Phonetic,

A) El DIÁLOGO / RELATO responde en todos los casos a una realidad lingüística situacional, que el alumno deberá reproducir libremente. Incluye una o más cuestiones fonéticas, ortográficas, morfológicas y sintácticas.

B) El CUADRO GRAMATICAL recoge sistemáticamente las cuestiones morfosintácticas aparecidas en el diálogo/relato correspondiente, así como aspectos lexicales de particular frecuencia e interés. Dichas cuestiones se exponen siempre en forma de *esquema* que "habla" por sí solo, evitando prolijas explicaciones que puedan entorpecer la inmediata comprensión de lo tratado. En esta parte, se evita un excesivo casuismo y se eluden detalles y excepciones irrelevantes.

C) Los EJERCICIOS constan siempre y sistemáticamente de:
  –Cuestiones morfosintácticas y lexicales estudiadas en la unidad correspondiente.
  –Cuestiones morfosintácticas y lexicales tratadas en unidades anteriores, insertadas cíclicamente a lo largo de toda la obra.
El enunciado de los ejercicios, sobre todo al principio, es muy sencillo y esquemático para facilitar la labor al autodidacta.

D) Las LECTURAS comprenden escritos fundamentalmente periodísticos, aunque se incluyen mensajes publicitarios, ensayos y hasta alguna poesía. Desde el punto de vista morfosintáctico, dichos escritos siguen rigurosamente la progresión del *Curso*, de modo que no presentan cuestiones que no hayan sido estudiadas. El objetivo es acercar al estudiante a realidades lingüísticas más amplias y lexicamente más complejas que el diálogo o narración que encabezan las unidades. Con ello se pretende acostumbrarle a comprender el significado global de un texto y a no impacientarse si algunas palabras o expresiones le resultan, por el momento, incomprensibles. Importa que, captado el mensaje de fondo, se acostumbre a repetir libremente el contenido esencial del mismo con los medios de que ya dispone. El ejercicio de *comprehension* que sigue a la lectura, constituido por tres o cuatro preguntas esenciales, mira a esa comprensión global del texto. En notas a pie de página se explican aquellas voces o expresiones que el estudiante puede no encuentre en un diccionario de pequeñas dimensiones como el que inicialmente se aconseja.

spelling, morphological and syntactic points are also included.

B) It focuses on morphological, syntactic and important vocabulary items contained in the dialogue / short story section. In order to be clear and concise, all this points have been discussed in charts, therefore avoiding any detailed explanation of non-fundamental aspects.

C) All exercises are always about morphological and vocabulary problems faced in the same unit as well as in the previous ones. All the headings of the exercises have been prepared in diagram form in order to help self-learning students.

D) Readings are mainly taken from paper matter, but also from propaganda, essay studies and poetry. From a morphological and syntactic viepoint, all readings contain grammar problems which have already been previously discussed. Therefore, students will not come across unexplained items. The aim of this section is to help students approach a language of a slightly higher level in comparison with the one included in the first section. Students will be only asked to catch the overall meaning of a text and repeat its content using their own language background, but not obliged to solve vocabulary problems or understand particular idioms whose meaning is totally obscure. Student will be helped in this by the questions contained in the Comprenhension at the end of each reading. Footnotes are to explain words and idioms which cannot be found in a pocket vocabulary.

This Course also includes:

–Five Level Tests for groups of 10 units each, excepts for the last twelve units including groups of six. Both class-students and self-learners can try out ther knowledge of Spanish before going on with the following units.
  –Regular verbs conjugation patterns
  –Exercise key
  –Two tape-recorder cassettes including the perfomance of the dialogues/short stories in the 42 units and the dictations in the exercise section.

Greetings

For educatinal reasons and because of the lenght of the reading matters, most of them included in the reading section have been shorted and simplified.

Completan el *Curso*:

1) cinco **Tests de control,** los tres primeros referidos a grupos de 10 unidades consecutivas, y los dos últimos a grupos de 6. Con ellos el profesor o el alumno autodidacta podrán comprobar lo efectivamente asimilado antes de proseguir en el estudio de las unidades sucesivas;

2) **paradigma de la conjugación regular;**

3) **solucionario** de todos los ejercicios;

4) *dos cassettes* en los que se encuentran grabados todos los diálogos/relato *(Hablar)* de las 42 Unidades y los *Dictados* indicados en el texto.

Editorial Verbum and its authors would like to thak infinitely the following authors and publishers for the permission to reproduce their printings with the mentioned modifications.

AGRADECIMIENTOS

Por razones pedagógicas y de extensión, la mayoría de escritos que constituyen la sección LEER Y COMPRENDER han sido abreviados y/o simplificados.

Editorial Verbum y las autoras expresan su agradecimiento a los autores y editores que se indican a continuación por haberles generosamente autorizado a reproducir los textos de su propiedad con las modificaciones mencionadas:

ABC. Madrid.	ESPAÑA 91. Madrid.
Don Enrique de AGUINAGA.	Don Carlos GURMÉNDEZ.
CUADERNOS HISPANOAMERICANOS. Madrid.	HEREDEROS DE FEDERICO GARCÍA LORCA.
DIARIO 16. Madrid.	Don Francisco IBÁÑEZ.
EDICIONES B, S.A. Barcelona.	LA VANGUARDIA. Barcelona.
EDITORIAL AGUILAR. Madrid.	MONSALVAT. Barcelona.
EDITORIAL ESPASA-CALPE, S.A. Madrid.	Don Manuel VICENT.
EDITORIAL FONTALBA, S.A. Barcelona.	YA. Madrid.
EL PAÍS. Madrid.	

NUEVE CONSEJOS PARA EL BUEN MANEJO DEL LIBRO

1. Antes de empezar el curso, provéase de un pequeño diccionario bilingüe: español-su propio idioma.

Las explicaciones gramaticales y las instrucciones para efectuar los ejercicios que encontrará en el texto son expresadas con pocas palabras, muy simples y en su forma no conjugada: las hallará sin dificultad en el tipo de diccionario mencionado.

2. Las notas a pie de página que de vez en cuando acompañan los ejercicios y las lecturas de la sección **Leer y comprender** no pretenden resolver *todos* los problemas de léxico que ofrece el texto, sino tan sólo aquellas expresiones y modismos que difícilmente encontraría en el tipo de diccionario propuesto. Dichas notas intentan familiarizarle con las definiciones de un diccionario monolingüe, al que será oportuno pase en cuanto se sienta preparado para ello a fin de evitar un aprendizaje a base de equivalencias sistemáticas y mecánicas a menudo desviantes y perturbadoras.

3. Dada la riqueza y complejidad de la conjugación verbal española, es aconsejable disponga asimismo de un libro de verbos españoles, que le será de gran utilidad como instrumento de sistematización y de consulta.

4. Como el curso es efectivamente intensivo, trabaje con calma y con lentitud. No pase a la unidad siguiente si no tiene la sensación de haber comprendido y asimilado la que está estudiando.

5. Haga los distintos tests que se le proponen y vuelva atrás para un repaso si el número de faltas que ha cometido supera el 25% del total de las preguntas formuladas.

6. Sobre todo al principio, escuche insistentemente los cassettes para consolidar la pronunciación correcta del idioma.

7. Escuche muy atentamente el diálogo/relato de cada unidad **(Hablar),** mirando y sin mirar el texto. Repítalo luego libremente con la ayuda de los grabados y sin preocuparse de decir *exactamente* las mismas palabras del texto.

NINE SUGGESTIONS FOR THE GOOD USAGE OF THIS BOOK

1. Before begining the course, get yourself a small bilingual dictionary in Spanish-your own language. The grammar explanations and the instructions for doing the exercises that you will find in the text are explained very simply in a few words and in unconjugated forms. You will be able to find them easily in the aforementioned dictionary.

2. Footnotes included along with the exercises and the reading material presented do not solve all the vocabulary problems in the text, but only those sayings and idioms which would be difficult to find in a pocket vocabulary. These footnotes try to make students get acquainted with the common definitions found in a Spanish language dictionary, the usage of which will be good as soon as students feel ready for it, in order to avoid the common problems given by learning a language through the misleading method of learning words as a direct correspondence from one language to another.

3. Given the large number of variations and the complexity of the conjugation of Spanish verbe, it is a good idea to also have a book on Spanish verbs on hand, which will be quite useful to refer to regularly.

4. As this is a truly intensive course, take your time and work at your own pace. Do not go on to the next unit if you do not feel that you have understood and learned the one you are studying.

5. Do the different tests you have been given and go back and review if you answer over 25% of the questions asked incorrectly.

6. Especially at the begining, listen carefully to the cassettes to achieve a good pronunciation.

7. Listen carefully to the dialogue/story in each unit (Speaking), while looking at the text and then with the book closed. Then retell it in your own words with the help of the pictures, but without worrying about using exactly the same words as in the text.

8. Do not become impatient if, from time to time, you come across some point you do not understand and which is not explained. Further along

8. No se impaciente si de vez en cuando encuentra alguna cuestión cuyo mecanismo no comprende y no se explica. Más adelante encontrará en el cuadro gramatical **(Observar y recordar)** la palabra ¡ALTO!, con la que se indica que se considera ahora en su globalidad un asunto que ha aparecido reiteradamente en ocasiones precedentes.

9. Recuerde desde ahora el significado de los *signos convencionales* que se emplean en el texto:

∅: Significa "elemento ausente", eso es, que no debe utilizarse un determinado elemento en la circunstancia indicada.

↔ ↕ : Significa que las dos cuestiones unidas por la doble flecha se oponen como contrarios; equivale a decir: "eso es así, pero por el contrario eso es asá".

c̣asa / ár̤bol: El punto indica que la fuerza del acento recae en esta sílaba de la palabra, independientemente de que lleve o no lleve acento gráfico.

¡ATENCIÓN!: Indica que aunque el asunto se ha mencionado y explicado, es fácil que pase inobservado y que se preste al olvido.

LAS AUTORAS

in the grammar section **(Studying and Remembering)**, you will come across the word ¡ALTO! (STOP), which means that a point which has repeatedly come up before will.

9. Take note, for later use, of the meaning of the conventional markings used in this text:

∅: Means "missing element", that is, it is not to be used in the case in question.

↔ ↕ : Means that the two points connected by the double arrow are opposites; which is like saying: "this is this way but, on the other hand, that is that way".

c̣asa / ár̤bol: A dot placed under the syllable of a word indicates that said syllable in stressed, regardless of whether or not it has a written accent mark.

¡ATENCIÓN!: Means that although this has been mentioned and explained, it may go unnoticed and easily be forgotten.

THE AUTHORS

CURSO INTENSIVO DE
ESPAÑOL
PARA EXTRANJEROS

 **1** ¿*Qué es esto?*

 Hablar 🔲 ¿Qué es esto? | (Esto) es...

UNA

UN

una camisa

una campana

un coche

un cuadro

una máquina

una serpiente

un cubo

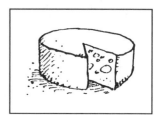
un queso

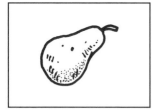
una pera

una taza

un perro

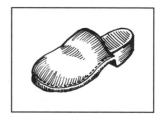
un zueco

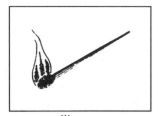
una cerilla

una silla

un cazo

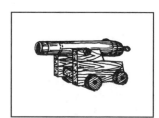
un cañón

una chaqueta

una flor

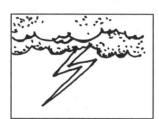
un cilindro

un rayo

una playa

una tienda

un lápiz

un huevo

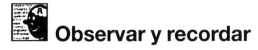

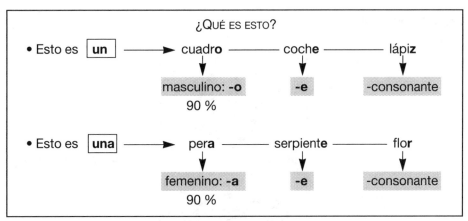

¿QUÉ ES ESTO?

- Esto es un ──────► cuadro ──────── coche ──────── lápiz

  masculino: -o   -e   -consonante
  90 %

- Esto es una ──────► pera ──────── serpiente ──────── flor

  femenino: -a   -e   -consonante
  90 %

SONIDOS

VOCALES

a	camisa	cuadro
e	perro	tienda
i	silla	tienda
o	coche	diario
u	cubo	huevo

CONSONANTES

Sonidos		Ortografía
k + a / o / u	**c**amisa · **c**oche · **c**ubo	C
k + e / i	**qu**eso · má**qu**ina	QU
ŝ̊	**ch**aqueta · co**ch**e	CH
θ + a / o / u	ta**z**a · ca**z**o · **z**ueco · lápi**z**	Z
θ + e / i	**c**erilla · **c**ilindro	C
ʎ	ceri**ll**a · si**ll**a	LL
l	**l**ápiz · ci**l**indro · p**l**aya	L
ṋ	ca**ñ**ón	Ñ
n	campa**n**a · serpie**n**te · tie**n**da	N
y	pla**y**a · ra**y**o	Y
r̄	**r**ayo · se**rr**piente · pe**rr**o	R/-RR-
r	pe**r**a	-R-
s	**s**illa · cami**s**a	S
ƀ	cu**b**o · hue**v**o	-B-/-V-
∅	**h**uevo	H
d	tien**d**a · cua**d**ro	D
f	**f**lor	F
m	**m**áquina · ca**m**isa · ca**m**pana	M
p	**p**erro · lá**p**iz · **p**laya	P
t	**t**aza · serpien**t**e · chaque**t**a	T

 **Practicar**

1. Contestar. Ejemplos: ¿Qué es esto?

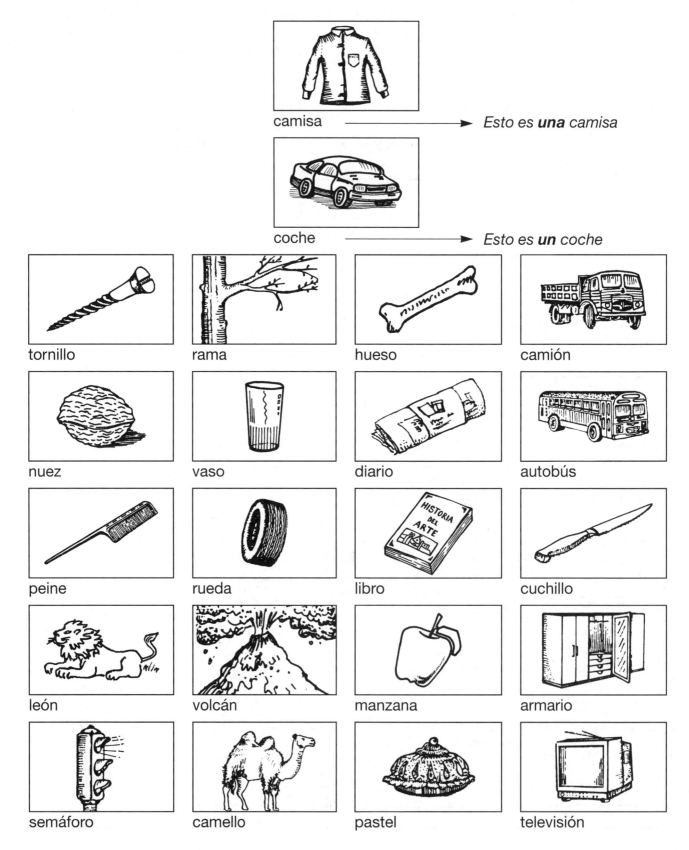

camisa ————➤ *Esto es **una** camisa*

coche ————➤ *Esto es **un** coche*

tornillo	rama	hueso	camión
nuez	vaso	diario	autobús
peine	rueda	libro	cuchillo
león	volcán	manzana	armario
semáforo	camello	pastel	televisión

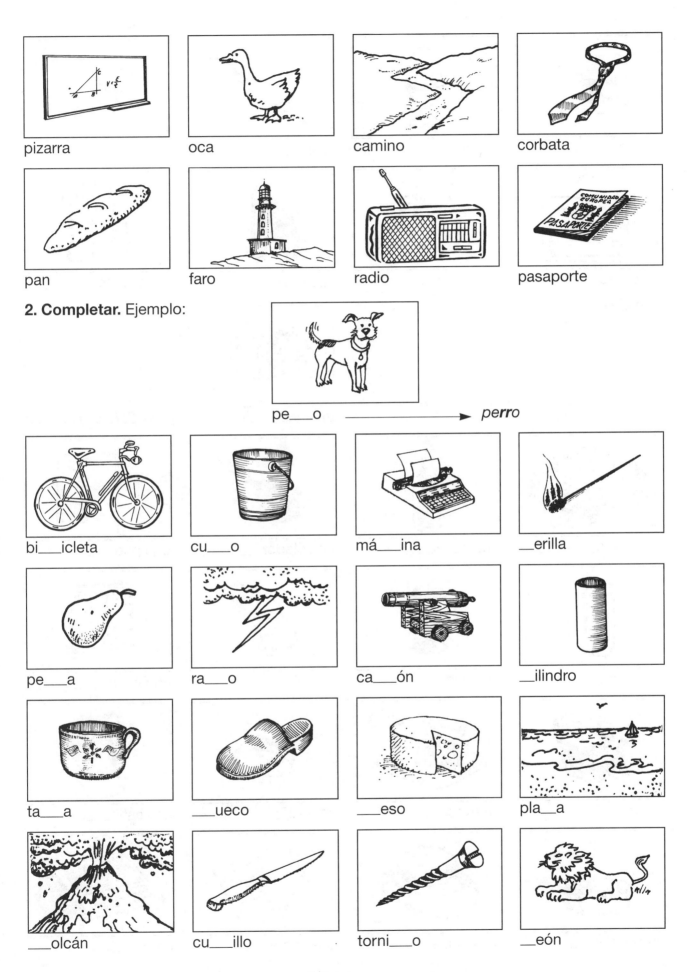

pizarra

oca

camino

corbata

pan

faro

radio

pasaporte

2. Completar. Ejemplo:

pe___o   ⟶   *pe**rr**o*

bi___icleta

cu___o

má___ina

___erilla

pe___a

ra___o

ca___ón

___ilindro

ta___a

___ueco

___eso

pla___a

___olcán

cu___illo

torni___o

___eón

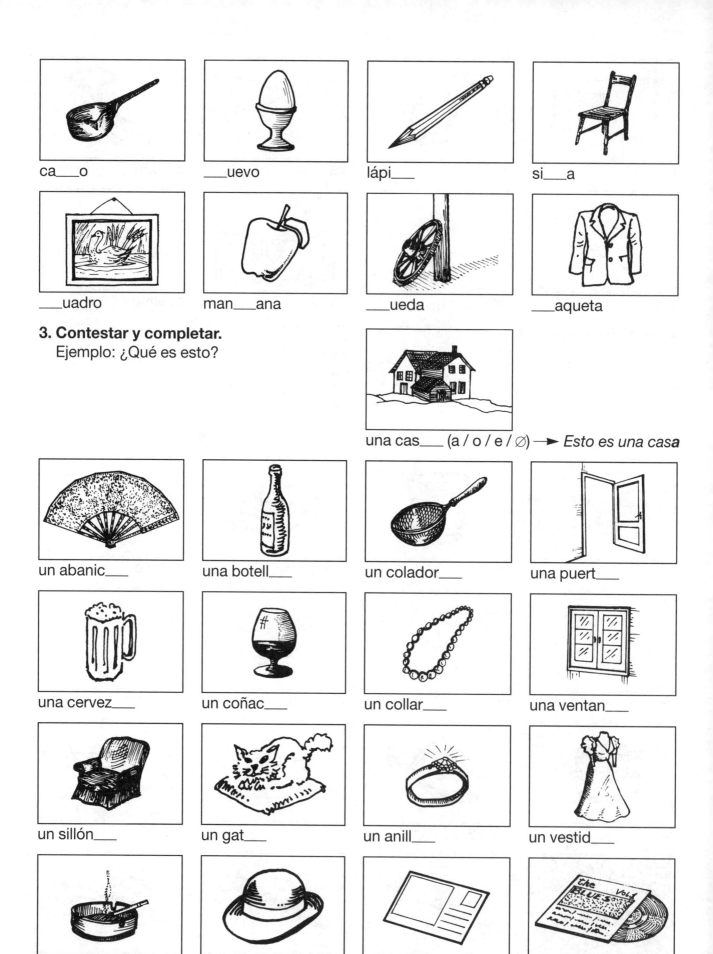

ca___o

___uevo

lápi___

si___a

___uadro

man___ana

___ueda

___aqueta

3. Contestar y completar.
   Ejemplo: ¿Qué es esto?

una cas___ (a / o / e / ∅) ➝ *Esto es una cas**a***

un abanic___

una botell___

un colador___

una puert___

una cervez___

un coñac___

un collar___

una ventan___

un sillón___

un gat___

un anill___

un vestid___

un cenicer___

un sombrer___

una postal___

un disc___

Leer y comprender

1.

2.

3.

AZUCAR
SUGAR

4.

TOALLITA
SMALL TOWEL

5.

PALILLO

6.

leche en polvo

4. Contestar.

Ejemplo: ¿Qué es esto? ¿Es sal? ⟶ ⎡ (2) ⟶ **Sí,** es sal.
⎣ (3) ⟶ **¡No, no** es sal, es azucar!

1. ¿Es azúcar esto? (4)
2. ¿Es pimienta esto? (1)
3. ¿Es una toallita esto? (6)
4. ¿Es leche esto? (5)
5. ¿Es sal esto? (2)
6. ¿Es un palillo esto? (3)

5. Encontrar. Ejemplo: león

C	A	M	E	L	L	O
U	L	O	S	E	O	C
B	L	N	N	O	S	A
O	I	T	T	N	T	X
O	S	S	P	E	R	A
V	A	S	O	M	M	M
P	E	R	R	O	Z	Z

león

camello

silla

cubo

vaso

pera

perro

oca

 **Hablar** ¿Qué son?

SON UNAS		SON UNOS	

guitarras

carteras

cigarrillos

gorros

agendas

llaves

relojes

ojos

ginebras

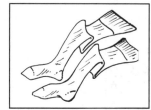

jaulas

lápices

taxis

jirafas

medias

pingüinos

juguetes

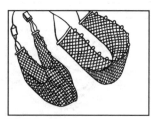

flores

excavadoras

diccionarios

gusanos

redes

tijeras

paraguas

paragüeros

Observar y recordar

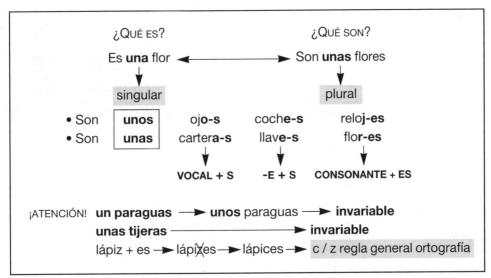

¿QUÉ ES?   ¿QUÉ SON?

Es **una** flor ←——————→ Son **unas** flores

|singular| |plural|

- Son | **unos** |
- Son | **unas** |

ojo**-s**   coche**-s**   reloj**-es**
cartera**-s**   llave**-s**   flor**-es**

VOCAL + S   **-E + S**   **CONSONANTE + ES**

¡ATENCIÓN! **un paraguas** ——→ **unos** paraguas ——→ **invariable**
            unas tijeras ——————————————→ **invariable**
            lápiz + es ——→ lápiꭓes ——→ lápices ——→ |c / z regla general ortografía|

CONSONANTES

Sonidos		Ortografía
g + a / o / u	ci**g**arrillo____**go**rro_____**gu**sano_____para**gu**as	.... G
g + e / i.........................	ju**gue**te _____**gui**tarra	.... GU
χ + a / o / u	**jau**la_____o**jo**_____**ju**guete	.... J
χ + e / i.........................	a**ge**nda_____ti**je**ras_____**gi**nebra_____**ji**rafa	.... G / J
ks + vocal	ta**xi**	 X
ks + consonante [= s] ...	**ex**cavadora	 X
kθ.................................	di**cci**onario	 CC
δ	re**d**_____me**d**ia	.... D

¡ATENCIÓN!

ju**gue**te ←————————————————→ para**güe**ro
guitarra ←————————————————→ pin**güi**no

b (**b**otella, **v**aso) ←————————→ b̄ (cu**b**o, hue**v**o)
d (**d**iccionario) ←————————→ δ   (me**d**ia, re**d**)

h**ue**vo ————→ H + **UE** / IE ————→ |regla general ortografía|

- Esto es **una** toallita. ←————→ Esto es unͨa leche.

- Esto es **un** palillo. ←————→ Esto es unͨa sal.

|número| |no número|

21 veintiuno

 **Practicar**

6. Formar plural. Ejemplo:

 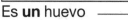 

Es **un** huevo ⟶ *Son **unos** huevos*

1. Es un autobús.	1.
2. Es un semáforo.	2.
3. Es una máquina.	3.
4. Es un tornillo.	4.
5. Es un vaso.	5.
6. Es un pan.	6.
7. Es una nuez.	7.
8. Es un pasaporte.	8.
9. Es un colador.	9.
10. Es una postal.	10.

7. Formar singular. Ejemplo:

 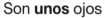 

Son **unos** ojos ⟶ *Es **un** ojo*

1. Son unos relojes.	1.
2. Son unos lápices.	2.
3. Son unas jaulas.	3.
4. Son unas medias.	4.
5. Son unos juguetes.	5.
6. Son unos pingüinos.	6.
7. Son unas guitarras.	7.
8. Son unos reyes.	8.
9. Son unas toallitas.	9.
10. Son unos gorros.	10.

8. Completar. Ejemplo:

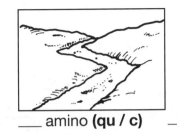

___ amino **(qu / c)** ──➤ *c*amino

ra___eta

___ olador

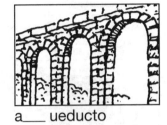

___ oñac

a___ ueducto

___ azo

cha___ eta

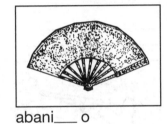

abani___ o

___ uchillo

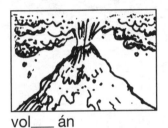

vol___ án

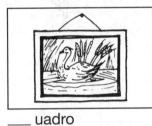

___ uadro

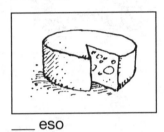

___ eso

___ orbata

9. Ordenar:

gusano	- jaula	- pingüino	- paragüero
colador	- perro	- cuchillo	- huevo
manzana	- cuadro	- serpiente	- tijeras
león	- silla	- televisión	- oca
llave	- jirafa	- cubo	- armario
pastel	- pan	- reloj	- pera

animales	comidas	objetos casa
gusano	*huevo*	*jaula*

23 veintitrés

10. Dictado.

Sonidos: θ / s

  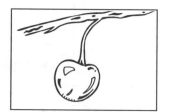 

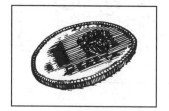   

11. Dictado.

Sonidos: y / l / n

 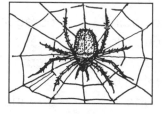  

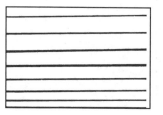  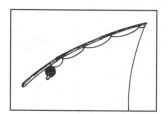 

 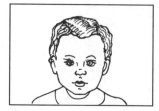  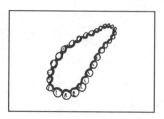

LA TIENDA DE IBERIA

NINA RICCI
PARIS

NINA RICCI, pañuelo seda/Silk scarf. 10.000 Ptas.

1

Cartier

* CARTIER, lacado y plaqué de oro/Lacquered and gold plated. 25.000 Ptas.

2

✻ JUNGHANS

Reloj, señora y caballero /Watch, lady and man 3.500 Ptas.

3

Braun Voice Control

Despertador voice control/Alarm clock. 4.800 Ptas.

4

Abanico seda natural/Pure silk fan 5.600 Ptas.

5

fumagalli's

Corbata seda/Silk Tie. 3.000 Ptas.

6

Billetero señora/Ladies' leatherpurse. 6.800 Ptas.
Billetero caballero/Men's leatherwallet. 5.000 Ptas.

7

Coñac Cardenal Mendoza. Gran Reserva. 1.900 Ptas.

8

The natural choice in Duty Free

200 cigarrillos/200 cigarrettes.1.400 Ptas.

9

Davidoff

Puros Habanos
Únicos desde 1492

Puros habanos (5 unid.)
Havana cigars 3.400 Ptas.

10

Cartier

Bolígrafo/Ballpoint, 12.000 Ptas.

11

Perfume/Parfum, 2.700 Ptas.

12

12. Contestar.

Ejemplo: ¿Es un encendedor esto? (1) –*No, no es* un encendedor, *son unos pañuelos.*

1. ¿Son unos billeteros éstos? (7)
2. ¿Son unos cigarrillos éstos? (9)
3. ¿Es un coñac esto? (12)
4. ¿Es un abanico esto? (4)
5. ¿Son unos relojes éstos? (3)
6. ¿Es un perfume esto? (11)

7. ¿Son unas corbatas éstas? (5)
8. ¿Es un pañuelo esto? (1)
9. ¿Son unos encendedores éstos? (10)
10. ¿Son unos puros éstos? (3)
11. ¿Es un perfume esto? (12)
12. ¿Es un bolígrafo esto? (8)

Hablar

Ésta es la familia Pérez.
La familia Pérez es de Madrid.

Éste es el señor Pérez: es Julio Pérez.
El señor Pérez es el padre.
Ésta es la mujer del señor Pérez: es María.
La señora Pérez es la madre.

Éstas son Manuela y Carmen.
Son las hijas de los señores Pérez.
Carmen y Manuela son hermanas.

Esta chica no es la hija de los señores
Pérez: es la criada.

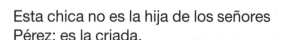

Julio Pérez es abogado.
María es enfermera de un dentista.
Manuela y Carmen son estudiantes.

Ésta es la abuela: es la madre de
Julio y la suegra de María.

Este perro es el perro de la familia
Pérez: es Leopoldo.

Observar y recordar

Éste	es	**el**	señor Pérez.
Ésta	es	**la**	familia Pérez.
Éstos	son	**los**	señores Pérez.
Éstas	son	**las**	hijas.

Este señor es abogado.
Este perro es Leopoldo.

⟷

Éste es Julio Pérez.
Éste es Leopoldo.

este, esta, estos, estas adjetivos

éste, ésta, éstos, éstas pronombres

Éste es **el** padre. ⟷ Manuela es **una** hija.

determinado   indeterminado

- Es **de** Madrid. ⟶ origen
- Son los hijos **de** Julio Pérez.
- Es enfermera **de** un dentista. ⟶ especificación
- Es la mujer **del** señor Pérez. ⟶ **DE + EL = DEL**

Manuela **y** Carmen ———— = ———— Manuela + Carmen

Ésta **es** la hija. ⟷ Ésta **no es** la hija.

afirmativo   negativo

¿**Quién** es este señor?	–Es el señor Pérez.
¿**Quién** es esta señora?	–Es la señora Pérez.
¿**Quiénes** son estas chicas?	–Son las hijas de los señores Pérez.

¿**Qué** → es el señor Pérez? –Es abogado.
es la señora Pérez? –Es enfermera.
son estas chicas? –Son estudiantes.

¡ATENCIÓN!

¿Qué es **esto**? –Es un libro ⟷ ¿Quién es **éste**? –Es Julio Pérez.

(= esta cosa)   (= este señor)

 **Practicar**

13. Completar: *el / la / los / las* (atención: *de + el = del*).

　　Ejemplo: Son _____ libros de _____ señor Pérez. ⟶ *Son **los** libros **del** señor Pérez.*

1. Éstos son _____ hospitales de _____ provincia de Madrid.

2. Éstas son _____ urgencias y éste es _____ ambulatorio.

3. Éstas son _____ ambulancias y éstos son _____ enfermeros.

4. Éste es _____ quirófano.

5. Ésta es _____ sala de _____ enfermos.

6. Éstas son _____ enfermeras y éste es _____ médico.

7. Éstos son _____ ayudantes de _____ médico.

8. Éste es _____ despacho de _____ director.

14. Completar: *un / una / el / la.*

　　Ejemplo: –¿Qué es esto? –Es _____ gusano ⟶ *–¿Qué es esto? –Es **un** gusano.*

1. –¿Qué es esto? –Es _____ máquina de escribir.

2. Éste es _____ encendedor de Julio Pérez.

3. –¿Qué es esto? –Es _____ juguete del niño.

4. Éste es _____ vaso de _____ enfermo.

5. Ésta es _____ llave de _____ puerta de casa.

6. Ésta es _____ abuela de _____ hijos de Julio.

7. Es _____ toallita de Iberia.

8. –¿Qué es esto? –Es _____ perfume de Francia.

15. Completar: *qué / quién / quiénes*.

Ejemplo: ¿ _____ es esto? –Es un cubo. ⟶ *¿Qué es esto? –Es un cubo.*

1. ¿_____ es éste? –Es el médico.
2. ¿_____ son María y Manuel? –Son hermanos.
3. ¿_____ son estos señores? –Son los padres de estos chicos.
4. ¿_____ es esta señora? –Es enfermera.
5. ¿_____ es este señor? –Es el abuelo de María y Manuel.
6. ¿_____ es el padre? –Es abogado.
7. ¿_____ es esto? –Es la chaqueta del señor Pérez.
8. ¿_____ es esto? –Es el cigarrillo del abuelo.
9. ¿_____ son éstos? –Son marido y mujer.
10. ¿_____ es éste? –Es Leopoldo, el perro de los señores Pérez.

16. Completar: *este / esto / esta / estos / estas*.

Ejemplo: _____ señor es Julio Pérez. ⟶ *Este señor es Julio Pérez.*

1. _____ puro es de Cuba.
2. _____ pera es de Ana.
3. –¿Qué es _____? –Es un cuadro de Picasso.
4. _____ abanico es de la señora Pérez.
5. _____ llaves son del abogado.
6. –¿_____ señora es la madre? –No, no es la madre, es la abuela.
7. –¿Qué es _____? ¿Es una pera? –No, no es una pera, es una manzana.
8. _____ corbata y _____ sombreros son del señor Pérez.
9. –¿Qué es _____? –Es la chaqueta de María.
10. _____ relojes son del Japón.

17. Formar el plural.

Ejemplo: Es el zueco de María. ⟶ *Son los zuecos de María.*

1. Es un cañón de guerra.
2. Es el lápiz del alumno.
3. Es una flor del jardín.
4. Es una máquina de escribir.
5. Es una red de pesca.
6. Es un camión de Alemania.
7. Es un pastel de manzana.
8. Es el rey de España.
9. Es un sillón del despacho.
10. Es una postal de Madrid.

18. Dictado.

 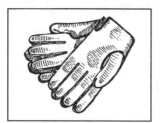 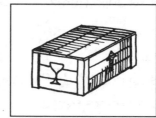 

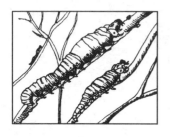  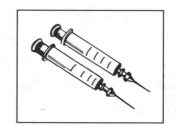 

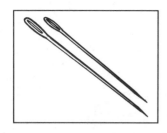 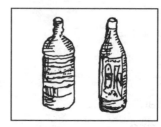  

Leer y comprender

Cafetería - Snack "Manila"

bebidas: vino

cerveza

agua

desayunos: café

leche

té

tostada - mantequilla - mermelada

platos combinados:

1. huevo - arroz - salchicha de Frankfurt

2. chuleta - patatas

3. hamburguesa - tomate

4. pollo - ensalada

5. pescado - verdura

postres: queso

pera

manzana

naranja

flan

pastel de la casa

19. Completar con comidas:

8:00 desayuno: café _____

13:00 almuerzo: huevo _____

21:00 cena: chuleta _____

Hablar

JUAN: Hola, Javier, ¿qué tal? ¿Cómo estás?
JAVIER: Estoy muy bien, gracias. ¿Y tú?
JUAN: Yo estoy regular. Estoy cansado. Estamos muy ocupados en la oficina estos días.

JAVIER: ¿Quién es éste?
JUAN: Éste es el director general.
JAVIER: Es gordo y... feo.
JUAN: Sí, pero es inteligente, simpático y muy cortés.

JAVIER: ¿Y ésta quién es?
JUAN: Es la mujer de Pedro López. Es inglesa.
JAVIER: ¿Y ésta?
JUAN: Ésta es María: es tonta y antipática.

JAVIER: ¿Y éstas?
JUAN: Éstas son Pilar y Mercedes. Pilar es muy lista pero holgazana. Mercedes, en cambio, es muy trabajadora.
JAVIER: ¡Son muy bonitas!

¡Hola! ¿Cómo estáis?
PILAR: Muy bien. Y tú ¿quién eres?
JAVIER: Soy Javier Romero. Soy amigo de Juan. ¿Y vosotras?
PILAR: Yo soy Pilar. Soy la mecanógrafa de la oficina. Mercedes es la secretaria del jefe.
JAVIER: ¡Caramba!

SR. RUIZ: Perdón, ¿es usted Javier Romero?
JAVIER: Sí, soy yo. ¿Es usted...?
SR. RUIZ: Yo soy el dueño de la casa.
JAVIER: ¡Oh! ¡Encantado!

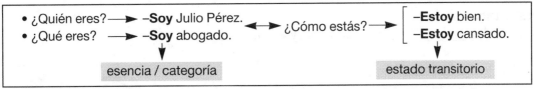

- ¿Quién eres? —→ **–Soy** Julio Pérez.
- ¿Qué eres? —→ **–Soy** abogado.

↕ ¿Cómo estás? —→ ⎡ **–Estoy** bien.
⎣ **–Estoy** cansado.

↓ esencia / categoría   estado transitorio

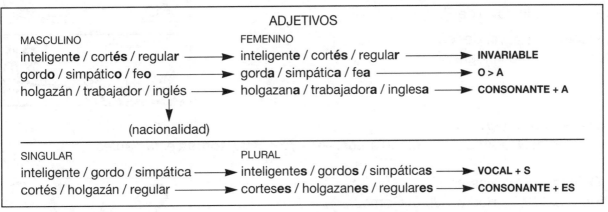

PRESENTE DE INDICATIVO

SER		ESTAR
soy	yo	est**oy**
eres	tú	est**ás**
es	él / ella / usted	est**á**
somos	nosotros / nosotras	est**amos**
sois	vosotros / vosotras	est**áis**
son	ellos / ellas / ustedes	est**án**

↓

IRREGULARIDAD PROPIA

ADJETIVOS

MASCULINO	FEMENINO	
inteligent**e** / cort**és** / regula**r** —→	inteligent**e** / cort**és** / regula**r** —→	**INVARIABLE**
gord**o** / simpátic**o** / fe**o** —→	gord**a** / simpátic**a** / fe**a** —→	**O > A**
holgazán / trabajador / inglés —→	holgazan**a** / trabajador**a** / ingles**a** —→	**CONSONANTE + A**

↓ (nacionalidad)

SINGULAR	PLURAL	
inteligente / gordo / simpática —→	inteligente**s** / gordo**s** / simpática**s** —→	**VOCAL + S**
cortés / holgazán / regular —→	cortes**es** / holgazan**es** / regular**es** —→	**CONSONANTE + ES**

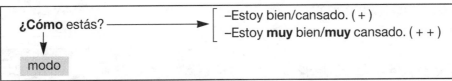

¿Cómo estás? —————→ ⎡ –Estoy bien/cansado. (+)
⎣ –Estoy **muy** bien/**muy** cansado. (+ +)

↓ modo

- Pilar es lista **pero** holgazana.
- Pilar es holgazana. ←→ Mercedes, **en cambio**, es trabajadora.

↓ (= por el contrario)

¿Cómo estás **tú**? –Bien, gracias, ¿y **tú**? —————→ amigos
¿Cómo está **usted**? –Bien, gracias, ¿y **usted**? —————→ respeto

Estoy **bien** ←————— Estoy **regular** —————→ Estoy **mal.**

–¡Hola, Javier! **¿Qué tal?** ¿Cómo estás? —————→ saludo amigos
–Yo soy el dueño de la casa. –¡Oh! **¡Encantado-a!** —→ presentación
–**Perdón**, ¿es usted Javier Romero? —————→ disculpa
–Mercedes es la secretaria del jefe. –**¡Caramba!** —→ sorpresa / admiración

 **Practicar**

20. Completar: _ser._

Ejemplo: Yo _____ Pilar. ⟶ _Yo **soy** Pilar._

−¿[1] _____ tú Pedro Iglesias?
−No, no[2] _____ Pedro Iglesias, Pedro Iglesias[3] _____ él.

−¿[4] _____ _(tú)_ oficinista?
−No, yo[5] _____ vendedor.
−¿[6] _____ _(tú)_ de Madrid?
−Sí, yo[7] _____ de Madrid.

−¿Quién[8] _____ ésta?
−Ésta[9] _____ Isabel.
−¿[10] _____ la hermana de Pedro?
−No,[11] _____ la novia de Pedro.

−¿Isabel[12] _____ vendedora?
−No,[13] _____ mecanógrafa.

21. Completar: _ser._

Ejemplo: Nosotros _____ estudiantes. ⟶ _Nosotros **somos** estudiantes._

−¿Quiénes[1] _____ vosotros?
−Nosotros[2] _____ Pedro y Juan Gómez.
−¡Ah![3] _____ _(vosotros)_ hermanos?
−Sí,[4] _____ hermanos.

−¿[5] _____ _(vosotros)_ de esta ciudad?
−No, no[6] _____ de esta ciudad,[7] _____ de un pueblo.
 de la provincia de Barcelona.

−¿[8] _____ _(vosotros)_ estudiantes?
−No, no[9] _____ estudiantes,[10] _____ operarios.

−Sí, Pedro[11] _____ electricista y yo[12] _____ fontanero.

−Y tú, ¿qué[13] _____?
−Yo[14] _____ taxista.

22. Formar frases con adjetivos.

Ejemplo:

señor (gordo) ─────────────▶ *El* señor *es gordo.*

FAMILIA

madre (delgado)

abuelo (viejo)

hija (joven)

suegra (gordo)

TRABAJOS

secretaria (alto)

vendedor (bajo)

taxista (listo)

criada (tonto)

portera (simpático)

doctora (antipático)

enfermera (bonito)

policía (feo)

PRENDAS DE VESTIR

falda (largo)

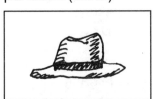

pantalón (corto)

zapatos (caro)

pañuelos (barato)

chaqueta (nuevo)

sombrero (viejo)

abrigo (grande)

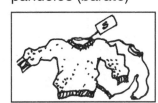

jerseys (pequeño)

NACIONALIDADES

John y Peter (inglés)

Irene (griego)

Katerina (ruso)

Françoise (francés)

23. Completar: *ser / estar.*

Ejemplo: Yo _____ estudiante y _____ cansado ——► *Yo **soy** estudiante y **estoy** cansado.*

1. El señor Pérez no _____ de esta ciudad.
2. –¿Cómo _____ el hermano de Juan? – _____ enfermo.
3. –¿Vosotros _____ ingleses? –No, nosotros _____ rusos.
4. –¿_____ caliente el café? –Sí, _____ muy caliente.
5. ¡Tú _____ muy bonita!
6. –¿Cómo _____ el perro? – _____ inteligente y simpático.
7. –Y los hijos, ¿cómo _____? – _____ bien, gracias.
8. –¿Vosotros _____ cansados? –No, nosotros no _____ cansados.
9. –¿Estos días _____ días de fiesta? –No, _____ días de trabajo.
10. –Y usted, ¿quién _____? –Yo _____ el portero de la casa.

24. Contrarios.

Ejemplo: El árbol es alto. ——► *El árbol es **bajo.***

1. Luisa es gorda.
2. La silla es grande y nueva.
3. Este operario es tonto.
4. Las abuelas son viejas.
5. Las chicas están muy delgadas.
6. La casa está muy sucia.
7. La novia es bonita, joven y simpática.
8. Estos bolsos son grandes.
9. El cuadro es bonito.
10. Los hermanos de Ana son inteligentes.

25. Completar: *qué / quién / quiénes.*

Ejemplo: –¿_____ es este señor? –Es abogado. ——► *–¿**Qué** es este señor? –Es abogado.*

1. –¿_____ es esta señora? –Esta señora es María Iglesias.
2. –¿_____ son estos niños? –Son los hijos del señor Pérez.
3. –¿_____ es esto? –Esto es una flor.
4. –¿_____ es esta señora? –Es Teresa, la portera de la casa.
5. –¿_____ son estas señoritas? –Son las enfermeras de la clínica.
6. –¿_____ es esta señora? –Es la abuela de Pascual.
7. –¿_____ es esto? –Esto es un gato.
8. –¿_____ son? –Son unos pañuelos.

26. Dictado.

Leer y comprender

DIARIO, lunes 2 de abril de 2002 - ANUNCIOS BREVES

TRABAJO
OFERTAS

Mecanógrafas experimentadas. Madrid, tel. 91-540 39 87.

Ayudantes dentistas, jóvenes Centro de salud con clínica dental. Madrid, tel. 91-983 73 01.

Profesor británico con experiencia. Escuela idiomas. Guadalajara, tel. 94-927 45 63.

Urgente: secretarias máquina y francés. Empresa de importación. Barcelona, tel. 93-854 70 90.

Traductores inglés-español, francés-español, alemán-español. Escuela de traductores. Alcalá de Henares, tel. 91-894 53 00.

Representante excelente. Ibérica Inmobiliaria. Sevilla, tel. 95-675 43 32.

Técnico incendios con experiencia. *Curriculum*. Bomberos, calle de Pelayo, 7, 20010 Madrid.

Electricistas expertos, trabajo autónomo. Valencia, tel. 96-675 65 43.

Mensajeros con moto, seguridad social, plus gasolina. Empresa Técnica. Madrid, tel. 91-564 67 54.

Camionero, joven. Tel. 91-670 98 00.

Señorita joven: **cuidado niños,** 15-19. Tel. 91-543 56 67.

Chica para ayudante de cocina, sólo tarde. Restaurante La Toja. Madrid, tel. 91-234 34 56.

TRABAJO
DEMANDAS

Señora seria, responsable, instruida: compañía señora sola. Tel. 91-543 23 45.

Chica pueblo: **criada** casa señores educados. Pozuelo, tel. 91-208 89 76.

Enfermera joven, diplomada, clínica/hospital. Tel. 91-890 78 78.

---

27. Unir.

mecanógrafas
traductores
electricistas
mensajeros
hospital / clínica   ayudantes dentistas
                            profesor
empresa ─────────────────► señora seria
                            criada
casa ───────────┘   técnico incendios
                            representante
escuela   secretarias
                            chica ayudante cocina
                            camionero
                            chica cuidado niños
                            enfermera

El despacho del abogado Pérez

 **Hablar**

1. escritorio
2. sillón
3. sillas
4. butacas
5. lámpara de pie
6. carpeta
7. bote
8. lápices
9. bolígrafos
10. papeles
11. lámpara de mesa
12. teléfono
13. mesa
14. máquina de escribir
15. ordenador
16. estantería
17. libros
18. revistas
19. cuadro
20. plantas
21. ventana
22. suelo
23. alfombra
24. estufa

Este es el despacho del abogado Pérez: es grande, luminoso y confortable.

Hay un escritorio.

Detrás del escritorio hay un sillón.

Delante hay dos sillas para los clientes.

A la derecha del escritorio hay dos butacas.

La lámpara de pie está entre las dos butacas.

Encima del escritorio hay una carpeta, un bote con lápices y bolígrafos y muchos papeles. Hay también una lámpara.

El teléfono está encima del escritorio.

A la izquierda del escritorio hay una mesa.

La máquina de escribir y el ordenador están sobre esta mesa.

Al lado de la mesa hay una estantería con algunos libros y algunas revistas de derecho.

En el despacho hay también algunos cuadros y algunas plantas.

Al fondo hay una ventana.

En el suelo, debajo del escritorio, hay una alfombra persa.

En el despacho no hay ningún cenicero.

En el despacho no hay aire acondicionado. No hay tampoco calefacción central, pero sí hay una estufa.

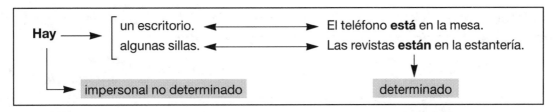

Hay ⟶
- un escritorio. ⟷ El teléfono **está** en la mesa.
- algunas sillas. ⟷ Las revistas **están** en la estantería.

⟶ impersonal no determinado   determinado

Hay ⟶
- algú**n** libro.
- algu**na** revista.
- algu**nos** cuadros.
- algu**nas** plantas.

⟷ No hay ⟶
- ningú**n** libro.
- ningu**na** revista.
- ningu**nos** cuadros.
- ningu**nas** plantas.

---

sobre / encima de la mesa ⟷ **debajo de** la mesa

delante del escritorio ⟷ **detrás del** escritorio

a la derecha del escritorio ⟷ **a la izquierda del** escritorio

¡ATENCIÓN!

- Encima **de** la mesa está el teléfono. ⟷ Encima está el teléfono.
- Delante **del** escritorio están las sillas. ⟷ Delante están las sillas.

- A la derecha **del**
- A la izquierda **del** — escritorio hay una mesa. ⟷
- Al lado **del**

- A la derecha
- A la izquierda — hay una mesa.
- Al lado

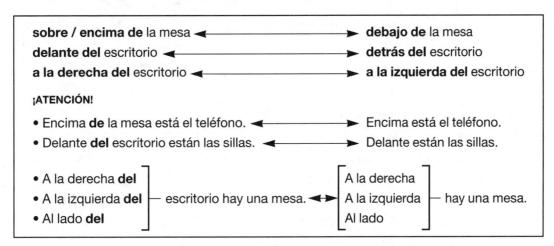

- **En** el despacho hay una mesa.
- **Al fondo** hay una ventana.
- **Entre** las dos butacas hay una lámpara.

⟶ lugar

- Hay un bote **con** lápices y bolígrafos. ⟶ compañía
- Hay dos sillas **para** los clientes. ⟶ finalidad

- Hay una mesa y hay **también** una silla. ⟶ afirmativa
- No hay cenicero y no hay **tampoco** cigarrillos. ⟶ negativa

---

- Estoy **muy** cansada. ⟶ **MUY + ADJETIVO**

⟶ invariable

- Hay **muchos** papeles / **muchas** plantas. ⟶ **MUCHO / MUCHA / MUCHOS / MUCHAS + SUSTANTIVO**

 **Practicar**

28. Completar con: *a la derecha / a la izquierda / al lado de / debajo de / delante de / detrás de / encima de / en / entre / sobre (de + el = del).*

Ejemplo: La taza está _____ la mesa. ➞ *La taza está* [*sobre* / *encima de*] *la mesa.*

1. fregadero
2. cocina
3. cubo
4. olla
5. cazo
6. ventana
7. mesa
8. cajones
9. nevera
10. lavavajillas
11. puerta
12. escobas
13. cortinas
14. grifo
15. platos

1. _____ la cocina hay una ventana.

2. El fregadero está _____ la nevera.

3. _____ el fregadero está el cubo.

4. _____ la cocina hay una olla y un cazo.

5. La ventana está _____.

6. _____ la cocina hay también el lavavajillas.

7. _____ la puerta del armario están las escobas.

8. _____ la ventana hay unas cortinas.

9. _____ el fregadero y el lavavajillas está la nevera.

10. _____ el fregadero hay un grifo.

11. _____ la mesa y del fregadero hay unos cajones.

12. _____ el lavavajillas hay algunos platos.

29. Completar con *hay / estar.*

Ejemplo: En casa no _____ calefacción. ➞ *En casa no **hay** calefacción.*

1. Sobre la mesa del director _____ unas carpetas.

2. Los jerseys de Ana _____ en el armario.

3. Las tijeras _____ en el cajón.

4. El diccionario _____ en la estantería.

5. –¿Qué _____ en este despacho? – _____ una mesa y una estantería.

6. Delante de la ventana _____ unas cortinas y detrás de la puerta _____ las escobas.

7. En el paragüero _____ algunos paraguas.

8. En el suelo _____ algunas alfombras persas.

9. En el cenicero _____ un cigarrillo.

10. El perro _____ debajo de la silla.

30. Completar con *muy / muchos / muchas.*

Ejemplo: Hay _____ clientes en el despacho. ➡ Hay **muchos** clientes en el despacho.

1. En este hospital hay _____ médicos.
2. Estos sillones son _____ viejos.
3. Es una máquina de escribir _____ moderna.
4. En esta casa hay _____ plantas.
5. Estas tazas están _____ sucias.
6. El abogado es _____ feo y antipático.
7. Los alumnos de la escuela son _____ inteligentes.
8. En esta cocina hay _____ cosas.
9. La doctora es _____ simpática.
10. El lavavajillas es _____ nuevo.

31. Completar con *algún-a, -os, -as / ningún-a, -os, -as.*

Ejemplo: No hay _____ gato en la cocina. ➡ No hay **ningún** gato en la cocina.

1. En el armario de la cocina hay _____ vasos.
2. En el bote no hay _____ bolígrafo.
3. _____ lápices están al lado de la carpeta.
4. En el fregadero hay _____ platos sucios y _____ vasos.
5. En esta casa no hay _____ sillón.
6. En la ventana hay _____ flores pero no hay _____ plantas.
7. En la estantería no hay _____ diccionarios de inglés.
8. En la nevera no hay _____ huevo y no hay tampoco _____ botella de cerveza.
9. En esta casa no hay _____ portera.
10. En esta oficina no hay _____ traductor y no hay tampoco _____ mecanógrafa.

32. Completar con *de / del (de + el) / con / para.*

Ejemplo: Este sombrero es _____ el abuelo. ➡ Este sombrero es **del** abuelo.

1. Estas butacas son _____ los clientes.
2. Estos estudiantes no son _____ España.
3. Este jabón es _____ prendas delicadas.
4. El desayuno es: café _____ leche, tostada _____ mantequilla y mermelada.
5. Estos cigarrillos son _____ el señor.
6. ¡Estas flores son _____ usted, señorita!
7. Es una camisa _____ bolsillos.
8. Es un autobús _____ aire acondicionado.
9. El perro _____ el señor Pérez es muy listo.
10. Somos _____ un pueblo _____ la provincia _____ Madrid.

33. Completar con *también / tampoco.*

Ejemplo: En el despacho no hay ceniceros y no hay _____ humos. ——➤

——➤ *En el despacho no hay ceniceros y no hay* **tampoco** *humos.*

1. Sobre la mesa hay una taza y hay _____ una olla.

2. En la cocina no hay lavavajillas y no hay _____ nevera.

3. Encima del escritorio hay un cenicero y hay _____ un teléfono.

4. En el bote hay un lápiz y hay _____ unos bolígrafos.

5. En este despacho no hay butacas y no hay _____ alfombras.

6. En la estantería hay algunos libros y hay _____ algunas revistas.

7. En este hospital hay hombres, mujeres y hay _____ niños.

8. Esta señora es ama de casa y es _____ empleada en el despacho de un abogado.

34. Números.

Ejemplo: *1 uno, 2 dos...*

SEPTIEMBRE - Septembre - September **2002**

Vi.	1	
Sá.	2	
Do.	3	
Lu.	4	
Ma.	5	
Mi.	6	
Ju.	7	
Vi.	8	
Sá.	9	
Do.	10	
Lu.	11	
Ma.	12	
Mi.	13	
Ju.	14	
Vi.	15	
Sá.	16	
Do.	17	
Lu.	18	
Ma.	19	
Mi.	20	
Ju.	21	
Vi.	22	
Sá.	23	
Do.	24	
Lu.	25	
Ma.	26	
Mi.	27	
Ju.	28	
Vi.	29	
Sá.	30	

35. Dictado.

DIARIO, viernes 2 de mayo de 2002

ALMACENES EL SIGLO

¡GRANDES REBAJAS!

DESCUENTOS 50%

PRECIOS BAJOS

Venta excepcional

15,00 €
camisa señor
color: blanco

40,00 €
vestido señora
color: rojo

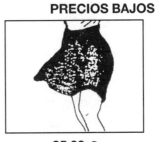

25,00 €
falda señora
color: negro

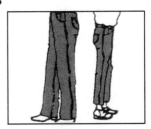

12,00 €
vaqueros señor/señora/niño
color: azul

17,00 €
pantalón señor
color: gris

1,25 €
calcetines niño
colores: rosa y azul

200,00 €
chaquetón señora
colores: marrón y gris

5,00 €
camiseta niño/niña
colores: blanco y rosa

100,00 €
chaqueta señor
color: beige

10,00 €
sombrero señor
colores: gris y beige

18,00 €
zapatos señora
colores: marrón y negro

17,00 €
jersey niño/niña
colores: blanco, azul y verde

8,00 €
corbata señor
rayas rojas

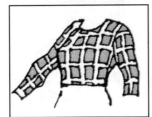

13,00 €
blusa señora
cuadros rosa

3,00 €
pañuelo señora
flores amarillas

8,00 €
cinturon señor
marrón

36. Completar.

SEÑOR: *camisa blanca, pantalones grises...*
SEÑORA:
NIÑO / NIÑA:

6 | *Un marido... importante*

 Hablar 🎞️

JUAN: ¿Dónde está Filomena? ¿Qué está haciendo?

MARIA: Está limpiando la habitación de Manuel: está limpiando los cristales.

JUAN: ¡¿Los cristales?! ¿Y cuándo comemos? ¿Quién guisa hoy en esta casa?

MARIA: Guiso yo, cariño.

JUAN: ¿Y José qué hace?

MARIA: Estudia. Está escribiendo un trabajo sobre los discursos de Cicerón.

JUAN: ¡¿Los discursos de Cicerón?! ¡Hoy la escuela enseña sólo cosas inútiles!

¿Y Luis qué hace?

MARIA: No está en casa. Come en casa de Eduardo: están preparando el examen de matemáticas.

JUAN: ¡Aprenden matemáticas y no son capaces de hacer una cuenta!

Y el jardinero, ¿dónde está? ¿Qué hace?

MARIA: ¡Corta el césped del jardín!

Y... ¿tú qué haces, Juan?

JUAN: ¿Yo?... Yo trabajo, cariño, yo dirijo una empresa de importancia internacional, yo llevo el peso de esta casa, yo...

MARIA: ¡Bueno, bueno!...

Observar y recordar

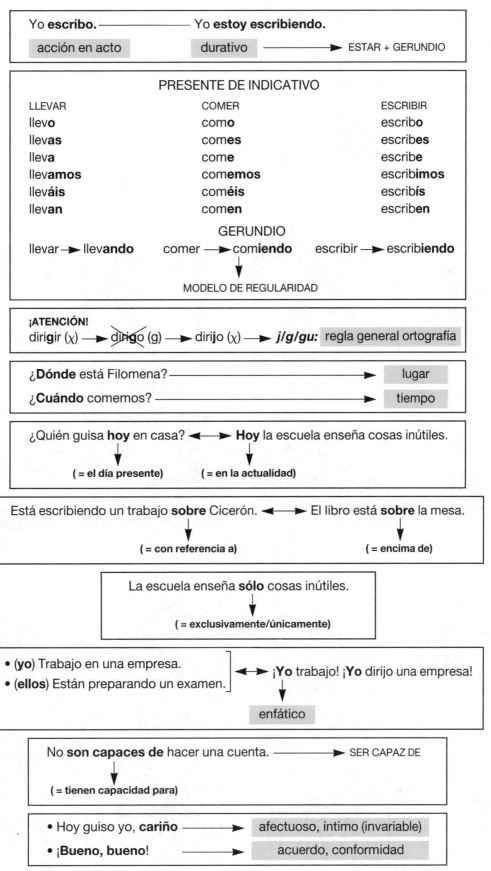

Yo **escribo**. ——————— Yo **estoy escribiendo**.

acción en acto   durativo ——————➤ ESTAR + GERUNDIO

PRESENTE DE INDICATIVO

LLEVAR	COMER	ESCRIBIR
llev**o**	com**o**	escrib**o**
llev**as**	com**es**	escrib**es**
llev**a**	com**e**	escrib**e**
llev**amos**	com**emos**	escrib**imos**
llev**áis**	com**éis**	escrib**ís**
llev**an**	com**en**	escrib**en**

GERUNDIO

llevar ➤ llev**ando**   comer ➤ com**iendo**   escribir ➤ escrib**iendo**

MODELO DE REGULARIDAD

¡ATENCIÓN!

dirig**ir** (χ) ➤ ~~dir**igo** (g)~~ ➤ dir**ijo** (χ) ➤ **j/g/gu:** regla general ortografía

---

¿**Dónde** está Filomena? ——————————➤ lugar

¿**Cuándo** comemos? ——————————➤ tiempo

¿Quién guisa **hoy** en casa? ◄——➤ **Hoy** la escuela enseña cosas inútiles.

(= el día presente)   (= en la actualidad)

Está escribiendo un trabajo **sobre** Cicerón. ◄——➤ El libro está **sobre** la mesa.

(= con referencia a)   (= encima de)

La escuela enseña **sólo** cosas inútiles.

(= exclusivamente/únicamente)

- **(yo)** Trabajo en una empresa.
- **(ellos)** Están preparando un examen.

◄——➤ **¡Yo** trabajo! **¡Yo** dirijo una empresa!

enfático

No **son capaces de** hacer una cuenta. ——————➤ SER CAPAZ DE

(= tienen capacidad para)

- Hoy guiso yo, **cariño** ——➤ afectuoso, íntimo (invariable)
- **¡Bueno, bueno!** ——➤ acuerdo, conformidad

Practicar

37. Formar frases: verbo en presente + el, la... / un, una... / ∅ + sustantivo.

Ejemplo:

FLORISTERÍA: YO

comprar / flor ———→ *Yo compro una* flor

TALLER MECÁNICO: EL MECÁNICO

mirar / moto   cambiar / rueda   arreglar / motor   cobrar / dinero

CONCIERTO: LOS ESPECTADORES

hablar   callar   escuchar / concierto   aplaudir / orquesta

COCINA: LA SEÑORA

lavar / verdura   cortar / tomate   guisar / pollo   comer

RESTAURANTE: LOS AMIGOS

comer / bocadillo   beber / vino   conversar   pagar / cuenta

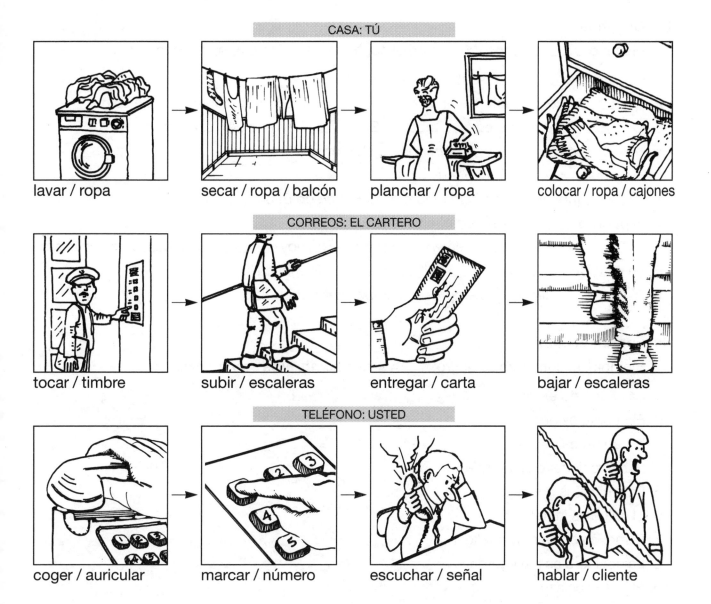

CASA: TÚ

lavar / ropa — secar / ropa / balcón — planchar / ropa — colocar / ropa / cajones

CORREOS: EL CARTERO

tocar / timbre — subir / escaleras — entregar / carta — bajar / escaleras

TELÉFONO: USTED

coger / auricular — marcar / número — escuchar / señal — hablar / cliente

38. Transformar.

Ejemplo: Escribo un libro. ⟶ **Estoy escribiendo** un libro.

1. Beben café con leche y comen un pastel.

2. Colocamos los vestidos en el armario.

3. El relojero arregla este reloj antiguo.

4. El jardinero corta las ramas del árbol.

5. Los arquitectos hablan del nuevo edificio.

6. Manuel y yo aprendemos español.

7. Los visitantes miran los cuadros.

8. El jefe habla con los empleados.

9. El director de orquesta dirige el concierto.

10. La criada limpia las habitaciones.

39. Conjugar.

Ejemplo: _____ (nosotros, lavar) el coche. ——► **Lavamos** el coche.

1. Los turistas _____ (escribir) muchas postales.

2. –¿_____ (tomar) ustedes un té? –No, _____ (nosotros, beber) un café solo.

3. –¿_____ (coger) usted el autobús? –Sí, _____ (yo, coger) el autobús.

4. Hoy los precios _____ (subir) con mucha rapidez.

5. El pianista _____ (tocar) muy bien.

6. _____ (nosotros, cambiar) dinero en el Banco de Bilbao.

7. El público _____ (escuchar) en silencio.

8. –¿_____ (comer) ustedes en el restaurante? –No, hoy _____ (nosotros, comer) en casa.

9. En esta Universidad _____ (ellos, enseñar) informática.

10. ¡Yo _____ (dirigir) una empresa de importancia mundial.

40. Formar el plural.

Ejemplo: El sombrero es negro. ——► **Los sombreros son negros**.

1. La chaqueta es vieja.

2. El guante es gris.

3. El zapato es marrón.

4. Este diccionario es grande.

5. Esta casa es bonita.

6. El chico es inglés.

7. El mecánico es muy inteligente.

8. La cocinera es muy gorda.

9. El jersey es azul.

10. Este motor es alemán.

41. Completar con *dónde / cuándo*.

Ejemplo: –¿_____ está Filomena? –Está en casa. ——► **¿Dónde** está Filomena? –Está en casa.

1. –¿_____ comemos paella? –Hoy comemos paella.

2. –¿_____ está el perro, mamá? –En la calle, hija.

3. –¿_____ recibe el médico? –En el hospital.

4. –¿_____ está el jardinero? –Está en el jardín.

5. –¿_____ lavamos las cortinas, Marisa? –Hoy, señora.

6. –¿_____ trabaja este profesor? –Trabaja en una escuela de idiomas.

7. –¿_____ llega tu amigo? –Llega el día veinticinco.

8. –¿_____ tomas la aspirina? –Cuando estoy resfriado.

42. Dictado.

Leer y comprender

COSTA DEL SOL

GRANADA.– (200.000 habitantes). Capital de la provincia. Centro de una región de montaña de grande belleza con magníficas pistas de esquí. Extraordinaria riqueza monumental. Máximo exponente del arte árabe en España es la Alhambra, auténtica maravilla arquitectónica. Apartamentos, chalets y hoteles.

SALOBREÑA.– (8.837 habitantes). Está sobre una roca. Conserva restos de murallas y un castillo. Playa de tres kilómetros de arena gruesa y limpia.

ALMUÑÉCAR.– (12.538 habitantes). Pintoresco pueblo en fértil llanura. Es muy interesante el acueducto romano. Playa de arena fina. Amplias zonas verdes y abundante vegetación. Campo deportivo.

MÁLAGA.– (443.000 habitantes). En la Costa del Sol destaca Málaga. Es una ciudad bella, alegre, con excelente puerto y magníficas playas. Aeropuerto nacional e internacional. Bellas panorámicas. Antiguo palacio de los reyes árabes de Málaga. La Catedral, de estilo renacentista, es del siglo XVI (dieciséis).

MARBELLA.– (54.202 habitantes). Playas de arena muy fina y limpia. Puerto y club náutico. Campo de golf. Clima suave. Numerosos restos de torres y murallas.

43. ¿Verdadero? V ¿Falso? F

1. Granada es un pequeño pueblo de la costa. ☐

2. En la provincia de Granada hay magníficas pistas de esquí. ☐

3. La Alhambra es un monumento árabe. ☐

4. Salobreña es la capital de la provincia. ☐

5. Las playas de Marbella son de arena muy fina. ☐

6. El palacio de los reyes árabes está en Almuñécar. ☐

7. El acueducto romano está en Málaga. ☐

8. En Almuñécar hay amplias zonas verdes. ☐

7   *En el guardarropa*

 Hablar 🔲

SEÑOR: Mi abrigo y mi bufanda, por favor, y también...

CONSERJE: Su número, señor.

SEÑORA: ¡Ah sí! Nuestros números son el cuatro y el cinco.

CONSERJE: Aquí está su abrigo, señor.

SEÑOR: ¡Éste no es mi abrigo!

CONSERJE: ¡No es posible, señor!

SEÑOR: ¡El mío es un abrigo sin cinturón!

SEÑORA: El suyo es el abrigo de color negro que está allí al fondo.

CONSERJE: ¿Aquél? ¿Está segura?

SEÑORA: ¡Naturalmente!

CONSERJE: Aquí están su abrigo y su bufanda, señor. ¿Es suyo también este paraguas?

SEÑOR: Sí, es nuestro.

CONSERJE: ¿Su bufanda es ésta amarilla o ésta de color rojo?

SEÑORA: Es ésta de color rojo.

           ¿Y mi abrigo?

CONSERJE: Aquí está, señora. ¿Alguna cosa más?

SEÑOR: No, ninguna más. Muchas gracias.

CONSERJE: De nada. Buenas noches.

SEÑORES: Buenas noches.

Observar y recordar

–¿Es **su** libro? ——————————————————► –Sí, es **mi** libro.

mi-s libro-s	**mi-s** casa-s	
tu-s libro-s	**tu-s** casa-s	de él / de ella
su-s libro-s	**su-s** casa-s	de usted
		de ellos / de ellas
nuestro-s libro-s	**nuestra-s** casa-s	de ustedes
vuestro-s libro-s	**vuestra-s** casa-s	

¿Es **suyo** este abrigo? ——► –Sí, es **mío.** ◄——► ¿Es **el suyo**? ——► –Sí, es **el mío**.

mío-s	**mía-s**	
tuyo-s	**tuya-s**	de él / de ella
suyo-s	**suya-s**	de usted
		de ellos / de ellas
nuestro-s	**nuestra-s**	de ustedes
vuestro-s	**vuestra-s**	

• Es el abrigo / son los abrigos
• Es la bufanda / son las bufandas ► **que** está / están allí.

• Es el señor / son los señores
• Es la señora / son las señoras ► **que** está / están allí. ► **QUE** SUJETO

Su abrigo está **aquí**. ◄—————————————————► Su abrigo está **allí**.
(= en este lugar)   (= en aquel lugar)

aquel, aquella, aquellos, aquellas adjetivo —— **aquél, aquélla, aquéllos, aquéllas** pronombre ► allí

• Es un abrigo **con** cinturón. ◄—————————► Es un abrigo **sin** cinturón.
(= que lleva)   (= que no lleva)
• Abrigo **y** bufanda. ◄—————————————► Bufanda amarilla **o** roja.
(= +)   (= alternativo)

naturalmente / **alegre**mente ——————————► ADJETIVO INVARIABLE + -MENTE

tont**o** ► tont~~o~~mente ► tont**a**mente ——► ADJETIVO -O / -A > -A + MENTE

(= de una manera natural, alegre, tonta)

–¿**Alguna** cosa **más**? ——————————————► –No, **ninguna más**.
(+)   (= solamente esto)

Gracias, muchas gracias. ——► –**De nada.**
Mi abrigo, **por favor**. ► fórmulas cortesía

 Buenos días.   Buenas tardes.   Buenas noches.

44. Hacer frases.
   Ejemplo:

reloj (Juan) ⟶ *Es el reloj **de Juan:** es **su** reloj.*

huesos (perro)

flores (secretaria)

taza (abuelo)

llaves (portero)

jeringa (enfermero)

barcas (pescadores)

pescado (señores)

patines (Pepito)

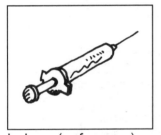

pelotas (niños)

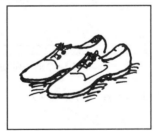

zapatos (tío)

gafas (profesor)

libro (lector)

martillo (carpintero)

pinceles (pintor)

guitarra (guitarrista)

cinturón (María)

45. Contestar con [el, la, los, las] mío-s / mía-s / tuyo-s / tuya-s...

Ejemplo: –Es suyo este abrigo? –Sí, es_____ ⟶ –¿Es suyo este abrigo? –*Sí, es* **[el] mío**.

1. ¿Es vuestro este apartamento? –No, no es _____ *(de nosotros)*.

2. ¿Es mío este regalo? –Sí, es _____ *(de tú)*.

3. ¿Estos periódicos son de la señorita? –Sí, son _____ *(de ella)*.

4. ¿Son vuestras estas copas de coñac? –No, no son _____ *(de nosotros)*.

5. ¿Esta máquina de escribir es de Juan? –Sí, es _____ *(de él)*.

6. ¿Es de la señora este perfume? –Sí, es _____ *(de ella)*.

7. ¿El pijama de rayas es de papá? –No, no es _____ *(de él)*.

8. ¿Son de ustedes estas llaves? –Sí, son _____ *(de nosotros)*.

46. Completar con *aquel / aquella / aquellos / aquellas*.

Ejemplo: _____ camisa es nueva. ⟶ ***Aquella*** *camisa es nueva.*

1. _____ bolso es muy grande para la señora.

2. _____ martillos son del carpintero.

3. _____ ordenador es americano.

4. _____ zapatillas son para estar en casa.

5. _____ ventanas están muy sucias.

6. _____ bicicleta es muy bonita.

7. _____ revistas son de arquitectura.

8. _____ señor es alto y delgado.

9. _____ tijeras no cortan bien.

10. _____ perros comen mucha carne.

47. Completar con *con / de* o *del / en / entre / para / sobre*.

1. La tienda está _____ mi casa y el garaje.

2. El pueblo está _____ una roca.

3. El coche está _____ el taller mecánico.

4. La conferencia es _____ ingeniería nuclear.

5. Es un pañuelo _____ seda _____ China.

6. El diccionario _____ inglés está _____ el libro _____ matemáticas y el libro _____ historia.

7. No soy _____ aquí: soy _____ un pueblo _____ los Pirineos.

8. Los clientes están _____ el despacho _____ el director _____ hablar _____ él.

9. El armario está _____ la puerta y la ventana.

10. El encendedor es _____ mi novio.

48. Formar adverbios en *-mente*.

Ejemplo: ¿Estás segura? –¡ _____ *(natural)*! ⟶ ¿Estás segura? –¡**Naturalmente!**

1. Hoy la escuela enseña _____ *(exclusivo)* cosa inútiles.

2. Habla _____ *(correcto)* inglés.

3. _____ *(general)* come en un restaurante del centro.

4. Este novelista escribe _____ *(sencillo)* y _____ *(claro)*.

5. Conversamos _____ *(agradable)* con ellos.

6. Está _____ *(loco)* enamorado de nuestra hija.

7. Aquí estamos _____ *(estupendo):* es una casa muy confortable.

8. Come _____ *(único)* pescado, queso y fruta.

49. Unir y transformar las dos frases con *que.*

Ejemplo: Los señores están en el despacho. Los señores son alemanes. ⟶

⟶ Los señores **que** están en el despacho son alemanes.

1. Las señoras están en la cafetería. Las señoras están hablando.

2. El señor está en la calle. El señor es Julio Pérez.

3. Los libros están en la estantería. Los libros son de derecho.

4. El lápiz está en el bote. El lápiz es de la secretaria.

5. El señor habla con los clientes. El señor es un dependiente.

6. Los abrigos están allí. Los abrigos no son nuestros.

7. El coche está aparcado en la plaza. El coche es mío.

8. El perro está en el jardín. El perro es de Ana.

50. Dictado.

Leer y comprender

CORDILLERA CANTÁBRICA

REINOSA - Cantabria - 13.172 h. (habitantes) -alt. 850 m (altitud en metros) - 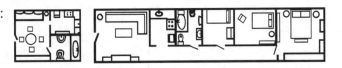 942 (indicativo telefónico provincial) - Aeropuerto ✈ en Santander - Balneario en Fontibre - Deportes de invierno en Alto Campo: telesquís y telesillas - teleférico - funicular - Excursionismo y equitación - Camping - Información turística (i): pl. (plaza) de España, 5, teléfono 📞 75 02 62. • Madrid 355 km - • Burgos 116 km - • Santander 74 km (distancia en quilómetros).

<u>CASAS Y APARTAMENTOS DE VACACIONES</u>

Chalet para 8 personas: 6 habitaciones en dos pisos. Planta baja: comedor-living con chimenea, teléfono 📞 , televisor 📺 , cocina con horno y lavavajillas  . Habitación de dos camas. Lavabo y wáter **WC** . Balcón con vista montañas. Primer piso: cuatro habitaciones, baño con bañera y ducha , Wáter **WC** . Garaje tres plazas. Jardín .

Estudios y apartamentos en edificios de pisos.

Vista panorámica . Ascensor . Aire acondicionado . Garaje cubierto .
Centro común: jardín , tenis , golf de 18 hoyos . Piscina al aire libre y cubierta , juegos para niños , críquet .
Estación autobús Reinosa y Santander . En Reinosa: correos , gasolinera , farmacia **Rx** , iglesia , teléfono 📞 , hospital **H** , peluquería señoras y caballeros

Estudios y apartamento tipo:

51. Completar.

Ejemplo: → esquí

 1   2  3   4   5   6   7   8   9

 10   11   12   13   14   15  16  17   18

8

¡Ganas de trabajar!

Hablar

RAMÓN:	¡Estoy fatal, hoy! No tengo ganas de trabajar.
JULIO:	Yo tampoco. Tengo dolor de cabeza.
RAMÓN:	Quizá es el calor. El termómetro marca 40° (grados).
JULIO:	Sí, tengo un calor espantoso.
RAMÓN:	Aquí cerca tenemos un bar...
JULIO:	Es una magnífica idea, pero tengo un montón de trabajo. ¿Qué hago?
RAMÓN:	Yo también tengo mucho trabajo, pero no importa. Además el jefe no está.

JULIO:	¡Oh! ¡Ése no está nunca!

[*en el bar*]

RAMÓN:	Hola, buenas tardes.
CAMARERO:	¿Qué toman? ¿Un aperitivo?
RAMÓN:	No, yo tengo sed: una cerveza muy fresca.
JULIO:	Yo tengo hambre: un bocadillo de jamón y un vaso de vino blanco.

CAMARERO:	En seguida.
RAMÓN:	¡Tranquilo! ¡No tenemos prisa!
JULIO:	¡No, nosotros nunca tenemos prisa!
	¡Tienes siempre ideas geniales, Ramón!
RAMÓN:	¡La pereza aviva el ingenio, amigo!

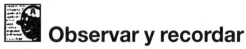

Observar y recordar

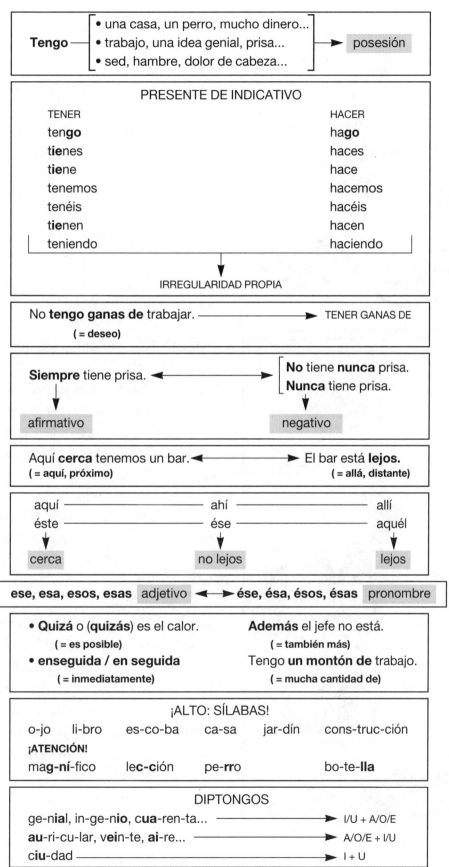

Tengo — [
- una casa, un perro, mucho dinero...
- trabajo, una idea genial, prisa...
- sed, hambre, dolor de cabeza...
] ➤ posesión

PRESENTE DE INDICATIVO

TENER	HACER
ten**go**	ha**go**
tienes	haces
tiene	hace
tenemos	hacemos
tenéis	hacéis
tienen	hacen
teniendo	haciendo

↓

IRREGULARIDAD PROPIA

No **tengo ganas de** trabajar. ➤ TENER GANAS DE
(= deseo)

Siempre tiene prisa. ◄——► [**No** tiene **nunca** prisa.
Nunca tiene prisa.]

↓ afirmativo ↓ negativo

Aquí **cerca** tenemos un bar. ◄——► El bar está **lejos**.
(= aquí, próximo) (= allá, distante)

---

aquí ——— ahí ——— allí
éste ——— ése ——— aquél
↓ cerca ↓ no lejos ↓ lejos

---

ese, esa, esos, esas adjetivo ◄——► **ése, ésa, ésos, ésas** pronombre

---

- **Quizá** o (**quizás**) es el calor. **Además** el jefe no está.
  (= es posible) (= también más)
- **enseguida / en seguida** Tengo **un montón de** trabajo.
  (= inmediatamente) (= mucha cantidad de)

¡ALTO: SÍLABAS!

o-jo   li-bro   es-co-ba   ca-sa   jar-dín   cons-truc-ción

¡ATENCIÓN!

mag-**ní**-fico   le**c**-**c**ión   pe-**rr**o   bo-te-**lla**

DIPTONGOS

ge-n**ia**l, in-ge-n**io**, c**ua**-ren-ta... ➤ I/U + A/O/E

au-ri-cu-lar, v**ei**n-te, **ai**-re... ➤ A/O/E + I/U

c**iu**-dad ➤ I + U

Practicar

52. Conjugar.

Un cliente con prisas

CAMARERO: ¿Qué[1] _____ *(desear)*, señor?

SEÑOR: [2]_____ *(yo, tener)* poco tiempo: una cosa muy rápida.
¿Qué[3] _____ *(tener)* ustedes?

CAMARERO: Aquí[4] _____ *(estar)* la carta, señor.

SEÑOR: ¡No[5] _____ *(yo, tener)* tiempo para mirar la carta! Carne y ensalada.

CAMARERO: No[6] _____ *(nosotros, tener)* carne hoy, señor;[7] _____ *(nosotros, tener)* sólo hamburguesas.

SEÑOR: ¡No,[8] _____ *(ser)* horribles las hamburguesas! ¿Pescado[9] _____ *(ustedes, tener)*?

CAMARERO: No, señor. ¿Una tortilla de patatas, quizá?

SEÑOR: Bueno, una tortilla, pero no de patatas. ¡Ah! ¡y de un solo huevo!: no [10] _____ *(yo, tener)* mucha hambre.

CAMARERO: Para beber, ¿vino tinto o blanco?

SEÑOR: Vino, no.

CAMARERO: ¿Agua mineral?[11] _____ *(nosotros, tener)* agua mineral con gas.

SEÑOR: No[12] _____ *(yo, tener)* ganas de beber, no[13] _____ *(yo, tener)* sed.

CAMARERO: Aquí[14] _____ *(estar)* la tortilla y la ensalada.

SEÑOR: ¡No[15] _____ *(tener)* sal esta tortilla!

CAMARERO: Perdón, ¡señor![16] _____ *(nosotros, preparar)* una con sal enseguida.

SEÑOR: ¡No! ¡[17] _____ *(yo, tener)* prisa!
¿No[18] _____ *(tener)* usted oídos?

CAMARERO: Sí[19] _____ *(yo, tener)*, señor.

SEÑOR: ¿[20] _____ *(tener)* ustedes fruta del tiempo?

CAMARERO: Sí, señor:[21] _____ *(nosotros, tener)* peras y manzanas.

SEÑOR: Una pera.

CAMARERO: Enseguida, señor.

53. Elegir, unir y hacer frases.

Ejemplo: Jaime está cansado. →  → *Jaime **descansa.***

descansar

1. Juan tiene prisa.  comer / bocadillo

2. Tenemos sed.  coger / taxi

3. Tienes ganas de hablar con Julio.  leer / periódico

4. No tengo pesetas.  tomar / aspirina

5. Tienen muchos exámenes.  coger teléfono / hablar con él

6. Tenemos calor.  abrir / ventana

7. Tengo tiempo.  pagar (nosotros) / cuenta

8. Tiene dolor de cabeza.  tomar / bicarbonato

9. Tenéis hambre.  beber / una cocacola

10. Tengo dolor de estómago.  estudiar / toda la noche

11. Tenemos dinero.  cambiar dinero / Banco de Bilbao

12. Tenéis ganas de descansar.  mirar / televisión

54. Conjugar el verbo *hacer.*

Ejemplo: _____ *(nosotros)* un trabajo interesante. ➝ **Hacemos** *un trabajo interesante.*

1. _____ *(ellas)* una fiesta en casa.
2. ¿Qué _____ *(tú)* esta tarde?
3. Hoy la cocinera _____ pollo con patatas.
4. ¿Qué _____ ustedes aquí?
5. Hoy _____ *(vosotros)* deporte.
6. ¿ _____ *(yo)* las habitaciones, señora?
7. El carpintero _____ una nueva estantería.
8. ¿Qué _____ usted aquí, en el jardín?
9. ¡Yo _____ montón de cosas!
10. En aquel restaurante _____ *(ellos)* unos platos combinados exquisitos[1].

55. Formar el adverbio.

Ejemplo: Habla _____ *(tonto)* ➝ *Habla* **tontamente.**

1. Juan trabaja _____ *(inteligente)*.
2. Este plato se hace _____ *(fácil)*.
3. Siempre contestan _____ *(cortés)*.
4. Dirige _____ *(hábil)* la empresa.
5. El profesor explica[2] _____ *(detallado)*[3] la gramática.
6. Viven _____ *(alegre)* con el dinero de su padre.
7. El relojero arregla _____ *(estupendo)*[4] los relojes.
8. Escuchamos la música _____ *(silencioso)*.
9. Lava _____ *(atento)*[5] la ropa de seda.
10. Habla _____ *(largo)* de sus problemas.

56. Sustituir.

Ejemplo: _____ *(en este día)* corto el césped. ➝ **Hoy** *corto el césped.*

1. Está triste: _____ *(es posible)* tiene algún problema.
2. –¿Comemos en un restaurante chino? – _____ *(OKEY, está bien)*.
3. En el escritorio hay una máquina de escribir y _____ *(también más)* hay un ordenador.
4. En el frigorífico[6] _____ *(exclusivamente)* hay leche.
5. El niño tiene _____ *(gran cantidad de)* juguetes.
6. No _____ *(deseamos)* hablar con él.
7. El hijo estudia en Madrid; la hermana, _____ *(por el contrario)*, en Salamanca.
8. _____ *(en la actualidad)* la vida está muy cara.
9. Hago _____ *(inmediatamente)* la traducción.
10. Juan no _____ *(tiene capacidad para)* arreglar el grifo.

57. Separar las sílabas del diálogo ¡GANAS DE TRABAJAR!, p. 56.

Ejemplo: *¡Es-toy fa-tal, hoy! No ten-go ga-nas de tra-bajar.*

---

[1] *exquisito*, muy bueno, muy rico.
[2] *explicar*, exponer, enseñar.
[3] *detallado*, con muchos detalles o pormenores.

[4] *estupendo*, muy bueno.
[5] *atento*, con cuidado, atención.
[6] *frigorífico*, nevera.

Leer y comprender

ESPAÑA TURÍSTICA

En esta sección, eminentemente práctica, ofrecemos una serie de informaciones sobre lugares y acontecimientos de interés que tienen lugar en España.
Aquí tiene usted también información sobre espectáculos, deportes, tiendas y pequeñas recomendaciones sobre libros, discos, películas o restaurantes.

MADRID

Madrid es una ciudad muy grande y son necesarias muchas páginas para recoger una mínima parte de las cosas de interés para el visitante. Indicamos sólo una rápida selección de buenos y distintos sitios para comer, oír música, bailar o pasar un momento de ocio que la actividad diaria deja libre.

RESTAURANTES/RESTAURANTS

La cocina alemana y centroeuropea tiene en Madrid varios destacados representantes para degustar tranquilamente especialidades personales. *Guten*, Orense, 60; *Horcher*, Alfonso XII, 6 ... Abundan también los restaurantes *italianos.* En *Bai*, Doctor Fleming, 52; *Da Nicola*, Orense, 4; *Rugantino*, Velázquez, 136, manos expertas de cocineros italianos preparan pizzas y espaguettis.

Para las personas que desean conocer la profunda variedad de la cocina *española* hay: *Berrio*, especialidades andaluzas, San Marcos, 8; *La Dorada*, Orense, 64; *La Lidia*, Presidente Carmona, 2 ...

CINE/CINEMA

En Madrid, la Gran Vía, la calle más bulliciosa y centro comercial, acoge una docena (12) de cines "de estreno"[1] que siempre tienen en cartel las últimas producciones de Hollywood o las películas triunfadoras en los festivales internacionales del mundo entero. Los Cines Gran Vía, Lope de Vega, Callao, Palacio de la Música, Capitol, agrupan las últimas novedades.

TEATRO/THEATRE

Las salas dependientes del estado y las independientes animan el ambiente teatral madrileño. Los teatros *Bellas Artes*, Marqués de Casa Riera, 2; *Comedia*, Príncipe, 14; *Latina*, Plaza de la Cebada, 2..., ofrecen una grande variedad de dramas, comedias, revistas y musicales para satisfacer los gustos de los amantes del género.

EL AMBIENTE/ATMOSPHERE

Siete calles que parten de la plaza popular del Dos de Mayo son el lugar que la gente llama el "barrio latino" de Madrid. Allí hay un montón de cafés, bares, pubs y disco-pubs que tienen movimiento en un ambiente completamente libre y alegre.

COMPRAS/SHOPPING

El centro comercial está principalmente no lejos de la calle Gran Vía y de la Puerta del Sol.

EL TURISTA
13 de mayo de 2002 - Madrid

58. ¿Verdadero? V ¿Falso? F

1. Madrid no es una ciudad muy grande. ☐
2. La cocina alemana tiene pocos representantes en Madrid. ☐
3. Los restaurantes italianos abundan. ☐
4. La Gran Vía es la calle más bulliciosa y es el centro comercial de Madrid. ☐
5. En la Gran Vía no hay muchos cines "de estreno". ☐
6. Sólo las salas dependientes del estado animan el ambiente teatral madrileño. ☐
7. En el "barrio latino" de Madrid hay muchos cafés. ☐

---

[1] *cine de estreno,* cine en que se proyecta por primera vez un filme (o película).

9

Buscando aparcamiento

  Hablar

ÁNGELES: ¡Por esta calle no se puede pasar: es dirección única!

JOSÉ: ¿Por dónde se pasa?

ÁNGELES: Por ahí, donde está la plaza.

JOSÉ: ¡No se puede circular por la ciudad en coche: ésta es la cuestión! Aparcamos el coche en el primer aparcamiento que encontramos y cogemos un autobús.

¡Ahí hay un sitio libre!

ÁNGELES: No, José, ahí no se puede aparcar. Es un vado permanente.

JOSÉ: ¡Es igual: aparcamos y basta!

ÁNGELES: ¡No, José! En la puerta hay un letrero: "llamamos grúa". Y allí hay un guardia. ¡Aquí hay un estacionamiento!

JOSÉ: ¿Dónde? ¿Está lejos?

ÁNGELES: No, está cerca. El cartel indica a la izquierda.

JOSÉ: Aquí no podemos girar: está prohibido girar a la izquierda...

ÁNGELES: Es verdad. Giramos por otra calle...

JOSÉ: ¿Qué pasa aquí?

ÁNGELES: ¡Obras: paso prohibido! Tampoco se puede pasar por esta calle. ¡Por allí, José...!

¡No podemos entrar: el aparcamiento está completo!

JOSÉ: ¡Basta! Dejo el coche ahí en segunda fila.

ÁNGELES: ¡La multa, José! ¡Yo pienso en la multa!

JOSÉ: ¡Tú piensas en la multa pero yo pierdo la paciencia: pagamos la multa y basta!

Observar y recordar

Se pasa por allí. ←→ [La gente **pasa** por allí.
Nosotros **pasamos** por allí.

↓ ↓
no personal personal

PRESENTE DE INDICATIVO

PENSAR	PODER
p**ie**nso	p**ue**do
p**ie**nsas	p**ue**des
p**ie**nsa	p**ue**de
pensamos	podemos
pensáis	podéis
p**ie**nsan	p**ue**den

MODELO DE IRREGULARIDAD: e / o en sílaba tónica > ie / ue

---

ocupar / perder / prohibir ⟶ ocup**ado** / perd**ido** / prohib**ido**
participios-adjetivos

¿Por **dónde** paso?⟶ Por **donde** está la plaza.
(= qué lugar) (= el lugar que)

Por esta calle no se puede pasar. ⟶ medio

Giramos por **otra** calle. ⟶ **OTRO / OTRA / OTROS / OTRAS**
(= no ésta, una calle diferente)

1	uno	I	primero-a	(1º / 1ª)
2	dos	II	segundo-a	(2º / 2ª)
3	tres	III	tercero-a	(3º / 3ª)

¡ATENCIÓN!
primer / segundo / **tercer** aparcamiento   aparcamiento **primero** / segundo / **tercero**
delante   detrás

- **¡Es igual**: aparcamos y basta!
  (= es indiferente, no importa)
- **¡Es verdad**: giramos por otra calle!
  (= de acuerdo, tienes razón)
- **¡Basta!** dejo el coche ahí, en segunda fila. ⟶ para poner fin a una acción

---

¡ALTO!

ACENTOS: PARA INDICAR LA SÍLABA TÓNICA

pa**pá**   in**glés**   bal**cón**   pas**tel** ⟶ 1ª
tónica 1ª sílaba de palabra que termina en vocal /s/ /n/: acento.

lápiz   **ár**bol   **ca**sa   **pe**ras   **Car**men ⟶ 2ª
tónica 2ª sílaba de palabra que no termina en vocal /s/ /n/: acento.

máquina   **lám**paras ⟶ 3ª
tónica 3ª sílaba: siempre acento.

flor   pan   yo
tónica una sola sílaba: nunca acento.

 **Practicar**

59. Conjugar y completar.

Ejemplo: –No _____ (poder) correr: _____ (haber) muchas _____ .

⟶ No **se puede** correr: **hay** muchas curvas.

1. –Por aquí no _____ (poder) pasar: _____ (estar) prohibido

_____ .

2. –¿_____ (nosotros, poder) aparcar aquí?

–Sí, aquí _____ (poder): _____ (haber) _____ .

3. –¿_____ (poder) adelantar en esta carretera?

–No, _____ (estar) prohibido _____ .

4. –¡Aquí no _____ (tú, poder) fumar!

–Es verdad: en la gasolinera _____ (estar) prohibido fumar.

5. –¿_____ (nosotros, poder) girar a la izquierda?

–No, no _____ (poder): _____ (haber) obras y _____

(estar) prohibido _____ .

6. –¡Por esta calle no _____ (ustedes, poder) pasar!

–¡Ah, sí! _____ (ser) _____ .

7. –¿_____ (yo, poder) tocar el claxon?

–No, no _____ (tú, poder): aquí cerca _____ (haber)

_____ .

8. –¡_____ (nosotros, aparcar) aquí!

–No, no _____ (poder)! _____ (estar) _____ .

9. –¿_____ (yo, girar) a la izquierda o a la derecha?

–No _____ (tú, poder) girar: _____ (ser) dirección

obligatoria.

10. –¡No _____ (nosotros, poder) correr: _____ (haber) un

paso de peatones!

60. Escribir el infinitivo y buscar la definición en el diccionario.

Ejemplo: *No **puedo** recordar tu número de teléfono.*

DICCIONARIO
poder, v. tr. tener facultad, potencia, tiempo o lugar de hacer algo. / ...   **poner,** v. tr. colocar, meter. / ...

1. Yo no sueño nunca.

2. ¿Cuándo almuerzan ustedes?

3. ¿Caliento la leche, señora?

4. ¿Duermes muchas horas?

5. El jardinero riega el césped.

6. Cuelgo los pantalones en el armario.

7. –¿Cuesta mucho este traje? –No, sólo cuesta 25.000 ptas.

8. No encuentra aparcamiento.

9. Tengo frío: cierro la ventana.

10. Tú no pierdes nunca la paciencia.

61. Contrarios.

Ejemplo: Aparco aquí el coche. ⟶ *Aparco **allí** el coche.*

1. Mi padre también fuma cigarrillos americanos.

2. Delante de la iglesia hay un jardín con árboles y flores magníficos.

3. El gato está encima del sillón.

4. La señora Carmen está muy mal del estómago.

5. Siempre habla por teléfono con su novio.

6. El aparcamiento está lejos de la plaza.

7. La maleta está sobre el asiento.

8. El cartero está allí.

9. No leo nunca el periódico.

10. La farmacia está cerca del hospital.

62. Participio-adjetivo.

Ejemplo: Está _____ (prohibir) aparcar. ⟶ *Está **prohibido** aparcar.*

1. El autobús está _____ (estacionar) en aquella calle.

2. No se puede entrar: la puerta está _____ (cerrar) con llave.

3. ¡Estas alfombras están muy bien _____ (lavar)!

4. ¡Estamos _____ (cansar) de buscar apartamento!

5. Las casas andaluzas están _____ (pintar) de blanco.

6. El coche está _____ (arreglar): puede usted conducir tranquilamente.

7. Pueden ustedes pasar al comedor: la cena está _____ (preparar).

8. La ropa está _____ (planchar) y _____ (colocar) en los armarios.

9. ¿Está _____ (pagar) la cuenta? –Sí, está _____ (pagar).

10. El pueblo de Salobreña está _____ (situar) sobre una roca en la Costa del Sol.

63. Completar con ser / estar.

–¿¹ _____ usted de Madrid?

–No, no² _____ (yo) de Madrid, yo³ _____ de Barcelona.

–¿⁴ _____ usted en un hotel?

–No,⁵ _____ (yo) en casa de unos amigos.

–¿Cómo⁶ _____ sus amigos?

–⁷_____ (ellos) muy simpáticos y amables.

–¿⁸ _____ usted abogado?

–Sí, yo⁹ _____ abogado, y usted ¿qué¹⁰ _____?

–Yo también¹¹ _____ abogado.

–¿¹² _____ usted también en Madrid?

–Sí, yo también¹³ _____ en Madrid.

–¿Y cómo¹⁴_____ usted en Madrid?

–¹⁵_____ (yo) muy bien: Madrid¹⁶ _____ una ciudad magnífica.

64. Completar con donde / dónde.

Ejemplo: ¿_____ está Madrid? –Está en España. ⟶

⟶ ¿**Dónde** está Madrid? –Está en España.

1. El pueblo _____ vivimos está en la montaña.

2. –¿_____ tienes el coche? –En el garaje.

3. Aquí es _____ se puede tocar la bocina.

4. ¿Es aquí _____ venden cigarrillos americanos?

5. –¿_____ está el señor López? –Está en la cafetería.

6. Éste es el restaurante _____ preparan platos típicos de la región.

7. –¿_____ coloco los libros? –En la estantería.

8. _____ hay mucha gente hay también mucho ruido.

65. Dictado. Poner el acento.

Ejemplo: ¡Por esta calle no se puede pasar: es direccion unica! ⟶

⟶ ¡Por esta calle no se puede pasar: es dirección única!

¿Por donde se pasa? // Por ahi, donde esta la plaza. Aparcamos el coche y cogemos un autobus. // ¡No se puede circular por la ciudad en coche: esta es la cuestion! // ¡Ahi hay un sitio libre! // No, Jose, ahi no se puede aparcar: es un vado permanente. // ¡Es igual: aparcamos y basta! // No, Jose, en la puerta hay un letrero: "llamamos grua". Y alli hay un guardia. // ¡Aqui hay un estacionamiento! // ¿Donde? ¿Esta lejos? // No, esta cerca. El cartel indica a la izquierda. // Aqui no podemos girar: esta prohibido girar a la izquierda... // Es verdad. Giramos por la otra calle. // ¿Que pasa aqui? // ¡Obras: paso prohibido! Tampoco se puede pasar por esta calle. ¡Por alli, ...! // ¡No podemos entrar: el aparcamiento esta ocupado! // ¡Basta! ¡Dejo el coche aqui en segunda fila! // ¡La multa, Jose! ¡Yo pienso en la multa! // ¡Tu piensas en la multa pero yo pierdo la paciencia: pagamos la multa y basta!

Leer y comprender

Aprender español

NUESTRO IDIOMA, EL SEGUNDO EN EUROPA

por SEBASTIÁN BASCO

Congreso de los profesores de Lengua Española en el Viejo Continente

El español es hoy la segunda lengua más hablada de Europa, pero la política cultural española en el exterior[1] está muy abandonada. El catedrático inglés Peter Standish, presidente de la Asociación Europea de Profesores de Español (AEPE) –de ella forman parte[2] dos mil docentes encargados de enseñar nuestra lengua en el Viejo Continente– expresa su desencanto por esta situación.

El número de alumnos de español está creciendo a un ritmo sostenido en Europa en estos años; las lenguas francesa, italiana o alemana experimentan, en cambio, una importante reducción en su alumnado. La vitalidad de nuestro idioma se debe[3], afirma Peter Standish, a tres causas fundamentales: "España y las cosas españolas están en auge[4] en todas partes. Hispanoamérica une a su actualidad permanente, el aumento demográfico. Además el idioma español es fonológicamente sencillo para el estudiante extranjero, que obtiene[5] rápidamente las primeras satisfacciones.

El dispositivo[6] español para la enseñanza de nuestra lengua en el Continente, resulta obsoleto e ineficaz en la actualidad. La falta de catedráticos y profesores capacitados, reflejo de la pobreza presupuestaria, ocasiona el establecimiento del "numerus clausus" en muchos centros europeos donde se imparte el español.

Esta vitalidad en la demanda de nuestro idioma está produciendo, según[7] Standish, "el reciclaje de muchos profesores de francés, obligados a enseñar el español". En la actualidad "no pueden crearse otras cátedras: falta profesorado". La inercia y la rigidez de la enseñanza tradicional de la segunda lengua en Europa –donde tradicionalmente se estudia siempre el francés o el inglés– y la ineficacia de la política cultural de Madrid en el exterior, dejan el español en un estado de total abandono.

ABC
4 de abril de 1989 - Madrid

---

66. Contestar.

1. ¿Quién es Peter Standish?

2. ¿Qué es la AEPE?

3. ¿A qué se debe la vitalidad del español?

4. ¿Es difícil el idioma español para el estudiante extranjero?

5. La falta de catedráticos y profesores capacitados, ¿qué ocasiona en el extranjero?

6. ¿Qué idiomas se estudian principalmente en Europa?

---

[1] *exterior*, extranjero.
[2] *formar parte*, ser parte de, ser miembro.
[3] *se debe*, es causada, producida.
[4] *en auge*, en su plenitud o punto máximo.

[5] *obtener*, llegar a tener, conseguir.
[6] *dispositivo*, mecanismo dispuesto para llegar a un fin.
[7] *según*, en opinión de.

10 *Actividades habituales*

  Hablar

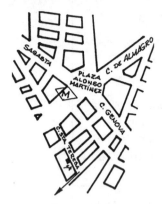

Nosotros vivimos en Madrid, en la calle de Santa Teresa, número 54.

Mi padre trabaja en un banco que está un poco lejos de casa.

Todas las mañanas va al banco en coche.

Mamá trabaja sólo por las mañanas. Trabaja de dependienta en una zapatería.

Sale de casa temprano y coge el autobús que va al centro, donde está la tienda.

Yo voy a la universidad. Generalmente voy hasta la universidad a pie, pero el paseo es muy largo y a veces voy con papá en coche.

A mediodía mis padres comen juntos en casa.

Yo no vuelvo nunca a casa para almorzar; como en los comedores del campus con mis compañeros.

Después de comer, papá vuelve a la oficina.

Por la tarde mamá casi siempre hace las faenas de casa: ordena las habitaciones, quita el polvo y a veces lava o plancha.

Papá vuelve a casa pronto, pero yo vuelvo tarde.

Antes de cenar, papá lee el periódico.

Yo ayudo un poco a mamá y preparamos juntas la cena.

Después de cenar, vemos todos la televisión.

Muchas veces, en lugar de mirar la televisión, estudio hasta las doce de la noche o la una de la madrugada.

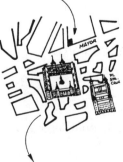

Observar y recordar

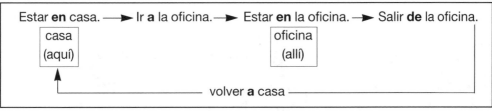

Estar **en** casa. ⟶ Ir **a** la oficina. ⟶ Estar **en** la oficina. ⟶ Salir **de** la oficina.

casa
(aquí)

oficina
(allí)

volver **a** casa

PRESENTE DE INDICATIVO

IR	SALIR	VER
voy	sal**go**	v**eo**
vas	sales	ves
va	sale	ve
vamos	salimos	vemos
vais	salís	veis
van	salen	ven
yendo	saliendo	viendo

IRREGULARIDAD PROPIA

Joaquín va **al** banco en coche. ⟶ **A + EL = AL**

• Voy ⟶ | universidad | ⟶ **hasta** la universidad.
(= no más lejos)

• Estudio ⟶ | 00:00 | ⟶ **hasta** las doce de la noche.
(= no más tarde)

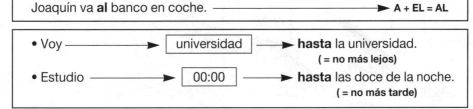

Veo **a** Luis / ayudo **a** mamá.   Vemos ~~a~~ la televisión ⟶ **COMPLEMENTO DIRECTO + A/~~A~~**

verbo + persona   verbo + cosa

• **Antes de** cenar, leo.   ⟷   **Después de** cenar, estudio.
• **Antes** leo.   **Después** estudio.

• Sale de casa **temprano**.
     (= a buena hora)
• Vuelve **pronto** de la oficina.   ⟷   Vuelve **tarde**.
     (= no tarde)   (= no pronto/no temprano)

• **Generalmente** voy a la universidad a pie.
• **Casi siempre** hace las faenas de casa.   ⟷   **A veces** voy con papá en coche.
• **Muchas veces** estudio hasta muy tarde.

     ⟶ (= con frecuencia)   ⟶ (= no con frecuencia)

En lugar de mirar la televisión, estudio hasta las doce.
(= no miro la televisión: estudio)

---

de madrugada	por la mañana	a mediodía	por la tarde	por la noche	a medianoche
00:00 04:00		12:00			00:00

37. Formar frases.

Ejemplo:

DESPACHO

Juan / salir   ir   volver

Por la mañana Juan sale de casa, va al despacho y por la tarde vuelve del despacho / vuelve a casa.

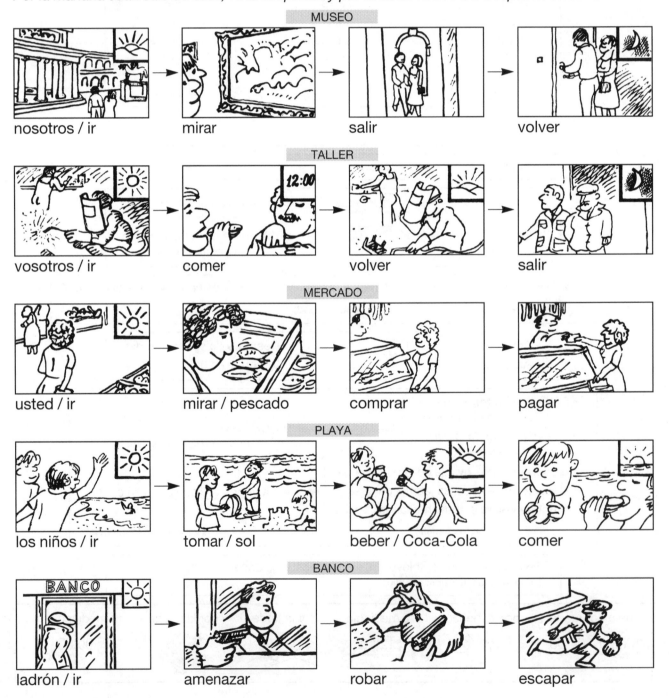

MUSEO

nosotros / ir   mirar   salir   volver

TALLER

vosotros / ir   comer   volver   salir

MERCADO

usted / ir   mirar / pescado   comprar   pagar

PLAYA

los niños / ir   tomar / sol   beber / Coca-Cola   comer

BANCO

ladrón / ir   amenazar   robar   escapar

68. Completar con: *a o al / antes de / cerca de / con / de o del / después de / en /en lugar de / hasta / lejos de /para / por.*

1. Joaquín y Teresa viven[1] _____ un pueblo[2] _____ Madrid, a cinco kilómetros[3] _____ el centro.

2. Se puede llegar[4] _____ Madrid[5] _____ coche o[6] _____ tren.

3. Joaquín trabaja[7] _____ una tienda y va[8] _____ Madrid [9]_____ tren.

4. Los niños,[10] _____ cambio, van[11] _____ pie[12] _____ el colegio.

5. [13] _____ la mañana, Teresa va[14] _____ el mercado[15] _____ coche: el mercado está[16] _____ su casa.

6. [17] _____ mediodía su marido no vuelve[18] _____ casa[19] _____ almorzar, y ella prepara la comida[20] _____ sus dos hijos.

7. Pero[21] _____ comer, Teresa limpia la casa.

8. [22] _____ comer, los niños vuelven[23] _____ el colegio.

9. [24] _____ la tarde, Teresa va[25] _____ el Centro Comercial [26] _____ Madrid o va[27] _____ el cine[28] _____ su amiga Carmen.

10. [29] _____ el cine, generalmente van[30] _____ una cafetería, toman un café[31] _____ leche y están allí[32] _____ la hora [33] _____ volver[34] _____ casa y preparar la cena[35] _____ toda la familia.

11. [36] _____ cenar, Joaquín hace algunas llamadas telefónicas.

12. [37] _____ cenar, Teresa mete[38] _____ los niños[39] _____ la cama y mira la televisión[40] _____ su marido[41] _____ muy tarde[42] _____ la noche.

13. [43] _____ veces Teresa está muy cansada y tiene mucho sueño.

14. [44] _____ ver la televisión[45] _____ su marido, va[46] _____ dormir enseguida.

69. Completar con *a* o *al* / ∅.

Ejemplos: • Lavo ____ el niño ——→ *Lavo al niño.*

• Lavo ____ el coche ——→ *Lavo ~~al~~ coche* ←——→ *Lavo el coche.*

1. Saludamos ____ nuestros compañeros.

2. ¿Veis ____ la televisión esta noche?

3. La policía no encuentra ____ el ladrón.

4. El médico cura ____ los enfermos.

5. El pianista saluda ____ el público.

6. ¿No encuentras ____ las llaves de casa?

7. La enfermera lava ____ la herida.

8. No veo bien ____ las señales de tráfico.

9. El público aplaude ____ el cantante.

10. Vemos ____ tu padre muy cansado.

70. Unir las dos frases.

Ejemplo: No miro la televisión: estudio ——→ *En lugar de* mirar la televisión, estudio.

1. Esta tarde no vamos a la cafetería: vamos a casa de Teresa.

2. Hoy no voy al trabajo en coche: voy en tren.

3. María no compra pescado: compra carne.

4. Mi padre no deja el coche en la calle: lleva el coche al garaje.

5. No llamo a Carmen por teléfono: voy directamente a su casa.

6. Esta tarde no leo el periódico: escucho la radio.

7. Hoy no comemos en casa: comemos en el restaurante.

8. Ella no abre la ventana: abre la puerta.

9. No cojo el ascensor: subo a pie.

10. Este año no vamos a la playa: vamos a la montaña.

71. Completar con *ir, salir, ver.*

Ejemplo: Hoy no _____ (yo, salir) porque no tengo ganas. ——→

——→ Hoy no **salgo** porque no tengo ganas.

1. –¿Dónde _____ (tú, ir)? –Estoy _____ (ir) a la peluquería.

2. Aquí no _____ (nosotros, ver) ningún semáforo.

3. –¿ _____ (vosotros, ir) al cine después de cenar? –No, _____ (nosotros, ver) la televisión.

4. Los alumnos están _____ (salir) del colegio.

5. No _____ (yo, ver) bien el número del tranvía que está llegando.

6. Hoy _____ (yo, salir) de la oficina muy pronto.

7. _____ (yo, ir) al trabajo en metro.

8. No _____ (él, salir) de casa porque está resfriado.

72. Dictado.

 **Leer y comprender**

**EL TEATRO, ESENCIAL PARA LA PERVIVENCIA[1]
DE LA CULTURA HUMANA**

"El teatro es siempre guardián de las tradiciones y particularidades culturales de un país, pero en la actualidad, a causa de las muchas banalidades que ofrece el mundo del espectáculo especialmente televisivo, es esencial para la pervivencia de la riqueza y variedad de la cultura humana".

Con estas palabras finaliza[2] su mensaje el crítico y ensayista teatral inglés Martin Esslin, su mensaje del Día Mundial del Teatro, que reproducimos a continuación:

"En el teatro, donde todo el público se encuentra en el mismo espacio frente a los actores, y donde éstos, presentes físicamente, pueden responder a las mismas reacciones que suscitan, una sociedad, una comunidad humana, toma conciencia de ella de una forma excepcional: los comediantes reflejan el modo de vida y las preguntas de esa sociedad, y el público, entidad colectiva representativa de la comunidad, reacciona aprobando, desaprobando y dando su acuerdo o rechazo a la imagen que de ella se ofrece.

"El teatro tiene mucha importancia en la formación de la imagen de un país, de una sociedad, de una cultura, en la comprensión de su identidad y de su especificidad.

"La imagen que un país tiene de él, a través de su literatura dramática y su es-

tilo de interpretación, refuerza el entendimiento de su propia identidad: esa imagen es un elemento básico de su visibilidad en el mundo entero.

"Es de extrema importancia establecer una red regular de comunicaciones a través de[3] las traducciones y representaciones de obras de otros países y de otras culturas; un intercambio intenso de compañías y de producciones teatrales entre los pueblos contribuye, además, a una mejor comprensión mutua y permite la fecundación recíproca de las ideas y de las técnicas.

"En esta época de superproducción de programas televisados baratos, basados en simples criterios comerciales, el teatro vivo es guardián de las tradiciones y particularidades culturales de un país, pero a causa de estas banalidades, es absolutamente esencial para la pervivencia de la riqueza y variedad de la cultura humana."

ABC
28 de marzo de 1989 - Madrid

---

73. Contestar.

1. ¿Qué es el teatro según el crítico y ensayista inglés Martin Esslin?

2. ¿Qué reflejan los actores?

3. ¿Cómo reacciona el público en el teatro?

4. ¿Por qué tiene mucha importancia el teatro en la formación de la imagen de un país?

5. ¿Qué favorece el intercambio de compañías y de producciones teatrales?

6. ¿Es esencial en la época actual el teatro?

---

[1] *pervivencia*, seguir viviendo.
[2] *finalizar*, terminar, acabar.
[3] *a traves de*, mediante, por medio de.

TEST DE CONTROL N.º 1 (Unidades 1-10)

1.1. Completar con consonantes.

1. ¿Dónde están las ta __ as del desa __ uno?

2. Enciendo el __ igarri __ o con una __ erilla.

3. La má __ uina de escribir no fun __ iona.

4. El __ itano to __ a la __ itarra con mu __ a __ abilidad.

5. Para almor __ ar tomo arro __ , __ uleta, una naran __ a y __ erve __ a.

1.2. Formar el plural.

1. Este lápiz es azul.

2. El hermano de Pedro es holgazán pero muy inteligente.

3. El profesor de idiomas es inglés.

4. Este es un pastel de nuez.

5. El león es un animal muy feroz.

1.3. Completar con *mi /tu / su...,* [*el / la / los / las*] *mío-a-os-as / tuyo-a-os-as...*

1. ¿Son _____ *(de usted)* estos guantes?

2. _____ *(de nosotros)* zapatos son marrones y _____ *(de vosotros)* son negros.

3. Estos cheques son _____ *(de ustedes).*

4. –¿Es _____ *(de ella)* este paraguas? –No, no es _____ *(de ella)*, es _____ *(de nosotros).*

5. Tú y yo tenemos el mismo coche: _____ es de color blanco _____ y es de color negro.

1.4. Conjugar en presente de indicativo *(llevo).*

1. Nosotros _____ *(trabajar)* y ellos _____ *(estudiar).*

2. María _____ *(mirar)* la televisión y su marido _____ *(leer)* el periódico.

3. Vosotros _____ *(comer)* siempre en un restaurante italiano.

4. Yo _____ *(escuchar)* con mucha atención al pianista que _____ *(él, tocar)* el piano.

5. Ustedes _____ *(coger)* un taxi y _____ *(ustedes, llegar)* puntuales.

1.5. Completar con *ser / estar* en presente de indicativo.

1. –¿Cómo _____ usted? – _____ *(yo)* bien, gracias, pero _____ *(yo)* cansado.

2. Carmen y Luisa _____ enfermeras y _____ trabajando en el hospital.

3. Todos mis amigos _____ muy jóvenes y simpáticos.

4. –¿Dónde _____ la farmacia?– _____ *(ella)* a su izquierda.

5. _____ prohibido pasar por esta calle.

1.6. Conjugar en presente de indicativo *(llevo)*.

1. No _____ *(yo, poder)* ir a tu casa: _____ *(yo, tener)* mucho trabajo.

2. ¡_____ *(nosotros, ver)* que usted _____ *(tener)* mucho éxito con las mujeres!

3. Ustedes _____ *(dormir)* poco y _____ *(hacer)* poco ejercicio.

4. _____ *(llover)* mucho: no _____ *(yo, salir)*.

5. Generalmente _____ *(nosotros, ir)* a la oficina en autobús y _____ *(volver)* a pie.

1.7. Completar con de *(del)* / a *(al)* / con / sin / en / por.

1. El hijo _____ el señor Pérez va _____ el colegio _____ mi hijo.

2. Viven _____ un pueblo cerca de Madrid, pero trabajan _____ Madrid.

3. _____ gafas no puedo leer.

4. El tranvía que va _____ la estación no pasa _____ esta plaza.

5. Tienen una casa _____ garaje y dejan el coche _____ la calle.

1.8. Completar con *qué* / *quién-es* / *dónde* / *cuándo*.

1. –¿_____ es este señor? –Es abogado.

2. –¿_____ está la iglesia? –Está allí, en la plaza.

3. ¿_____ está el cine Coliseum y _____ empieza la película?

4. ¿_____ hace usted todo el día?

5. –¿Con _____ está hablando el director? –Está hablando con sus clientes.

1.9. Decir la forma contraria de la palabra en cursiva.

1. El aparcamiento está muy *cerca*.

2. *Siempre* está triste y de mal humor.

3. Mi padre vuelve muy *tarde* del despacho.

4. Nosotros *también* fumamos.

5. Toma la medicina *antes de* comer.

1.10. Acentuar.

1. En Napoles hay un volcan muy famoso.

2. En el jardin hay muchos arboles.

3. El telefono esta a la izquierda de la maquina de escribir y al lado de la lampara.

4. Vosotros escribis siempre con boligrafo.

5. Pan, leche y azucar son alimentos de primera necesidad.

Hablar

Pedro Lozano trabaja en una fábrica textil: es un obrero especializado.

Consuelo, su mujer, trabaja en la Telefónica: es telefonista.

Pedro y Consuelo tienen tres hijos: el mayor tiene diez años, el segundo tiene ocho y la menor tiene tres años.

Pedro suele ir a la fábrica a las siete de la mañana.

Consuelo empieza a trabajar a las nueve.

Antes de ir a trabajar, Consuelo lleva a los dos hijos mayores al colegio, y a la pequeña a la guardería.

Pedro y Consuelo acostumbran a comer fuera de casa, en los comedores de la empresa.

Pedro y Consuelo regresan a casa aproximadamente a las cinco de la tarde.

Pedro suele tener el sábado libre, pero, de vez en cuando, va a la fábrica porque es su turno.

También Consuelo de vez en cuando trabaja los sábados y, a veces, incluso los domingos porque en la Telefónica se trabaja siempre y es necesario hacer turnos.

Cuando Pedro y Consuelo tienen los sábados libres, acostumbran a ir al hipermercado para hacer la compra de la semana.

Los domingos suelen estar en casa con los niños, y cuando el tiempo es bueno acostumbran a hacer una excursión al campo.

Observar y recordar

- Pedro **suele ir** a la fábrica. ——————→ **SOLER + INFINITIVO**
- Pedro **acostumbra a ir** a la fábrica. ——→ **ACOSTUMBRAR A + INFINITIVO**

(= generalmente/casi siempre va)

¿**Qué hora es?** ——————→ –**Es la una** de la madrugada / mañana / tarde / noche.
–**Son las dos, las tres...**

¿**A qué hora** comes? ——→Como **a la una, a las dos...**

¿**Qué edad tiene?** ——————————→ **Tiene** tres, cuatro, cinco... años

- **El** lune**s**, marte**s**, miércole**s**, jueve**s**, vierne**s**, sábado, domingo.
- **Los** lunes, martes, miércoles, jueves, viernes, sábado**s**, domingo**s**.

Consuelo trabaja incluso los domingos
porque en la telefónica se trabaja siempre. ——————→ causa

(= a causa de que)

Salen **para** hacer la compra. ——————————→ **PARA + INFINITIVO**

(= con el fin de)

Cuando tienen los sábados libres, acostumbran a ir al hipermercado.

(= todas las veces que)

Regresan a casa **aproximadamente** a las cinco de la tarde.

(= más o menos/no exactamente)

- **De vez en cuando** trabaja los sábados.

(= no siempre/a veces)

- Consuelo trabaja **incluso** los domingos.

(= también y además)

¡ALTO!

Formación de sustantivos de profesión.
caj[a] + ero ——————→ cajero-a ◀——————▶ jardín + ero ——————→ jardin**ero-a**
teléfon[o] + ista ——————→ telefonista ◀——————▶ violín + ista ——————→ violin**ista**
vende[r] + d + or ——————→ vende**dor-a**
emple[ar] + ado ——————→ emple**ado-a** ——————————————→ participio pasado
estudi[ar] + ante ——————→ estudi**ante**
depend[er] + iente ——————→ depend**iente** ——————————→ participio presente
escrib[ir] + iente ——————→ escrib**iente**

¡ATENCIÓN!

tax[i] + ista ——————→ taxista
puert[a] + ero ——————→ pue~~r~~tero ——————→ port**ero-a**

 **Practicar**

74. Completar con las horas.

Ejemplo: Julio sale de casa _____. → *Julio sale de casa **a las ocho de la mañana.***

```
    8. salir de casa
    9. oficina / periódico
   10. trabajar
   11.
   12. bar / oficina
   13.     ↓
   14.     ↓
   15. la cafetería
   16. oficina
   17.
   18.     ↓
   19.     ↓
   20. aperitivo
   21. casa
   22. cena
   23. televisión
   24. cama
    1. ........  ↓  ↓
    2. ........  ↓  ↓
    3.
```

- Julio llega a la oficina[1] _____.
- Primero lee el periódico y[2] _____ _____ empieza a trabajar.
- [3]_____ va al bar para hacer una pausa y toma un café.
- Vuelve a la oficina y trabaja[4] _____ _____ .
- [5]_____come con sus compañeros en la cafetería.
- [6]_____vuelve a la oficina y trabaja[7]_____ .
- Antes de ir a casa, aproximadamente[8] _____ _____ ve a algunos amigos y toma con ellos un aperitivo.
- Vuelve a casa[9] _____ y[10] _____ _____cena con su familia.
- [11]_____ enciende[(1)] la televisión.
- Generalmente[12] _____ va a dormir, pero a veces la televisión es muy interesante y no va a la cama[13] _____ o[14] ____ _____ de la madrugada.

75. Completar con *acostumbrar o soler.*

Ejemplo: Marta _____ comer en casa ⟶ *Marta **suele** comer en casa.*

```
Lunes: banco

Martes: peluquería

Miércoles: compra / gimnasio

Jueves: cine / cafetería

Viernes: almacenes "El Corte Inglés"

Sábado: faena de casa

Domingo: excursión / ver a mamá.
```

- Generalmente los lunes Marta[1] _____ a ir al banco para sacar[(2)] dinero.
- Los martes Marta[2] _____ ir a la peluquería.
- Los miércoles por la mañana[3] _____ ir a la compra, y por la tarde[4] _____ a llevar a los niños al gimnasio[(3)].
- Los jueves[5] _____ ir al cine con su amiga María o a la cafetería para tomar chocolate con nata[(4)].
- Los viernes a[6] _____ ir a El Corte Inglés: está cerca de su casa y se compra bien y barato.
- Los sábados[7] _____ hacer las faenas[(5)] de la casa.
- Los domingos, cuando el tiempo es bueno,[8] _____ a ir de excursión con su marido y sus dos hijos.
- Cuando el tiempo es malo,[9] _____ ir a ver a su madre, que vive sola y es muy vieja.

---

[1] *encender,* hacer funcionar un aparato eléctrico.
[2] *sacar,* retirar.
[3] *gimnasio,* local donde se hacen ejercicios de gimnasia.

[4] *nata,* sustancia grasa y cremosa que proviene de la leche.
[5] *faena,* trabajo.

76. Formar sustantivos de profesión.

Ejemplo: El _____ (caja) es una persona honesta. ——→
          ——→ El **cajero** es una persona honesta.

1. Voy a un _____ (diente) de fama europea.

2. Cuando llega el _____ (carta), toca el timbre de la puerta.

3. En la casa de los Marqueses de Villalonga hay un _____ (criar) y una _____
(cocina).

4. Soy _____ (representar) de una casa de productos farmacéuticos.

5. Nuestra empresa necesita un _____ (camión) de gran experiencia.

6. Las _____ (enfermo) de esta clínica son todas diplomadas.

7. –¿Dónde está el _____ (puerta)? –En este momento está ausente.

8. El periódico hace grandes elogios de aquel _____ (violín) inglés.

9. Somos _____ (ayudar) en esta Universidad.

10. Esta _____ (teléfono) tiene una voz muy bonita.

77. Unir las dos frases.

Ejemplo: La Telefónica no cierra nunca. Consuelo trabaja incluso los domingos. ——→
          ——→ Consuelo trabaja incluso los domingos porque la Telefónica no cierra nunca.

1. Tengo sueño. Voy a la cama.

2. Pedro va a la fábrica. Hoy es su turno.

3. El pequeño está enfermo. Llamo al médico.

4. Tenemos frío. Cerramos la ventana.

5. No tiene tiempo. No puede ir.

6. Tienes un examen el lunes. Estudias mucho.

7. No tiene coche. Coge el autobús.

8. Este libro es muy interesante. Compro este libro.

9. Esta casa es muy cara. No podemos comprar esta casa.

10. No hay un puesto libre en este aparcamiento. No puedo aparcar.

78. Conjugar los verbos con diptongo.

Ejemplo: Jorge _____ (empezar) a trabajar a las nueve. ——→
          ——→ Jorge **empieza** a trabajar a las nueve.

1. No _____ (yo, soler) comer antes de las diez de la noche.

2. _____ (nosotros, calentar) el agua para el té.

3. Marisa _____ (regar) las plantas del balcón.

4. Él no _____ (soñar) nunca.

5. Ellos _____ (pensar) sólo en el dinero.

6. Hoy la vida _____ (costar) muy cara.

7. La dependienta _____ (mostrar) el vestido a la cliente.

8. Las clases en la Universidad _____ (comenzar[1]) esta semana.

9. _____ (yo, encender[2]) el cigarrillo con una cerilla.

10. Esta tienda no _____ (cerrar) a mediodía.

79. Transformar usando *mi-s, tu-s..., [el, la...] mío-s, tuyo-s, tuya-s...*

Ejemplo: Es el libro *(de María).* ➤ *Es **su** libro. Es **el suyo.***

1. Es la bicicleta *(de Juan)* _____

2. Son las zapatillas *(del abuelo)* _____

3. Es la comida *(del perro)* _____

4. Éste es el reloj *(de yo)* _____

5. Son los cafés *(de nosotros)* _____

6. Son los juguetes *(de los niños)* _____

7. Es la familia *(de Paco)* _____

8. Son los pasaportes *(de vosotras)* _____

9. Son los abrigos *(de los espectadores)* _____

10. Son las partituras *(del violinista)* _____

80. Sustituir con otras formas equivalentes.

Ejemplo: _____ *(en la actualidad)* la vida está muy cara. ➤
➤ ***Hoy** la vida está muy cara.*

1. Esta noche, para cenar, _____ *(exclusivamente)* tenemos queso.

2. Voy al teatro sólo _____ *(no siempre / a veces).*

3. No va a trabajar: _____ *(es posible)* está enfermo.

4. Es muy simpático y tiene _____ *(mucha cantidad de)* amigos.

5. Mis hijos van todos los días a la guardería _____ *(también / y además)* los sábados.

6. Él es ingeniero; su hermano, _____ *(por el contrario)*, es zapatero.

7. Llamo _____ *(inmediatamente)* a la policía porque hay ladrones en el banco.

8. Son _____ *(más o menos / no exactamente)* las cinco de la tarde.

9. _____ *(en el día que estamos)* el tiempo es muy bueno.

10. –¿Toman cerveza o vino? – _____ *(es indiferente / no importa).*

81. Dictado.

---

[1] *comenzar,* empezar.
[2] *encender,* dar fuego a una cosa.

Leer y comprender

UNAS ELECCIONES POCO EUROPEAS

ES LA PRIMERA vez en la historia de nuestro continente que los electores[1] de los 12 países de la Comunidad Europea (CEE) van a votar para elegir *un* Parlamento, un órgano representativo[2] del pueblo europeo en su conjunto. Hablar de pueblo europeo no es una ficción; ese pueblo está naciendo a través de crecientes interconexiones económicas, políticas, culturales, sociales. Entre los ciudadanos de la CEE permanece la conciencia de las identidades nacionales, pero hay también una conciencia que todos "somos europeos". La edificación de Europa se debe hacer con el respaldo, en los momentos decisivos, de esa voluntad popular.

Probablemente no ayudan a esto las campañas electorales de los distintos países. La tónica[3] general es considerar estas elecciones como una especie de[4] primarias de ulteriores consultas nacionales. Es cierto que hay manifiestos unitarios electorales con vocación euro-peísta que los partidos socialistas y democristianos de los *doce* aprueban. Pero son textos de laboratorio, sin impacto[5] popular. En la política real, Europa es el pretexto para dirimir conflictos nacionales.

En el mundo de hoy, cuando Europa se encuentra, precisamente a causa de su división, en condiciones de inferioridad para competir con Estados Unidos y Japón en terrenos decisivos, y cuando se inician en el Este mutaciones importantes para el futuro del continente, es importante para Europa elevar los tímidos niveles de super-nacionalidad. Un debate electoral centrado de verdad[6] sobre los temas europeos probablemente puede favorecer una corriente mayoritaria favorable al reforzamiento de los poderes del Parlamento de Estrasburgo y de la Comisión de Bruselas y a la creación de un auténtico Ejecutivo[7] europeo.

EL PAÍS
30 de abril de 1989 - Madrid

---

82. Contestar.

1. ¿Qué hacen los ciudadanos de la Comunidad Económica Europea?

2. Los ciudadanos de los países europeos, ¿tienen conciencia de ser "europeos"?

3. ¿Cómo se encuentra Europa a causa de su división?

4. ¿Qué es importante para la unidad de Europa?

5. ¿Qué puede favorecer un debate electoral centrado sobre los temas europeos?

83. Buscar el infinitivo de los verbos del texto anterior.

Ejemplo: ES LA PRIMERA vez en la historia de nuestro continente...: *es < **ser***

---

[1] *elector* (< elegir), persona que ejerce su derecho de voto.

[2] *representativo* (< representar), que representa algo o a alguien.

[3] *tónica,* tendencia, tono.

[4] *una especie de*, una cosa parecida a, una suerte de.

[5] *impacto*, impresión o efecto violento que produce algo.

[6] *de verdad*, auténticamente, efectivamente.

[7] *Ejecutivo*, en los gobiernos representativos, poder que aplica las leyes.

Hablar

El primer despertador que se oye en casa es el despertador de mi padre.

Todos los días se levanta a las siete de la mañana.

Se pone la bata y va a la cocina.

Mi madre no suele levantarse antes de las ocho, pero algunas veces oye el despertador y se despierta a la misma hora.

Yo, en cambio, me levanto siempre más tarde.

Papá se prepara el desayuno por su cuenta: se toma una taza de café solo y come pan tostado con mantequilla; al mismo tiempo, pone la radio muy baja y escucha las noticias.

Luego va al cuarto de baño, se cepilla los dientes, se afeita y se ducha. Algunas veces mientras se ducha, silba o canta en voz baja.

Después vuelve a la habitación con gran lentitud y silencio para vestirse.

Antes de salir, se pone el abrigo y el sombrero.

Para no hacer ruido, sale de la casa de puntillas y abre la puerta muy despacio.

A veces olvida en casa las llaves del coche, las gafas o la cartera.

Entonces se pone muy nervioso, toca el timbre furioso y despierta a toda la familia.

Observar y recordar

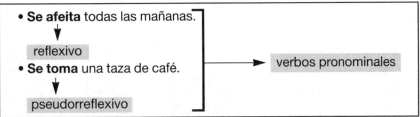

- **Se afeita** todas las mañanas.
  ↓
  reflexivo
- **Se toma** una taza de café.
  ↓
  pseudorreflexivo

→ verbos pronominales

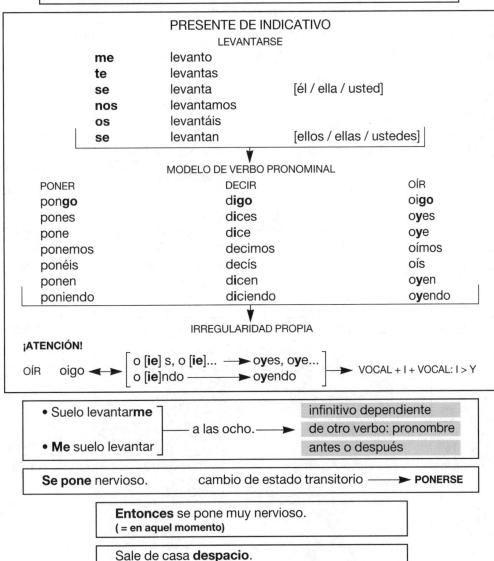

PRESENTE DE INDICATIVO

LEVANTARSE

me	levanto
te	levantas
se	levanta [él / ella / usted]
nos	levantamos
os	levantáis
se	levantan [ellos / ellas / ustedes]

MODELO DE VERBO PRONOMINAL

PONER	DECIR	OÍR
pon**go**	d**igo**	o**igo**
pones	dices	o**y**es
pone	dice	o**y**e
ponemos	decimos	oímos
ponéis	decís	oís
ponen	dicen	o**y**en
poniendo	diciendo	o**y**endo

IRREGULARIDAD PROPIA

¡ATENCIÓN!

OÍR   oigo ⟷ ⎡ o [**ie**] s, o [**ie**]... ⟶ o**y**es, o**y**e... ⎤ ⟶ VOCAL + I + VOCAL: I > Y
                ⎣ o [**ie**]ndo ⟶ o**y**endo ⎦

- Suelo levantar**me**
- **Me** suelo levantar   a las ocho. ⟶ infinitivo dependiente de otro verbo: pronombre antes o después

---

Se pone nervioso.   cambio de estado transitorio ⟶ **PONERSE**

Entonces se pone muy nervioso.
(= en aquel momento)

Sale de casa **despacio**.
(= lentamente / con lentitud / sin prisa)

Al mismo tiempo escucha la radio.
(= simultáneamente)

Mientras se ducha, silba o canta.
(= contemporáneamente / al mismo tiempo)

Algunas veces oye el despertador y se despierta.
(= a veces / no siempre)

Se toma café **solo**. ⟷ Estoy **solo** en casa.
(= sin ninguna cosa más)   (= sin ninguna persona más)

Pone la radio **baja**. / Habla en voz **baja**.
(= con poca intensidad de sonido)

Practicar

84. Formar frases.

Ejemplo:

quitarse / jersey

CARMEN

lavarse / pelo

secarse / pelo

➤ *Carmen se quita el jersey, se lava el pelo y se seca el pelo.*

NOSOTROS: POR LA MAÑANA

levantarse

lavarse / cara

afeitarse

peinarse

TÚ: POR LA MAÑANA

cepillarse / dientes

desnudarse

ponerse / pijama

acostarse, **ue**

USTED: EN EL CINE

sentarse, **ie** / butaca

ponerse / gafas

dormirse, **ue**

levantarse / al final

LAS CLIENTES: EN LA TIENDA

quitarse / vestido

probarse, **ue** / vestido

mirarse / espejo

llevarse / vestido / casa

VOSOTROS: EN LA PLAYA

ponerse / bañador

tumbarse / arena

echarse / agua

bañarse

85. Conjugar *decir, oír y poner.*

Ejemplo: _____ *(nosotros, oír)* la radio. ⟶ **Oímos** la radio.

1. En la calle están _____ *(poner)* un nuevo semáforo.

2. _____ *(yo, oír)* unos ruidos extraños en este cuarto.

3. A veces ustedes _____ *(decir)* cosas muy interesantes.

4. De este oído no _____ *(él, oír)* bien.

5. Antes de salir de casa _____ *(yo, ponerse)* el abrigo y el sombrero.

6. _____ *(nosotros, poner)* una alfombra nueva en el salón.

7. Este artículo _____ *(decir)* cuáles son los libros más vendidos en España.

8. Cuando estoy _____ *(oír)* música deseo silencio absoluto.

9. ¿Dónde _____ *(yo, poner)* las maletas, señor?

10. Cuando toma el sol, _____ *(ella, ponerse)* crema.

86. Unir las frases.

Ejemplo: Se ducha y contemporáneamente / al mismo tiempo canta o silba. ⟶
⟶ **Mientras** se ducha, canta o silba.

1. Tú friegas los platos y contemporáneamente yo barro el suelo.

2. Va por la calle y al mismo tiempo mira los escaparates[1].

3. Usted prueba este vestido y yo contemporáneamente atiendo a esta otra cliente.

4. Habla por teléfono y contemporáneamente toma nota.

5. Los niños están en la guardería y al mismo tiempo nosotras vamos de compras.

6. El mécanico arregla el motor y contemporáneamente nosotros vamos a tomar un café.

7. Conversáis y contemporáneamente fumáis un cigarrillo.

8. Pasea por el bosque y al mismo tiempo coge flores.

9. El peluquero[2] corta el pelo a la señora y contemporáneamente la manicura[3] le arregla las uñas de las manos.

10. Llevan al herido al hospital y contemporáneamente suena la sirena de la ambulancia.

87. Completar con ser / estar.

Ejemplo: –¿Cómo _____ ustedes? –Muy bien, gracias. ⟶
⟶ –¿Cómo **están** ustedes? –Muy bien, gracias.

1. Esta fruta no se puede comer: _____ muy verde.

2. Esta blusa _____ de color verde.

3. _____ *(nosotros)* muy contentos porque hoy es fiesta.

4. _____ un señor muy simpático y _____ siempre de buen humor[4].

5. Estos zapatos _____ muy viejos.

---

[1] *escaparate*, parte de una tienda en que se exponen las cosas que se venden.

[2] *peluquero*, la persona que por oficio peina o corta el pelo.

[3] *manicura*, la persona que por oficio cuida las manos.

[4] *de buen humor*, alegre, feliz, contento.

6. ¿_____ suyo el coche que _____ aparcado aquí?

7. Hoy los niños no van al colegio porque _____ enfermos.

8. _____ (él) muy nervioso porque _____ llegando tarde a la oficina.

9. _____ (ella) furiosa porque no encuentra las llaves de casa.

10. _____ (vosotros) muy amigos y _____ (vosotros) siempre juntos.

88. Decir la forma contraria.

Ejemplo: Toma café <u>con</u> leche. ⟶ Toma café **sin** leche.

1. Aparco el coche <u>delante de</u> la casa.

2. Cuando está de viaje, duerme <u>mucho.</u>

3. Durante las vacaciones, solemos levantarnos <u>temprano.</u>

4. El gato está <u>encima del</u> sillón.

5. <u>Antes de</u> comer, hago unas llamadas telefónicas.

6. En esta ciudad nosotros vivimos muy <u>bien.</u>

7. ¿Está <u>cerca</u> el aparcamiento?

8. Ellos <u>tampoco</u> saben nadar.

9. ¿<u>No</u> vais <u>nunca</u> al cine los domingos?

10. Cuando voy al teatro, me siento siempre <u>detrás.</u>

11. El lavavajillas está <u>a la derecha</u> de la nevera.

12. La farmacia está justo <u>aquí.</u>

89. Completar con *a o al / en.*

Ejemplo: Estos muchachos viven _____ Alemania. ⟶ *Estos muchachos viven **en** Alemania.*

1. ¿Estudiáis _____ la Universidad de Salamanca?

2. ¿Cuándo vuelven ustedes _____ su país?

3. Esta tarde vamos _____ el banco para cambiar dinero.

4. _____ esta ciudad hay muchos extranjeros.

5. Prefiero sentarme _____ la primera fila porque no oigo bien.

6. Luis no está _____ su casa: ahora está _____ casa de su compañero para estudiar.

7. _____ aquella tienda hacen descuentos[1] fabulosos.

8. La criada va _____ comprar todas las mañanas.

9. No vivimos _____ esta ciudad: vivimos _____ el extranjero.

10. –¿Dónde están mis camisas? –Están _____ el armario.

11. Los domingos acostumbro _____ ir _____ comer _____ casa de mis padres.

12. Durante las vacaciones vamos _____ Austria porque unos amigos nuestros viven _____ Viena.

13. Granada está _____ Andalucía.

14. Mi padre va _____ pie _____ el trabajo porque la oficina no está lejos de casa.

90. Dictado.

---

[1] *descuento*, cantidad de dinero sustraída de un precio establecido.

Leer y comprender

Salud

Puro ácido

por ALICIA GARCÍA

Al limón se atribuyen desde tiempos remotos numerosas propiedades medicinales. La sabiduría popular considera que tiene maravillosos efectos contra el veneno, humores infecciosos, etcétera.

Contiene gran cantidad de sales minerales: magnesio, sodio, calcio, potasio, azufre, cloro, hierro y fósforo y también un gran complejo vitamínico, en especial las vitaminas C y B.

Es un poderoso desinfectante y desintoxicante de todo el organismo, y está exento de contraindicaciones. Su empleo puede efectuarse de forma variada: toques, compresas, lavados, etcétera. Las compresas de limón puro no deben aplicarse más de ocho días seguidos, dado que[1] la piel puede sufrir, especialmente si ésta es sensible y fina.

Las heridas pueden lavarse con el zumo de un limón o dos, diluido en un vasito de agua; esta práctica desinfecta, facilitando la cura y cicatrización. Debido a la gran cantidad de ácido cítrico que contiene es un fuerte antihemorrágico: una compresa de limón puro aplicado sobre una cortadura detiene la pérdida de sangre casi instantáneamente.

En todos los casos de intoxicación gastrointestinal debe ingerirse zumo de limón con agua caliente; ayuda a expulsar los tóxicos, equilibrando y armonizando todo el aparato digestivo. También resulta excelente medicina para los reumáticos, dado que actúa favorablemente sobre los cristales úricos: disuelve y ayuda a expulsar por la orina estos cristales.

El poder astringente del limón ayuda a rebajar considerablemente las inflamaciones de la piel aplicando compresas de limón puro sobre la parte dañada.

El limón, dado que tiene un alto índice de acidez, está contraindicado en los casos de histerismo, neurastenia y trastornos nerviosos en general, pero es muy recomendable la infusión de sus flores, porque tiene importantes propiedades relajantes. Las mujeres durante la menstruación tampoco deben ingerir este fruto, dado que dificulta el flujo. En los casos de menstruaciones dolorosas, se debe evitar su ingestión desde tres o cuatro días antes de sobrevenir.

La entrada del otoño marca una escalada de catarros, bronquitis, etcétera; para ellos el limón está muy indicado: limpia las vías respiratorias eliminando las impurezas y ejerce una acción antibiótica muy importante porque mata los virus, reduce la fiebre y la inflamación, descongestionando los bronquios y favoreciendo la espectoración.

También puede utilizarse como limpiador del cutis, pasando un algodón mojado en limón puro y frotando suavemente la piel; esta operación se repite dos o tres veces, la grasa se elimina y además se evita la formación de acné y con el tiempo cura las cicatrices.

En las disenterías y diarreas, es un remedio excelente la ingestión de zumo de limón con agua caliente de hervir manzanas, palía la inflamación de las membranas intestinales, reduciendo los movimientos peristálticos del intestino excitados por la enfermedad.

El aceite esencial del limón además de ser tónico, es una medicina muy eficaz contra la tenia. Asimismo[2], las pepitas del limón trituradas con agua y miel eliminan las lombrices en los niños.

EL PAÍS SEMANAL
17 de octubre de 1982 - Madrid

91. Contestar.

1. ¿Qué efectos produce el limón cuando hay una herida?

2. ¿Qué efectos produce el limón con los problemas del intestino?

3. ¿Qué efectos produce el limón con los problemas del aparato respiratorio?

4. ¿Qué otras cualidades posee el limón?

---

[1] *dado que*, porque.
[2] *asimismo*, de la misma manera, también.

Hablar

SEÑORA: ¿Diga?
PEDRO: ¿Está José en casa, señora?
SEÑORA: ¿Cómo dice? No oigo nada. Llame otra vez, por favor.

[ring... ring...]

SEÑORA: ¿Diga?
PEDRO: Soy Pedro Rubio, señora.
SEÑORA: Hola Pedro, ¿cómo está?
PEDRO: Bien, gracias, ¿José está en casa?
SEÑORA: No, en este momento no está. ¿Es algo urgente?

PEDRO: Sí, un poco. Se trata de una reunión de la empresa: en lugar de ser la semana próxima, es mañana. ¿A qué hora vuelve José?

SEÑORA: A la hora de comer. Ahora está con los niños en el zoo.
PEDRO: Llamo de nuevo, entonces.

SEÑORA: No, no es necesario, anoto el día y la hora de la reunión.
PEDRO: De acuerdo.
SEÑORA: Espere un momento: ahora no encuentro un lápiz para tomar nota. Digo siempre a mis hijos: dejad un bolígrafo al lado del teléfono. ¡Es inútil!
PEDRO: Son cosas que pasan en todas las casas...
SEÑORA: Aquí está: diga.
PEDRO: Escriba sólo: reunión del miércoles próximo para mañana lunes a las tres de la tarde.
SEÑORA: Perfecto. ¿Algo más?
PEDRO: No, nada más, gracias. Adiós, señora.
SEÑORA: Adiós, Pedro.

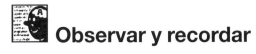

Observar y recordar

¡**Llame** [usted] otra vez! ————————————▶ orden, mandato
(imperativo)

IMPERATIVO AFIRMATIVO

	LLEVAR	COMER	ESCRIBIR
[yo]	...	...	...
[tú]	llev**a**	com**e**	escrib**e**
[él / ella / usted]	llev**e**	com**a**	escrib**a**
[nosotros / nosotras]	llev**emos**	com**amos**	escrib**amos**
[vosotros / vosotras]	llev**ad**	com**ed**	escrib**id**
[ellos / ellas / ustedes]	llev**en**	com**an**	escrib**an**

MODELO DE REGULARIDAD

p**ie**nsa, p**ie**nse, pensemos, pensad, p**ie**nsen

verbos que diptongan en presente ————▶ IMPERATIVO REGULAR CON DIPTON-
GACIÓN EN LA SÍLABA TÓNICA

	DECIR	OÍR
[yo]	...	...
[tú]	d**í**	o**ye**
[él / ella / usted]	d**iga**	o**iga**
[nosotros / nosotras]	d**igamos**	o**igamos**
[vosotros / vosotras]	dec**id**	o**id**
[ellos / ellas / ustedes]	d**igan**	o**igan**

IRREGULARIDAD PROPIA

Son cosas que pasan en **todas** las casas. ————▶ **TODO/TODA/TODOS/TODAS**

–¿**Algo** más? ◀————————————▶ –No, **nada** más.
(= alguna cosa) (= ninguna cosa)

Es **muy** urgente. ◀————————————▶ Es **un poco** urgente.
(= algo, pero no mucho)

• Llamo de nuevo, **entonces.**
(= por consiguiente / en este caso)
• Llame **otra vez** / llame **de nuevo.**
(= una vez más)

Ahora no encuentro el lápiz.
(= en el momento presente)

---

hoy ———————————— **mañana**
(= el día presente) (= el día después de hoy)

Digo siempre esto **a** mis hijos. ————▶ **COMPLEMENTO INDIRECTO + A**

Anoto el día y la hora de la reunión. –**De acuerdo.**
(= OKEY / bueno)

–¿**Diga?** ————▶ para contestar al teléfono

Practicar

92. Conjugar el verbo en imperativo usando *usted*.

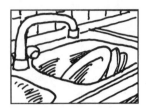

ELVIRA: ¿Qué hago, señora?

SEÑORA: Primero[1] _____ (ordenar) la cocina y[2] _____ (fregar, *ie*) los platos. Después [3] _____ (abrir) bien las ventanas, [4] _____ (airear) las habitaciones, [5] _____ (quitar) el polvo[1] de todos los muebles.[6] _____ (barrer) [7] _____ y (pasar) la bayeta por el suelo. En el cuarto[2] de los niños [8] _____ (ordenar) la ropa y [9]_____ (meter) los juguetes en los cajones. Después, la compra.

ELVIRA: Tenemos todo en casa, señora.

SEÑORA: ¿Está segura?

ELVIRA: Sí, señora: tenemos la carne, la fruta, el arroz.

SEÑORA: ¿Tenemos pan?

ELVIRA: No, es verdad.

SEÑORA: [10]_____ (comprar) usted pan. Después[11] _____ (preparar) la comida.

ELVIRA: Tenemos la carne asada para hoy, señora.

SEÑORA: ¡Ah, sí,[12] _____ (meter) la carne en el horno!

ELVIRA: Sí, señora, ¡es natural! Después preparo la mesa, como siempre. ¿Alguna cosa especial, señora?

SEÑORA: Sí, los cristales:[13] _____ (limpiar) los cristales de mi habitación, pero antes [14]_____ (descolgar, *ue*) las cortinas y [15]_____ (meter) las cortinas en la lavadora.

ELVIRA: ¿Usted cree, señora? Quizá en la tintorería...

SEÑORA: Bueno,[16] _____ (llevar) las cortinas a la tintorería.

ELVIRA: ¿Y los zapatos del señor?

SEÑORA: [17]_____ (limpiar) los zapatos del señor y[18] _____ (recordar, *ue*) también los míos.

ELVIRA: ¡Naturalmente, señora! ¿Qué hago después?

SEÑORA: ¡[19]_____ (descansar), hija, [20] _____ (descansar)!

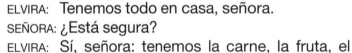

_____
[1] *polvo,* partículas de tierra muy seca que se levantan en el aire y caen sobre los objetos.
[2] *cuarto,* habitación.

93. Elegir, unir y aconsejar *con un* ***imperativo.***
   Ejemplo: *¿Estás cansado?*

descansar ⟶ ***¡Descansa!***

1. ¿Tenéis sed?

(vosotros) llamar /Julio / teléfono

2. ¿Tienes prisa?

tomar / bicarbonato

3. ¿Te duele el estomágo?

escuchar / música

4. ¿No has comido nada?

coger / taxi

5. ¿Qué hacemos para relajarnos?

beber / cerveza

6. ¿Siente usted calor?

limpiar / zapatos

7. ¿Tenéis ganas de hablar con Julio?

estudiar / tarde y noche

8. ¿No tenemos dólares?

comer / bocadillo

9. ¿Tienes los zapatos sucios?

comprar (nosotros) / algo / mercado

10. ¿Tenéis un examen?

cambiar / pesetas / banco

11. ¿No hay nada en la nevera?

entrar / ventana

12. ¿No tenéis la llave de la puerta de casa?

abrir / ventana

94. Conjugar en presente de indicativo *(llevo)* o en gerundio *(llevando)* decir y oír.

Ejemplo: No _____ *(yo, decir)* nada. ——► *No* **digo** *nada.*

1. Aquellas señoras no _____ *(decir)* nunca la verdad.
2. Hoy el periódico no _____ *(decir)* nada interesante.
3. _____ *(vosotros, decir)* un montón de tonterías[1].
4. Este teléfono no funciona bien: no _____ *(yo, oír)* la señal acústica.
5. –¿Qué estás _____ *(decir)*? –No _____ *(yo, decir)* nada.
6. Los testigos _____ *(decir)* la verdad y sólo la verdad.
7. ¿_____ *(oír)* vosotros también la radio de los vecinos[2]?
8. En esta casa se _____ *(oír)* todos los ruidos de la calle.
9. _____ *(yo, decir)* siempre a mis hijos: dejad un bolígrafo al lado del teléfono.
10. ¿Qué _____ *(decir)* usted? ¿No hay jirafas en este zoo? ¡Está _____ *(decir)* una cosa increíble[3]!

95. Formar el plural.

Ejemplo: Estos esquís son _____ *(nuevo)*. ——► *Estos esquís son* **nuevos.**

1. Aquellos empleados son _____ *(cortés)*.
2. Son perros _____ *(inteligente)* y _____ *(fiel)*.
3. Nunca transmiten noticias _____ *(alegre)*.
4. Son unos mecánicos _____ *(hábil)*.
5. Estas empresas de construcción son _____ *(francés)*.
6. Las perlas de este collar son _____ *(brillante)*.
7. Es un vestido de flores _____ *(azul)*.
8. Esta lavadora y este lavavajillas son _____ *(alemán)*.
9. Paloma y Carmen son _____ *(español)*.
10. Nosotros somos personas _____ *(feliz)*.

96. Completar con *cuando* + verbo.

Ejemplo: _____ *(yo, tener)* los sábados libres, acostumbro a ir al hipermercado.
——► *Cuando* **tengo** *los sábados libres, acostumbro a ir al hipermercado.*

1. _____ *(nosotros, tener)* sed, bebemos una cerveza fría.
2. _____ el coche no _____ *(tener)* gasolina, vamos a la gasolinera.
3. _____ *(ellos, no trabajar)* los domingos, suelen ir de excursión a la montaña.
4. _____ María _____ *(llegar)* a casa del trabajo, prepara la cena para la familia.
5. _____ el reloj no _____ *(funcionar)*, llevo el reloj al relojero.
6. _____ *(vosotros, tener)* tiempo, vais al cine o a la cafetería.
7. _____ *(nosotros, no tener)* dinero, pagamos con un cheque.
8. _____ *(ella, comprar)* un vestido, mira bien el precio.
9. _____ *(tú, ir)* a la playa, no tomas nunca el sol.
10. _____ el nene[4] *(estar)* enfermo, llamo al médico.

97. Dictado.

---

[1] *tontería* (< tonto), estupidez, cosa no inteligente.
[2] *vecinos*, que viven en la misma casa de pisos.
[3] *increíble* (< in + creíble), que no se puede creer.
[4] *nene*, niño pequeño.

Leer y comprender

Urbanismo
La Plaza Redonda de Valencia y la perfección del círculo
por SEBASTIÁN BASCO

SEGÚN el Diccionario de la Real Academia Española, el círculo es el "área o superficie plana contenida dentro de la circunferencia". Esta última es una "curva plana, cerrada; sus puntos son equidistantes[1] de otro punto, llamado centro, situado en el mismo plano". Serpiente que muerde su cola, es una forma básica y elemental que para los pueblos primitivos tiene un sentido mágico y para los más civilizados un valor metafórico de metafísicas connotaciones. Con el centro, la cruz y el cuadrado, es un símbolo fundamental de la realidad. Forma perfecta y cerrada, es la representación del proceso de emanación y retorno, el punto de partida y el punto de llegada, coincidentes en su oposición. Forma básica de la unidad, con ausencia de división, es a causa de su homogeneidad la imagen de la eternidad y del tiempo. Símbolo de la divinidad y del cielo para los teólogos, para los geómetras es la forma más precisa y regular. No podemos escapar a la seducción y a la atracción que todos los círculos producen, círculo celeste, círculo infernal o el círculo vicioso. Más, cuando se trata de una plaza circular que, entre unas calles estrechas y unos arcos abovedados o túneles, descubre la azul bóveda del cielo. Entonces quedamos presos[2] dentro del perímetro encantado, del anillo que forma la cornisa[3] que circunda[4] el círculo. Sensación de unidad, quietud y dinámico girar.

La Plaza Redonda de Valencia constituye un descubrimiento para la persona perdida en el laberinto urbano.

El primer descubrimiento es poder comprobar que la plaza redonda no es sólo una pura fachada: detrás de la forma circular perfecta se encuentra la irregularidad parcelaria[5] de las plantas[6] de los locales y viviendas[7] adaptados a la línea continua y absoluta del ruedo[8]. El segundo y mayor descubrimiento es constatar, como se constata gráfica y expresadamente[9] en el plano del Proyecto General de la Ciudad de Valencia, de 1858, que la Plaza Redonda está situada en el centro geométrico de la ciudad antigua, y es hoy el centro de Valencia, punto de referencia y corazón de la ciudad.

Cuando contemplamos la Plaza Redonda de Valencia podemos evocar el patio circular de la Casa de Mantegna en Mantua (Italia), o el palacio de Carlos V(quinto), en la Alhambra de Granada. Pero con sus modestas y domésticas proporciones y su sobrio alzado[10], esta plaza es un ejemplo de la seriedad y de la ponderación de la burguesía liberal y de su intervención en la renovación interior de la ciudad.

ABC
27 de abril de 1989 - Madrid

---

98. Contestar.

1. ¿Cómo define la palabra círculo el Diccionario de la Real Academia Española?

2. ¿Qué representa el círculo?

3. ¿Qué simboliza el círculo para los teólogos?

4. ¿Qué representa el círculo para los geómetras?

5. ¿Qué se encuentra detrás de la forma circular perfecta de la plaza de Valencia?

6. ¿Dónde está situada la Plaza? ¿qué es hoy?

---

[1] *equidistante*, que se encuentra a la misma distancia.
[2] *preso*, capturado.
[3] *cornisa*, parte saliente que corona un edificio.
[4] *circundar*, rodear, estar alrededor.
[5] *parcelario* (< parcela), trozo en que se divide un terreno.
[6] *planta*, diseño de los cimientos de un edificio.
[7] *vivienda*, edificio destinado para vivir.
[8] *ruedo*, circunferencia.
[9] *gráfica y expresadamente* = gráficamente y expresadamente.
[10] *alzado* (< alzar), levantar, construir un edificio; diseño de un edificio.

Hablar 📼

VERDULERA: Buenos días, doña Paca, ¿cómo va?

DOÑA PACA: ¡Cuánta gente hoy! ¡Vuelvo más tarde!

VERDULERA: No, es cuestión de unos minutos y estoy con usted. Los viernes siempre hay más gente.

DOÑA PACA: Bueno, espero un rato.

VERDULERA: Aquí estoy. ¿Qué quiere, doña Paca?

DOÑA PACA: ¿Cuánto cuestan los melocotones?

VERDULERA: Cuestan 1 € (un euro) el kilo.

DOÑA PACA: ¡Qué caros! ¡Cuestan mucho!
Compro manzanas: dos quilos.

VERDULERA: El precio de las manzanas es el mismo. Las peras están muy ricas y maduras. ¿Quiere alguna?

DOÑA PACA: No, prefiero las ciruelas: un kilo, por favor.
Luego quiero patatas y cebollas: un quilo de patatas y medio kilo de cebollas.
Necesito también calabaza para la sopa.

VERDULERA: ¿Cuánta quiere?

DOÑA PACA: Quiero sólo la mitad de ésta. ¿Cuánto pesa?

VERDULERA: Aproximadamente 400 (cuatrocientos) gramos.
¿Frutos secos, doña Paca? Tengo almendras y nueces...

DOÑA PACA: ¿Cuánto cuestan las almendras?

VERDULERA: Cuestan 6 € (seis euros) el kilo.

DOÑA PACA: Bueno, 600 (seiscientos) gramos de almendras; las nueces no, son demasiado fuertes e indigestas.

VERDULERA: Los melones están estupendos, doña Paca, y cuestan poco.

DOÑA PACA: ¿Está segura? ¡No puedo soportar los melones que parecen pepinos!

VERDULERA: Éstos son muy ricos: huela usted misma.

DOÑA PACA: Sí, huele muy bien.

VERDULERA: ¿Cuántos melones quiere, doña Paca?

DOÑA PACA: ¡Quiero uno! ¿Cuánto cuesta todo junto?

VERDULERA: Son 9 € (nueve euros), doña Paca.

DOÑA PACA: ¡Qué caro! ¡cuánto sube la vida!

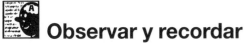 # Observar y recordar

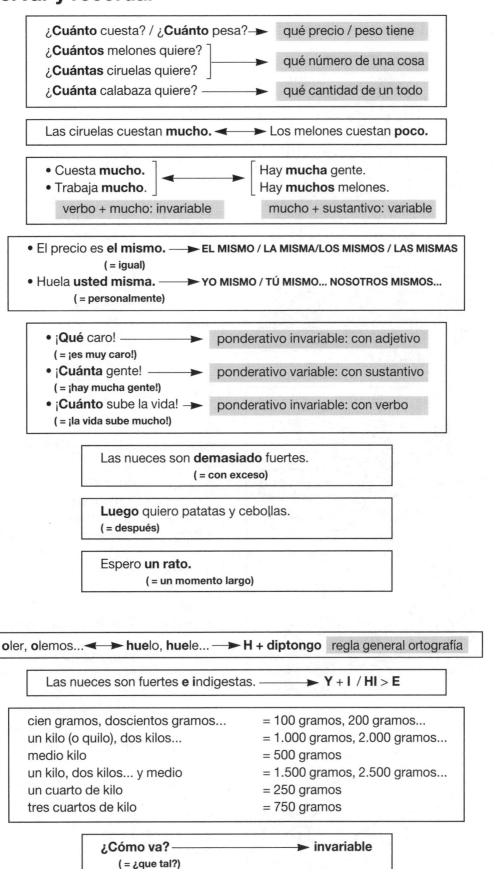

¿**Cuánto** cuesta? / ¿**Cuánto** pesa? ➡ qué precio / peso tiene

¿**Cuántos** melones quiere?
¿**Cuántas** ciruelas quiere? ➡ qué número de una cosa

¿**Cuánta** calabaza quiere? ➡ qué cantidad de un todo

Las ciruelas cuestan **mucho.** ⬅➡ Los melones cuestan **poco.**

• Cuesta **mucho.**
• Trabaja **mucho.** ⬅➡ Hay **mucha** gente.
Hay **muchos** melones.

verbo + mucho: invariable   mucho + sustantivo: variable

• El precio es **el mismo.** ➡ EL MISMO / LA MISMA/LOS MISMOS / LAS MISMAS
(= igual)
• Huela **usted misma.** ➡ YO MISMO / TÚ MISMO... NOSOTROS MISMOS...
(= personalmente)

• ¡**Qué** caro! ➡ ponderativo invariable: con adjetivo
(= ¡es muy caro!)
• ¡**Cuánta** gente! ➡ ponderativo variable: con sustantivo
(= ¡hay mucha gente!)
• ¡**Cuánto** sube la vida! ➡ ponderativo invariable: con verbo
(= ¡la vida sube mucho!)

Las nueces son **demasiado** fuertes.
(= con exceso)

Luego quiero patatas y cebollas.
(= después)

Espero **un rato.**
(= un momento largo)

¡ATENCIÓN!

oler, olemos... ⬅➡ **hue**lo, **hue**le... ➡ H + diptongo   regla general ortografía

---

Las nueces son fuertes **e** indigestas. ➡ Y + I / HI > E

---

cien gramos, doscientos gramos... = 100 gramos, 200 gramos...
un kilo (o quilo), dos kilos... = 1.000 gramos, 2.000 gramos...
medio kilo = 500 gramos
un kilo, dos kilos... y medio = 1.500 gramos, 2.500 gramos...
un cuarto de kilo = 250 gramos
tres cuartos de kilo = 750 gramos

¿**Cómo** va? ➡ invariable
(= ¿que tal?)

 **Practicar**

99. Completar con la palabra adecuada.

VERDULERO: ¿[1]_____ desea, señora?

SEÑORA: Quiero patatas. ¿[2]_____. cuestan?

VERDULERO: Cuestan 0,90 (noventa) céntimos el kilo.

SEÑORA: ¡[3]_____ caras! Un kilo, por favor

¿[4]_____ son estos melones?

VERDULERO: Son estupendos. ¿[5]____quiere?

SEÑORA: Quiero sólo uno.

VERDULERO: Aquí tiene su melón.

SEÑORA: ¡Es[6]_____ grande! Quiero uno más pequeño. ¿[7]_____ pesa ése?

VERDULERO: Éste pesa 800 (ochocientos) gramos.

SEÑORA: ¡[8]_____ pesa! ¿No tiene uno más pequeño?

VERDULERO: [9]_____es más pequeño, pero [10]_____ un poco verde.

SEÑORA: ¿[11]_____ tiene de frutos secos?

VERDULERO: [12]_____ tengo almendras. Son un poco [13]_____, pero son muy ricas.

SEÑORA: ¿Por qué? ¿[14]_____ cuestan?

VERDULERO: Cuestan 7 (siete euros) [15]_____ kilo.

SEÑORA: ¡Oh, sí,[16]_____ cuestan! No, [17]_____ compro manzanas.

VERDULERO: ¿[18]_____ quiere, señora?

SEÑORA: Tres kilos, por favor.

VERDULERO: ¿No quiere usted cebollas?

SEÑORA: No,[19]_____ cebollas en casa. ¿[20]_____ cuesta una lechuga?

VERDULERO: 0,85 (ochenta y cinco) [21]_____ una. ¿[22]_____ quiere?

SEÑORA: Necesito sólo dos.

VERDULERO: ¿Y tomates, no quiere?[23]_____ muy maduros.

SEÑORA: Sí,[24]_____ dos kilos y medio. ¿Cuánto[25] _____ todo?

VERDULERO: Poco, señora,[26]_____7 (siete) euros.

100. Hacer la compra libremente.

Ejemplo: –¿Qué desea?
–*Deseo un kilo y medio de
ciruelas grandes y maduras.*

–*Quiero un cuarto de kilo
de aceitunas.*

ciruelas (1.500) gr.

aceitunas (250) gr.

CARNICERÍA

ternera / bistec
(1.000 gr.)

cordero (500 gr.)

cerdo / chuleta
(600 gr.)

pollo (1)

VERDULERÍA

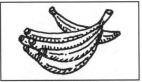
plátanos (500 gr.)

uva (750 gr.)

naranjas (2.500 gr.)

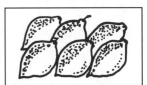
limones (6)

guisantes (800 gr.)

judías (400 gr.)

coliflor (2)

lechuga (1)

MANTEQUERÍA

jamón (250 gr.)

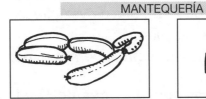
salchichas (4)

mantequilla (250 gr.)

queso (500 gr.)

101. Completar con *cuánto / cuánto-a-os-as.*

Ejemplo: –¿_____ años tienes?———► –*¿**Cuántos** años tienes?*

1. –Quiero ciruelas. –¿_____ quiere?

2. –¿_____ pesa este pollo? –Pesa un kilo y medio.

3. –¿_____ huevos desea? –Deseo sólo seis huevos.

4. –¿_____ horas trabajas en la oficina? –Trabajo ocho horas.

5. –¿_____ cuestan estos tomates? –Sólo cuestan un euro venticinco céntimos el kilo.

6. –¿_____ hijos tienen ustedes? –Tenemos tres.

7. –¿_____ tiempo dedicas a la gimnasia? –Cuatro horas todas las semanas.

8. –¿_____ pesa usted? –Peso cincuenta quilos.

9. –¿_____ azúcar quiere en el té? –Tomo el té sin azúcar, gracias.

10. –¿_____ facultades hay en esta Universidad? –Hay muchas.

102. Completar con *muy / mucho / mucho-a-os-as.*

Ejemplo: Está_____cansado porque trabaja_____y_____horas. ⟶

⟶ *Está **muy** cansado porque trabaja **mucho** y **muchas** horas.*

1. Es _____ gordo porque come _____.

2. Posee una biblioteca con _____ libros de valor.

3. Tengo _____ ganas de comer melón con jamón.

4. Eres _____ listo y _____ estudioso.

5. No podemos comprar este coche: cuesta _____ y no tenemos _____ dinero.

6. Lee _____ y también escribe _____.

7. Tengo _____ hambre: como un bocadillo.

8. Los pequeños duermen _____.

9. Hay aviones que vuelan[1] _____ alto.

10. Cuando estoy de vacaciones descanso _____.

103. Conjugar el verbo en presente de indicativo *(llevo).*

Ejemplo: _____ *(yo, levantarse)* a las ocho. ⟶ ***Me levanto** a las ocho.*

1. Hoy _____ *(yo, ponerse)* el abrigo de pieles[2].

2. Mi padre, mientras _____ *(afeitarse)*, canta en voz baja.

3. Antes de comer, siempre _____ *(ustedes, lavarse)* las manos.

4. _____ *(tú, ducharse)* todas las mañanas con agua fría.

5. ¿_____ *(nosotros, tomarse)* un aperitivo antes de ir a casa?

6. ¿_____ *(tú, despertarse, **ie**)* temprano por la mañana?

7. Los clientes _____ *(sentarse, **ie**)* en los sillones del despacho.

8. Cuando tengo sed, _____ *(yo, beberse)* una cerveza fresca.

9. Papá _____ *(él, prepararse)* el desayuno.

10. Cuando miráis la televisión, _____ *(vosotros, dormirse, **ue**)* enseguida.

104. Transformar en frases ponderativas con *qué / cuánto / cuánto-a-os-as.*

Ejemplo: ¡Es muy bonita esta señora! ⟶ *¡**Qué** bonita es esta señora!*

1. ¡Cuesta mucho este apartamento!

2. ¡Es muy feo aquel cuadro!

3. ¡Pesa mucho este paquete!

4. ¡Es muy antipática vuestra portera!

5. ¡Hay muchas lámparas en esta sala!

6. ¡Hay mucha gente en el concierto!

7. ¡Es muy bonito este collar!

8. ¡Es muy hábil el mecánico!

---

[1] *volar,* moverse una cosa en el aire.

[2] *de pieles,* de piel animal con pelo.

Leer y comprender

BAILE

La Carmen está bailando
por las calles de Sevilla.
Tiene blancos los cabellos
y brillantes las pupilas.

    ¡Niñas,
corred[1] las cortinas!

En su cabeza se enrosca[2]
una serpiente amarilla,
y va soñando[3] en el baile
con galanes[4] de otros días.

    ¡Niñas,
corred las cortinas!

Las calles están desiertas
y en los fondos se adivinan,
corazones andaluces
buscando viejas espinas.

    ¡Niñas,
corred las cortinas!

LA BALADA DEL AGUA DEL MAR

El mar
sonríe a lo lejos.
Dientes de espuma,
labios de cielo.

– ¿Qué vendes, oh joven turbia
con los senos al aire?

– Vendo, señor, el agua
de los mares.

– ¿Qué llevas, oh negro joven,
mezclado con tu sangre?

– Llevo, señor, el agua
de los mares.

– Estas lágrimas salobres[5]
¿de dónde vienen, madre?

– Lloro, señor, el agua
de los mares.

– Corazón, y esta amargura[6]
seria, ¿de dónde nace?

– ¡Amarga mucho el agua
de los mares!

El mar
sonríe a lo lejos.
Dientes de espuma,
labios de cielo.

FEDERICO GARCÍA LORCA, *Obras Completas.*
Madrid, Aguilar, 1972, pp. 263-4 y 324-5.

105. Contestar.

1. ¿Cómo es Carmen?

2. ¿En qué sueña?

3. ¿Cómo están las calles de Sevilla?

4. ¿Cómo describe García Lorca el mar?

5. ¿Qué personajes se encuentran en el poema?

6. ¿Qué hacen estos personajes?

---

[1] *correr* algo, mover o desplazar una cosa a un lado.
[2] *enroscarse* (< rosca, incisión helicoidal del tornillo), girar sobre la rosca.
[3] *va soñando*, sueña.

[4] *galán,* joven pretendiente.
[5] *salobre* (< sal), que tiene sabor de sal.
[6] *amargura* (< amargo, no dulce), sentimiento de dolor o pena.

15 *Huelga de transportes*

 Hablar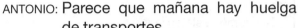

ANTONIO: Parece que mañana hay huelga de transportes...
JAVIER: ¿Ah, sí? ¿Cómo lo sabes?
ANTONIO: Lo dice Felipe...
JAVIER: Si lo dice Felipe podemos no creerlo: siempre está de broma.

FELIPE: No, hombre, no, lo digo en serio. Mira, lo dice el periódico de hoy.
JAVIER: Oye, tú, ¿no sabes que mañana hay huelga de transportes?
LUIS: ¿De veras? Lo siento por vosotros porque yo vivo aquí mismo...

JAVIER: ¿A qué hora empieza la huelga? ¿Cuánto dura?
FELIPE: El periódico no lo dice.
ANTONIO: Todo el día, seguro. ¿Hay huelga sólo de autobuses y tranvías o también de trenes?
FELIPE: Eso no lo sé, pero seguramente también hay huelga de trenes.

JAVIER: Oye, tú, ¿cómo venimos mañana al trabajo?
FELIPE: ¡Venimos en coche!
ANTONIO: ¡Ése lo arregla todo en seguida! ¡Yo no tengo coche!

FELIPE: Pues entonces vienes andando o si no, no vienes y ya está.
JAVIER: ¡Estupendo! ¡Decimos al jefe que no venimos y nos quedamos en casa!
¡Chicos, mañana es fiesta!

 **Observar y recordar**

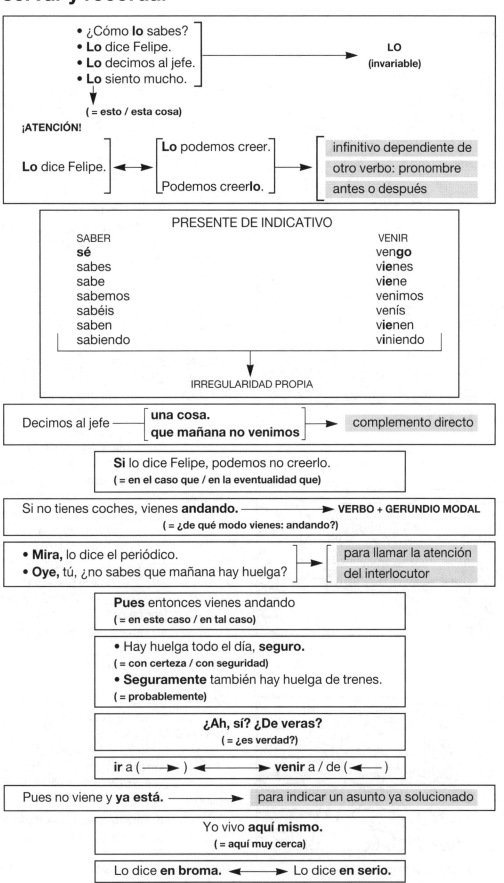

- ¿Cómo **lo** sabes?
- **Lo** dice Felipe.
- **Lo** decimos al jefe.
- **Lo** siento mucho.

LO
(invariable)

(= esto / esta cosa)

¡ATENCIÓN!

Lo dice Felipe. ⟷ **Lo** podemos creer. / Podemos creer**lo**.

infinitivo dependiente de
otro verbo: pronombre
antes o después

PRESENTE DE INDICATIVO

SABER	VENIR
sé	ven**go**
sabes	vi**e**nes
sabe	vi**e**ne
sabemos	venimos
sabéis	venís
saben	vi**e**nen
sabiendo	viniendo

IRREGULARIDAD PROPIA

Decimos al jefe — **una cosa.** / **que mañana no venimos** → complemento directo

Si lo dice Felipe, podemos no creerlo.
(= en el caso que / en la eventualidad que)

Si no tienes coches, vienes **andando.** → VERBO + GERUNDIO MODAL
(= ¿de qué modo vienes: andando?)

- **Mira,** lo dice el periódico.
- **Oye,** tú, ¿no sabes que mañana hay huelga?

para llamar la atención
del interlocutor

Pues entonces vienes andando
(= en este caso / en tal caso)

- Hay huelga todo el día, **seguro.**
(= con certeza / con seguridad)
- **Seguramente** también hay huelga de trenes.
(= probablemente)

¿Ah, sí? ¿De veras?
(= ¿es verdad?)

ir a (——►) ◄—— ► **venir** a / de (◄——)

Pues no viene y **ya está.** ——► para indicar un asunto ya solucionado

Yo vivo **aquí mismo.**
(= aquí muy cerca)

Lo dice **en broma.** ◄——► Lo dice **en serio.**

106. Completar.

[1] *llevar retraso,* no llegar a la hora establecida.

En la estación

SEÑORA: El tren que[1] _____ *(ir)* a Salamanca, ¿lleva retraso?[(1)]

SEÑOR: No lo[2] _____ *(yo, saber),* señora. ¿Qué [3] _____ *(decir)* el tablón de anuncios?

SEÑORA: No[4] _____ bien el tablón de anuncios: no [5] _____ las gafas.

SEÑOR: Cuando los trenes llevan retraso, lo [6] _____ también los altavoces.

SEÑORA: Sí, lo[7] _____, pero yo[8] _____ *(oír)* mal: [9] _____ un poco sorda.

SEÑOR: El empleado que[10] _____ allí en la ventanilla lo[11] _____ *(saber),* seguro.

SEÑORA: Gracias.

SEÑOR: De[12] _____.

SEÑORA: Necesito una información.

EMPLEADO: [13] _____ *(decir),* señora.

SEÑORA: El tren[14] _____ va[15] _____ Salamanca, ¿lleva[16] _____ ?

EMPLEADO: Sí, señora,[17] _____ dos horas de retraso.

SEÑORA: ¡Dos[18] _____ ! ¡[19] _____ tiempo!

EMPLEADO: [20] _____ de muy lejos ese tren, señora: [21] _____ de Barcelona.

SEÑORA: ¡Pero son[22] _____ dos horas! Me [23] _____ muy nerviosa cuando debo esperar [24] _____ rato. ¿Qué[25] _____ *(yo, hacer)* dos horas aquí[26] _____ la estación?

EMPLEADO: No[27] _____ *(yo, saber),* señora. Ahí [28] _____ *(haber)* una sala de espera y si [29] _____ *(usted, ir)* a la plaza[30] _____ *(tener)* usted dos cafeterías: una a la derecha y[31] _____ a la izquierda. ¿[32] _____ usted el billete?

SEÑORA: Sí,[33] _____ el billete de ida y vuelta. Por favor,[34] _____ cosa: ¿[35] _____ usted el número del andén de este[36] _____ ?

EMPLEADO: No, es[37] _____ pronto para saberlo. Cuando llega el tren, lo[38] _____ *(decir)* el tablón de[39] _____.

SEÑORA: Bueno,[40] _____ a la cafetería,[41] _____ *(yo, sentarse)* a una mesita y[42] _____ un café.

EMPLEADO: Muy bien. Si[43] _____ *(yo, poder)* dar un consejo a la señora,[44] _____ *(comprar)* una revista y [45] _____ *(usted, leer)* un rato: cuando se[46] _____ el[47] _____ pasa volando.

SEÑORA: ¿[48] _____ *(usted, saber)* una cosa?: *(yo, comprar)* [49] _____ una revista de pasatiempos y *(yo hacer)* [50] _____ un crucigrama.

EMPLEADO: ¡[51] _____ *(ser)* una idea estupenda, señora!

107. Sustituir la parte subrayada con *lo*.

Ejemplo: Felipe dice que mañana hay huelga de transportes. ——→ *Lo dice Felipe.*

1. Sentimos mucho la muerte de su esposa.
2. Debo comunicar a los empleados que el próximo sábado se trabaja.
3. ¿Pensáis de veras que es idiota?
4. La radio dice que mañana seguro que nieva.
5. ¿Quién asegura que aumentan el sueldo[1] a los empleados?
6. Veo muy difícil poder solucionar este problema.
7. –Dice que es millonario. –Sí, pero dice que es millonario en broma.
8. Notificamos a la clientela que el lunes la tienda está cerrada.
9. Vemos que estudiáis mucho.
10. Sabe muy bien que fumar y beber no es bueno para la salud.

108. Decir el infinitivo del verbo subrayado.

Ejemplo: Salgo de aquí inmediatamente. ——→ *Salgo < **salir**.*

1. Diga su nombre y apellido[2].
2. No tengo ganas de hablar con él.
3. Esta noche vamos a bailar.
4. Oigan bien mis consejos.
5. Todas las mañanas salgo de casa a la misma hora.
6. ¿Qué hago después, señora?
7. Oye, ¿qué regalamos a los novios?
8. ¿Pongo un poco de pimienta en el pescado?
9. Nosotros somos muy amigos.
10. Yo sé de memoria[3] muchos poemas de García Lorca.

109. Sustituir con una forma equivalente.

Ejemplo: —— *(en el momento presente)* está ocupado con un cliente. ——→
——→ ***Ahora*** *está ocupado con un cliente.*

1. Tiene usted un garaje _____ *(aquí muy cerca)*.
2. –En casa tenemos un cuadro de Dalí. –¿_____? *(¿de verdad?)*
3. Hay _____ *(una gran cantidad de)* papeles sobre la mesa.
4. –Mañana llega el presidente de los Estados Unidos. –¿_____*(con certeza)*? –Sí,_____ *(con certeza)*.
5. Primero comed la sopa y _____ *(después)* coméis el pastel.
6. Hablo a mis estudiantes extranjeros muy _____ *(lentamente / sin prisa)*.
7. _____ *(únicamente)* puedo estar aquí con ustedes _____ *(un momento largo)*.
8. Compra el periódico sólo _____ *(a veces / no siempre)*.
9. Llame _____ *(una vez más)* esta tarde porque en este momento no está en casa.
10. No me levanto porque es _____ *(con exceso)* temprano.

---

[1] *sueldo,* paga mensual.
[2] *apellido,* nombre de familia.
[3] *saber de memoria,* saber recordando.

110. Unir las dos frases, transformando.

Ejemplo: Mañana hay huelga: dice el periódico. ➔ *El periódico dice* **que mañana hay huelga.**

1. Soy inocente: dice el acusado.
2. Estamos muy cansados: dicen los empleados.
3. No tienen dinero: afirman los pobres.
4. Tengo dolor de cabeza: dice el enfermo.
5. Estoy muy enfadada[1]: dice la señora.
6. Alquilamos el apartamento a una familia extranjera: decís vosotros.
7. No estoy de acuerdo: dice el director.
8. No podemos coger ese avión: dicen ustedes.
9. Estoy muy preocupado por su salud: afirmas tú.
10. Nieva en el Pirineo: dice la radio.

111. Completar con gerundio modal.

Ejemplo: –¿Cómo vas a casa? *(andar)* ➔ –Voy **andando.**

1. –¿Cómo puedo llamar a París? –_____ *(marcar)* el prefijo internacional antes del número.
2. –¿Cómo pasáis el rato? –_____ *(jugar)* a las cartas y _____ *(beber)* whisky.
3. –¿Cómo resolvéis el problema de los ruidos en esta casa? –_____ *(poner)* cristales grue-sos[2] en las ventanas.
4. –¿Cómo habla cuando da una conferencia? –_____ *(levantar)* la voz y _____ *(gesticular)* mucho.
5. –¿Cómo se puede aprender bien un idioma? –_____ *(hablar)* mucho y _____ *(leer)* mucho.
6. –¿Cómo se puede reducir el tráfico en las ciudades? –_____ *(usar)* los medios de trans-porte públicos.
7. –¿Cómo puedo ir a tu casa? –_____ *(coger)* el autobús número 57.
8. –¿Cómo se puede reducir la natalidad? –_____ *(tomar)* la píldora.
9. –¿Cómo encuentras siempre a Joaquín y Paco? –_____ *(conversar)* en el sofá del comedor.
10. –¿Cómo puedo mantener los dientes sanos? –_____ *(limpiar)* siempre los dientes des-pués de las comidas.

112. Formar sustantivos de profesión con -ero, -ista, -or, -ante, iente, -ado.

Ejemplo: Llevo el reloj al _____ *(reloj)*. ➔ *Llevo el reloj al* **relojero.**

1. Los gobiernos de América Latina están combatiendo a los _____ *(traficar)* de droga.
2. El accidente ferroviario se debe a un error del _____ *(máquina)*.
3. Los _____ *(basura[3])* pasan a primeras horas de la mañana.
4. Es un _____ *(peluca[4])* excéntrico y genial.
5. Soy un _____ *(depender)* de estos almacenes.
6. Los _____ *(bomba[5])* están apagando el incendio del bosque.
7. Es una foto de grupo de los _____ *(emplear)* de Iberia.
8. Los _____ *(fútbol)* ganan un montón de dinero.
9. Es una _____ *(cantar)* de ópera de fama internacional.
10. Los _____ *(nadar)* se entrenan todos los días muchas horas.

---

[1] *enfadado,* irritado, molesto.
[2] *grueso,* no fino.
[3] *basura,* suciedad o desperdicios que se tiran.
[4] *peluca,* pelo artificial.
[5] *bomba,* máquina que aspira líquidos.

Leer y comprender

Primavera, melancolía...

Tengo una casa en los linderos[1] de la ciudad. Tiene un jardín delante y un huerto[2] detrás. Las habitaciones son espaciosas y ventiladas. Entra el sol en invierno. En verano corro las persianas y reina en las estancias una grata[3] penumbra. En la primavera observo la luz que cambia: todas las cosas parece que sufren un profundo cambio cuando se pasa del invierno al verano. Yo paseo en las mañanas por el jardín y huerto. Me levanto temprano.

Me despierto cuando oigo los gritos nerviosos de los gorriones[4] de los árboles. Oigo las campanas lejanas tocar a las primeras misas. Hay en esta hora matinal[5] una viveza y una transparencia que no hay en las otras horas del día. El aire parece de cristal: las montañas remotas parecen de porcelana[6]. Resuena una tos de un viejo labriego[7] que pasa. Luego, las viejecitas vestidas de negro discurren[8] por las calles camino de[9] la iglesia. Salgo de casa y llego hasta la plaza del pueblo. Hablo algunas palabras con los viejos madrugadores[10]. Los viejos parece que esperan todos impacientes, ansiosos[11], la llegada de las primeras luces del día. Inmediatamente que clarea el cielo, salen de sus casas y dan pequeños paseos por los soportales[12]. Son viejos labriegos, viejos amigos de la tierra. Son amigos de los gorriones mañaneros y de las campanas que tocan a la primera misa.

Cuando vuelvo a casa ya está todo en orden y limpio. Cuando limpian la casa, debe ser en silencio. No tolero los grandes y ruidosos golpes en los muebles.

Un rayo de sol entra hasta la mesa en que yo tomo mi desayuno. Respiro a plenos pulmones el aire saturado[13] de jazmines y lilas. Una abeja viene ya diligente[14] a estas horas hasta las flores.

[...]

Los libros que yo leo son sencillos y claros. Detesto los libros largos y confusos. Cuando me llega una carta muy larga, no puedo enterarme[15] de ella. A los amigos y a los conocidos lejanos comunico mi vida en cuatro letras menudas y simétricas sobre un papel blanco y sin brillo. No sé tocar el piano, pero tengo una pianola y cerca de ella unas piezas de Beethoven, de Mozart y de Wagner. En las paredes de mi casa no hay ningún cuadro al óleo: no puedo poseer grandes lienzos[16] de Velázquez, Veronés, Tiziano y Goya y sólo tengo de ellos hermosas fotografías. Prefiero, sobre todo, Tiziano, Goya y Velázquez. Cuando me canso de leer y escribir, me siento en una mecedora[17] y duermo frente al jardín, lleno de aromas y de silencio.

AZORÍN, *Lecturas españolas,* Madrid, Espasa Calpe, 1974.

---

113. Contestar.

1. ¿Cómo es la casa?

2. ¿Qué hace el autor por las mañanas?

3. ¿Qué hace cuando sale de casa?

4. ¿Qué son los viejos madrugadores?

5. ¿Qué hace el autor cuando vuelve a casa?

6. ¿Qué libros prefiere?

7. ¿Qué compositores ama?

8. ¿Qué pintores prefiere?

---

[1] *lindero* (< *linde,* línea que separa terrenos), zona extrema o periférica. [2] *huerto,* terreno no grande dedicado al cultivo de legumbres, hortalizas, árboles frutales, etc. [3] *grato,* agradable, ameno. [4] *gorrión,* pájaro. [5] *matinal,* de la mañana. [6] *porcelana,* loza fina, frágil, brillante. [7] *labriego,* persona que cultiva la tierra. [8] *discurrir,* hablar. [9] *camino de,* en dirección a. [10] *madrugador* (<*madrugar*), que se levanta temprano. [11] *ansioso,* que padece ansia o intranquilidad. [12] *soportal,* pórtico delante de algunas casas. [13] *saturado,* completamente lleno. [14] *diligente,* que es rápido y ligero. [15] *enterarse de algo,* tomar conocimiento de algo. [16] *lienzo,* tela, cuadro. [17] *mecedora,* asiento que se mueve oscilando.

En Correos

 Hablar

SEÑOR: Tengo que mandar esta carta a París, ¿qué tengo que hacer?

EMPLEADA: Pegue este sello y eche la carta en uno de los buzones de allí fuera.

SEÑOR: ¿Qué sello tengo que poner?

EMPLEADA: ¿Cuánto pesa la carta?

SEÑOR: Normal.

EMPLEADA: No creo. Pase por aquella ventanilla, la de al lado de la puerta: allí pesan las cartas y ponen los sellos.

SEÑOR: ¡Es una carta muy importante: dentro hay un cheque!

EMPLEADA: Mande esta carta certificada.

SEÑOR: ¿Qué hay que hacer para mandar una carta certificada?

EMPLEADA: Hay que rellenar un impreso.

SEÑOR: ¿Cuál?

EMPLEADA: El que está encima del mostrador.

SEÑOR: ¡Hay muchos impresos en el mostrador!

EMPLEADA: Tiene que rellenar el de color rosa.

SEÑOR: ¿Dónde tengo que escribir?

EMPLEADA: Aquí escriba el nombre, apellidos y dirección del destinatario, y aquí, donde dice remitente, escriba su nombre y sus señas.

SEÑOR: Muchas gracias, es usted muy amable.

Aquí está el impreso.

EMPLEADA: ¿Pero, qué dice aquí? ¡No se entiende su letra! ¡Tiene usted una letra ilegible! Lleve el impreso a casa y escriba a máquina.

SEÑOR: ¡Es una carta urgente! ¡Tengo que mandar esta carta hoy mismo!

EMPLEADA: Pues rellene otro impreso y escriba más claro: escriba en letra de imprenta.

Observar y recordar

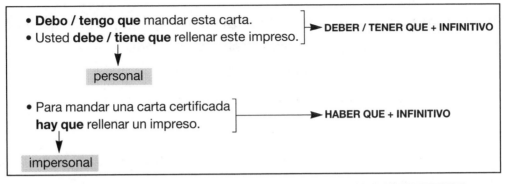

- **Debo / tengo que** mandar esta carta.
- Usted **debe / tiene que** rellenar este impreso.

➤ **DEBER / TENER QUE + INFINITIVO**

↓ personal

- Para mandar una carta certificada **hay que** rellenar un impreso.

➤ **HABER QUE + INFINITIVO**

↓ impersonal

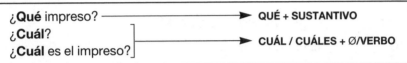

¿**Qué** impreso? ──────────────➤ **QUÉ + SUSTANTIVO**

¿**Cuál**?
¿**Cuál** es el impreso? ───────➤ **CUÁL / CUÁLES + Ø/VERBO**

¿Qué impreso? ─── –**El que** está encima del mostrador. ➤ **EL / LA / LOS / LAS + QUE + VERBO**
             └── –**El de** color rosa. ─────────────➤ **EL / LA / LOS / LAS + DE + SUSTANTIVO**

- **Dentro** hay un cheque. ◄────➤ Los buzones están allí **fuera**.
- **Dentro de** la carta hay un cheque. ◄──➤ Los buzones están **fuera de** Correos.

(= en el interior)   (= en el exterior)

¡ALTO!

ACENTOS: PARA SEÑALAR LA SÍLABA TÓNICA

A. Cuando la sílaba tónica contiene un diptongo, se pone el acento sobre la vocal que no es **i/u**:

A-di**ó**s.............................. ca-mi**ó**n...................... es-t**á**is
des-pu**é**s .... tam-bi**é**n
peri**ó**-dico......................... mi**é**rcoles

B. Cuando dos palabras son iguales pero tienen significado distinto, una de ellas lleva acento:

Tú eres simpático. ◄──────➤ Es **tu** libro.
Sí, estoy de acuerdo. ◄──────➤ **Si** tengo tiempo, voy.
Sólo quiero agua. ◄──────➤ Estoy **solo** en casa.
Él es simpático. ◄──────➤ Es **el** libro de Miguel.
etcétera   **etcétera**

C. Cuando dos palabras son iguales y una es interrogativa (¿?) o admirativa (¡!), ésta lleva acento:

¿**Qué** dices? ◄──────➤ El libro **que** leo.
¿**Cuándo** llegas? ◄──────➤ **Cuando** se levanta, toma un café.
etcétera   **etcétera**

 **Practicar**

114. Conjugar los verbos en presente de indicativo *(llevo)* o imperativo *(lleva tú).*

Ejemplo: _____ *(yo, tener)* que mandar esta carta a París. ——→

——→ ***Tengo*** *que mandar esta carta a París.*

SEÑOR: _____ *(yo, tener)* que mandar esta carta a París, ¿qué _____ *(yo, tener)* que hacer?

EMPLEADO: _____ *(usted, pegar)* este sello y _____ *(usted, echar)* la carta en uno de los buzones de allí fuera.

SEÑOR: ¿Qué sello _____ *(yo, tener)* que poner?

EMPLEADO: ¿Cuánto _____ *(pesar)* la carta?

SEÑOR: Normal.

EMPLEADO: No _____ *(yo, creer)*. _____ *(usted, pasar)* por aquella ventanilla, la de al lado de la puerta: allí _____ *(ellos, pesar)* las cartas y _____ *(ellos, poner)* los sellos.

SEÑOR: ¡_____ *(ser)* una carta muy importante!: dentro _____ *(haber)* un cheque!

EMPLEADO: _____ *(usted, mandar)* esta carta certificada.

SEÑOR: ¿Qué _____ *(haber)* que hacer para mandar una carta certificada?

EMPLEADO: _____ *(haber)* que rellenar un impreso.

SEÑOR: ¿Cuál?

EMPLEADO: El que _____ *(estar)* encima del mostrador.

SEÑOR: ¡_____ *(haber)* muchos impresos en el mostrador!

EMPLEADO: _____ *(usted, tener)* que rellenar el de color rosa.

SEÑOR: ¿Dónde _____ *(yo, tener)* que escribir?

EMPLEADO: Aquí _____ *(usted, escribir)* el nombre, apellidos y dirección del destinatario y aquí, donde _____ *(decir)* remitente, _____ *(usted, escribir)* su nombre y sus señas.

SEÑOR: Muchas gracias, _____ *(ser)* usted muy amable. Aquí _____ *(estar)* el impreso.

EMPLEADO: ¿Pero, qué _____ *(decir)* aquí? ¡No _____ *(entenderse)* su letra! _____ *(tener)* usted una letra ilegible. _____ *(usted, llevar)* el impreso a casa y _____ *(usted, escribir)* a máquina.

SEÑOR: ¡_____ *(ser)* una carta urgente! _____ *(yo, tener)* que mandar esta carta hoy mismo.

EMPLEADO: Pues _____ *(usted, rellenar)* otro impreso y _____ *(usted, escribir)* más claro: _____ *(usted, escribir)* en letra de imprenta.

115. Completar con *qué / cuál-es.*

Ejemplos: • ¿_____ libros estás leyendo? ⟶ **¿Qué** libros estás leyendo?

• ¿_____ es tu actor preferido? ⟶ **¿Cuál** es tu actor preferido?

1. Pruebe usted este otro abrigo. –¿ _____ ? –Ese de color verde.
2. ¿_____ fruta prefieres? –Prefiero las manzanas.
3. ¿_____ película ponen[1] esta noche en el cine Apolo?
4. ¿_____ son sus guantes, señor?
5. ¿_____ sello tengo que poner en esta carta?
6. ¿_____ es su nombre y apellido?
7. ¿En _____ ventanilla pesan las cartas certificadas?
8. ¿_____ son las causas del accidente ferroviario?
9. ¿_____ plato preparo para esta noche, señora?
10. –Ponga un disco. –¿_____? –El de Chopin.

116. Completar con *tener que* o *deber / haber que.*

Ejemplo: ¿_____ *(yo)* calentar el agua para el té? ⟶

⟶ **¿Tengo que** *calentar el agua para el té?*

1. El examen es inminente: _____ *(nosotros)* estudiar mucho.
2. _____ hacer algo para solucionar el problema de la contaminación.
3. Cuando se testimonia, _____ decir la verdad.
4. _____ *(usted)* comer y descansar un poco más.
5. ¡Qué sucia está la casa! _____ *(nosotros)* limpiar la casa.
6. No _____ tirar papeles al suelo.
7. _____ *(ustedes)* tomar estas píldoras después de las comidas.
8. Antes de marcharte del hotel, _____ *(tú)* dejar las llaves en recepción.
9. Mientras el avión despega[2] y aterriza[3], no _____ fumar.
10. Si queréis ir al teatro, _____ *(vosotros)* reservar las entradas.

117. Completar con *el / la / los / las + que / de.*

Ejemplo: –Rellene un impreso. –¿Cuál? –_____ color rosa. ⟶

⟶ –Rellene un impreso. –¿Cuál? –**El de** *color rosa.*

1. Lleve las cortinas de la sala y _____ el dormitorio a la tintorería.
2. –¿Qué copas prefiere para servir los aperitivos? –_____ están en el aparador[4].
3. –¿Me pongo la camisa azul o _____ rayas?
4. El diccionario de inglés y _____ español están en la librería.
5. Los ejercicios de Juan y _____ Miguel están muy correctos.
6. –¿Qué peras comemos? –_____ están más maduras.
7. Los periódicos de la mañana y _____ la tarde dicen las mismas cosas.
8. Los pasajeros del vuelo 732 y _____ el vuelo 843 pasen por los mostradores de Iberia.
9. Riegue usted las plantas que están en el comedor y _____ están en la ventana.
10. Compro este libro y también _____ está en el escaparate.

---

[1] *poner una película,* proyectar una película.

[2] *despegar,* emprender el vuelo un avión.

[3] *aterrizar,* tomar tierra un avión.

[4] *aparador,* mueble del comedor donde se guardan los platos, cubiertos y utensilios similares.

118. Unir con *porque*.

Ejemplo: No tengo hambre. No como. ──▶ *No como* **porque** *no tengo hambre.*

1. Tenemos mucho frío. Encendemos la calefacción.

2. Es muy tarde. Acuesto a los niños.

3. El reloj está estropeado. Llevo el reloj al relojero.

4. En este momento el jefe no está. Llame usted de nuevo.

5. Las plantas están secas. Regamos las plantas.

6. El agua está hirviendo[1]. Eche usted el arroz.

7. La sopa está fría. Caliento de nuevo la sopa.

8. No tenemos pan en casa. Compre usted pan.

9. Soy un poco sordo. Hable en voz alta, por favor.

10. No ve bien. Tiene usted que ponerse gafas.

119. Decir el infinitivo y buscar en el diccionario.

Ejemplo: ¿Cuándo comienzan las clases?

DICCIONARIO
comenzar, v.tr. iniciar la realización de una acción, dar principio a (cosa, acto, etc.). // v.intr. empezar; iniciarse la existencia de algo...

1. Cuando ve un perro, tiembla de miedo.

2. ¡Cuente con detalle toda su vida!

3. Encierran a los delincuentes peligrosos en cárceles de seguridad.

4. Estos zapatos aprietan demasiado: quiero unos zapatos más grandes.

5. Cuando se mete en la cama, se duerme enseguida.

6. No se acuerda nunca de nuestro número de teléfono.

7. No apruebo su decisión.

8. Mañana entierran al pobre señor López.

9. Invierte dinero en bienes inmuebles.

10. ¡Tueste sólo dos rebanadas[2] de pan!

120. Dictado.

---

[1] *hirviendo* (< hervir), moverse agitadamente un líquido, desprendiendo vapor, cuando se calienta suficientemente.

[2] *rebanada,* parte delgada y de espesor uniforme que se corta en una cosa, especialmente de pan.

Leer y comprender

Encuesta
Los españoles prefieren la República Federal Alemana, Italia y Holanda
por A. R.

Cuando se citan los miembros de la Comunidad Europea, Francia es el país que los españoles recuerdan más. Sin embargo[1], la simpatía que los encuestados[2] muestran por la nación vecina es relativamente baja, en especial si comparamos esta simpatía con la de otros países. Quizá se mantiene el tópico[3] de la animadversión entre vecinos, pero debemos concluir que para los españoles Francia es sencillamente un país poco simpático, porque no se produce la misma cosa cuando nos referimos a Portugal. De todas maneras, los franceses pueden dormir tranquilos porque los británicos resultan todavía más antipáticos[4] a los españoles, que en el *ranking* de simpatías se clasifican en el último lugar.

Estas son algunas de las conclusiones que se desprenden de la encuesta realizada para *La Vanguardia* con el fin de establecer el grado de conocimiento y preferencias que los españoles tienen de los miembros de la Comunidad. Dentro del apartado[5] que muestra el grado de conocimiento (recuerdo), los países más conocidos, excluida España, son Italia, Gran Bretaña, Alemania y Portugal. Luego aparecen por este orden Bélgica, Grecia y Holanda.

En el trabajo sociológico se muestran los grados de simpatía, expresión ambigua que puede referirse a diversos conceptos. Los españoles sienten para ellos mismos la máxima simpatía registrada, 8,5 (ocho *coma* cinco) en una escala que va del 1 al 10. No sorprende constatar que inmediatamente vienen los italianos, con un 6,5. Holanda es el tercer país en esta clasificación (6,3), cuando es uno de los menos conocidos. Menos simpatía se llevan[6] los franceses y sobre todo los británicos: probablemente la década Thatcher deja sentir sus efectos en la pérdida de estimación internacional. Probablemente inciden también los incidentes del estadio de Heysel, contribuyendo a esta pérdida de imagen.

Otros datos que la encuesta pone de relieve son las preferencias por España como "país en que se vive mejor". Los andaluces y también los vascos son las personas que muestran más aprecio por la calidad de la vida española.

Francia y después España ocupan en cambio los lugares más bajos en las respuestas relativas a la mejor protección de los parados. Los alemanes occidentales ocupan el primer puesto a este respecto.

Son muy pocos, en cambio, los españoles que están dispuestos a pasar unas vacaciones en Alemania. Aquí las preferencias se orientan claramente hacia[7] los países mediterráneos, con Italia en primer lugar, y luego la propia España y Grecia.

LA VANGUARDIA, 11 de junio de 1989
Barcelona

---

121. Contestar.

1. ¿Qué es Francia para los españoles?

2. ¿Qué revela la encuesta realizada para *La Vanguardia*?

3. ¿En qué orden los españoles recuerdan los países de la CEE?

4. ¿Cuáles son los países más "simpáticos" a los españoles?

5. ¿Cuál es, para los encuestados, el país en que se vive mejor?

6. ¿En qué aspectos los españoles prefieren Alemania?

7. ¿Qué países prefieren para pasar sus vacaciones?

---

[1] *sin embargo,* no obstante eso, a pesar de eso, pese a eso.

[2] *encuestado* (< encuesta), persona que se somete a una encuesta o serie de preguntas.

[3] *tópico,* idea muy generalizada, lugar común.

[4] *todavía más antipáticos* = más antipáticos que los franceses.

[5] *apartado,* cada parte de un informe, libro, ley, etc.

[6] *llevarse,* conseguir, tener, obtener.

[7] *hacia,* en dirección a, a.

Hablar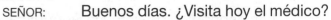

SEÑOR:	Buenos días. ¿Visita hoy el médico?
ENFERMERA:	Sí, es día de visita. Pase.
SEÑOR:	Muchas gracias. No tengo hora para hoy, pero si es posible...
ENFERMERA:	No se preocupe. Ahora tiene unas cuantas visitas, pero luego está libre. Vuelva más tarde, a las cinco o a las seis.
SEÑOR:	Muy bien, vuelvo más tarde. Hasta luego.

ENFERMERA:	Hola, buenos días. Pase, pase... Espere ahí en la sala.
SEÑOR:	Gracias.
ENFERMERA:	¡Oh, no se siente en esta silla, está rota!
SEÑOR:	Muchas gracias. Me siento en esta otra, al lado de la señorita...
	Buenas tardes, doctor.
DOCTOR:	Diga, ¿qué tiene?
SEÑOR:	Tengo un dolor de garganta horroroso y tengo mucha tos.
DOCTOR:	¿Tiene fiebre?
SEÑOR:	No sé, creo que no.

DOCTOR:	Quítese la chaqueta...
SEÑOR:	Enseguida, doctor.
DOCTOR:	No, no se quite la camiseta, no hace falta.
	Abra la boca y saque bien la lengua. Diga: aaaaa Respire profundamente y tosa.

SEÑOR:	¿Tengo algo grave?
DOCTOR:	Nada grave, no tema. Tómese una aspirina cada ocho horas y si puede guarde cama un par de días. ¿De acuerdo?
SEÑOR:	Muchas gracias, doctor. ¿Cuánto es la visita?
DOCTOR:	Pague a la señorita. Adiós.
SEÑOR:	Adiós, doctor.

Observar y recordar

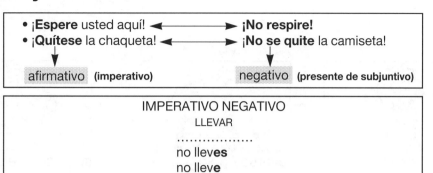

- ¡**Espere** usted aquí! ◄————► ¡**No respire**!
- ¡**Quítese** la chaqueta! ◄————► ¡**No se quite** la camiseta!

afirmativo (imperativo)   negativo (presente de subjuntivo)

IMPERATIVO NEGATIVO
LLEVAR

....
no llev**es**
no llev**e**
no llev**emos**
no llev**éis**
no llev**en**

PRESENTE DE SUBJUNTIVO

LLEVAR	COMER	ESCRIBIR
llev**e**	com**a**	escrib**a**
llev**es**	com**as**	escrib**as**
llev**e**	com**a**	escrib**a**
llev**emos**	com**amos**	escrib**amos**
llev**éis**	com**áis**	escrib**áis**
llev**en**	com**an**	escrib**an**

MODELO DE REGULARIDAD

¡**ATENCIÓN**! quítate   no te quites
quítese   no se quite
quítemo [s] + nos → quitém**onos**   no nos quitemos
quita [d] + os ———→ quit**aos**   no os quitéis
quítense   no se quiten

afirmativo   negativo

¡**ATENCIÓN**! sa**c**ar (k) ——— sa**c**e (θ) ——► sa**que** (k)
pa**g**ar (g) ——— pa**g**e (χ) ——► pa**gue** (g)   c / q, g / gu: regla general de ortografía

---

FORMACIÓN PRESENTES E IMPERATIVOS EN VERBOS IRREGULARES
decir ——— DI**GO** ——► DI**GA** ——► DI**GA** / NO DI**GA**
oír ——— OI**GO** ——► OI**GA** ——► OI**GA** / NO OI**GA**
etcétera

Ahora tiene **unas cuantas** visitas. ——► **UNOS CUANTOS /UNAS CUANTAS**
(= algunas)

- Tome una aspirina **cada** ocho horas / **cada** día. ——► **CADA: INVARIABLE**
(= siempre en el tiempo de)

No se quite la camiseta, no **hace falta**. ——————► **HACER FALTA**
(= es necesario)

Quite la chaqueta de la mesa.   **Saque** la lengua.
(quitar = una cosa exterior)   (sacar = una cosa interior)

–Vuelvo más tarde. **Hasta luego.** ——► para despedirse.

Practicar

122. Hacer frases.

Ejemplo:

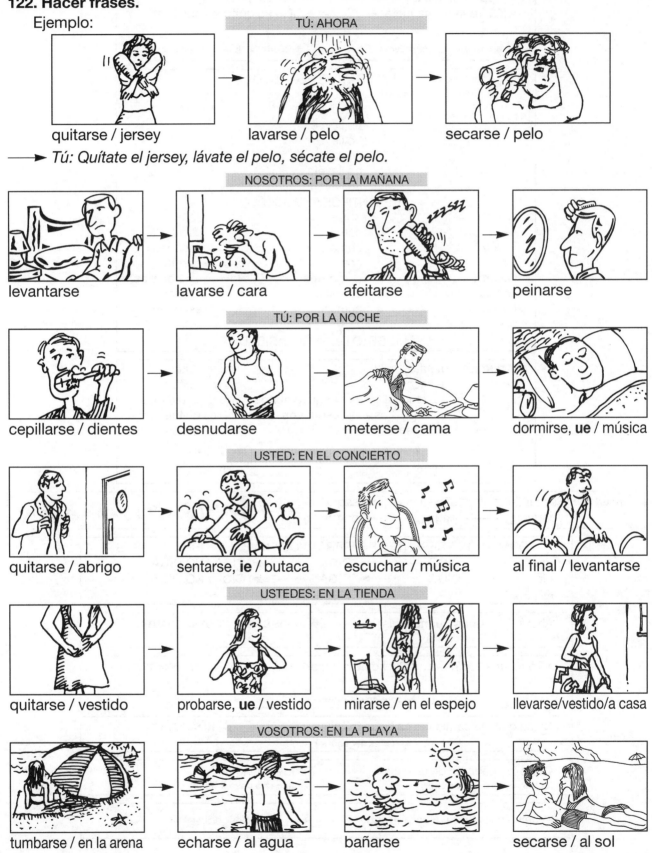

TÚ: AHORA

quitarse / jersey → lavarse / pelo → secarse / pelo

→ *Tú: Quítate el jersey, lávate el pelo, sécate el pelo.*

NOSOTROS: POR LA MAÑANA

levantarse → lavarse / cara → afeitarse → peinarse

TÚ: POR LA NOCHE

cepillarse / dientes → desnudarse → meterse / cama → dormirse, **ue** / música

USTED: EN EL CONCIERTO

quitarse / abrigo → sentarse, **ie** / butaca → escuchar / música → al final / levantarse

USTEDES: EN LA TIENDA

quitarse / vestido → probarse, **ue** / vestido → mirarse / en el espejo → llevarse/vestido/a casa

VOSOTROS: EN LA PLAYA

tumbarse / en la arena → echarse / al agua → bañarse → secarse / al sol

114 ciento catorce

123. Transformar en imperativo negativo *(no lleves)*.

Ejemplo: ¡Duerme! ⟶ *¡No duermas!*

1. ¡Cierre usted la puerta, por favor!
2. ¡Fumad!
3. ¡Escriba esta carta a máquina!
4. ¡Ordena tu habitación!
5. ¡Bebed vino de la casa!
6. ¡Repare el motor del coche!
7. ¡Aplaudan al artista!
8. ¡Escucha este programa!
9. ¡Comprad esta alfombra persa!
10. ¡Guise usted el pollo con patatas!

124. Completar con *quién-es / qué / cuál-es*.

Ejemplo: ¿_____dice María?⟶ *¿**Qué** dice María?*

1. ¿_____son sus intereses?
2. –¿_____es eso? –No lo sé.
3. ¿_____es esta señorita guapa y simpática?
4. ¿_____son aquellas personas que están esperando en la sala?
5. –¿_____son estos muchachos? –Son estudiantes de la Escuela de Idiomas.
6. ¿_____es tu hobby preferido?
7. –¿Puedo probar estos zapatos? –¿_____quiere probar, los negros o los marrones?
8. ¿_____son los reyes de España?
9. ¿En _____ ciudad preferís vivir?
10. –¿_____es usted? –Soy arquitecto.

125. Completar con *ser / estar*.

Ejemplo: ¿Dónde_____la iglesia, por favor?⟶*¿Dónde **está** la iglesia, por favor?*

1. _____*(yo)* en Milán sólo unos días.
2. Aquellas azafatas[1] _____ muy jóvenes y bonitas.
3. ¿No _____ *(vosotros)* cansados de hablar?
4. El cielo _____ muy negro: seguro que llueve.
5. Estos calcetines _____ blancos pero _____ muy sucios.
6. ¡_____ usted amable, señorita!
7. Hay que calentar de nuevo el café porque _____ frío.
8. –¿_____ éste su paraguas? –No, _____ el que _____ en el paragüero.
9. _____ *(nosotros)* muy irritados con él a causa de su comportamiento[2].
10. El lavavajillas _____ estropeado: hay que llamar al técnico.

---

[1] *azafata,* hostess.
[2] *comportamiento,* manera de portarse, actuar, conducirse.

126. Completar con el adjetivo que significa lo que se indica entre paréntesis.

Ejemplo: Es muy _____ *(que tiene simpatía).* ——► Es muy **simpático.**

1. Las habitaciones son _____ *(que tienen espacio)* y _____ *(que tienen aire y ventilación).*
2. En las estancias hay una _____ *(agradable, que agrada)* penumbra.
3. Oigo los gritos _____ *(propio de un ser nervioso)* de los gorriones.
4. Oigo las campanas _____ *(que están lejos)* tocar a las primeras misas.
5. En esta hora _____ *(de la mañana)* hay en el aire una gran viveza.
6. Es un escrito muy _____ *(no claro)* y no se entiende nada.
7. Habla algunas palabras con los viejos _____ *(que madrugan).*
8. Los pasajeros parecen que esperan _____ *(sin paciencia),* _____ *(con ansia, con ansiedad).*
9. Cuando vuelvo a casa ya está todo en orden y _____ *(no sucio).*
10. No tolero los golpes _____ *(que hacen ruido)* en las paredes.
11. Los libros que yo leo son _____ *(no complicados)* y _____ *(no confusos).*
12. A los amigos comunico mi vida en cuatro letras _____ *(muy pequeñas).*

127. Conjugar el verbo en su forma personal / impersonal con *se.*

Ejemplos: • No _____ *(yo, ver)* ninguna solución a este problema. ——►

——► No **veo** ninguna solución a este problema.

• _____ *(decir)* que mañana hay huelga de transportes. ——►

——► **Se dice** que mañana hay huelga de transportes.

1. Con tanta gente no _____ *(poder)* ir a ninguna parte.
2. Por todo el pueblo _____ *(oírse)* la campana de la iglesia[1].
3. ¿_____ *(tú, ver)* este cuadro? Pues es de Picasso.
4. – _____ *(decir)* que mañana es fiesta. –¿Y quién lo _____ *(decir)*?
5. No _____ *(saber)* la hora de llegada del tren de Barcelona.
6. _____ *(calcular)* que cada día mueren muchos niños a causa del hambre.
7. La policía _____ *(saber)* perfectamente el domicilio del asesino.
8. _____ *(yo, decir)* que no hace falta gastar tanto dinero en trajes.
9. Aquí no _____ *(ver)* nada: enciende la luz, por favor.
10. Señor, su letra es ilegible: no _____ *(entender)* nada. ¡Escriba más claro, por favor!
11. ¿No _____ *(vosotros, oír)* ruidos extraños aquí cerca?
12. No _____ *(oír)* bien lo que dice el altavoz.

---

[1] *iglesia,* edificio destinado a las celebraciones de los actos religiosos en las religiones cristianas.

Leer y comprender

DOS PASEOS POR MADRID
ENRIQUE DE AGUINAGA
(Cronista de la Villa de Madrid)

Una ciudad callejera[1] y alegre como Madrid es una ciudad abierta[2] al paseante. Hay los paseos clásicos –Prado, Recoletos, Castellana–, hay el jardín urbano de 120 (ciento veinte) hectáreas –el Retiro– o la Casa de Campo, con su hermoso encinar[3]. Tiene la calle Gran Vía, muy cinematográfica, o la calle de Alcalá, de anchas aceras[4], o la calle de Serrano, gloria de los escaparates[5], o la de Princesa, calle de los estudiantes, o la de Preciados, teatro de músicos ambulantes, o el barrio de la Cruz, vinos y tapas[6] de cocina, que no agotan[7] ciertamente el repertorio madrileño del caminar sin prisa. Aquí, cada paseante puede inventar su propio paseo, y puede conocer la cara y también el alma de Madrid.

Como proposición primera para las personas que se inician en la peripatética madrileña, se sugieren dos paseos: el paseo del corazón de Madrid y el paseo de su cintura, que dejan a la iniciativa del visitante todos los paseos intermedios.

El paseo del corazón de Madrid es propiamente una caminata[8], con todos los descansos oportunos, pero caminata obligada, paso a paso. Parte naturalmente de la Puerta del Sol, corazón de Madrid, buscando la tradición y la historia. Enseguida aparece la Plaza Mayor, geometría armoniosa, filatelia dominical, y, por el Arco de Cuchilleros y la calle del Sacramento, se llega a la plaza de la Villa, casa municipal del siglo XVII (diecisiete). Se cruza la calle Mayor, se sigue por la de San Nicolás, donde está la torre del siglo XII (doce), y se llega a la plaza de Ramales, donde está enterrado el pintor Velázquez, y de aquí se va directamente a la plaza de Oriente, donde tenemos el Palacio Real y las estatuas de Felipe II (segundo) y Felipe IV (cuarto), obras de la catedral. A la izquierda se entra en el barrio de la Morería, donde el paseante, emocionado, encuentra la plaza de la Paja, llena de restaurantes.

Luego viene la iglesia de San Andrés, la Puerta de Moros y la calle de Toledo, la catedral de San Isidro y El Rastro, fiesta multitudinaria[9] de la compraventa. Allí el paseante puede dirigirse a La Corrala y perderse en los laberintos de los barrios bajos.

El paseo de la cintura propone un Madrid quilométrico y panorámico desde la ventanilla del automóvil. Puede partir también de la Puerta del Sol para bajar por la Carrera de San Jerónimo, pasar por el Palacio de las Cortes, el Parlamento, y delante de la fuente de Neptuno, seguir por el Paseo del Prado, museo de pinturas, y por el Jardín Botánico, rodear[10] la plaza de Atocha y llegar de nuevo al Retiro por la cuesta de Moyano, feria del libro. De allí se puede alcanzar la calle de Alcalá y la fuente de Cibeles, emblema popular de Madrid.

Folleto publicitario - Ayuntamiento de Madrid - Patronato Municipal de Turismo

128. Contestar.

1. ¿Qué ofrece Madrid al paseante?

2. ¿Qué es el Retiro?

3. ¿Qué tienen de particular la Gran Vía y la calle de Serrano?

4. ¿Por dónde pasa el paseo del corazón de Madrid?

5. ¿Qué se puede ver en él?

6. ¿Qué se puede ver en el paseo de la cintura de Madrid?

---

[1] callejero (< calle), propicia a la vida en la calle. [2] abierto (< abrir), no cerrado. [3] encinar, lugar poblado de encinas (árboles familia Quercus). [4] acera, parte de la calle destinada al paso de los peatones. [5] escaparate, parte de las tiendas con cristales donde se coloca la mercancía para mostrarla. [6] tapas, pequeña cantidad de comida que se toma como aperitivo. [7] agotar, terminar, consumir completamente. [8] caminata (< caminar), paso muy largo y fatigoso. [9] multitudinario (< multitud, gran número de personas), donde va mucha gente. [10] rodear, dar la vuelta a un perímetro.

Hablar

ROSA: Hola, Teresa, ¿cómo estás?

TERESA: No estoy nada bien. Estoy muy preocupada.

ROSA: ¿Qué te pasa?

TERESA: Tengo problemas en la fábrica. Quieren echarme.

ROSA: ¡No me digas! ¿Cómo es posible si están tan contentos de tu trabajo?

TERESA: No es eso, lo que pasa es que los negocios van mal y tienen que reducir el personal a la fuerza. Quieren echarnos a la mitad de los empleados: ante todo a los que somos un poco mayores, a los que tenemos que jubilarnos dentro de unos pocos años.

ROSA: Y el sindicato qué dice, ¿no os defiende?

TERESA: El sindicato hace poco, la verdad.

ROSA: ¡Vaya, qué problema! ¿Y qué piensas hacer?

TERESA: Pues no sé, porque para jubilarme todavía es demasiado pronto: el sueldo es muy bajo.

ROSA: ¿Y encontrar otro trabajo?

TERESA: Sí, claro, pero es muy difícil a mi edad, ¿comprendes?

ROSA: Óyeme, ¿y trabajar como dependienta? ¿Te gusta este tipo de trabajo?

TERESA: Oh, sí, me gusta mucho: me encanta hablar con la gente y tengo mucha paciencia.

ROSA: Puedo hablar con un señor que conozco. Sé que busca a una persona de confianza para la tienda...

TERESA: ¡Oh, Rosa, ojalá! Dime algo, eh...

ROSA: Descuida. Te telefoneo enseguida si me entero de algo esta semana.

TERESA: No te molestes. Te llamo yo dentro de un par de días.

Observar y recordar

- **Te** telefoneo. ──────► complemento directo: acusativo
  (= telefoneo [a tú])
- ¿Qué **te** pasa? ──────► complemento indirecto: dativo
  (= ¿qué cosa pasa? [a tú])

- **Me** echan / **me** dice una cosa.   –**Nos** echan / **nos** dice una cosa.
- **Te** echan / **te** dice una cosa.   –**Os** echan / **os** dice una cosa.

| directo | indirecto | directo | indirecto |

PRESENTES

INDICATIVO	SUBJUNTIVO	IMPERATIVO	INDICATIVO	SUBJUNTIVO	IMPERATIVO
	CONO**CER**			**REDU**CIR	
cono**zco**	cono**zca**	…	redu**zco**	redu**zca**	…
conoces	cono**zcas**	conoce	reduces	redu**zcas**	reduce
conoce	cono**zca**	cono**zca**	reduce	redu**zca**	redu**zca**
conocemos	cono**zcamos**	cono**zcamos**	reducimos	redu**zcamos**	redu**zcamos**
conocéis	cono**zcáis**	conoced	reducís	redu**zcáis**	reducid
conocen	cono**zcan**	cono**zcan**	reducen	redu**zcan**	redu**zcan**
	conociendo			reduciendo	

MODELO DE IRREGULARIDAD: VOCAL + -CER / -CIR + A / O ──────► -ZCA / -ZCO

¡Están **tan** contentos de tu trabajo! ──────► ponderativo
(= muy)

- **Lo que** pasa es que los negocios van mal.
  (= la cosa que)
- Quieren echarnos a la mitad de los empleados, ante todo a **los que** somos mayores.
  (= las personas que)

¿Te **gusta** este tipo de trabajo? ──── ¿Os **gustan** estas personas?

| sujeto singular | sujeto plural |

Para jubilarme **todavía** es pronto. ──► considerado ahora en relación a una situación futura

---

Tenemos que jubilarnos **dentro de** unos años.
(= después de unos años a partir de ahora)

Te llamo dentro de **un par** de días.
(= dos)

Quieren echarnos a **la mitad** de los empleados.
(= el 50% / medio de algo)

¡**Vaya** (< ir), qué problema! ──────► para indicar compasión o simpatía hacia una persona

---

Oh, Rosa, ¡**ojalá**!, dime algo... ──────► para expresar el deseo de que suceda algo

---

¡Sí, **claro**, pero es muy difícil a mi edad!
(= ¡naturalmente!)

 **Practicar**

129. Hacer frases.

Ejemplo:

YO / VOSOTROS

ver → saludar → abrazar

→ *Yo os veo, os saludo y os abrazo.*

TÚ / NOSOTROS

conocer → recordar, **ue** → escribir / postal → telefonear

EL DOCTOR / YO

visitar → auscultar → mirar / garganta → dar / receta

ELLOS / TÚ

encontrar, **ue** → dar / mano → besar → hablar

LA AUTORIDAD / VOSOTROS

denunciar → procesar → acusar → encarcelar

EL GUARDIA URBANO / YO

parar → multar → retirar / carnet de conducir → recoger / coche

130. Completar con *el / lo / los + que.*

Ejemplo: _____ dices no tiene sentido. ——▶ **Lo que** dices no tiene sentido.

1. _____ comen mucho, engordan[1] fácilmente.
2. –Dame un bolígrafo, por favor. –¿Cuál? –_____ está en el bote.
3. Decidnos _____ pensáis sobre este asunto.
4. _____ están aquí son todos empleados de esta firma.
5. Tiene muchos discos pero _____ prefiere son los de jazz.
6. No hay que creer siempre en _____ dice la gente.
7. –Estamos yendo al banco. –¿A qué banco? –A _____ está en la plaza Mayor.
8. _____ no me gusta es su comportamiento.
9. _____ temes no tiene ningún fundamento[2].
10. Mis guantes son _____ tienen el forro[3] de lana.

131. Conjugar.

Ejemplo: Suelo _____ *(levantarse)* a las ocho de la mañana. ——▶

——▶ Suelo **levantarme** a las ocho de la mañana.

1. ¡_____ *(tú, despertarse, ie)* porque tienes que ir al trabajo!
2. Hoy _____ *(nosotros, quedarse)* en casa porque no tenemos ganas de salir.
3. ¡Niños, _____ *(vosotros, lavarse)* las manos antes de comer!
4. Prefiero _____ *(afeitarse)* por la noche.
5. Cuando va por la calle, _____ *(ella, mirarse)* en cada escaparate que encuentra.
6. Si tiene usted fiebre, _____ *(usted, tomarse)* una aspirina.
7. ¡No _____ *(ustedes, sentarse, ie)* aquí porque estos asientos[4] están reservados.
8. ¡No _____ *(usted, molestarse):* telefoneo yo misma mañana!
9. ¡_____ *(tú, acostarse, ue):* es muy tarde y mañana tienes que madrugar!
10. No _____ *(vosotros, preocuparse):* vuestro hijo no tiene nada grave.

132. Completar con *a / con / de / hasta / para / por / sin.*

Ejemplo: Voy _____ ustedes _____ el cine. ——▶ Voy **con** ustedes **al** cine.

1. Esta corbata _____ rayas no es muy cara.
2. Vemos _____ los clientes muy satisfechos[5] _____ la compra.
3. El tren que va _____ Salamanca y viene _____ Madrid lleva dos horas _____ retraso.
4. Estos huevos son _____ hacer la tortilla _____ patatas.
5. Este camino pasa _____ el bosque.

---

[1] *engordar* (< gordo), aumentar de peso.
[2] *fundamento*, base.
[3] *forro*, tejido con que se reviste la parte interior de una prenda.

[4] *asiento*, lugar donde uno se sienta.
[5] *satisfecho* (< satisfacer), contento porque tiene lo que desea.

6. Estoy _____ trabajo: busco un empleo.

7. –¿Puede llevarnos _____ Madrid? –Lo siento, sólo llego _____ Zaragoza.

8. _____ pasar el tiempo, hace crucigramas y lee una revista _____ actualidad.

9. ¿Quiere saludar _____ el conferenciante?

10. Mi marido no vuelve nunca _____ casa _____ las nueve _____ la noche.

133. Sustituir.

Ejemplo: _____ (en el momento presente) no tengo tiempo para usted. ⟶

⟶ **Ahora** no tengo tiempo para usted.

1. Come y _____ (simultáneamente) lee el periódico.

2. _____ (en la actualidad) no se puede estar tranquilo en ninguna parte.

3. _____ (a veces, no siempre) hablo con John para practicar el inglés.

4. No estamos seguros, pero _____ (probablemente) esta noche canta la Caballé en la Scala de Milán.

5. Es muy amable y _____ (también más) es simpática.

6. –¿Queréis vino o cerveza? –_____ (no importa).

7. –¿Estás resfriado? _____ (en este caso) tómate leche caliente con coñac.

8. Tienen que llevar _____ (otra vez más) el coche al mecánico porque no va bien.

9. Llamo _____ (enseguida, inmediatamente) a Teresa para no olvidarme.

10. –¿Os casáis[1] la semana próxima? –¡_____ (¡es una cosa estupenda!)!

134. Conjugar *decir* y *oír* en imperativo *(lleva / no lleves)*.

Ejemplo: _____ (tú, oír), ¿sabes qué hora es? ⟶ **Oye**, ¿sabes qué hora es?

1. ¡_____ (usted, decir) claramente lo que piensa de mi opinión!

2. ¡_____ (vosotros, oír) bien lo que dice el instructor[2]!

3. ¡_____ (tú, decir) la verdad: ¿eres tú el culpable[3]?

4. ¡_____ (nosotros, decir) al jefe que mañana no venimos al trabajo!

5. ¡_____ (vosotros, oír) bien lo que dicen por radio!

6. ¡No _____ (ustedes, decir) nada de todo esto a sus colaboradores!

7. ¡_____ (nosotros, oír) lo que cuenta[4] de su aventura!

8. _____ (ustedes, oír): ¿conocen el horario de abertura de los comercios?

9. ¡_____ (usted, decir) a sus compañeros que mañana tienen que venir a las ocho!

10. ¡No _____ (vosotros, decir) que es culpa mía si el ordenador no funciona!

---

[1] *casarse*, unirse en matrimonio dos personas.

[2] *instructor* (< instruir), el que enseña una técnica, una habilidad o un conocimiento determinado.

[3] *culpable* (< culpa), responsable de un delito.

[4] *cuenta* (< contar), narrar, decir.

 **Leer y comprender**

La futura gasolina europea: la Eurosuper
por GEORGES BRONDEL

LA degradación del medio ambiente, especialmente la contaminación del aire, tiene efectos perniciosos[1] sobre la salud humana y causa serios daños a la naturaleza. Una de las fuentes más importantes de esta polución proviene de los automóviles: casi cien millones de vehículos en circulación en las Comunidades Europeas queman anualmente noventa y cinco millones de toneladas de gasolina.

Esta polución adopta formas diversas: en primer lugar el plomo que, en forma de tetraetilo o de plomo tetrametilo, se añade a la gasolina para mejorar su poder antidetonante y es responsable de un tercio, aproximadamente, del plomo que absorben los organismos vivos. El monóxido de carbono, resultante de una combustión incompleta del carbono contenido en la gasolina, es un veneno para la sangre, incluso en cantidades pequeñas; en atmósfera cerrada, puede alcanzarse rápidamente el límite aceptable. Los hidrocarburos no quemados, que se liberan con los gases de escape, poseen efectos cancerígenos. Finalmente, las lluvias ácidas, tan perjudiciales para nuestros bosques, tienen su origen en el azufre que las instalaciones de combustión emiten, pero todavía más, probablemente, en los óxidos de nitrógeno que emiten los vehículos.

La protección del medio ambiente es, muy justificadamente, una gran preocupación para la opinión pública y los gobiernos de muchos estados. Para los países miembros de la CEE, se trata de un problema de interés común, porque para asegurar la libre circulación de las mercancías, según las obligaciones del Tratado de Roma, las normas de calidad tienen que ser las mismas en todas partes.

Varias razones imponen la necesidad de eliminar el plomo de la gasolina. Ante todo, el plomo es nocivo[2]. Se sabe que es inhibidor de la mayor parte de las funciones enzimáticas, provocador de desórdenes en el sistema nervioso central y capaz de afectar la inteligencia y el comportamiento de los niños, que constituyen el sector de población más sensible a sus efectos.

La eliminación del plomo plantea[3] problemas difíciles a las industrias petrolera y automovilística. Volver a la gasolina de simple destilación es prácticamente imposible con unos motores diseñados para utilizar la gasolina super, porque no es posible evitar el repiqueteo[4] –altamente peligroso para la longevidad de los motores–, lo que sólo es posible conseguir reduciendo el avance del encendido y aceptando una pérdida de rendimiento de un 10%. Esta desventaja es especialmente perjudicial en el caso de los motores de pequeña cilindrada, que corren el riesgo de no alcanzar la potencia suficiente para satisfacer los criterios actuales del mercado. Todas las marcas de automóviles están estudiando nuevos motores "de gases pobres", que favorecen una mejor combustión de la mezcla aire-carburante modificando la forma de la cámara de combustión. Existen ya algunos prototipos, pero antes de ir a la cadena de montaje, se necesita todavía algún tiempo.

MUNDO CIENTÍFICO
Septiembre de 1989, núm. 94
(Editorial Fontalba - Barcelona)

135. Contestar.

1. ¿Cuál es una de las causas principales de la contaminación atmosférica?

2. ¿Dónde se originan las lluvias ácidas?

3. ¿Por qué el problema de la gasolina interesa a toda la Comunidad Europea?

4. ¿Por qué es importante eliminar el plomo de la gasolina?

5. ¿Qué problemas plantean a la industria automovilística estas innovaciones?

---

[1] *pernicioso*, dañoso, que causa daño.
[2] *nocivo*, pernicioso, dañoso.
[3] *plantear* [un problema], exponer [un problema].

[4] *repiqueteo* (< repiquetear), golpear, dar pequeños golpes múltiples y vivos.

19 *Hablemos del tiempo*

El clima de España cambia según las regiones. Se puede decir que cada región tiene su clima.

En el centro de España, en la llamada meseta castellana, el clima es muy seco y extremado. En verano hace un calor intensísimo y en invierno hace muchísimo frío.

El cielo está siempre despejado, pero en invierno, de vez en cuando nieva. El termómetro llega fácilmente a cero grados.

En el norte de España llueve con frecuencia. Incluso en los meses de julio y agosto el cielo está nuboso.

A veces hace viento: especialmente en el extremo noroeste sopla con mucha violencia y hay fuertes marejadas.

En el este de la península el clima es templado por estar junto al mar Mediterráneo. En primavera y otoño hace más bien calor, pero el cielo no es azul y terso como en la meseta.

Muchas veces, en invierno sobre todo, en las primeras horas de la mañana hay nieblas o neblinas.

Es un clima más suave, pero más húmedo.

En el sur de España hace sol todo el año e incluso en los meses de enero y febrero la temperatura no suele ser inferior a los 12 grados.

Sin embargo, en el mes de marzo, que es un mes muy inestable, hay chubascos y tormentas, como también en otras partes de la península.

Observar y recordar

¿**Qué** tiempo **hace**? ⟶
- **hace** frío / calor
- **hace** sol
- **hace** viento

- llueve
- nieva

¿**A** cuántos grados **estamos**? ⟶ **Estamos a** ⟶
- 12° grados.
- 0° (cero) grados.
- 2° grados bajo cero.

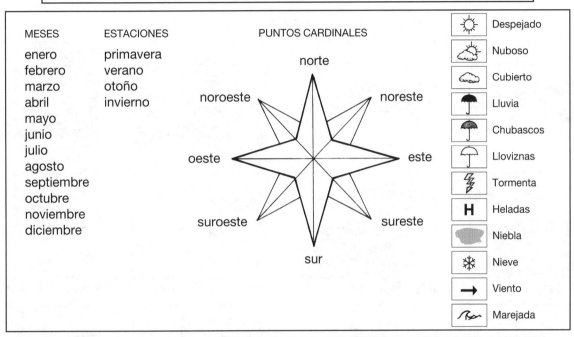

MESES	ESTACIONES
enero	primavera
febrero	verano
marzo	otoño
abril	invierno
mayo	
junio	
julio	
agosto	
septiembre	
octubre	
noviembre	
diciembre	

PUNTOS CARDINALES

norte
noroeste — noreste
oeste — este
suroeste — sureste
sur

- Despejado
- Nuboso
- Cubierto
- Lluvia
- Chubascos
- Lloviznas
- Tormenta
- **H** Heladas
- Niebla
- Nieve
- Viento
- Marejada

- Hace un calor intensísimo. ⟶ intens[o] + ísimo ⟶ intens**ísimo**
  (= muy intenso)
- La tormenta está lejísimos. ⟶ lej[os] + ísimos ⟶ lej**ísimos**
  (= muy lejos)
- Hace muchísimo frío. ⟶ much[o] + ísimo ⟶ much**ísimo**
  (= [muy] mucho)

¡ATENCIÓN!

ri**c**o (k) ⟶ ri**c**ísimo (θ) ⟶ ri**quí**simo (k) ⟶ c/qu, g/gu: regla general de ortografía
amar**g**o (g) ⟶ amar**g**ísimo (χ) ⟶ amar**guí**simo (g)

El clima es templado **por estar** junto al mar. ⟶ **POR + INFINITIVO**
(= a causa de que está)

El clima es templado por estar **junto al** mar.
(= al lado de/tocando a)

Hace **más bien** calor.
(= bastante pero no mucho)

inferior ⟵⟶ superior
(= más bajo) (= más alto)

Cada región tiene su clima.
(= todas consideradas una a una)

 **Practicar**

136. Hacer frases.

Ejemplo:

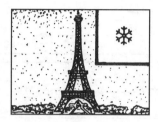

París ———► *En París nieva con frecuencia.*

montaña

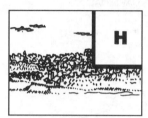
centro de España

Madrid

Andalucía

Zaragoza

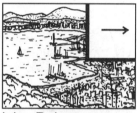
islas Baleares

Picos de Europa

costa andaluza

Sevilla

Burgos

mar Cantábrico

Cataluña

137. Formar el superlativo.

Ejemplo: Estoy <u>cansado</u>. ———► *Estoy **cansadísimo.***

1. Este tren es un cercanías y va <u>despacio</u>.
2. Tiene <u>mucho</u> trabajo.
3. Viven en una casa <u>moderna</u>.
4. Mi tío de América es <u>rico</u>.
5. Te veo <u>enfadado</u>, ¿qué te pasa?
6. No vamos a aquel restaurante porque es <u>caro</u>.
7. El chino es una lengua <u>difícil</u>.
8. La calle es <u>larga</u>.
9. El hospital está <u>lejos</u> del pueblo.
10. No sabemos hacer este crucigrama: es <u>complicado</u>.

138. Transformar en frases ponderativas con *qué / cuánto / cuánto-a -os -as*.

Ejemplo: Hace mucho frío hoy. ———► *¡Qué / cuánto frío hace hoy!*

1. Transmiten mucha publicidad por televisión.
2. Hay muchos papeles por la calle.
3. En este país llueve mucho.
4. Esta región es muy húmeda.
5. Aquella señora es muy pesada[1].
6. Hay mucha nieve en las montañas.
7. Esta maleta pesa mucho.
8. El cielo de España es muy azul y terso.
9. Me da mucho miedo esta niebla.
10. Hay muy poca luz aquí.

139. Completar con *antes/antes de, después/después de, dentro/dentro de, fuera/ fuera de*.

Ejemplo: –¿Dónde está el guardia? –Esta ahí _____ ———►

———► –¿Dónde está el guardia? –Está ahí **fuera / dentro.**

1. Los buzones están _____ Correos.
2. _____ esta cartera no hay ningún cheque ni dinero.
3. Las camisas están _____ el cajón del armario.
4. –¿Voy a su casa a las cuatro? –No, es preferible _____: a las tres.
5. Pueden ustedes dejar los paraguas ahí _____, en la entrada.
6. Hoy ponen una película policiaca, pero _____ dan las noticias.
7. _____comer leo el periódico y fumo un pitillo[2], y _____comer escucho un poco de música.
8. ¡Tienda la ropa _____ , no _____ , porque está lloviendo!
9. –¿Comemos en la terraza? –No, comemos _____ porque _____ hace mucho frío.
10. Ahora descansen un rato: el trabajo lo pueden terminar_____.

140. Completar con *tener que* o *deber / haber que*.

Ejemplo: _____ (yo) salir inmediatamente de aquí. ———►

———► *Tengo que / debo salir inmediatamente de aquí.*

1. _____ abrigarse[3] muy bien porque hace mucho frío.
2. _____ *(nosotros)* avisar al portero: las luces de la escalera no se encienden.
3. No _____ *(usted)* ponerse nerviosa: el examen es muy fácil.
4. _____ ponerse el chubasquero[4] porque está lloviendo muchísimo.
5. _____ solucionar el problema de la contaminación atmosférica.

---

[1] *pesado,* aburrido, que no divierte.
[2] *pitillo,* cigarrillo.
[3] *<abrigarse* (< abrigo), defenserse del frío con una prenda pesada.

[4] *chubasquero* (< chubasco), prenda de plástico que protege de la lluvia.

6. ¿Qué se hace esta noche?: _____ decidir algo.

7. No _____ (vosotros) preocuparos por esto: todo se resuelve en la vida.

8. La casa arde[1]: _____ llamar enseguida a los bomberos.

9. Este curso de español es muy rápido: _____ estudiar mucho.

10. ¡Qué calor hace aquí dentro: _____ (tú) abrir la ventana!

141. Completar en presente durativo (estoy llevando).

Ejemplo: ¿Qué _____ (ella, hacer) ahí dentro? ⟶ ¿Qué **está haciendo** ahí dentro?

1. _____ (él, decir) una cosa que interesa a todos.

2. _____ (ellos, llegar) ahora mismo en taxi.

3. ¡Calla! ¡_____ (yo, oír) una sinfonía de Beethoven!

4. _____ (ellos, poner) aire acondicionado en todos los medios de transporte públicos.

5. ¿Ustedes también _____ (ir) a la reunión del partido?

6. ¡No me molestes: _____ (yo, ver) una película interesantísima!

7. En este momento el conferenciante _____ (salir) de la sala.

8. –¿Dónde _____ (vosotros, ir)? –_____ (nosotros, ir) a la compra.

9. La función [2] _____ (empezar) en este momento.

10. –¿Qué _____ (tú, pensar)? –No _____ (yo, pensar) nada.

142. Completar.

Ejemplos: • –¿A qué hora te levantas? (8 hs.) ⟶ Me levanto **a las ocho de la mañana.**

• –¿Cuándo vuelves del trabajo? (16 hs.) ⟶

⟶ Vuelvo del trabajo **a las cuatro de la tarde.**

1. ¿Cuándo sale el expreso de Madrid? (12 hs.)

2. ¿Cuándo abren las tiendas en tu país? (9 hs.)

3. ¿Cuándo cierran los bancos? (14 hs.)

4. ¿A qué hora tienes que ir al médico? (10 hs.)

5. ¿A qué hora terminan los programas de la televisión? (24 hs.)

6. ¿A qué hora puedo telefonearos? (19 hs.)

7. ¿A qué hora nos vemos para ir al cine? (22 hs.)

8. ¿Cuándo es la reunión? (11 hs.)

9. ¿Cuándo empieza el partido[3] de fútbol entre el Español y el Real Madrid? (17 hs.)

10. ¿A qué hora tomo las aspirinas, doctor? (8 y 18 hs.)

---

[1] arder, estar algo quemándose.

[2] función, representación teatral o de cualquier espectáculo.

[3] partido (< partir), competición deportiva.

EL TIEMPO
Descenso térmico en todo el país
por J. L. RON

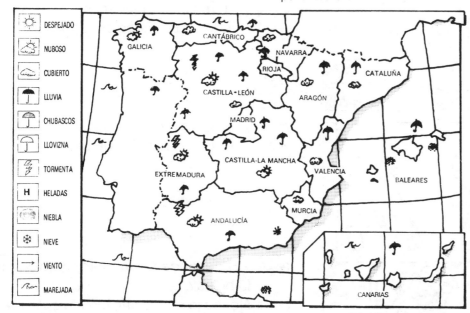

Siguen las bajas presiones sobre la Península y Baleares, con una borrasca moderada en Cataluña. En altura hay una vaguada[1] sobre el oeste peninsular, con un embolsamiento[2] frío de -28° a 5.500 (cinco mil quinientos) metros, que afecta la inestabilidad a todo el país, con chubascos dispersos, a veces con tormentas irregulares en la mitad oeste y con nevadas en las cordilleras[3], y un descenso térmico, preferentemente en la mitad oeste y en Canarias.

ANDALUCÍA. Cielo con nubes y claros por toda la comunidad, con intervalos muy nubosos y chubascos ocasionales, a veces con tormentas, que pueden ser localmente muy fuertes en Ceuta, en Melilla y en puntos de la mitad del Oeste. Nieve en Sierra Nevada por encima de los 1.700 (mil setecientos) metros. Descenso térmico, con máximas de 20° y mínimas de 3°.

ARAGÓN, NAVARRA Y LA RIOJA. Cubierto, con chubascos de nieve en el Pirineo y en el Sistema Ibérico a 1.700 metros. Muy nuboso en el resto, con chubascos ocasionales y con tormentas en La Rioja y en Navarra. Máxima de 17° y mínima de -1°.

BALEARES. Muy nuboso, con nieblas y lloviznas por la mañana y viento flojo de Suroeste. Nuboso por la tarde. Descenso de las máximas, con 19°, y suben las mínimas, con 8°.

CANARIAS. Nuboso, con intervalos muy nubosos, con algún chubasco en el norte. Máximas de 19° y mínima de 15°.

CANTÁBRICO Y GALICIA. Nuboso en Galicia, con algún chubasco, con tormentas en el interior. Cubierto con chubascos en el resto. Máxi-mas de 11° y mínimas de 0°.

CASTILLA Y LEÓN. Nuboso, con intervalos muy nubosos y chubascos ocasionales, a veces con tormentas irregulares. Máximas de 10° y mínimas de -4°.

CASTILLA-LA MANCHA Y EXTREMADURA. Nuboso, con intervalos muy nubosos y chubascos ocasionales, a veces con tormentas irregulares. Máximas de 14° y mínimas de 3°.

CATALUÑA. Cubierto en el Pirineo, con nevadas a 1.700 metros. Muy nuboso en el resto, con chubascos ocasionales. Máximas de 19° y mínimas de 5°.

ÁREA DE MADRID. Nuboso e intervalos muy nubosos y algún chubasco ocasional, más frecuente en la sierra[4]. Riesgo de tormentas irregulares. Descenso térmico notable. Máximas de 14° y mínimas de 2° en el centro de la capital.

MURCIA Y VALENCIA. Nuboso, con intervalos muy nubosos y chubascos ocasionales. Máximas de 20° y mínimas de 5°. Las tormentas pueden ser fuertes la próxima madrugada.

CARRETERA. Para mayor información, llámese al siguiente teléfono de Madrid: 91/441 72 22.

EL PAÍS
17 de marzo de 1989
Madrid

143. Contestar.

1. ¿Cómo es el tiempo en Andalucía?

2. ¿Cómo es el tiempo en las Canarias?

3. ¿Cómo es el tiempo en el Cantábrico y Galicia?

4. ¿Cómo es el tiempo en Castilla y León?

5. ¿Cómo es el tiempo en el área de Madrid?

6. ¿Cómo es el tiempo en Cataluña?

---

[1] *vaguada,* zona de baja presión.

[2] *embolsamiento* (< bolsa), masa de aire que penetra formando como una bolsa o saco.

[3] *cordillera,* serie de montañas unidas.

[4] *sierra,* serie de montes unidos.

Hablar

PILAR: ¿Te ayudo a hacer la maleta?
JUAN: ¿La maleta? ¡Las maletas! ¡No sé dónde meter todas esas cosas!

PILAR: ¿Dónde meto los zapatos?
JUAN: Métenlos en la bolsa de tela.

PILAR: ¿El despertador lo meto también en la bolsa?
JUAN: No, no lo metas ahí, mételo en el maletín.

PILAR: ¿Y los pantalones dónde los meto?
JUAN: Métenlos en la maleta pequeña. ¡Dóblalos!
PILAR: ¿Doblarlos? No, por Dios, que doblándolos se arrugan. Mejor meterlos en la maleta grande.
JUAN: ¡Vale! Métenlos en la maleta grande.

JUAN: ¡Tráeme los calcetines del armario!
PILAR: Ten, aquí los tienes.

PILAR: ¿La agenda la meto en el maletín?
JUAN: No, métela en la cartera. De momento déjala ahí fuera: ponla encima de la mesa. Antes de irme, debo hacer una llamada.

Observar y recordar

¿Dónde meto **los pantalones**?
- **Los** metes en la maleta.
- Méte**los** en la maleta.
- Puedes meter**los** en la maleta.
- Metiéndo**los** doblados se arrugan.

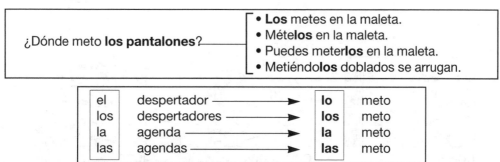

el	despertador ⟶	**lo**	meto
los	despertadores ⟶	**los**	meto
la	agenda ⟶	**la**	meto
las	agendas ⟶	**las**	meto

PRESENTES

INDICATIVO	SUBJUNTIVO	IMPERATIVO	INDICATIVO	SUBJUNTIVO	IMPERATIVO
	PONER			TENER	
pon**go**	pon**ga**	...	ten**go**	ten**ga**	...
pones	pon**gas**	**pon**	tienes	ten**gas**	**ten**
pone	pon**ga**	pon**ga**	tiene	ten**ga**	ten**ga**
ponemos	pon**gamos**	pon**gamos**	tenemos	ten**gamos**	ten**gamos**
ponéis	pon**gáis**	poned	tenéis	ten**gáis**	tened
ponen	pon**gan**	pon**gan**	tienen	ten**gan**	ten**gan**

IRREGULARIDAD PROPIA

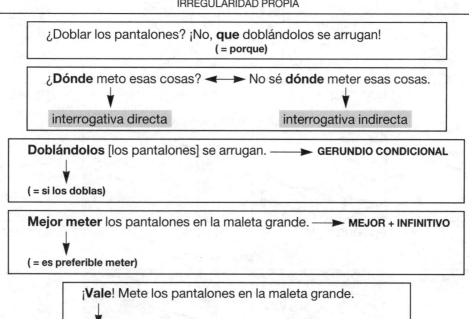

¿Doblar los pantalones? ¡No, **que** doblándolos se arrugan!
(= porque)

¿**Dónde** meto esas cosas? ◄─► No sé **dónde** meter esas cosas.

interrogativa directa   interrogativa indirecta

Doblándolos [los pantalones] se arrugan. ⟶ **GERUNDIO CONDICIONAL**

(= si los doblas)

Mejor meter los pantalones en la maleta grande. ⟶ **MEJOR + INFINITIVO**

(= es preferible meter)

¡**Vale**! Mete los pantalones en la maleta grande.

(= sí / de acuerdo / OKEY)

No, ¡**por Dios**! que doblándolos se arrugan. ⟶ expresión que acompaña una súplica

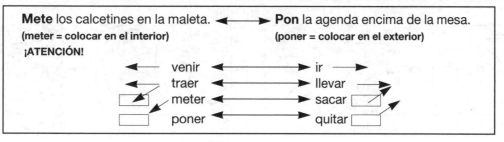

Mete los calcetines en la maleta. ◄─► **Pon** la agenda encima de la mesa.
(meter = colocar en el interior)   (poner = colocar en el exterior)
¡ATENCIÓN!

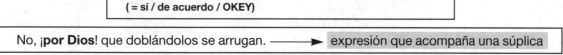

| ◄── venir ◄──► ir ──► |
| ◄── traer ◄──► llevar ──► |
| □⟋ meter ◄──► sacar □⟋ |
| □ poner ◄──► quitar □ |

 **Practicar**

144. Hacer frases.

Ejemplo:

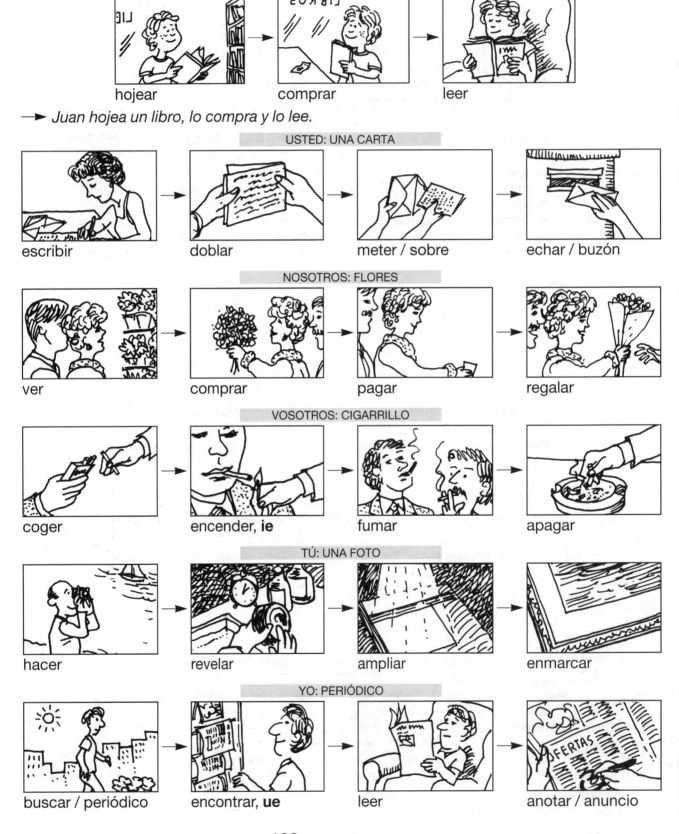

JUAN: UN LIBRO

hojear — comprar — leer

→ *Juan hojea un libro, lo compra y lo lee.*

USTED: UNA CARTA

escribir — doblar — meter / sobre — echar / buzón

NOSOTROS: FLORES

ver — comprar — pagar — regalar

VOSOTROS: CIGARRILLO

coger — encender, **ie** — fumar — apagar

TÚ: UNA FOTO

hacer — revelar — ampliar — enmarcar

YO: PERIÓDICO

buscar / periódico — encontrar, **ue** — leer — anotar / anuncio

145. Completar con *lo / la / los / las.*

Ejemplo: ¿Dónde ____ meto [*los guantes*]? ➝ *¿Dónde **los** meto?*

UN HIJO SERVICIAL

–Papá, ¿hacemos un dibujo?

–Después, después[1] ____ hacemos. Ahora estoy ocupado.

–¿Abro la ventana?

–No, que abriéndo[2] ____ se oye mucho ruido.

–¿Pongo la tele?

–Vale, pon[3] ____.

–¿Lavamos el coche?

–No, mejor lavar[4] ____ el domingo.

–¿Saco las plantas fuera?

–No, por Dios. No[5] ____ saques fuera, déja[6] ____ aquí.

–¿Preparo el equipaje?

–Bueno, prepára[7] ____.

–La maleta pesa mucho, ayúdame a levantar[8] ____.

–No[9] ____ levantes. Puedes dejar[10] ____ en el suelo.

146. Transformar.

Ejemplo: ¿Dónde está la maleta? *(yo, no saber)* ➝ ***No sé** dónde está la maleta.*

1. ¿Cómo se llama el representante de la firma? *(ella, saber)*
2. ¿Cuánto cuesta este piso? *(usted, no recordar, **ue**)*
3. ¿Quién es aquel señor? *(nosotros, no saber)*
4. ¿Dónde podemos aparcar? *(vosotros, saber)*
5. ¿Cómo se va a Sevilla? *(él, no saber)*
6. ¿A qué hora llega el avión? *(usted, saber)*
7. ¿Dónde comemos esta noche? *(ella, no saber)*
8. ¿Quiénes son estas personas? *(tú, no saber)*
9. ¿Dónde están los documentos? *(yo, no recordar, **ue**)*
10. ¿Dónde puedo encontrar un buzón? *(usted, saber)*

147. Elegir y conjugar *ir / venir, traer / llevar, meter / poner, sacar / quitar.*

Ejemplo: _____ (yo) el despertador en la maleta. ⟶ **Meto** *el despertador en la maleta.*

1. Cuando _____ (él) a verme _____ (él) siempre un ramo de flores.
2. –¿Dónde _____ (yo) estos papeles? –_____ (usted) los papeles en el cajón del escritorio.
3. El dentista me _____ la muela[1].
4. _____ (ellas) a misa todos los domingos.
5 ¡No _____ (usted) su abrigo encima del mío!
6. Todas las mañanas _____ (vosotros) el polvo de los muebles.
7. ¡No te_____ las manos en la boca!
8. Cuando _____ (nosotros) a comer a su casa _____ (nosotros) siempre un pastel y una botella de vino.
9. Por favor, _____ (usted) mi coche del garaje.
10. José, _____ hoy mismo aquí, a mi despacho, porque tengo que hablarle.

148. Completar libremente.

Ejemplo: Antes, desayuno. ⟶ *Antes **de salir** desayuno.*

1. Después, miramos la televisión.
2. Antes, se lava las manos.
3. Después, sale el sol.
4. Antes, llamadme.
5. Antes, escúchame.
6. Después, va al bar.
7. Después, toma un café.
8. Antes, jugamos al tenis.
9. Antes, limpia la casa.
10. Después, da una receta al paciente.

149. Decir la forma contraria.

Ejemplo: Hoy las manzanas están muy caras. ⟶ *Hoy las manzanas están muy **baratas.***

1. Este piso es demasiado grande para nuestra familia.
2. Me he comprado una falda larga de lana.
3. ¡Qué antipática es esta dependienta!
4. No lleva nunca zapatos de tacones altos.
5. Es un alumno muy listo.
6. Este panorama es muy feo.
7. ¡Qué gordo está este gato!
8. Su bañador nuevo es blanco.
9. ¡Hable en voz alta, por favor!
10. Hoy el cielo está despejado.

---

[1] *muela*, cada uno de los dientes que está detrás de los caninos.

 **Leer y comprender**

Entrevista a Umberto Eco:
"Hace falta una nueva ética de la información"
por MEY ZAMORA

Pregunta.- ¿Cuál es el panorama actual de la semiótica?

Respuesta.- La semiótica, como todas las disciplinas, crece porque aumentan los intereses y las gentes que trabajan en estos temas. Los estudios semiológicos renacen[1] después de la década de los sesenta cuando se abandona el estructuralismo como modelo dominante y el centro de interés pasa a la interpretación. Hoy existen dos tendencias: una semiótica específica que describe universos muy concretos, como es el caso de la Fonología o el estudio del lenguaje gestual[2] de determinados pueblos, en la que se dan descripciones; y una semiótica general, una filosofía del lenguaje en la que se busca la definición de conceptos como signo (en griego *semeion*), sistema, referente o significado, y que quiere ser una ayuda para conocer el mundo en que vivimos.

Los medios de comunicación de masas

La semiótica es, según Eco, una disciplina que, como la física nuclear no interesa a la inmensa mayoría de la gente, "gracias a Dios", pero como otros estudios sobre el comportamiento puede ofrecer claves para interpretar el mundo.

U.E.- La semiótica puede describir lo que pasa, explicar a la gente el mundo en el que se mueve y hacer observaciones, pero no es una terapia como la aspirina. La semiótica puede ayudar a no aumentar el proceso de manipulación del universo del signo, pero primero hay que confiar en el sentido común[3] de los humanos.

Los últimos análisis de Eco se centran en constatar los peligros de una sociedad en la que dominan los medios de comunicación de masa,

que, en su opinión, "enmascaran" la realidad. Por esto es tan importante trabajar en el campo de la interpretación y de los procesos de inferencia.

P.- La puesta en escena de los mensajes que crean los medios de comunicación y la creciente importancia de la imagen en los procesos comunicativos, ¿pueden incluso anular la capacidad de reacción del individuo ante[4] un acontecimiento?

R.- No deseo dar una imagen de pesimismo porque creo profundamente en el hombre, pero es indudable que vivimos en una sociedad en que la información domina completamente. Por este motivo debemos crear una ética de la información, una "infor-ética", una moralidad para definir nuevas reglas para nuestro tiempo y controlar los constantes procesos de manipulación.

P.- ¿Puede poner algún ejemplo?

R.- Si un diario publica la imagen de un político mientras está comiendo puede caricaturizar de forma grotesca una función que todos nosotros hacemos diariamente sin prestarse[5] a dobles lecturas. Otro ejemplo: en Italia los procesos judiciales tienen carácter público. Pongamos[6] que un señor roba un paquete de tabaco o firma un cheque falso: si una cámara de televisión capta la imagen del proceso, convierte a ese individuo en un criminal. Si además esta persona es taxista de profesión, la gente identifica a todos los taxistas con la figura del criminal. Hoy la importancia del discurso es enorme y supera la del hecho mismo. El discurso lleva a la pérdida del discurso real y a convertir en anecdótico el acontecimiento.

LA VANGUARDIA
2 de abril de 1989 - Barcelona

---

150. Contestar.

1. ¿Cuál es el panorama actual de la semiótica?

2. ¿Qué es la semiótica?

3. ¿Por qué son peligrosos los medios de comunicación de masas?

---

[1] *renacer* (= re + nacer), nacer de nuevo.
[2] *gestual,* relativo a los gestos.
[3] *sentido común,* buen sentido natural.
[4] *ante,* delante de, frente a.

[5] *prestarse,* dar motivo, ofrecer ocasión de algo.
[6] *pongamos que...,* hagamos una suposición o hipótesis.

TEST DE CONTROL N.º 2 (Unidades 11-20)

2.1. Conjugar en presente de indicativo *(llevo).*

1. ¿_____ *(ustedes, oír)* bien lo que yo _____ *(decir)*?

2. Él _____ *(saber)* dónde _____ *(yo, poner)* las llaves de casa.

3. Yo _____ *(conocer)* perfectamente las razones de su conducta.

4. Se _____ *(decir)* que la nueva fábrica _____ *(producir)* mucho.

5. El cartero _____ *(venir)* siempre a primeras horas de la mañana.

2.2. Completar con los pronombres *lo / la / los / las.*

1. ¿Dónde puedo dejar ____ *(las maletas)*? –____ puede dejar allí.

2. ¿Sabes que Paco está de viaje? –Sí, ____ sé.

3. ¿Cuándo veis la televisión? –____ vemos por la noche.

4. ¿Dónde guardas los documentos? –____ guardo en la cartera.

5. ¿Creéis que es una persona honesta? –No, no ____ creemos.

2.3. Transformar con *qué / cuánto-a-os-as.*

1. ¡Es muy elegante esta señora!

2. ¡Pesa mucho este paquete!

3. ¡Trabaja mucho el ingeniero!

4. ¡La biblioteca posee muchos libros!

5. ¡Son muy altas estas torres!

2.4. Completar con *el / la / los / las + que / de.*

1. –Dame el libro, por favor. –¿Cuál? – ____ matemáticas.

2. –¿Qué pantalones quiere probarse, señor? – ____ están en el escaparate.

3. –¿Qué tazas le traigo, señora? – ____ el té.

4. La familia de arriba y ____ abajo son extranjeras.

5. –¿Qué cartera desea ver? – ____ piel de cocodrilo.

2.5. Completar con *tener que / hay que.*

1. _____ *(nosotros)* avisar a los bomberos.

2. No _____ exagerar con la comida.

3. _____ *(ellos)* operar al enfermo de urgencia.

4. ¡Niños, no _____ *(vosotros)* gritar tanto!

5. _____ encender la luz.

2.6. Completar con *todo-a-os-as / cada.*

1. Va al peluquero _____ mes.
2. Compra el periódico _____ los días.
3. Es bueno ir al dentista _____ seis meses.
4. _____ lo que dice es mentira.
5. _____ las personas interesadas pueden pedirnos información.

2.7. Contestar con imperativo afirmativo (+ pronombre) *(lleva).*

1. –¿Cierro la ventana? –¡Sí, _____ *(usted)*!
2. –¿Tomo la aspirina? –¡Sí, _____ *(tú)*!
3. –¿Ponemos limón en la bebida? –¡Sí, _____ *(vosotros)*!
4. –¿Decimos nuestra opinión? –¡Sí, _____ *(ustedes)*!
5. –¿Nos acostamos ahora? –Sí, _____ *(vosotros)*!

2.8. Contestar con imperativo negativo (+ pronombre) *(no lleves).*

1. –¿Como este pescado? –¡No, _____ *(tú)*!
2. –¿Ponemos las botas de montaña en la maleta? –¡No, _____ *(vosotros)*!
3. –¿Me siento en esta butaca? –¡No, _____ *(tú)*!
4. –¿Tomamos ahora el aperitivo? –¡No, _____ *(nosotros)* ahora!
5. –¿Quito el polvo de los muebles? –No, _____ *(usted)*!

2.9. Transformar la parte subrayada con *si / cuando / porque.*

1. No podemos comprar el piso a causa de que no tenemos dinero.
2. En el caso de portarte bien, te llevamos al cine.
3. Todas las veces que llueve, no sale de casa.
4. No pasa los exámenes a causa de que no estudia.
5. En caso de llegar a las nueve, te quedas a cenar con nosotros.

2.10. Decir la palabra que significa lo que se indica entre paréntesis.

1. _____ *(no siempre/a veces)* va a la discoteca.
2. Le gusta conducir _____ *(lentamente / sin prisa)*.
3. Habla por teléfono y _____ *(simultáneamente)* atiende a los turistas.
4. ¿Vamos _____ *(una vez más)* a ver aquella película?
5. –¿Le doy hora para el lunes? –Sí, _____ *(OKEY / bueno)*.

2.11. Acentuar.

1. El camion no puede estacionar aqui: esta prohibido.
2. ¿Tambien vosotros estais de acuerdo con lo propuesto?
3. El miercoles los periodicos no salen.
4. ¡Esta si que va a ser una sorpresa para el!
5. –¿Teneis dieciseis años? –Si, solo tenemos dieciseis años.

Hablar

Años atrás, cuando yo todavía era niño, la vuelta ciclista de Cataluña pasaba por nuestro pueblo.

El paso de la vuelta ciclista era un acontecimiento importante y un auténtico espectáculo.

A lo largo de toda la calle Mayor estaban las vallas.

Detrás de las vallas estaban los espectadores.

Concurría mucha gente. Todos los años había unos dos mil espectadores.

Asistían todas las personalidades del pueblo: el señor maestro, el farmacéutico, el médico, el párroco y el alcalde.

Nosotros también íbamos siempre. Nos sentábamos en el balcón de la tía Mercedes, que vivía en un piso que daba justo a la calle Mayor, desde donde se veía todo estupendamente.

Había ciclistas de muchas nacionalidades: italianos, franceses, holandeses, suizos, españoles.

Algún año venía incluso el campeón del mundo con su maillot tricolor.

Lo más emocionante era la llegada del primer ciclista.

Al llegar, se producía un gran griterío y un gran revuelo de banderitas.

El espectáculo era breve, pero los preparativos y la espera eran muy emocionantes.

Observar y recordar

–Años atrás, la vuelta **pasaba** por mi pueblo.
–Cuando yo era niño, **iba** a ver la vuelta. → pasado durativo

---

PRETÉRITO IMPERFECTO

LLEVAR	COMER	ESCRIBIR
llev**aba**	com**ía**	escrib**ía**
llev**abas**	com**ías**	escrib**ías**
llev**aba**	com**ía**	escrib**ía**
llev**ábamos**	com**íamos**	escrib**íamos**
llev**abais**	com**íais**	escrib**íais**
llev**aban**	com**ían**	escrib**ían**

↓

MODELO DE REGULARIDAD

VER	SER	IR
v**ía**	**era**	**iba**
v**ías**	**eras**	**ibas**
v**ía**	**era**	**iba**
v**íamos**	**éramos**	**íbamos**
v**íais**	**erais**	**ibais**
v**ían**	**eran**	**iban**

↓

ÚNICOS VERBOS DE IRREGULARIDAD PROPIA

---

hay (presente) ——— **había** (pasado) → impersonal: INVARIABLE

Años atrás / tiempo atrás
Entonces / en aquella época — veíamos la vuelta. → expresiones temporales del pasado

---

A lo largo de la calle Mayor, estaban las vallas.
(= en toda su longitud)

Había **unos** dos mil espectadores. → UNOS / UNAS
(= aproximadamente)

Lo [más] **emocionante** era la llegada del primer ciclista. → LO [MÁS / MENOS] + ADJETIVO
(= la cosa [más] emocionante)

Al llegar el primer ciclista, se producía un gran griterío. → AL + INFINITIVO
(= en el mismo momento que / cuando)

El piso **daba a** la calle Mayor. → DAR + A
(= estaba orientado / miraba a)

Desde el balcón se veía todo estupendamente.
(= situados allí / estando allí)

FORMACIÓN DE DIMINUTIVOS

bander[a] + ita ——————→ bande**rita**
libr[o] + ito ——————→ lib**rito**
(= bandera pequeña / libro pequeño)

Practicar

151. Hacer frases.

Ejemplo:

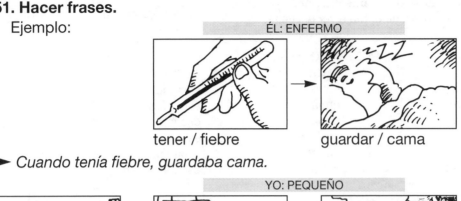

ÉL: ENFERMO

tener / fiebre → guardar / cama

→ *Cuando tenía fiebre, guardaba cama.*

YO: PEQUEÑO

vivir / pueblo → ir / colegio → jugar / parque → nadar / lago

TÚ: EN PARÍS

estar / París → levantarse / tarde → desayunar / hotel → salir / de paseo

mirar / escaparates → visitar / museo → subir / torre Eiffel → cenar / restaurantes de lujo

VOSOTROS: NOVIOS

ser / novios → verse / todos los días → llamarse por teléfono / noches → domingos / ir / cine

NOSOTROS: RICOS

tener / dinero → vivir / finca → tener/criados/chófer → viajar / mucho

152. Transformar con *al + infinitivo*.

    Ejemplo: *Cuando / en el mismo momento que entro* en casa, me quito los zapatos.⟶

        ⟶ ***Al entrar*** *en casa, me quito los zapatos.*

1. Cuando salía del hotel, dejaba la llave de la habitación en recepción.
2. En el mismo momento que se pulsa el botón rojo, se apaga el aparato.
3. Cuando pasa la policía, se oyen las sirenas.
4. Cuando oyen el pistoletazo de salida, los corredores empiezan a correr.
5. Cuando llega la primavera, la naturaleza renace.
6. En el mismo momento que la actriz[1] salía al escenario, todo el mundo aplaudía.
7. Cuando empieza el espectáculo se apagan las luces de la sala.
8. Cuando se mira el cielo con el telescopio, se ven muy bien las estrellas.
9. Cuando escuchaba música, se emocionaba.
10. Cuando se abre la puerta del frigorífico, se enciende la luz interior.

153. Formar el diminutivo en *-ito -a -os -as*.

    Ejemplo: Se producía un gran revuelo de <u>banderas</u>. ⟶

        ⟶ *Se producía un gran revuelo de **banderitas**.*

1. Antes vivían en una <u>casa</u> de campo.
2. La finca tenía tres <u>ventanas</u> debajo del tejado[2].
3. Esta noche sólo como una <u>sopa</u> y un poco de queso.
4. Compramos estos <u>libros</u> porque son interesantes y cuestan poco.
5. ¿Regalas unos <u>zapatos</u> al nene?
6. ¡Qué <u>cara</u> simpática y bonita tiene Pilar!
7. Estoy escribiendo una <u>carta</u> a mi novio.
8. La tía Mercedes tenía un <u>piso</u> que daba a la calle Mayor.
9. ¿Puede esperar un <u>rato</u>? Vuelvo enseguida.
10. ¿Reservo una <u>mesa</u> discreta para los dos, señor?

154. Transformar con *lo*.

    Ejemplo: <u>La cosa [más] interesante</u> era saber lo que pensabas tú de esto. ⟶

        ⟶ ***Lo** [más] interesante era saber lo que pensabas tú de esto.*

1. <u>La cosa más difícil</u> es encontrar la solución al problema de la contaminación.
2. <u>La cosa preocupante</u> es el aumento de los drogadictos [3] en todos los países del mundo.
3. <u>La cosa mala</u> es que su caso no tiene solución.
4. <u>La cosa rara</u> es que no se encuentra el arma del delito.

---

[1] *actriz* (femenino irregular de *actor*), persona que representa en el teatro o en el cine.
[2] *tejado* (< teja), cubierta superior de un edificio, en pendiente y con tejas.
[3] *drogadicto,* persona que se droga habitualmente.

5. La cosa incomprensible es su comportamiento.
6. La cosa más impresionante es que no se encuentra una cama en ningún hospital de la ciudad.
7. La cosa más extraña era su manera de hablar.
8. Cuando hay niebla, la cosa prudente es conducir despacio.
9. La cosa terrible es que todos los años mueren aproximadamente 20.000 (veinte mil) niños a causa de los juguetes.
10. La cosa divertida es cuando cuenta su vida de soltero[1].

155. Decir el infinitivo y buscar en el diccionario.

Ejemplo: No **conozco** a esta persona.

DICCIONARIO
conocer, 1. v.tr Llegar a tener una fiel representación mental de algo. 2. Tener suficientes conocimientos de algo...

1. ¡Traduzca inmediatamente esta carta al inglés!
2. Agradezco su amabilidad.
3. No come cebollas porque no las digiere.
4. Yo no sugiero nada: decidan ustedes.
5. ¡Obedezco a sus órdenes, mi coronel[2]!
6. ¡No mientas: todos sabemos que eres un enchufado[3]!
7. Si llama usted desde un teléfono público, introduzca en la ranura una moneda de 25 pesetas.
8. ¿No aprueban ustedes nuestra decisión?
9. En los Picos de Europa la temperatura es muy baja y hiela con mucha frecuencia.
10. ¡Renueve su pasaporte porque está caducado[4]!

156. Transformar con lo, la, los, las.

Ejemplo: Veo la puerta cerrada. ——▶ **La** veo cerrada.

1. –¿Me prestas el periódico? –No, estoy hojeando el periódico yo.
2. No era posible ver los cuadros que estaban en restauración.
3. ¡Muestren al revisor[5] los billetes del autobús!
4. ¡Escriba su nombre en este papel!
5. Limpiamos los cristales de la sala todos los sábados.
6. Pueden poner sus abrigos aquí.
7. ¡Dejen ustedes las maletas en la consigna del aeropuerto!
8. ¡No olvide aquí sus documentos!
9. ¡Repasemos los verbos irregulares!
10. El detective estudia las circunstancias del delito.

157. Dictado.

---

[1] *soltero,* que no está casado.
[2] *coronel,* jefe militar que manda un regimiento.
[3] *enchufado* (< enchufar), se dice de una persona que consigue algo gracias a una recomendación.
[4] *caducado* (< caducar), que ha perdido su validez.
[5] *revisor,* persona que en los medios de transporte público comprueba que cada viajero tenga su billete.

DEPORTES

3-0 (tres a cero) a favor del Atlético en el campo Bernabéu de Madrid

Real Madrid y Atlético de Madrid se enfrentaban el 13 de diciembre en el Santiago Bernabéu en su primer encuentro de la máxima rivalidad de esta temporada. Atléticos y madridistas, situados segundos y terceros, respectivamente, en la clasificación de la Liga, acudían a ese encuentro necesitados de puntuar para tratar de dar alcance al "líder", el Fútbol Club Barcelona.

El Santiago Bernabéu registraba un lleno absoluto y, a pesar de que las estadísticas en este tipo de encuentros eran claramente favorables a los "merengues", los "colchoneros"[1] demostraban que este año están dispuestos a todo. Con Schuster, el último fichaje de Jesús Gil, como director de orquesta, el Atlético imponía su ritmo desde el primer momento y Manolo, en el minuto 5, después Juanito, en el 30 y, finalmente Rodax en el 89, ponían el 0-3 en el marcador electrónico del Estadio del Paseo de la Castellana.

Con este resultado el Atlético de Madrid daba el domingo un paso importante en su lucha por el título y se situaba a 4 puntos del Fútbol Club Barcelona, que esa misma jornada perdía en Oviedo por 1-0. El Real Madrid por su parte, cuando falta un partido para finalizar la primera vuelta de la Liga, es quinto a ocho puntos del líder. En cualquier caso todavía quedan 20 jornadas por disputar y 40 puntos están aún en juego.

Primera medalla de oro en Campeonato del Mundo de Natación

Martín López Zubero, el joven nadador español residente en Estados Unidos, brindaba a España el pasado 9 de enero la primera medalla de oro en unos Campeonatos del Mundo de natación, como ya el año pasado en el Europeo de Bonn al conquistar otra medalla de oro.

En esta ocasión, en la localidad australiana de Perth, donde se disputaban los Mundiales, el menor de la dinastía de los López Zubero se imponía en la prueba de 200 (doscientos) metros espalda y confirmaba las esperanzas que hay puestas en él de cara a la Olimpiada de Barcelona 92. Pero la hazaña no quedaba ahí y tres días después Martín obtenía otra medalla, la de bronce, en la prueba de los 100 metros espalda.

Otra gran satisfacción la representa la medalla de plata conseguida por el equipo español de waterpolo, que perdía en una polémica final, plagada[2] de errores arbitrales[3] ante Yugoslavia.

Según muchos comentaristas, si no era por esos "errores", España era sin duda la campeona indiscutida. De todas formas[4], el horizonte de los Juegos Olímpicos de Barcelona parece diáfano para estos deportistas que demuestran estar en la élite mundial.

ESPAÑA 91
Febrero de 1991, núm. 207 - Madrid

158. Contestar.

1. ¿Por qué era muy importante el partido entre el Atlético de Madrid y el Real Madrid?

2. ¿Cuándo y dónde han tenido lugar los éxitos del nadador español López Zubero? ¿Cuáles han sido sus victorias?

3. ¿Por qué motivo España no ha resultado ganadora en el campeonato de waterpolo?

---

[1] *merengues* y *colchoneros* son los apodos o sobrenombres con que son habitualmente conocidos los equipos del Real Madrid y del Atlético de Madrid, respectivamente; *merengue* es un dulce hecho de clara de huevo y azúcar; *colchonero* es quien fabrica o vende colchones.

[2] *plagada,* llena completamente.
[3] *arbitral,* del árbitro, o sea del juez en las competiciones deportivas.
[4] *de todas formas,* sin embargo, a pesar de lo dicho.

Una secretaria insustituible

 Hablar

PILAR: Manufacturas Fábregas, ¿dígame? Preguntan por ti, Fernando.

FERNANDO: ¿Por mí? Pregunta quién es.

PILAR: ¿Quién habla, por favor?... Sí, un momento.

Dice que es Santiago García. Dice que tiene que hablar urgentemente contigo.

FERNANDO: ¡Ese pesado! Hace dos meses que me persigue con lo mismo.
Di que no estoy, que estoy de viaje, que llame dentro de unos días.

PILAR: Lo siento, señor. Don Fernando está ausente. Llame dentro de unos días.

SR. GARCÍA: ¿Cómo? ¡Usted se está burlando de mí! ¡Hace un mes que me repite lo mismo! ¿Se puede saber por qué este señor no quiere hablar conmigo?
Diga a ese señor que estoy harto de él, de usted y de toda la empresa. Que el mundo no se acaba en Manufacturas Fábregas, ¿me entiende? Que...

PILAR: No se ponga así, por favor. Puedo asegurar que don Fernando está efectivamente de viaje.
Tengo aquí, en efecto, un recado para usted...

SR. GARCIA: ¿Para mí? ¡Menos mal! ¡Ya era hora!

PILAR: Dice que pase usted por nuestras oficinas y pregunte por el señor Fuentes.
El señor Fuentes sigue el asunto desde hace tiempo, lo conoce muy bien, y se va a ocupar de usted con el respeto y consideración que se merece...

FERNANDO: ¡Eres una perla, Pilar, una auténtica perla! ¡Eres una secretaria absolutamente insustituible!

Observar y recordar

Tiene un recado **para** —

- **mí**
- **ti**
- él / ella / usted
- **sí** (= uno mismo)
- nosotros / nosotras
- vosotros / vosotras
- ellos / ellas / ustedes
- **sí** (= unos mismos)

| PREPOSICIÓN + PRONOMBRE PERSONAL

¡ATENCIÓN!
con + mí / ti / sí ⟶ con**migo** / con**tigo** / con**sigo**

- Estoy de viaje. ⟶ Dice que **está** de viaje. ⟶ afirmación / certeza
  (indicativo)
- ¡Llame mañana! ⟶ Dice que **llame** mañana. ⟶ orden / ruego
  (subjuntivo)

PRESENTES

INDICATIVO	SUBJUNTIVO	IMPERATIVO	SUBJUNTIVO	IMPERATIVO
	SEGUIR		SER	
sigo	siga	...	sea	...
sigues	sigas	sigue	seas	sé
sigue	siga	siga	sea	sea
seguimos	sigamos	sigamos	seamos	seamos
seguís	sigáis	seguid	seáis	sed
siguen	sigan	sigan	sean	sean
	siguiendo		siendo	

MODELO DE IRREGULARIDAD   IRREGULARIDAD PROPIA

El señor Fuentes **se va a ocupar** de usted. ⟶ **IR A + INFINITIVO**

acción futura

- **Hace** dos meses **que** me persigue. ⟶ **HACE... QUE**
- **Desde hace** dos meses me persigue. ⟶ **DESDE HACE...**

(= durante los meses o tiempo indicado)

¡No se ponga **así**!
(= de esta forma / de esta manera)

Tengo aquí, **en efecto**, un recado para usted. ⟶ para asentir o confirmar algo ya expresado

¿Para mí? ¡**Menos mal**!, ya era hora.
(= ¡qué suerte, podía ser peor!)

¿Para mí? ¡Menos mal!, **ya era hora**.
(= ¡es tarde, pero al fin se ha realizado!)

¡ALTO!
Formación de adjetivos de potencialidad.
sustitui[r] + ble ⟶ sustitu**ible**
canta[r] + ble ⟶ cant**able**
tem[er] + ible ⟶ tem**ible**

(= que se puede sustituir / cantar / temer)

Formación de adjetivos negativos.

sustituible ⟷ **in**sustituible

(= que se puede sustituir)   (= que no se puede sustituir)

Practicar

159. Hacer frases.

Ejemplo:

TE RUEGO QUE...

compra algo

prepara comida

→ *Te ruego que compres algo y que prepares la comida.*

OS ACONSEJAMOS QUE...

conducid / despacio

mirdad / carteles

encended / faros

no bebáis / alcohol

ÉL DICE QUE...

soy / extranjero

me llamo / John White

vivo / Londres

estoy / aquí / de vacaciones

EL TAXISTA TE PIDE QUE...

cierra / puerta / despacio

no fumes

abre / ventanilla

no hables / él

EL PROFESOR NOS DICE QUE...

sentaos

escribid / nombre y apellidos

escuchad / dictado

no copiéis

ELLOS AFIRMAN QUE...

somos / hermanos

nos parecemos / mucho

trabajamos / misma tienda

practicamos / mismos deportes

160. Completar con los pronombres *mí, ti...*

EN EL RESTAURANTE

CAMARERO: ¿Saben ya lo que van a tomar los señores?

PADRE: ¿Qué pido para [1]_____ *(tú y tú)* dos?

MADRE: A [2]_____ *(yo)* me gusta mucho la paella, ¿tienen?

CAMARERO: Sí, señora.

MADRE: Entonces una ración[(1)] de paella para [3]_____ *(yo)*.

HIJA: Yo no sé qué tomar. ¿A [4]_____ *(tú)* qué te parece, mamá?

MADRE: ¿A [5]_____ *(tú)* qué te apetece, carne o pescado?

HIJA: Pescado, quizá.

PADRE: ¡Siempre el mismo cuento de nunca acabar! El camarero está esperando, ¡decídete, hija!

CAMARERO: Por [6]_____ *(yo)* no se preocupe: estoy aquí para eso.

PADRE: Sí, pero a [7]_____ *(yo)* me pone frenético[(2)]: todas las veces media hora de consulta entre [8]_____ *(ella y ella)*.

MADRE: A [9]_____ *(tú)* te ponen frenético muchas cosas, cariño, demasiadas cosas.

HIJA: Se pone siempre frenético con [10]_____ *(yo)*: no sé qué tiene contra[(3)] [11]_____ *(yo)*.

MADRE: No te preocupes, hija. Toma un lenguado o una merluza.

HIJA: Sí, para [12]_____ *(yo)* un lenguado.

PADRE: ¡Ya era hora, menos mal! A [13]_____ *(yo)* tráigame ese plato de cordero.

CAMARERO: Es un plato para dos, señor. Es muy abundante.

MADRE: Lo tomo yo también, Carlos: lo como con [14]_____ *(tú)*.

PADRE: ¿A [15]_____ *(tú)* no te importa[(4)], estás segura? A [16]_____ *(yo)* desde luego me haces un favor.
[al camarero]
Entonces, para [17]_____ *(yo y ella)* dos el cordero.
[a la hija]
Y tú, ¿qué tomas de guarnición[(5)] con el lenguado? Lo estás pensando todavía, seguro. A [18]_____ *(tú)* te conviene ir al restaurante con un asesor[(6)] gastronómico.

HIJA: ¡Papá, no te burles de [19]_____ *(yo)*, por favor!

CAMARERO: ¿Y para beber?

PADRE: Para [20]_____ *(yo)* vino tinto, y para [21]_____ *(tú y tú)* dos quizá mejor vino blanco, ¿no?

---

[1] *ración,* cantidad de comida que se da a cada persona.
[2] *frenético,* furioso, irritado.
[3] *contra,* en oposición a.

[4] *importar,* interesar más o menos.
[5] *guarnición,* verduras o legumbres que acompañan carnes o pescado.
[6] *asesor,* experto que aconseja.

161. Transformar con *hace... que / desde hace*.

Ejemplo: Duerme *(una hora).* ———→

———→ *Hace* una hora *que* duerme. / Duerme *desde hace* una hora.

1. Vivimos en esta ciudad *(diez años).*
2. Voy todos los miércoles al gimnasio *(tres meses).*
3. ¿Trabajas en esta fábrica *(mucho tiempo)*?
4. No sale de casa *(trece días).*
5. En este pueblo no llueve *(dos meses).*
6. Aquella película está en cartel *(un año).*
7. Está telefoneando *(media hora).*
8. No os vemos *(mucho tiempo).*
9. Los obreros no cobran el sueldo *(cuatro meses).*
10. No nos escribe *(un montón de tiempo).*

162. Conjugar en presente de indicativo *(llevo)*.

Ejemplo: Me _____ *(él, repetir, i)* siempre lo mismo. ———→

———→ *Me* **repite** *siempre lo mismo.*

1. _____ *(nosotros, seguir, i)* con mucha atención los acontecimientos políticos del país.
2. En la fábrica _____ *(ellos, despedir[1], i)* a los empleados que son un poco mayores.
3. ¿Qué os _____ *(yo, servir, i)* como aperitivo?
4. _____ *(yo, despedirse[2], i)* de ustedes con gran tristeza.
5. Josefina _____ *(vestirse, i)* siempre de negro.
6. Hoy _____ *(ellos, elegir, i)* a los miembros del parlamento.
7. Nos _____ *(él, corregir[3], i)* siempre la pronunciación.
8. –¿Cuánto _____ *(medir, i)* esta alfombra? –_____ *(ella, medir, i)* un metro por dos.
9. La autoridad _____ *(perseguir, i)* a los evasores fiscales.
10. Cuando vamos al restaurante, _____ *(nosotros, pedir, i)* siempre el plato del día.

163. Completar con la palabra que significa lo que se indica entre paréntesis.

Ejemplo: Es una secretaria _____ *(que no se puede sustituir).* ———→

———→ *Es una secretaria* **insustituible.**

1. Esta semana el tiempo es _____ *(que no es estable).*
2. Venden sillas _____ *(que se pueden plegar)* para la terraza.
3. Ésta es una ciudad simplemente _____ *(que no se puede vivir en ella).*
4. Es una viuda[4] _____ *(que no se puede consolar).*
5. Algunos fenómenos atmosféricos son _____ *(que no se pueden controlar).*
6. Estos niños son terribles: son _____ *(que no se pueden corregir).*
7. Tire usted esta aspiradora[5] porque es _____ *(que no sirve).*
8. El presidente es _____ *(que se elige)* cada cinco años.
9. No se preocupe: es un problema perfectamente _____ *(que se puede solucionar).*
10. Es _____ *(que no se puede creer)* el número de muertos en accidente de tráfico que hay cada año.

---

[1] *despedir*, romper el contrato de trabajo o empleo.

[2] *despedirse*, decir adiós.

[3] *corregir*, quitar / rectificar una imperfección, defecto o error.

[4] *viudo*, persona sin cónyuge porque ha muerto.

[5] *aspiradora* (< aspirar), aparato que aspira el polvo.

Leer y comprender

¡ATRAPADOS!

por LOLA GALÁN y AMELIA CASTILLA

Millones de automovilistas queman nervios y energía en los atascos[1] de tráfico.

Héctor sumerge el último resto de galleta en el café. Con la taza del desayuno en los labios, mira el jardín: la luz es muy tenue y las farolas todavía están encendidas. Son las 7:30. A esa hora su esposa va al trabajo y los niños todavía duermen. Héctor trabaja como director financiero en una empresa de productos agrícolas y a las nueve de la mañana tiene una cita importante con agentes de cambio y bolsa. Para llegar a Madrid desde la urbanización[2] de lujo donde vive –situada a 35 kilómetros de la capital– tarda aproximadamente una hora, pero hoy más por culpa de[3] la tormenta.

Encender el motor del automóvil y conectar la radio son actos reflejos. Los primeros kilómetros, por carreteras nacionales, pasan rápido, pero al salir a la autovía[4] se circula muy despacio. Cuando faltan unos pocos kilómetros para entrar en Madrid, su Alfa Romeo se encuentra en un punto muerto. El tapón es monumental. La lluvia incita a mucha gente a sacar el coche.

Los conductores atrapados bostezan constantemente. El aburrimiento es total. Sólo las motos parecen moverse. Una señora aprovecha la parada para perfilarse los labios con un lápiz marrón, el conductor vecino fuma un puro, muchos leen el periódico, un ejecutivo realiza las primeras llamadas desde el teléfono del coche, algunos se hurgan la nariz mirando al infinito.

Héctor no se resigna a vivir en un atasco. No entiende por qué la infraestructura va siempre por detrás de las necesidades. Mientras hace esta reflexión todavía se encuentra a 15 kilómetros de Madrid. Al lado de su vehículo están detenidos dos autobuses urbanos.

A las 9 consigue entrar en la ciudad. El acceso a la Plaza de Castilla es un auténtico embudo. Otro colapso. Él se encuentra ya cerca de su oficina.

A la misma hora que desayuna el director financiero, llega a su despacho Joaquín Obispo, madrileño, de 35 años. La jornada en el Banco Central empieza a las ocho, pero prefiere llegar media hora antes porque así encuentra menos tráfico en la carretera de Extremadura. Para llegar a tiempo al trabajo se levanta a las seis. Cuando sus compañeros llegan al banco, Joaquín toma un café y lee el periódico. Desde Móstoles, donde vive, puede tomar un tren de cercanías[5] y conectar en Madrid con el metro, pero es imposible para él utilizar el transporte público. Cuando termina la jornada en la entidad bancaria –a las cinco de la tarde– ejerce como redactor jefe en la revista *Captura,* una publicación de caza y pesca. El coche lo necesita para desplazarse por la tarde y hacer las mil gestiones pendientes de la revista. Juntando todo el tiempo que pierde en el coche a lo largo de[6] un año, se completan 35 días. Como venganza, los sábados se quita el reloj y procura[7] evitar las prisas; sale a cazar o pasa el fin de semana fuera. Conducir a gran velocidad es relajante[8].

Antonio, en cambio, uno de los habitantes de Fuenlabrada, prefiere usar el transporte público. Recorre cada mañana a paso rápido los quinientos metros que separan su casa de la estación de cercanías.

En el andén esperan decenas de viajeros medio dormidos. Hay señoras de mediana edad cargadas de maquillaje, obreros y emprendedores funcionarios. El tren llega lleno. No hay posibilidad de sentarse y algunos luchan por conseguir un hueco[9] en el que apoyar la espalda. Muchos viajeros duermen, otros leen prensa deportiva. Cada nueva parada pone a prueba las dimensiones del vagón. Como sardinas en lata llegan a la estación de Madrid. Allí se meten en el metro, única alternativa para llegar a tiempo.

EL PAÍS
10 de diciembre de 1989 - Madrid

---

164. Contestar.

1. ¿Cómo es el viaje que Héctor hace todos los días para ir a trabajar?
2. ¿Cómo descarga Joaquín Obispo la tensión del atasco los fines de semana?
3. ¿Cómo es el viaje en tren de quienes toman el cercanías?

---

[1] *atasco* (< atascar, obstruir), obstrucción, embotellamiento de circulación. [2] *urbanización* (< urbanizar), núcleo residencial fuera de la ciudad. [3] *por culpa de,* a causa de, debido a. [4] *autovía,* carretera de dos carriles en cada dirección. [5] *tren de cercanías,* tren que une poblaciones próximas a la capital. [6] *a lo largo de,* durante. [7] *procurar,* intentar, hacer todo lo posible para conseguir algo. [8] *relajante* (< relajar[se]), que distiende, que produce relax. [9] *hueco,* espacio libre o vacío.

Hablar

CONSUELO: Esta mañana nos ha ocurrido una cosa increíble.

LUISA: ¿Qué os ha pasado?

CONSUELO: Íbamos en coche y hemos cruzado la calle con el semáforo en rojo.

LUISA: ¿Y qué ha ocurrido?

CONSUELO: Hemos chocado contra un coche que venía de la derecha. Nuestro coche ha volcado y se ha quedado con las ruedas hacia arriba.

LUISA: ¿Y no os habéis hecho daño?

CONSUELO: María se ha dado un golpe muy fuerte en la rodilla, pero nada grave. No te digo... El conductor del otro coche, cuando ha visto el nuestro ruedas arriba, ha venido temblando hacia nosotras blanco como el papel. Creía que estábamos muertas. Cuando ha visto que no teníamos nada, se ha puesto como una fiera. Se ha puesto a gritar y a insultarnos: ¡Usted ha pasado con la luz roja! ¡Usted es una insensata! ¡Una incompetente! ¡Usted no debe ir en coche, debe ir en patinete!

Mucha gente hacía corro a nuestro alrededor. Alguien ha llamado a un guardia. El guardia ha querido saber nuestros nombres y ha anotado el número de nuestras matrículas. A nosotras nos ha multado por haber pasado con el semáforo en rojo.

LUISA: ¿Habéis ido ya a la compañía de seguros para denunciar el accidente?

CONSUELO: No, todavía no. Hemos decidido ir mañana.

LUISA: Habéis tenido otro accidente este año, ¿verdad?

CONSUELO: Sí, éste es el tercero. Este año ha sido terrible. De todos modos, no podemos quejarnos: han sido accidentes sin consecuencias.

Observar y recordar

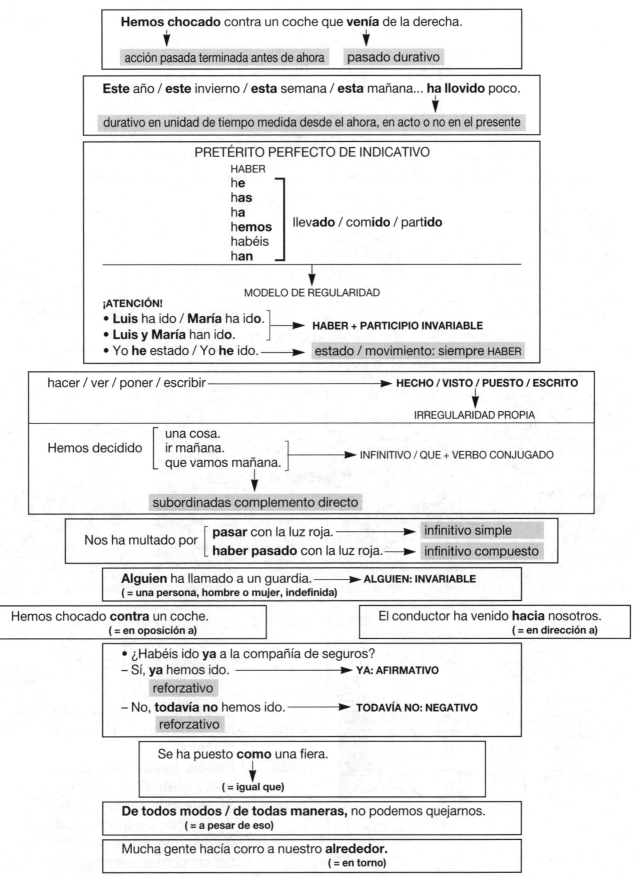

Hemos chocado contra un coche que **venía** de la derecha.

acción pasada terminada antes de ahora → pasado durativo

Este año / **este** invierno / **esta** semana / **esta** mañana... **ha llovido** poco.

durativo en unidad de tiempo medida desde el ahora, en acto o no en el presente

PRETÉRITO PERFECTO DE INDICATIVO

HABER
he
h**as**
ha
h**emos**
habéis
h**an**

llev**ado** / com**ido** / part**ido**

MODELO DE REGULARIDAD

¡ATENCIÓN!
- **Luis** ha ido / **María** ha id**o**.
- **Luis y María** han id**o**. → HABER + PARTICIPIO INVARIABLE
- Yo **he** estado / Yo **he** ido. → estado / movimiento: siempre HABER

hacer / ver / poner / escribir → **HECHO / VISTO / PUESTO / ESCRITO**

IRREGULARIDAD PROPIA

Hemos decidido
- una cosa.
- ir mañana.
- que vamos mañana.

→ INFINITIVO / QUE + VERBO CONJUGADO

subordinadas complemento directo

Nos ha multado por
- **pasar** con la luz roja. → infinitivo simple
- **haber pasado** con la luz roja. → infinitivo compuesto

Alguien ha llamado a un guardia. → **ALGUIEN: INVARIABLE**
(= una persona, hombre o mujer, indefinida)

Hemos chocado **contra** un coche.
(= en oposición a)

El conductor ha venido **hacia** nosotros.
(= en dirección a)

- ¿Habéis ido **ya** a la compañía de seguros?
- Sí, **ya** hemos ido. → **YA: AFIRMATIVO**
  reforzativo
- No, **todavía no** hemos ido. → **TODAVÍA NO: NEGATIVO**
  reforzativo

Se ha puesto **como** una fiera.
(= igual que)

De todos modos / de todas maneras, no podemos quejarnos.
(= a pesar de eso)

Mucha gente hacía corro a nuestro **alrededor.**
(= en torno)

165. Hacer frases.

Ejemplo:

TÚ: ESTA MAÑANA

ir / mercado   comprar / fruta   pagar / cuenta

→ *Esta mañana has ido al mercado, has comprado fruta y has pagado la cuenta.*

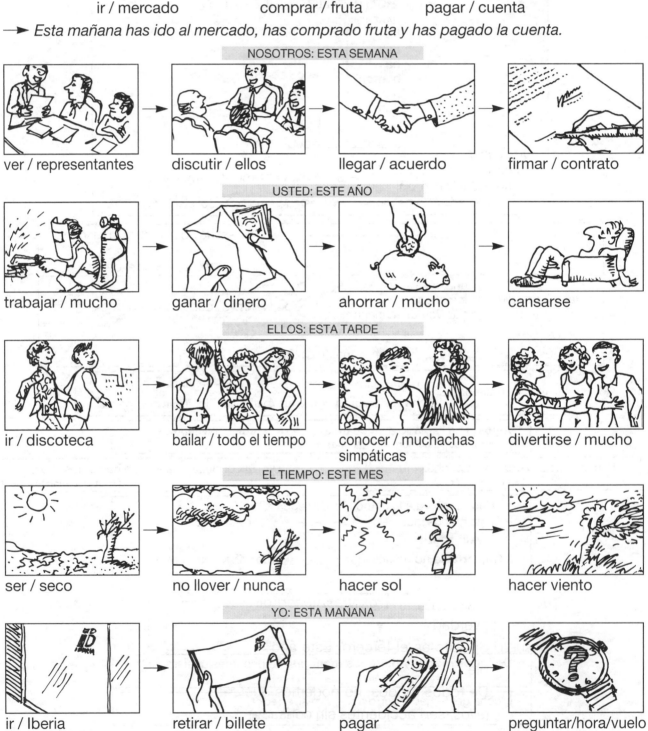

NOSOTROS: ESTA SEMANA

ver / representantes   discutir / ellos   llegar / acuerdo   firmar / contrato

USTED: ESTE AÑO

trabajar / mucho   ganar / dinero   ahorrar / mucho   cansarse

ELLOS: ESTA TARDE

ir / discoteca   bailar / todo el tiempo   conocer / muchachas simpáticas   divertirse / mucho

EL TIEMPO: ESTE MES

ser / seco   no llover / nunca   hacer sol   hacer viento

YO: ESTA MAÑANA

ir / Iberia   retirar / billete   pagar   preguntar/hora/vuelo

166. Conjugar en pretérito perfecto compuesto *(he llevado)* **/ pretérito imperfecto** *(llevaba).*

Ejemplo: Esta mañana nos _____ *(ocurrir)* una cosa increíble. ⟶

⟶ Esta mañana nos **ha ocurrido** una cosa increíble.

LUISA: ¿Qué os _____ *(pasar)*?

CONSUELO: _____ *(nosotras, ir)* en coche y_____ *(nosotras, cruzar)* la calle con el semáforo en rojo.

LUISA: ¿Y qué _____ *(ocurrir)*?

CONSUELO: _____ *(nosotras, chocar)* contra un coche que _____ *(venir)* de la derecha. Nuestro coche _____ *(volcar)* y _____ *(quedarse)* con las ruedas hacia arriba.

LUISA: ¿Y no _____ *(vosotras, hacerse)* daño?

CONSUELO: María _____ *(darse)* un golpe muy fuerte en la rodilla, pero nada grave.

No te digo. El conductor del otro coche, cuando_____ *(ver)* el nuestro ruedas arriba, _____ *(él, venir)* temblando hacia nosotras, blanco como el papel.

_____ *(él, creer)* que _____ *(nosotras, estar)* muertas. Cuando _____ *(él, ver)* que no _____ *(nosotras, tener)* nada, _____ *(él, ponerse)* como una fiera. _____ *(él, ponerse)* a gritar y a insultarnos: ¡Usted _____ *(pasar)* con la luz roja! [...]

Mucha gente _____ *(hacer)* corro a nuestro alrededor.

Alguien _____ *(llamar)* a un guardia.

El guardia _____ *(querer)* saber nuestros nombres y _____ *(él, anotar)* el número de nuestras matrículas.

A nosotras nos _____ *(él, multar)* por haber pasado con el semáforo en rojo.

LUISA: ¿_____ *(vosotras, ir)* ya a la compañía de seguros para denunciar el accidente?

CONSUELO: No, todavía no. _____ *(nosotras, decidir)* ir mañana.

LUISA: _____ *(vosotras, tener)* otro accidente este año, ¿verdad?

CONSUELO: Sí, éste es el tercero. Este año _____ *(ser)* terrible.

De todos modos, no podemos quejarnos: _____ *(ellos, ser)* accidentes sin consecuencias.

167. Unir las dos frases.

Ejemplo: Hemos decidido: mañana vamos a la casa de seguros ──► *Hemos decidido **ir** mañana a la casa de seguros / Hemos decidido **que** mañana **vamos** a la casa de seguros.*

1. Decido: me matriculo en la Facultad de Medicina.

2. El detenido dice: soy inocente.

3. Hemos establecido: hacemos un descuento sobre estos artículos.

4. Sostiene: he mentido.

5. Dicen: estamos al corriente de los movimientos bursátiles.

6. Piensan: estamos en lo justo.

7. Es tarde. Tememos: perdemos el tren.

8. Confiesa: he tenido implicaciones con la mafia.

9. Admitís: nos hemos equivocado.

10. El guardia asegura: no he abandonado nunca mi puesto.

168. Hacer comparaciones uniendo.

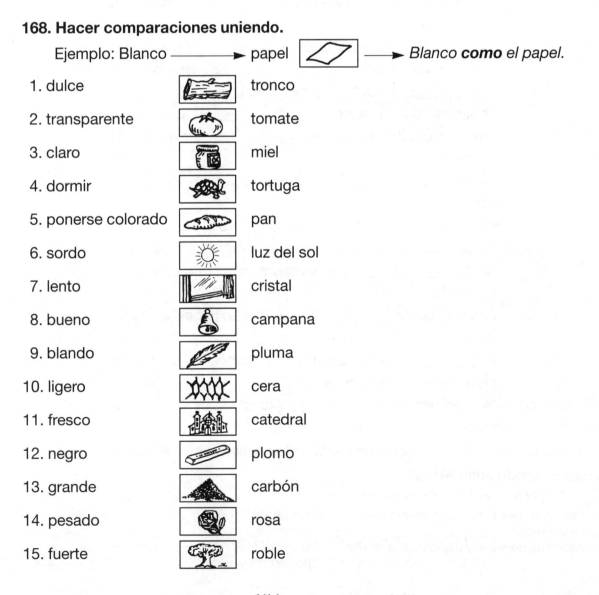

Ejemplo: Blanco ───────► papel [▱] ───► *Blanco **como** el papel.*

1. dulce   tronco

2. transparente   tomate

3. claro   miel

4. dormir   tortuga

5. ponerse colorado   pan

6. sordo   luz del sol

7. lento   cristal

8. bueno   campana

9. blando   pluma

10. ligero   cera

11. fresco   catedral

12. negro   plomo

13. grande   carbón

14. pesado   rosa

15. fuerte   roble

Leer y comprender

Informática
Días grises para el "Gran Azul"
IBM pierde mercado y rentabilidad y afronta 10.000 (diez mil) despidos y un plan de saneamiento.

International Business Machines, el gigante de la informática que se conoce por sus iniciales, IBM, está en horas bajas[1]. El martes pasado, su presidente John Akers ha anunciado un plan de austeridad que combina la reducción de su plantilla[2] en 10.000 personas con un coste por indemnizaciones de 2.300 millones (dos mil trescientos millones) de dólares y una formidable operación de compra de acciones propias que se ha presupuestado en unos 470.000 millones (cuatrocientos setenta mil millones) de dólares. La operación se dirige fundamentalmente a las actividades de IBM en Estados Unidos, donde la competencia empieza a asfixiar al big blue (gran azul, apodo de la compañía), y la cotización[3] de las acciones ha decaído de forma notable. Para resolver este último problema se ha diseñado la compra de autocartera.

En EE.UU., donde IBM reinaba de forma casi absoluta en el mercado de los ordenadores personales (su cuota era del 90% [noventa por ciento]) la competencia está ganando mercado. Del exiguo 10% con que contaba hasta 1988 (mil novecientos ochenta y ocho) ha pasado al 17% en 1989, y según los analistas del sector va a contar con un 24% en 1999 (mil novecientos noventa y nueve). Todo a costa de IBM.

CRISIS DE MADUREZ

Los problemas de IBM se enmarcan en la primera gran crisis de madurez del sector de la informática, crecimiento hasta ahora fuerte e ininterrumpido[4]. "IBM no ha empeorado; es el mercado el que lo ha hecho", comentaba un analista. El mercado ha crecido en torno al 10% anual durante el último trienio, frente al 15% medio que se registraba hasta 1986. Durante el primer trimestre de este año, los pedidos al sector informático norteamericano sólo han subido un 3,5% (tres coma cinco por ciento), mientras en el mismo período del año pasado ha crecido un 12%. IBM calcula que su facturación[5] sólo ha aumentado un 6% este año frente al pasado, lo que supone unos resultados muy por debajo[6] de la media del sector. La decisión de reducir los precios de venta de sus productos, adoptada el año pasado para mejorar su competitividad frente a los fabricantes europeos, y sobre todo japoneses, ha contribuido sensiblemente a la contracción de la cifra de negocios del big blue.

John Akers, sin embargo, ha asegurado que la tormenta se circunscribe al mercado estadounidense y que sus actividades en Europa, donde cuenta con un número de empleados que supera las 100.000 (cien mil) personas y de donde procede un tercio (1/3) de sus ingresos, marchaban correctamente.

El mercado europeo crece al 15% anual, ajeno todavía a la crisis de madurez que ha comenzado en Estados Unidos.

EL PAÍS
10 de diciembre de 1989 - Madrid

169. Contestar.

1. ¿Qué ha anunciado John Akers, el presidente de la IBM?

2. ¿Qué problemas afectan en este momento a la IBM?

3. ¿Por qué se han reducido los precios de venta de los productos IBM?

4. ¿Qué ha asegurado John Akers?

---

[1] *estar en horas bajas,* pasar un mal momento o un momento de depresión.

[2] *plantilla,* relación de personal y dependencia de una oficina.

[3] *cotización* (< cotizar), valor de bolsa.

[4] *ininterrumpido* (< in + interrumpir), continuo.

[5] *facturación* (< facturar), acción de vender y cobrar.

[6] *por debajo de*, inferior a.

Hablar

Cuando éramos niños, vivíamos en un pueblo de montaña. En nuestro pueblo no había ni agua ni luz; no había siquiera un teléfono. La vida era muy difícil y complicada.

Había gente que tenía la cisterna en casa. Nosotros no teníamos cisterna: ello nos obligaba a ir a buscar el agua a la fuente o la sacábamos del pozo.

En las casas había lámparas de aceite o de petróleo. Muchas veces había que iluminar los cuartos con velas de cera. Para calentarnos, encendíamos el hogar.

Dentro del hogar había siempre una olla de agua caliente para lavarnos.

Cuando hacía mucho frío, encendíamos también la estufa.

Para guisar, había que utilizar la leña o el carbón.

Era difícil recoger toda la leña que necesitábamos. Una parte de la leña la comprábamos, pero a menudo íbamos a buscarla al bosque.

Para aprovechar la luz del día, nos levantábamos al amanecer. Al anochecer, cuando se ponía el sol, todos estábamos ya en casa.

Durante el invierno, las noches eran interminables: yo me aburría horrores. Lo que más temía era meterme en la cama: las sábanas estaban heladas y tardaba mucho en calentarme, a pesar de que muchas veces metíamos el *mundillo* en la cama para calentarla.

Sin embargo, durante el verano, era agradable vivir en aquella casita de montaña: el lugar era bello y alegre y el paisaje de los alrededores estupendo.

Observer y recordar

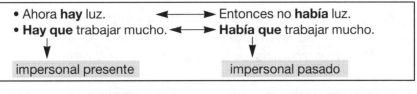

- Ahora **hay** luz. ←——→ Entonces no **había** luz.
- **Hay que** trabajar mucho. ←——→ **Había que** trabajar mucho.

     ↓

impersonal presente   impersonal pasado

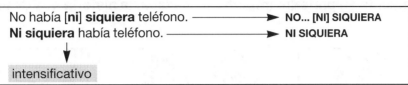

No había [**ni**] **siquiera** teléfono. ——→ **NO... [NI] SIQUIERA**
Ni siquiera había teléfono. ——→ **NI SIQUIERA**

    ↓

intensificativo

Tardaba mucho en calentarme, **a pesar de que** metíamos el mundillo.
(= metíamos el mundillo, pero yo igualmente tardaba mucho en calentarme)

- **Lo [más] terrible** era meterme en la cama. ——→ **LO + ADJETIVO**
- **Lo que [más] temía** era meterme en la cama. ——→ **LO QUE + VERBO**

No teníamos cisterna: **ello** nos obligaba a ir a la fuente. ——→ **ELLO:** invariable
(= este hecho)

Durante el invierno, las noches eran interminables.
(= a lo largo de)

A menudo íbamos a buscar la leña en el bosque.
(= muchas veces / con frecuencia)

Sin embargo, durante el verano, era agradable vivir en aquella casita.
(= no obstante / a pesar de ello)

Al amanecer: ——→ a la hora en que nace el día.
Al atardecer: ——→ a la hora en que empieza a debilitarse la luz.
Al anochecer: ——→ a la hora en que empieza la noche.

¡ATENCIÓN!
Íbamos a buscar **el** agua a la fuente.
~~La~~ agua clara. > **El** agua clara. ←——→ **Las** aguas claras. ——→ **LA + A / HA TÓNICAS > EL**

¡ALTO!
ACENTOS: PARA DESHACER LOS DIPTONGOS
estud**ian**-te ←————————————→ Mar**í-a**
c**ua**-dro ←————————————→ gr**ú-a**
cemente-**rio** ←————————————→ fr**í-o**

170. Trasladar en presente de indicativo la lectura de la página 156.

Ejemplo: Nosotros <u>vivíamos</u> en un pueblo de montaña. ⟶

⟶ *Nosotros **vivimos** en un pueblo de montaña.*

171. Contar libremente en pretérito imperfecto *(llevaba)* la historia que describen las viñetas.

Ejemplo:

⟶ *Cuando era niño, iba al colegio todos los días y volvía a casa a las dos de la tarde.*

172. Transformar con *a pesar de que*.

Ejemplo: No me siento bien, pero voy igualmente al trabajo. ⟶

⟶ ***A pesar de que*** *no me siento bien, voy al trabajo.*

1. Tenía coche pero prefería ir andando igualmente.
2. Es muy joven pero ha decidido jubilarse igualmente.
3. La casa es muy pequeña pero es bonita y alegre igualmente.
4. Tenían mucho dinero pero vivían igualmente como pobres.
5. El clima de esta ciudad es muy malo pero a nosotros esta ciudad nos gusta igualmente.
6. Es extranjero pero se ha ambientado igualmente muy bien en este país.
7. ¿Has visto tres veces esta película y quieres verla de nuevo igualmente?
8. No ve nada pero igualmente no quiere ponerse las gafas.
9. Es muy tímido pero habla muy bien en público igualmente.
10. El médico te ha recomendado mil veces que no fumes pero tú fumas igualmente.

173. Formar sustantivos de persona con *-ero, a / -ista / -d-or, a / -ado, a / -ante / -iente (o -yente)*.

1. Todas las mañanas va al _____ *(barba)* para afeitarse.
2. Sigo estos cursos de teología sólo como _____ *(oír)*.
3. Es un _____ *(jugar)* de pócker excepcional.
4. Muchos _____ *(contribuir)* evaden una parte de los impuestos.
5. Aquel _____ *(recepción)* sabe cinco idiomas.
6. En esta tintorería necesitamos _____ *(planchar)* expertas.
7. Consúltalo con aquel _____ *(banca):* es una persona muy competente.
8. El _____ *(domar)* ha metido la cabeza en la boca del león.
9. Los _____ *(explorar)* han llegado al Polo norte.
10. Han entrevistado al famoso _____ *(investigar)*.

174. Contestar con *ya / todavía no* + pretérito perfecto compuesto *(he llevado)*.

Ejemplos: • –¿Has ido ya a la compañía de seguros? –No, _____ ⟶

⟶ –*¿Has ido ya a la compañía de seguros –No,* ***todavía no he ido.***

• –¿Habéis denunciado ya el accidente? –Sí, _____ ⟶

⟶ –*¿Habéis denunciado ya el accidente? –Sí,* ***ya lo hemos denunciado.***

1. –¿Habéis visto ya la exposición de Picasso? –Sí, _____
2. –¿Has leído ya la novela que ha ganado[1] el premio? –No, _____
3. –¿Han hecho revisar[2] el coche? –No, _____
4. –¿Han consultado ustedes al asesor jurídico? –Sí, _____
5. –¿Ha sacado ya usted el billete de ida y vuelta? –Sí, _____

---

[1] *ganar,* vencer, obtener victoria.
[2] *revisar,* examinar una cosa para ver si está bien o para corregirla.

6. –¿Has cambiado ya las ruedas de delante? –No, _____

7. –¿Todavía no te han pagado el sueldo? –No, _____

8. –¿Has gastado ya todo el dinero que te he dado? –Sí, _____

9. –¿Habéis recibido ya mi postal desde Londres? –Sí, _____

10. –¿Todavía no has acabado el trabajo? –No, _____

175. Conjugar en imperativo (lleva tú).

Ejemplo: ¡ _____ (elegir, i) usted mismo la corbata que prefiere! ⟶

⟶ ¡*Elija* usted mismo la corbata que prefiere!

1. En este restaurante no _____ (ustedes, pedir, i) pescado porque no tienen.

2. ¡_____ (servirse, i) ustedes mismos: es un autoservicio!

3. ¡_____ (tú, teñirse[1], i) el pelo de rubio!

4. ¡_____ (nosotros, despedir, i) inmediatamente a ese muchacho porque es holgazán e incompetente!

5. ¡Señorita, _____ (corregir, i) esta carta porque está llena de faltas!

6. ¡No _____ (vosotros, vestirse, i) así para ir al entierro!

7. ¡_____ (usted, seguir, i) por esta calle hasta el final y gire a la derecha!

8. ¡_____ (nosotros, elegir, i) a los representantes de nuestra categoría de trabajadores!

9. ¡_____ (usted, medir, i) bien el terreno antes de comprarlo!

10. ¡No _____ (tú, reírse[2], i) de lo que digo: estoy hablando en serio!

176. Completar con la palabra que significa lo que se indica entre paréntesis.

Ejemplo: _____ (en el momento presente) no puedo ir. ⟶ *Ahora* no puedo ir.

1. ¡No grites _____ (de esta forma/manera) que no somos sordos!

2. Es una persona _____ (bastante pero no mucho) gorda.

3. Aquí _____ (es necesario) un poco de disciplina.

4. Tengo _____ (algunos) autógrafos[3] de personalidades del espectáculo.

5. –¿Nos vemos delante del café Gijón? –_____ (sí, de acuerdo, OKEY).

6. Hay mucha niebla y es peligroso ir en coche: _____ (es preferible) ir en tren.

7. Están construyendo una casita _____ (al lado de, tocando) el río[4].

8. Sólo podemos quedarnos aquí _____ (dos) días.

9. En la plaza había _____ (aproximadamente) cinco mil personas.

10. La parada del autobús está _____ (muy cerca), a pocos pasos de distancia.

---

[1] *teñir*, cambiar el color de algo.

[2] *reírse*, burlarse de algo o de una persona, no tomar en serio.

[3] *autógrafo*, firma de una persona.

[4] *río*, corriente de agua que fluye permanentemente y desemboca en el mar o en otra corriente de agua.

Leer y comprender

La figura literaria del torero
por ALBERTO GONZÁLEZ TROYANO

El mundo de la ficción literaria permite cristalizar muchos de los deseos y pulsiones latentes en la vida cotidiana. Por ello se convierte en refugio de ensoñaciones[1] colectivas a las que los narradores han sabido dar cauce[2] a través de los argumentos y tipos puestos en juego.

A causa del papel que desempeña la tauromaquia en la vida social española, muchos novelistas han recurrido a ese mundo para dar cuenta a través de[3] su recreación literaria de las aspiraciones y conflictos colectivos que en la fiestas de toros pueden verse proyectados.

Es significativo que entre las decenas de novelas ambientadas en ese mundo aparezcan siempre reiteradamente una serie de elementos. Con ello se quiere dar testimonio de que los novelistas han respondido a una extraña llamada: el deseo de elaborar sus tramas y personajes de acuerdo con las necesidades más o menos conscientes de unos lectores que querían sentirse representados de cierta manera en las dificultades, riesgos, triunfos y fracasos de esos protagonistas literarios.

El itinerario narrativo de estos protagonistas puede esbozarse aproximadamente así: de familia humilde, ante su oscuro horizonte, aspira a convertirse en torero, única posibilidad para romper con la eterna marginación social. Oposición familiar ante[4] esa decisión, que se considera locura, y patético abandono del hogar. Aprendizaje difícil, arriesgado, duro camino que se sigue sólo con el aliento de la propia ambición y con la ayuda de algún compañero que participa en la misma aventura.

Un día, como por azar, surgen los primeros triunfos, y la hermosa vecina que antes casi no se dignaba mirar al pobre desheredado, acepta ser su novia. El destino mima al muchacho como a un elegido y pronto se convierte en un héroe popular cargado de seducción. Entonces, con gran naturalidad, el torero comienza a traspasar umbrales antes prohibidos y siente la confirmación de su celebridad por el trato acogedor que recibe de este mundo tan fronterizo entre sí de aristócratas y ganaderos. Entra en este nuevo sector social y, al mismo tiempo, se impone el distanciamiento con aquel mundo anterior de sus orígenes y la ruptura con aquella novia que también pertenece a su pasado. Su nuevo estatuto exige tener propiedad de tierras y un matrimonio de prestigio, que confirma que ha triunfado también en el amor.

El esquema argumental señalado es el típico del viaje iniciático del héroe romántico de la novela decimonónica[5]. Todas las sociedades, en cada época, se fabrican unos mecanismos: estos posibilitan el trasvase de un sector social a otro. Según ello, el itinerario anterior responde a las ilusiones de aquellos que aspiran a un idealizado ascenso social. Y el torero es el personaje idóneo para llevar a cabo la proeza de este desplazamiento social. Parece perseguir así una doble finalidad: mostrar que en la estratificada sociedad española descrita en esas series de novelas el acceso a ciertos sectores sociales sólo es posible para el héroe capaz de recorrer el peligroso itinerario de un torero, y además estar dispuesto[6] a borrar su origen humilde.

YA
9 de mayo de 1989 - Madrid

177. Contestar.

1. ¿Por qué los novelistas españoles recurren al tema del torero en sus obras?

2. ¿Cómo suele ser la trama de estas novelas?

3. ¿Qué se quiere demostrar al lector con estas novelas?

---

[1] *ensoñación,* idea quimérica, cosa imaginada.

[2] *cauce,* lecho de un río; *dar cauce,* dirigir, canalizar.

[3] *a través de,* por medio de.

[4] *ante,* frente a.

[5] *decimonónico,* del siglo XIX.

[6] *dispuesto,* participio pasado de *disponerse; estar dispuesto a,* estar decidido a.

Hablar

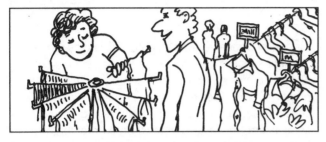

DEPENDIENTE: Hola, ¿puedo ayudarte?

MUCHACHO: Tal vez...

DEPENDIENTE: ¿Qué estás buscando? ¿Unos vaqueros?

MUCHACHO: Sí, más o menos... Unos pantalones deportivos, ligeros, frescos...

DEPENDIENTE: Ven, ahí está toda la gama de pantalones... De algodón, de lino... Ten, pruébate éstos.

MUCHACHO: Me parecen estrechos...

DEPENDIENTE: No creo. ¿Qué talla llevas?

MUCHACHO: La cincuenta.

DEPENDIENTE: Aunque parecen pequeños, no lo son. Es la moda, ¿sabes?, quiero decir que se llevan estrechos.

MUCHACHO: Y lavándolos, ¿qué pasa?

DEPENDIENTE: Que yo sepa, nada. Tal vez encojan un poco... Son de algodón, ¿comprendes?

MUCHACHO: ¡Pues sí que vamos bien...! Son de un azul demasiado oscuro...

DEPENDIENTE: Es la luz fluorescente de aquí dentro: altera los colores. Sal afuera y míralos con la luz natural.

MUCHACHO: No están mal. Los pruebo.

DEPENDIENTE: Ve a aquel probador del fondo. Está libre.

MUCHACHO: Di, ¿a ti qué te parecen?, ¿algo estrechos, no?

DEPENDIENTE: ¡No, hombre, no! ¡Te sientan muy bien!

MUCHACHO: ¡Lástima que son muy largos...!

DEPENDIENTE: Esto se arregla pronto. ¡Haz un dobladillo!

MUCHACHO: ¿Yo?

DEPENDIENTE: Si quieres, lo hacemos nosotros el dobladillo.

MUCHACHO: De acuerdo. ¿Para cuándo están listos?

DEPENDIENTE: Tal vez estén listos para el lunes próximo. Pasa a recogerlos por la tarde. Aquí tienes el resguardo.

MUCHACHO: Gracias. ¡Hasta el lunes, entonces!

PRESENTES					
SUBJUNTIVO	IMPERATIVO	SUBJUNTIVO	IMPERATIVO	SUBJUNTIVO	IMPERATIVO
HACER		IR		VER	
ha**ga**	...	**vaya**	...	**vea**	...
ha**gas**	**haz**	**vayas**	**ve**	**veas**	**ve**
ha**ga**	ha**ga**	**vaya**	**vaya**	**vea**	**vea**
ha**gamos**	ha**gamos**	**vayamos**	**vayamos**	**veamos**	**veamos**
ha**gáis**	haced	**vayáis**	id	**veáis**	ved
ha**gan**	ha**gan**	**vayan**	**vayan**	**vean**	**vean**
SALIR		VENIR		SABER	
sal**ga**	...	ven**ga**	...	**sepa**	...
sal**gas**	**sal**	ven**gas**	**ven**	**sepas**	sabe
sal**ga**	sal**ga**	ven**ga**	ven**ga**	**sepa**	**sepa**
sal**gamos**	sal**gamos**	ven**gamos**	ven**gamos**	**sepamos**	**sepamos**
sal**gáis**	salid	ven**gáis**	venid	**sepáis**	sabed
sal**gan**	sal**gan**	ven**gan**	ven**gan**	**sepan**	**sepan**

↓

IRREGULARIDAD PROPIA

Parecen estrechos, pero no **lo** son. ⟶ **LO = ADJETIVO**
(= estrechos)

Tal vez puedes ayudarme.
(= quizá / es posible)

- Tal vez **encogen** un poco / **encojan** un poco. ⟶ **TAL VEZ / QUIZÁ + INDICIATIVO / SUBJUNTIVO**
  duda más tenue   duda más fuerte
- Tal vez **estén** listos para el lunes. ⟶ **TAL VEZ / QUIZÁ + SUBJUNTIVO**
  futuro

Aunque parecen / parezcan estrechos, no lo son. ⟶ **AUNQUE + INDICATIVO / SUBJUNTIVO**
(= a pesar de que / no obstante)

Y **lavando** [los pantalones], ¿qué pasa? ⟶ **GERUNDIO TEMPORAL / CONDICIONAL**
(= al lavarlos / cuando se lavan / si se lavan)

Los pantalones parecen **algo** estrechos. ⟶ **ALGO: INVARIABLE**
(= un poco)

Los pantalones te **sientan bien / mal.** ⟷ **Me siento** aquí.
(= estar bien / mal)   (= tomar asiento)

¡**Lástima** que los pantalones son muy largos! ⟶ para expresar contrariedad / pena

---

¡**Sí que vamos bien!** ⟶ enfático irónico
(= ¡qué problema!)

¡ALTO!

FORMACIÓN SUSTANTIVOS DE COSA

va[ca] + ero ⟶ vaqu**ero**
proba[r] + d + or ⟶ proba**dor**

 **Practicar**

178. Buscar los verbos de la lectura y decir el infinitivo correspondiente.

Ejemplo: – Hola, ¿<u>puedo</u> ayudarte? ——► *puedo < poder*

179. Completar en imperativo *(lleva / no lleves).*

Ejemplo:

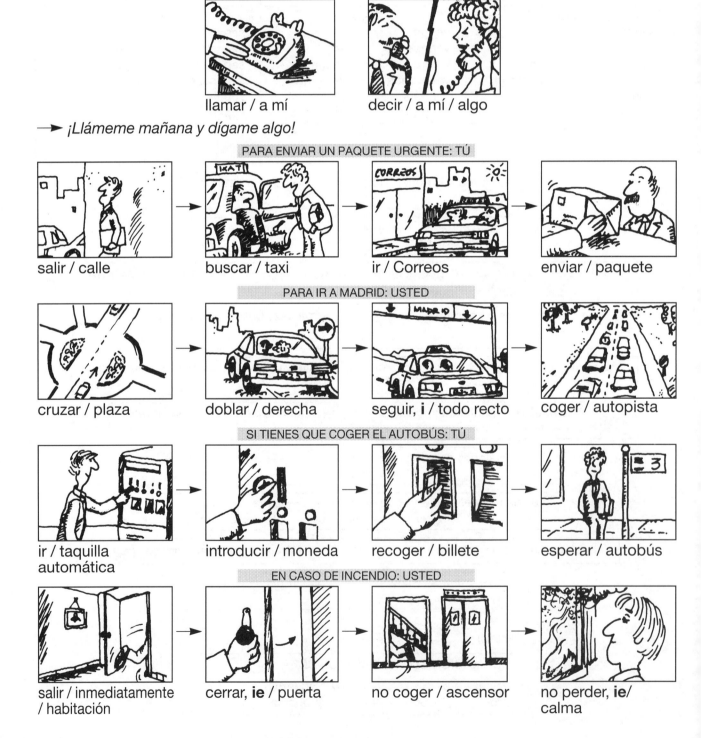

MAÑANA: USTED

llamar / a mí   decir / a mí / algo

——► *¡Lláмеme mañana y dígame algo!*

PARA ENVIAR UN PAQUETE URGENTE: TÚ

salir / calle   buscar / taxi   ir / Correos   enviar / paquete

PARA IR A MADRID: USTED

cruzar / plaza   doblar / derecha   seguir, **i** / todo recto   coger / autopista

SI TIENES QUE COGER EL AUTOBÚS: TÚ

ir / taquilla automática   introducir / moneda   recoger / billete   esperar / autobús

EN CASO DE INCENDIO: USTED

salir / inmediatamente / habitación   cerrar, **ie** / puerta   no coger / ascensor   no perder, **ie**/ calma

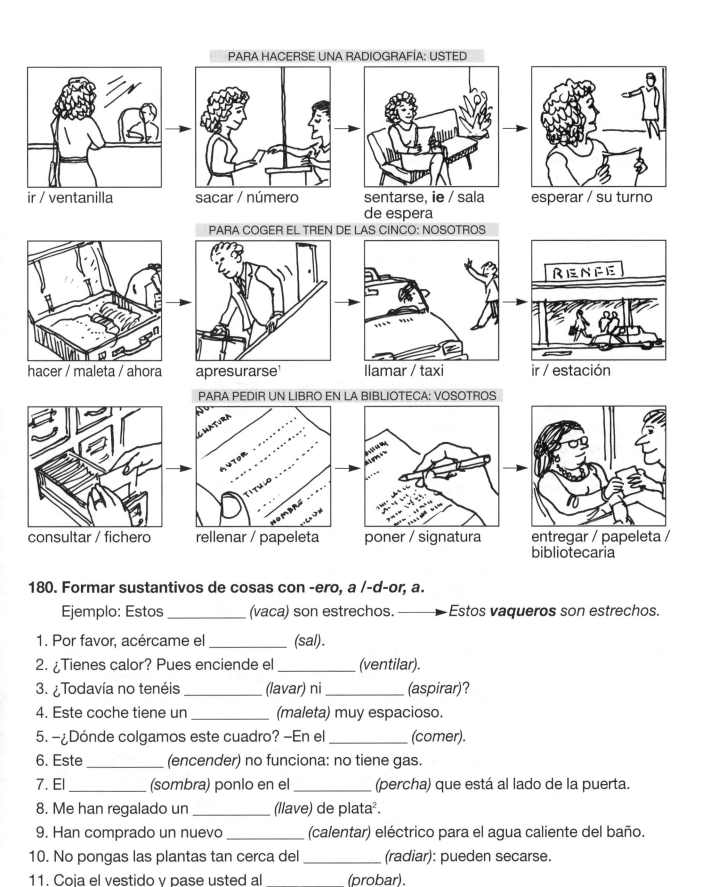

PARA HACERSE UNA RADIOGRAFÍA: USTED

ir / ventanilla

sacar / número

sentarse, **ie** / sala de espera

esperar / su turno

PARA COGER EL TREN DE LAS CINCO: NOSOTROS

hacer / maleta / ahora

apresurarse[1]

llamar / taxi

ir / estación

PARA PEDIR UN LIBRO EN LA BIBLIOTECA: VOSOTROS

consultar / fichero

rellenar / papeleta

poner / signatura

entregar / papeleta / bibliotecaria

180. Formar sustantivos de cosas con *-ero, a /-d-or, a.*

Ejemplo: Estos _____ *(vaca)* son estrechos. ──────▶ *Estos* **vaqueros** *son estrechos.*

1. Por favor, acércame el _____ *(sal)*.

2. ¿Tienes calor? Pues enciende el _____ *(ventilar)*.

3. ¿Todavía no tenéis _____ *(lavar)* ni _____ *(aspirar)*?

4. Este coche tiene un _____ *(maleta)* muy espacioso.

5. –¿Dónde colgamos este cuadro? –En el _____ *(comer)*.

6. Este _____ *(encender)* no funciona: no tiene gas.

7. El _____ *(sombra)* ponlo en el _____ *(percha)* que está al lado de la puerta.

8. Me han regalado un _____ *(llave)* de plata[2].

9. Han comprado un nuevo _____ *(calentar)* eléctrico para el agua caliente del baño.

10. No pongas las plantas tan cerca del _____ *(radiar)*: pueden secarse.

11. Coja el vestido y pase usted al _____ *(probar)*.

12. Los _____ *(mostrar)* de Iberia están al fondo del aeropuerto.

──────────

[1] *apresurarse,* darse prisa.

[2] *plata,* metal blanco, dúctil, maleable y brillante.

181. Transformar la parte subrayada con *porque / cuando / si* + verbo.

Ejemplo: El clima de esta región es suave por estar junto al mar. ———▶

———▶ *El clima de esta región es suave **porque está** junto al mar.*

1. Al entregar las medallas a los campeones, tocan el himno nacional.
2. Pensándolo bien, tiene toda la razón[1].
3. Te damos las gracias por estar aquí con nosotros en este momento tan triste.
4. Al salir el sol los gallos empiezan a cantar.
5. Transportando así este objeto tan frágil puede romperse.
6. No se levanta de la cama por estar enfermo todavía.
7. Al despedirse los dos amigos se dieron un fuerte abrazo.
8. Comprando cinco productos, hacemos un descuento.
9. Al correr las cortinas se descubre un panorama estupendo.
10. Estos libros están fuera de préstamo por ser antiguos y raros.

182. Completar con *tener que* o *deber / haber que*.

Ejemplo: Cuando vivíamos en el pueblo, _____ (nosotros) levantarnos temprano.

———▶ *Cuando vivíamos en el pueblo, **teníamos que/debíamos** levantarnos temprano.*

1. El médico dice que _____ llevar al enfermo al hospital.
2. Cuando no existían las lavadoras _____ lavar la ropa a mano.
3. Si quieren echaros de la empresa, _____ (vosotros) dirigiros al sindicato.
4. _____ (yo) mandar un telegrama para avisar que no puedo ir.
5. Cuando no había agua corriente en las casas, _____ ir a buscar el agua a la fuente o al pozo.
6. ¿_____ (ustedes) reservar habitaciones en este hotel?
7. ¡_____ (tú) disculparte personalmente con él!
8. ¡_____ ver cómo se pone cuando se enfada!
9. ¡_____ (usted) decirlo antes: ahora es demasiado tarde!
10. Cuando no teníamos coche, _____ (nosotros) ir en bicicleta[2].

183. Completar con *mi / tu .../ [el] mío / tuyo...*

Ejemplo: –¿Es _____ (de usted) este diario? ———▶ *¿Es **suyo** este diario?*

1. _____ (de nosotros) hija está estudiando en una universidad americana.
2. _____ (de usted) cigarrillos son muy fuertes.
3. Éste es _____ (de mí) pasaporte; _____ (de ti) está allí.
4. –¿Es _____ (de ustedes) este perro tan bonito? –Sí, es _____ (de nosotros).
5. ¡Prestadme _____ (de vosotros) máquina de escribir: _____ (de mí) está estropeada.
6. _____ (de él) mentalidad no es como _____ (de nosotros).
7. _____ (de ti) opinión no tiene ningún fundamento.
8. ¿Es _____ (de ustedes) esta máquina fotográfica?
9. España ha perdido _____ (de ella) mercado en los Estados Unidos.
10. _____ (de vosotros) empresa necesita vendedores dispuestos a viajar por toda la península.

---

[1] *tener razón,* ser verdadero o ser justo lo que alguien dice o pretende.

[2] *bicicleta,* vehículo de dos ruedas iguales.

Leer y comprender

La ciencia descubre la siesta

por LORENZO GOMIS

El "Herald Tribune" ha publicado en primera plana que la ciencia ha descubierto la siesta. En un artículo muy documentado y con referencia a investigadores de diversas universidades y países, el periódico explica que "la ciencia despierta a una básica necesidad humana: dormir la siesta".

Los que, como yo mismo, hemos practicado la siesta en la época precientífica del sueño, recibimos esta noticia con satisfacción. Hasta ahora la siesta era un hábito de países tropicales, una costumbre latina, un capricho personal. Los que dormíamos la siesta contábamos lo bien que nos iba y tratábamos de convencer a los otros de los buenos efectos del sueño después de la comida. Pero eso no pasaba de[1] la confidencia personal, de la afable exposición de las manías de cada uno, y no tenía ningún valor científico. Es decir, no probaba nada.

Ahora, en cambio, parece cosa probada que el ser humano tiene una tendencia natural a dormir dos veces al día, que después de la siesta está mucho más despierto, que es capaz de prestar atención a una tarea y adoptar decisiones complicadas y, también, que está de mejor humor. Hay personas que, en la charla amistosa, afirman, en cambio, que si duermen la siesta se levantan de muy mal humor. La ciencia, sin duda, va a resolver su caso. Por ahora[2] sabemos que, precisamente porque el sueño de la siesta es profundo y reparador, casi sin sueños, no conviene despertar abruptamente al que duerme porque puede causar un estado de confusión y pesar. Hay que dar al que duerme unos minutos para volver poco a poco[3] al mundo de los despiertos y enfrentarse lentamente con decisiones duras, como por ejemplo la de volver al trabajo.

Como muchos otros descubrimientos, el de la siesta ha sido casual. Hasta ahora había ciertamente investigadores que se ocupaban del sueño, pero aconsejaban no dormirse y quedar despiertos en las horas de trabajo.

Los científicos han descartado el prejuicio popular de que la causa del sueño después de la hora de comer es la digestión. Después de una gran comida es cierto que entra[4] sueño, dicen, pero incluso si no se come el cuerpo tiende a dormirse; a esta hora se está menos despierto, las decisiones resultan menos acertadas, se presta menos atención al entorno y hay más accidentes de tráfico. Los estudiosos ahora recomiendan la siesta especialmente a las personas que deben estar más despiertas, como los conductores de camión y los internos de los hospitales. No hay nada como la siesta para estar despierto.

Los estudiosos nos han probado que si el que duerme la siesta ha dormido mal la noche anterior, el efecto es especialmente notable sobre su vivacidad y acierto mental. Si, en cambio, ha dormido bien, el efecto de la siesta se nota especialmente en su humor y lo mejora. En los dos casos, dormir la siesta es bueno para estar luego más despierto, para acertar en las cosas y para estar de mejor humor.

Los estudiosos consideran un grave error suprimir la siesta en los países en vía de desarrollo. Antes los gobernantes y otros mandamases[5] tendían a suprimir el hábito de la siesta. Ahora recomiendan lo contrario. Quién sabe si en las grandes factorías japonesas o americanas pronto van a poner sillones o hamacas, como en las guarderías infantiles, para la siesta. Naturalmente, donde mejor se duerme es en casa.

Un amigo mío hace años que cuenta que él se pone el pijama y se mete en la cama para una siesta de una hora larga. Es una persona que durante muchos años ha tenido dos puestos de responsabilidad en empresas distintas y gracias a[6] la siesta ha podido rendir bien en ambos sitios. Otro, asesor de una gran empresa, tiene un sofá en su despacho y allí descansa un rato después de comer y gracias a esta siesta diaria, ha podido dar a su empresa utilísimos consejos.

LA VANGUARDIA
18 de septiembre de 1989 - Barcelona

184. Contestar.

1. ¿De qué modo ha cambiado la opinión sobre la siesta?

2. ¿Por qué resulta beneficiosa la siesta?

---

[1] *no pasar de,* no ser otra cosa, no ir más lejos.

[2] *por ahora,* por el momento.

[3] *poco a poco,* lentamente, despacio.

[4] *entrar* [sueño] *a alguien,* empezar a sentir [sueño]

[5] *mandamás* (< mandar más), persona que manda.

[6] *gracias a,* por causa de.

Hablar

SEÑOR:	Una habitación para dos.
RECEPCIONISTA:	¿La tienen reservada? Estamos casi al completo.
SEÑOR:	¡No me diga! Ha sido un viaje decidido a última hora.
RECEPCIONISTA:	Vamos a ver... aquí hay una. Le doy una habitación que da al patio de atrás. ¿No le importa?
SEÑOR:	¿Es muy fea?
RECEPCIONISTA:	No, está bien: es más silenciosa y un poco más oscura. En todo caso, si más adelante me queda alguna habitación libre, les paso a otra.
SEÑOR:	No vamos a quedarnos muchos días.
RECEPCIONISTA:	El botones les va a acompañar a su habitación y les va a subir el equipaje.
	Un documento, por favor.
SEÑOR:	Le dejo mi carnet de identidad. Espere... no lo tengo aquí: lo he dejado en el coche. Lo traigo luego. Entrégale el tuyo, Amparo.
RECEPCIONISTA:	Si puedo darles un consejo, denle al botones una propina... Lo digo porque si no éste no hace nada.
SEÑOR:	Le agradezco su consejo.
RECEPCIONISTA:	¡La llave, señor! Mañana le devuelvo el documento. El suyo tráigalo mañana... ¿Tengo que llamarles?
SEÑOR:	¡Ah, sí! A mí llámeme a las siete y media, y a mi mujer a las diez, diez y cuarto.
RECEPCIONISTA:	Descuide, señor. Buenas noches.
SEÑORA:	¡Qué vergüenza, Pepe! ¡Decirle que me llame a las diez, diez y cuarto! ¡Qué va a pensar!
SEÑOR:	Va a pensar que sueles levantarte tarde, cariño, nada más ni nada menos. Y a ellos, ¿qué tiene que importarles, dime?

Observar y recordar

la	Acompaño a ella / a usted, señora.
lo / le	Acompaño a él / a usted, señor.
las	Acompaño a ellas / a ustedes, señoras.
los / les	Acompaño a ellos / a ustedes, señores.

→ complemento directo: acusativo

le	Doy un consejo a él / ella / usted, señor / señora.
les	Doy un consejo a ellos / ellas/ustedes, señores / señoras.

→ complemento indirecto: dativo

PRESENTES

INDICATIVO	SUBJUNTIVO	IMPERATIVO	INDICATIVO	SUBJUNTIVO	IMPERATIVO
	DAR			TRAER	
doy	dé	...	**traigo**	**traiga**	...
das	des	da	traes	**traigas**	trae
da	dé	dé	trae	**traiga**	**traiga**
damos	demos	demos	traemos	**traigamos**	**traigamos**
dais	deis	dad	traéis	**traigáis**	traed
dan	den	den	traen	**traigan**	**traigan**
	dando			tra**y**endo	

IRREGULARIDAD PROPIA

¿QUÉ HORA ES?

7:00	...............Son las siete en punto.
7:05	...............Son las siete y cinco.
7:15	...............Son las siete y cuarto / las siete y quince.
7:23	...............Son las siete y veintitrés.
7:30	...............Son las siete y media / las siete y treinta.
7:40	...............Son las siete y cuarenta / las ocho menos veinte.
7:45	...............Son las siete y tres cuartos / las ocho menos cuarto.
7:55	...............Son las siete y cincuenta y cinco / las ocho menos cinco.

7:00	las siete de la mañana
13:00	la una de la tarde
19:00	las siete de la tarde
22:00	las diez de la noche
01:00	la una de la madrugada

atrás ← → **adelante**
movimiento / tiempo   movimiento / tiempo

Vamos a ver: aquí hay una habitación. → para iniciar el examen de algo
(= veamos)

Estamos **casi** al completo.
(= no completamente)

¡No me diga!
(= ¿de veras? ¡es increíble!)

Lo digo porque **si no** éste no hace nada.
(= de lo contrario)

En todo caso, si queda alguna habitación libre, les paso a otra.
(= en la eventualidad/en el caso que)

Practicar

185. Hacer frases.
Ejemplo:

YO: ELLA

encontrar, **ue**   devolver, **ue** / libro

→ *La encuentro y le devuelvo el libro.*

NOSOTROS: AL CLIENTE

mostrar / grabadora   enseñar / su funcionamiento   dar / garantía   regalar / pilas

TÚ: A TU AMIGA

ver / de lejos   saludar   abrazar   dar / beso

VOSOTROS: AL SOCIO

llamar / teléfono   invitar / casa   ofrecer / comida   acompañar / casa / coche

EL MÉDICO: A LA ENFERMA

visitar   poner / termómetro   poner / inyección   recetar / pastillas

YO: A LOS NENES

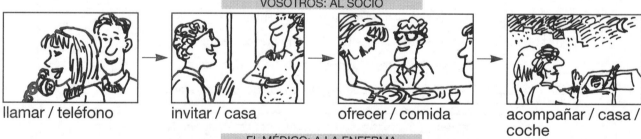
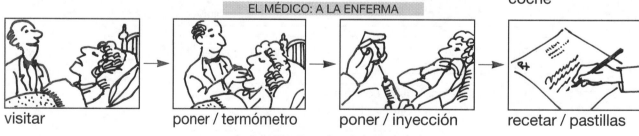
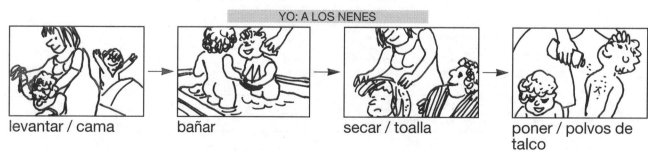

levantar / cama   bañar   secar / toalla   poner / polvos de talco

186. Decir la hora.

Ejemplo: El tren sale a las 19:15. ⟶

⟶ El tren sale a las **siete y cuarto de la tarde / siete y quince.**

1. Los exámenes empiezan a las 9:30 y terminan a las 13:00.
2. El vuelo es a las 15:45.
3. El espectáculo dura de las 21:30 a las 00:10.
4. Tenemos una cita a las 15:00.
5. Hoy el sol se levanta a las 7:33 y se pone a las 17:50.
6. Hay que llegar al aeropuerto a las 12:45.
7. ¡Venga mañana a las 11:55!
8. Me quedo aquí hasta las 23:15.
9. ¡Llámame esta noche a las 22:45!
10. ¡Diga al cliente que vuelvo a las 17:00!

187. Formar sustantivos de cosas con -ero, a / -d-or.

Ejemplo: Estos _____ (vaca) son estrechos. ⟶ Estos **vaqueros** son estrechos.

1. Se ha estropeado el _____ (secar) del pelo.
2. El _____ (tabla[1]) de esta mesa es de nogal.
3. El _____ (ceniza) está en la cocina porque lo he lavado.
4. Este _____ (moneda) es un regalo de Ana.
5. Esta ley protege a los _____ (consumir).
6. Pase usted al _____ (recibir) y espere un momento.
7. En nuestra oficina han puesto un nuevo _____ (ordenar).
8. ¿Dónde está el _____ (azúcar)?
9. Hay que comprar una nueva _____ (vinagre[2]).
10. Es un pequeño _____ (colar) de plata para el té.
11. El _____ (comprar) debe exigir la factura al _____ (vender).
12. ¡Pon las rosas en el _____ (flor) de cristal!

188. Conjugar en imperativo / infinitivo / gerundio + pronombre.

Ejemplo: Quieren _____ (echar, a mí) de la fábrica. ⟶

⟶ Quieren **echarme** de la fábrica.

1. ¡_____ (tú, enseñar, a nosotros) las fotos del Caribe!
2. –¿Me prestas el diccionario? –Lo siento, pero estoy _____ (consultar, el diccionario) yo.
3. No deseo _____ (molestar, a ti) a estas horas de la tarde!
4. ¡Niños, _____ (vosotros, levantarse) que es muy tarde!
5. –¿Habéis encendido la chimenea? –Estamos _____ (encender, la chimenea) en este momento.

---

[1] tabla, pieza de madera plana y delgada.

[2] vinagre, líquido ácido que se obtiene del vino y sirve como condimento, sobre todo en las ensaladas.

6. ¡No dobles los pantalones porque _____ (doblar, los pantalones) se arrugan!

7. ¡_____ (sentarse, ie) usted aquí, a nuestro lado!

8. _____ (considerar, esto) bien, el problema no es tan fácil.

9. –¿Has regado las plantas? –No, pero está _____ (regar, las plantas) María.

10. ¡_____ (usted, mirarse) en el espejo: está blanco como el papel!

189. Conjugar en presente de indicativo (llevo).

    Ejemplo: Hoy no _____ (yo, salir) porque _____ (hacer) demasiado frío.

      ⟶ Hoy no **salgo** porque **hace** demasiado frío.

1. Cuando _____ (él, tener) que hablar en público, _____ (él, ponerse) muy nervioso.

2. ¿_____ (vosotros, venir) mañana a mi casa?: _____ (yo, tener) que deciros una cosa muy importante.

3. Nos _____ (él, traer) siempre algún recuerdo[1] cuando _____ (él, volver, ue) de sus viajes.

4. Desde aquí _____ (oírse) los pájaros cantar.

5. ¿_____ (ustedes, ir) al cine todos los domingos?

6. No _____ (yo, hacer) nada malo.

7. _____ (yo, reconocer) que la culpa del accidente es sólo mía.

8. ¿Qué _____ (tú, pedir, i) después de los espaguetis?

9. _____ (yo, saber) de memoria el nombre de todos mis alumnos.

10. No te _____ (yo, decir) nada porque _____ (ser) una sorpresa.

190. Transformar con hace... que o desde hace.

    Ejemplo: Duerme (una hora). ⟶

      ⟶ **Hace una hora que** duerme. / Duerme **desde hace una hora.**

1. No pintamos el piso (cinco años).

2. Están entrevistándole (una hora).

3. Esperamos el autobús (quince minutos).

4. Nos conocemos (veinte años).

5. Están construyendo el túnel del canal de la Mancha (casi diez años).

6. Tenemos este Papa (mucho tiempo).

7. No voy al teatro (un montón de tiempo).

8. Se han divorciado[2] (dos meses).

9. La calle está cerrada al tráfico por obras (un mes).

10. Le están operando (veinte horas): están haciendo un trasplante[3] de corazón, hígado y riñones.

---

[1] *recuerdo,* objeto que se compra para recordar algo.
[2] *divorciar,* separarse un matrimonio.

[3] *trasplante* (< trasplantar), inserción de un órgano de un individuo a otro.

Leer y comprender

Vuelve el cuerpo

por INMACULADA DE LA FUENTE

Esculpirse el físico o fabricarlo a medida, nueva religión que resucita la estética del narcisismo.

La moda del cuerpo que irrumpe con furor en Europa por influencia de Estados Unidos ha revolucionado el universo masculino. El hombre ha roto la vieja imagen que identificaba al macho con el barro de la guerra y ha asumido para sí la estrategia de la seducción. Ellos se cuidan, ante todo, para gustarse a sí mismos.

Un hombre fornido de unos 35 años, sentado en una silla confortable y con las piernas desnudas holgadamente cruzadas, miraba ensimismado[1] la diminuta piscina del gimnasio. El caballero se encontraba el pasado miércoles a la una de la tarde en la piscina del gimnasio Eurobuilding y su silueta, moderadamente musculosa, se reflejaba en el agua azul cloro. Llevaba un bañador bermudas y ese detalle hacía pensar instantáneamente en los mares del Sur. Había tomado una sauna hacía poco, después de hacer un cuarto de hora de pesas, y reposaba con un vaso de tónica entre las manos antes de remojarse en frío. Sus gafas oscuras impedían saber si su expresión era feliz, pero transmitía la sensación de que se trataba de un hombre razonablemente hedonista, satisfecho de su horma y cuidadoso de su salud. Más tarde, sin prisas, iba a recibir un masaje. Después de abonar 2.700 (dos mil setecientas) pesetas por estos servicios, el cliente pedía en un restaurante cercano un filete a la plancha con ensalada y regresaba a su oficina pimpante[2] como una ardilla.

Como él, muchas personas han descubierto que tienen un cuerpo y empiezan a mimarse. Estar sano, no tomar drogas, hacer ejercicio y llevar una vida natural y al mismo tiempo sofisticada son los preceptos de la nueva religión. Pero el pintor Carlos Alcolea cree que esta moda es otra manera de rebelarse contra el padre: "Como el padre tiene barba y es un drogata[3], te

afeitas y no te drogas". Pero revela también un pánico a la institución médica: "la nueva Inquisición". Este furor por el cuerpo parece hipocondríaco y no hedonista: "Los placeres físicos siguen subestimados, el sexo da miedo y esto es sólo una manera de sustituir la sexualidad directa". Para otros es una nueva paranoia: "Los mismos que ahora se miden y remiran los bíceps, en otros tiempos se dedicaban a contar orgasmos".

Nacho disfruta ahora de unas anchas espaldas que atenúan la delgadez de su cuerpo, de natural menudo. Este joven de 28 años que realza[4] su pelo, teñido de rubio y muy corto, con una potente laca, practica body-building (culturismo no competitivo) desde hace tres años. Nacho no bebe alcohol, no fuma, no toma drogas. El gimnasio le ha cambiado el cuerpo: "En el colegio me pegaban porque era delgaducho y me daba apuro ponerme en traje de baño. Yo voy al gimnasio hora y media todos los días, alterno tenis o squash cada tarde y voy a la piscina una vez a la semana. También voy una vez a la semana a hacer gimnasia de mantenimiento con un profesor de ballet para adquirir flexibilidad". El afán por estar sano ha creado un nuevo régimen de comidas. Muchos son los hombres que van al mercado, especialmente la frutería, a hacer su acopio[5] de alimentos sin hacer concesiones a las calorías. Es el naturismo elegante que practica también el pintor Alcolea. Ha adoptado un estilo de comer que no respeta convenciones: apenas come a la hora del almuerzo, su comida principal la hace a las 8:30 a base de carne a la plancha o en ocasiones medio kilo de caviar. Duerme nueve horas y a las cuatro de la madrugada se despierta, toma algo de fruta y vuelve a reanudar sus sueños.

EL PAÍS
10 de noviembre de 1985 - Madrid

191. Contestar.

1. ¿Cómo estaba y qué hacía el hombre que se encontraba en el gimnasio?
2. ¿Qué significa, según algunos, la moda por el cuerpo?
3. ¿Cómo es Nacho? ¿Qué hace para "estar en forma"?

---

[1] *ensimismado,* absorto, dentro de sus pensamientos. [2] *pimpante,* alegre, optimista. [3] *drogata,* voz coloquial, persona que se droga. [4] *realzar,* elevar, levantar. [5] *acopio* (< acopiar), reunir o juntar en cantidad.

 **Hablar**

Ayer en Sevilla se honró a un ciudadano ilustre: Fernando Ledesma de la Peña.

Fernando Ledesma de la Peña nació en la ciudad de Sevilla el 18 de abril de 1914.

Cursó los estudios secundarios en las Escuelas Pías de esta ciudad.

A los veintidós años se graduó en la Universidad de su ciudad natal en ciencias biológicas.

En 1943 presentó en la misma Universidad una tesis doctoral sobre los microorganismos, que el tribunal consideró de gran interés. Su tesis mereció la calificación de sobresaliente *cum laude*.

Empezó a trabajar en una importante firma farmacéutica, pero al cabo de poco tiempo Fernando Ledesma pensó que era una lástima no profundizar sus conocimientos.

Pidió una beca para ir a Estados Unidos, que le concedieron.

Se trasladó a Washington. En la universidad de Washington conoció a famosos estudiosos de biología.

Muy pronto Fernando Ledesma sobresalió por sus brillantes intuiciones.

Publicó en poco tiempo muchos libros y artículos que le condujeron rápidamente a la notoriedad.

En 1961 le confirieron el Premio Nobel de Biología.

Vivió muchos años en Estados Unidos, país que dejó sólo poco antes de morir.

Hace unos diez años, en efecto, volvió a su ciudad natal, donde falleció en 1981, a la edad de sesenta y siete años.

Observar y recordar

- Fernando Ledesma **nació** en 1914. ────────────────────→ pasado puntual
- Mientras vivía en Washington ──→ ⎡ **publicó** muchos libros. ──────→ pasado puntual
  ⎣ **estudiaba** en la Universidad. ──→ pasado durativo

¡ATENCIÓN!

- Ayer **nació** un niño. ◄────────► Esta mañana **ha nacido** un niño.
  no en el día presente   en el día presente

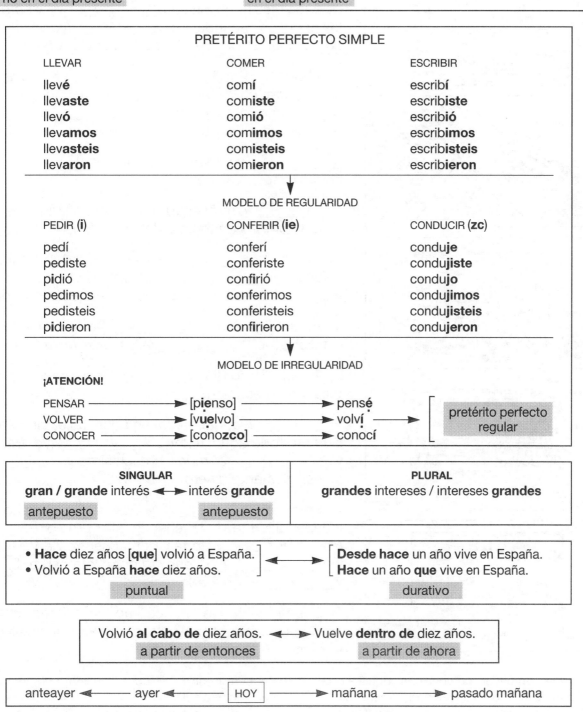

PRETÉRITO PERFECTO SIMPLE

LLEVAR	COMER	ESCRIBIR
llev**é**	com**í**	escrib**í**
lleva**ste**	com**iste**	escrib**iste**
llev**ó**	com**ió**	escrib**ió**
llev**amos**	com**imos**	escrib**imos**
lleva**steis**	com**isteis**	escrib**isteis**
llev**aron**	com**ieron**	escrib**ieron**

↓

MODELO DE REGULARIDAD

PEDIR (**i**)	CONFERIR (**ie**)	CONDUCIR (**zc**)
pedí	conferí	condu**j**e
pediste	conferiste	condu**jiste**
p**i**dió	conf**i**rió	condu**j**o
pedimos	conferimos	condu**jimos**
pedisteis	conferisteis	condu**jisteis**
p**i**dieron	conf**i**rieron	condu**jeron**

↓

MODELO DE IRREGULARIDAD

¡ATENCIÓN!

PENSAR	──→ [p**ie**nso] ──→ pensé	──→ ⎡
VOLVER	──→ [v**ue**lvo] ──→ volví	──→ pretérito perfecto regular
CONOCER	──→ [cono**zco**] ──→ conocí	

SINGULAR	**PLURAL**
gran / grande interés ◄──► interés **grande**	**grandes** intereses / intereses **grandes**
antepuesto antepuesto	

- **Hace** diez años [**que**] volvió a España. ⎤   ◄──►   ⎡ **Desde hace** un año vive en España.
- Volvió a España **hace** diez años. ⎦   ⎣ **Hace** un año **que** vive en España.

          puntual   durativo

Volvió **al cabo de** diez años. ◄──► Vuelve **dentro de** diez años.

       a partir de entonces   a partir de ahora

---

anteayer ◄──── ayer ◄──── | HOY | ──→ mañana ──→ pasado mañana

Practicar

192. Conjugar en pretérito perfecto (llevé).

Ejemplo: Yo _____ (nacer) en un pueblo de la provincia de Valencia. ⟶

⟶ *Yo **nací** en un pueblo de la provincia de Valencia.*

[1] _____ (yo, estudiar) en un colegio de curas hasta la edad de diez años.

A los diez años, cuando[2] _____ (yo, empezar) los estudios secundarios,[3] _____ (yo, inscribirse) en un Instituto de Enseñanza Media y Superior.

Al principio[4] _____ (yo, pensar) estudiar para luego entrar en la Universidad, pero cuando[5] _____ (yo, llegar) a los catorce años,[6] _____ (yo, decidir) dejar los estudios y empezar a trabajar como mecánico.

[7] _____ (yo, marcharse) del pueblo y[8] _____ (trasladarse) a Valencia.

[9] _____ (yo, buscar) trabajo consultando la sección de ofertas de trabajo del periódico.

Un día[10] _____ (yo, comprar) *El Diario de Valencia* y[11] _____ (yo, encontrar) un anuncio interesante: "Necesitamos aprendiz[(1)] de mecánico", decía.

Al día siguiente[12] _____ (yo, presentarse) en el taller y me[13] _____ (ellos, aceptar) enseguida.

Aquel mismo día[14] _____ (yo, empezar) a trabajar de[(2)] mecánico.

[15] _____ (yo, quedarse) en aquel taller cinco años. Durante todo aquel tiempo[16] _____ (yo, trabajar) y[17] _____ (aprender) muchísimo y[18] _____ (ganar) bastante dinero.

Entonces,[19] _____ (yo, pensar) que era hora de independizarme[(3)] y de tener un taller propio.[20] _____ (yo, comprar) un viejo taller en el centro de Valencia y lo[21] _____ (yo, renovar) completamente. El taller [22] _____ (quedar) precioso.

Desde entonces, nunca me ha faltado trabajo. Ahora pienso ampliar el taller y modernizarlo[(4)] completamente.

---

[1] *aprendiz* (< aprender), persona que adquiere el conocimiento de un oficio a través de la experiencia.

[2] *trabajar de mecánico,* trabajar como mecánico.

[3] *independizarse,* dejar el grupo a que uno pertenece

para empezar a vivir por su cuenta o emprender un negocio particular.

[4] *modernizar,* reformar una cosa antigua para hacerla moderna.

193. Conjugar en pretérito perfecto simple *(llevé)* los verbos que cambian la *e* en *i*: conferir ⟶ conf*i*ere ⟶ conf*i*rió / pedir ⟶ p*i*de ⟶ p*i*dió.

1. Le _____ *(ellos, conferir, i)* el Premio Nobel.
2. _____ *(él, sentir, i)* mucho la pérdida de su esposa.
3. El huevo _____ *(hervir, i)* demasiado y resultó incomible[1].
4. Estoy segura de que _____ *(ella, mentir, i).*
5. Mis padres_____ *(preferir, i)* no ir de vacaciones durante las Navidades.
6. Nosotros _____ *(pedir, i)* un libro en la biblioteca.
7. El camarero nos _____ *(servir, i)* con mucha profesionalidad.
8. Los votantes _____ *(elegir, i)* al candidato republicano.
9. Nos _____ *(ellos, repetir, i)* varias veces sus señas.
10. Los dos amigos _____ *(despedirse, i)* en el aeropuerto.

194. Conjugar en pretérito perfecto simple *(llevé): -cir > j.*

Ejemplo: Sus escritos le _____ *(conducir)* rápidamente a la notoriedad. ⟶
⟶ Sus escritos le **condujeron** rápidamente a la notoriedad.

1. _____ *(yo, introducir)* la llave en la cerradura[2].
2. Su comportamiento _____ *(producir)* muy mal efecto.
3. _____ *(ellos, reducir)* la producción por falta de demanda.
4. Manolo _____ *(conducir)* hasta Valencia y después _____ *(conducir)* yo.
5. _____ *(tú, traducir)* estupendamente la tragedia de Shakespeare.
6. El muy sinvergüenza _____ *(seducir)* a la chica y luego la abandonó.
7. _____ *(nosotros, reducir)* los gastos generales para poder comprar una nueva casa.
8. El ladrón _____ *(introducirse)* en casa durante la noche.
9. El año pasado _____ *(producirse)* diez millones de coches.
10. ¿_____ *(vosotros, traducir)* ya vuestros documentos?

195. Decir la palabra que significa lo que se indica entre paréntesis.

Ejemplo: _____ *(en el día en que estamos)* está lloviendo. ⟶ **Hoy** está lloviendo.

1. Mi cuarto _____ *(mira a, está orientado a)* un jardín.
2. En la plaza de toros había _____ *(aproximadamente, más o menos)* cincuenta mil
   espectadores.
3. _____ *(en toda la longitud)* del río pasa la vía del ferrocarril.
4. Es una persona _____ *(bastante pero no mucho)* gorda.
5. ¡Siéntese usted _____ *(al lado de)* la enfermera!
6. –¿Has ido al trabajo hoy? –¡ _____ *(naturalmente)* que he ido!

---

[1] *incomible* (= in+comible), imposible de comer o poco   [2] *cerradura* (< cerrar), mecanismo con una llave para
apetecible por sus características.   cerrar.

7. Se presentaron _____ (delante de / en presencia de) el notario para firmar el contra-to de venta.

8. Siempre se despierta _____ (a la hora en que nace el día).

9. Va _____ (muchas veces, con frecuencia) al dentista.

10. _____ (a lo largo de) estos años nos hemos visto todos los días.

11. Es antipático e insociable; _____ (a pesar de ello) es muy buena persona.

12. _____ (delante de) todo, leamos las actas de la última sesión.

196. Completar con *dentro de / al cabo de*.

Ejemplo: Volvió a España _____ unos años. ⟶

⟶ *Volvió a España **al cabo de** unos años.*

1. Nos vemos _____ dos horas.

2. El taxista pasó a recogernos _____ diez minutos.

3. Se conocieron en febrero y _____ tres meses se casaron.

4. Paso por tu casa _____ un par de días.

5. _____ un año va a haber elecciones.

6. Llamamos a la policía y ésta llegó _____ poco tiempo.

7. El avión despegó a las ocho en punto y _____ dos horas exactas aterrizó en Madrid.

8. Van a dar el telediario _____ pocos minutos.

9. ¡Echa el agua al té y saca la bolsita _____ cinco minutos!

10. Escribió el libro en diez meses y _____ un año apareció en las librerías.

197. Transformar con *hace... [que] / desde hace o hace... que*.

Ejemplo: Volvió a España *(un año atrás).* ⟶

⟶ ***Hace un año [que]*** *volvió a España. / Volvió a España **hace un año**.*

1. Vive en Barcelona *(durante diez años).*

2. Le operaron *(un año atrás).*

3. Están reestructurando este palacio *(durante un año).*

4. Le conocí *(siete años atrás).*

5. Están haciendo pesca[1] submarina *(durante más de una hora).*

6. El público está aplaudiendo *(durante diez minutos).*

7. Salió de la cárcel *(un mes atrás).*

8. Se divorciaron *(dos años atrás).*

9. Está nevando *(durante más de tres horas).*

10. Ha llegado *(unos minutos atrás).*

198. Dictado.

_____

[1] *pesca,* acción de pescar; *pesca submarina,* la pesca que se efectúa debajo de la superficie del mar.

Leer y comprender

Los libros y los trenes
por ANTONIO MUÑOZ MOLINA

Está bien leer en la cama, de noche, muy abrigados, a la luz de una pequeña lámpara o junto al mar en verano, en una hamaca que tiene la justa inclinación y blandura, mientras esa distancia que establece el ruido de las olas nos aisla de las otras voces, o en un jardín, cuando atardece, oliendo el perfume intenso de la hierba recién segada[1], pero de todos los lugares propicios a la lectura yo prefiero la butaca de un tren, junto a la ventanilla, de uno de esos trenes casi vacíos que circulan en las mañanas de domingo o que comienzan su viaje cuando la tarde declina y llegan en plena noche. En el interior de los trenes, como en el de los libros, conjugamos la doble sensación de la inmovilidad y del tránsito y ponemos dócilmente nuestra voluntad al servicio de un deseado abandono. Viajamos solos, ligeros de equipajes, y abrimos el libro sólo cuando el tren se ha puesto en marcha, asociando de manera inconsciente el principio de los dos viajes, el de nuestra imaginación a través de las palabras escritas y el de nuestra mirada que de vez en cuando se aparta de ellas para detenerse en los lugares que huyen al otro lado del cristal. La lectura siempre es un desasirse[2] de las cosas cercanas, un ensimismamiento de la conciencia ávida de internarse en lo desconocido y en lo reconocido. Al desprendernos de todo, vemos más claro y exacto el perfil de nuestra individualidad. Sabemos mucho más acerca de[3] nosotros mismos cuando viajamos solos, cuando nos miramos fijamente en un libro o en un espejo.

Los peregrinos que iban a Canterbury distraían las noches en las posadas, contándose historias recíprocamente.

Tolstoi dice que le narraron *La sonata a Kreutzer* durante un viaje en tren. En una lenta barca que remonta el Támesis a la caída de la tarde[4], un marinero, Marlow, cuenta su navegación por el río Congo hacia el corazón de la selva y de la oscuridad, donde se escondía un hombre enloquecido que se llamaba Kurtz. Al viajar nos parece que las novelas que leemos recobran su primitiva condición de relatos orales: alguien, un desconocido que se sentó frente a nosotros, empieza a contarnos una historia, y sabemos que su punto final llega cuando el tren se detiene, y sentimos que las palabras avanzan impulsadas: es casi la misma velocidad con que el tren cruza el paisaje que las impulsa. Bajamos del tren como salimos de un libro, en una estación más bien inhóspita[5] que tiene siempre la antipatía de la realidad, un poco extraviados y torpes, con la misma sensación de desamparo[6] y de frío como quien llega al amanecer a una ciudad extraña.

Yo algunos viajes no los recuerdo por el lugar a donde iba: los recuerdo por el libro que leí durante el viaje. Tranquilo y solo, recostado[7] junto a la ventanilla, embebido[8] en mí mismo, fumando un cigarrillo para inaugurar más sosegadamente la lectura.

En los trenes he leído algunos libros que son importantísimos para mí, y quizá una parte de la intensidad con que se fijaron en mi memoria se debe a la circunstancia del viaje.

En los últimos minutos de un viaje nocturno a una ciudad de la que no me acuerdo terminé de leer el diario de Cesare Pavese. Cerrado el libro, no acabó su influjo. En la habitación del hotel me pregunté: ¿quién ha sido el viajero que la ocupó antes que yo y se marchó sin dejar un sólo rastro de sí en ella? Así, vacía e impasible, se quedó probablemente la habitación de aquel hotel de Turín donde murió Pavese.

ABC
21 de enero de 1989 - Madrid

---

199. Contestar.

1. ¿Por qué motivo el autor asocia la lectura al viaje en ferrocarril?

2. ¿Por qué la lectura en tren aproxima al lector al relato oral?

---

[1] *recién [segada],* que ha sido segada hace poco.
[2] *desasirse,* desprenderse, separase.
[3] *acerca de,* sobre.
[4] *a la caída de la tarde,* al atardecer.
[5] *inhóspito,* que no tiene hospitalidad.

[6] *desamparo,* sin amparo o protección.
[7] *recostado* (< recostarse), poner inclinada sobre algún sitio la parte superior del cuerpo.
[8] *embebido,* ensimismado, absorto, muy concentrado.

Hablar

ALFREDO:	El coche no funciona. ¡Pararse así, de repente, qué raro! ¡qué contratiempo! Y por aquí no pasa nadie... ¡Menos mal, viene uno! Oiga, por favor, se me ha parado el coche aquí en medio. ¿Me puede echar una mano?
SEÑOR:	Si quiere usted gasolina tengo un bidoncito.
ALFREDO:	Sí, metámosla, aunque me parece que gasolina tiene.
SEÑOR:	¿Funciona ahora?
ALFREDO:	No, no arranca.
SEÑOR:	Si no funciona, le aconsejo llevarlo al mecánico.

ALFREDO:	¿Tiene una cuerda usted por casualidad?
SEÑOR:	Sí, tengo una en el maletero.
ALFREDO:	¿Me lo arrastra, por favor? Llevémoslo a un taller mecánico, ¿conoce alguno?
SEÑOR:	Sí, hay uno aquí cerca. Seguro que está abierto. ¡Vamos!

[a la puerta del taller mecánico]

ALFREDO:	No sé cómo agradecerle lo que ha hecho usted por mí. Ha sido usted muy amable. Muchísimas gracias.
SEÑOR:	¡De nada, hombre! ¡Que tenga suerte! ¡Adiós!

[al mecánico]

ALFREDO:	Mire usted, se me ha parado el coche en medio de la carretera.
MECÁNICO:	Un momento y lo miro enseguida. Acabo con este señor...

ALFREDO:	¿Ya está arreglado? ¡Qué bien! ¡Me lo llevo corriendo!
MECÁNICO:	He conseguido ponerlo en marcha pero no está arreglado. Hace un ruido extraño...
ALFREDO:	¿Es el motor! ¿Está roto?
MECÁNICO:	No, no es el motor sino el embrague. Lo tengo que mirar con calma. Déjemelo un par de días.
ALFREDO:	¡¿Un par de días?! ¡Es imposible!
MECÁNICO:	Por lo menos me lo tiene que dejar veinticuatro horas.

Observar y recordar

- Dejo **el coche**   **a ti.**

  lo   +   te

  te   +   lo   ———————→ **Te lo** dejo.

- **Se** me ha parado el coche **a mí.**

  se   +   me   ———————→ **Se me** ha parado el coche.

¡ATENCIÓN!

  ¡Dejár**melo**!
  Dejándo**melo**   ⎤———→ infinitivo, gerundio, imperativo: pronombres
  ¡Dejá**melo**!   ⎦   después

- Metámo**s**la *[la gasolina]* aunque me parece que tiene.

  complemento

- ¡Vayámo[**s**]nos! ——→ ¡Vayámonos!

  pronominal

---

pasa **alguien** ◄——► no pasa **nadie** ——→ **ALGUIEN / NADIE: INVARIABLE**
(= alguna persona)   (= ninguna persona)

---

abrir / romper————————————→ **ABIERTO / ROTO**

IRREGULARIDAD PROPIA

Le aconsejo ⎡ una cosa.
            ⎢ llevar el coche al mecánico.   ⎤→ **INFINITIVO / QUE + VERBO CONJUGADO**
            ⎣ que lleve el coche al mecánico.   ⎦

subordinadas complemento directo

¡Que tenga suerte! ——→ **QUE + PRESENTE DE SUBJUNTIVO:** auspicio
(= le deseo)

No es el motor **sino** el embrague. ——————→ **NO... SINO**
(= no es el motor: es el embrague)

Gracias por lo que ha hecho **por** mí.
(= en favor de)

Por lo menos me lo tiene que dejar 24 horas.
(= como mínimo)

¡Pararse así, **de repente!**
(= de improviso / súbitamente)

¡ALTO!

FORMACIÓN DE DIMINUTIVOS

libr [o]   +   -ito ——→ libr**ito** ⎤◄——► bidón + -cito ——→ bidon**cito**
árbol   +   -ito ——→ arbol**ito** ⎦

VOCAL / CONSONANTE ÁTONA: + -ITO   **CONSONANTE TÓNICA: + C + ITO**

Practicar

200. Completar con pronombre / pronombres.

Ejemplo: –¿_____ *(a mí, un favor)* haces, Teresa? ⟶ –¿*Me lo* haces, Teresa?

–Si puedo hacér[1] _____ *(a ti, un favor)*, con mucho gusto.

–¿[2]_____ *(a mí)* haces el dobladillo en estos pantalones?

¡Fíja[3] _____ *(tú)* qué largos son!

–Claro que[4] _____ *(a ti, el dobladillo)* hago. Pón[5] _____ *(a ti, los pantalones)*, que así veo cuánto tengo que cortar.

Ya veo. Quíta[6] _____ *(a ti, los pantalones)* ahora, y dá[7] _____ *(a mí, los pantalones)*. [8]_____ *(a ti, los pantalones)* coso enseguida.

Ten, pón[9] _____ *(a ti, los pantalones)* de nuevo. ¿A ver? ¡Oh, Dios mío! ¡[10]_____ *(los pantalones)* he acortado demasiado!

¿Cómo puedo arreglar[11] _____ *(eso)*? ¡Está claro que no[12] _____ *(a ti, los pantalones)* puedo alargar!

–No[13] _____ *(tú)* preocupes Teresa. Son cosas que[14] _____ pueden pasar a todo el mundo.

¡Prúeba[15] _____ *(a ti, los pantalones)* tú! Si [16]_____ *(a ti)* van bien,[17] _____ *(a ti, los pantalones)* regalo.

–¡[18] _____ *(a mí)* caen estupendamente!

¿De veras[19] _____ *(a mí, los pantalones)* regalas?

–Claro que sí, quéda[20] _____ *(tú)* con ellos y yo[21] _____ *(a mí)* compro otros. Y luego [22]_____ *(a ti, los nuevos pantalones)* traigo de nuevo para el dobladillo, ¿vale?

–Oye, yo tengo una falda que[23] _____ *(a mí)* está larguísima. ¿Por qué no[24] _____ *(a ti, la falda)* pruebas?

Si[25] _____ *(a ti)* gusta,[26] _____ *(a ti, la falda)* doy.

–¡Oh, es monísima![27] _____ *(a mí, la falda)* pruebo, ¿eh?

¡Mira que bien[28] _____ *(a mí)* está!

–¡Pues[29] _____ *(a ti, la falda)* regalo! Y [30]_____ *(a ti, la falda)* pones un día de esos, ¿eh?

201. Transformar expresando buen augurio o deseo.

Ejemplo: Usted tener mucha suerte. ⟶ *¡**Que tenga** usted mucha suerte!*

1. Ustedes pasar felices Navidades.
2. El enfermo restablecerse pronto.
3. *(tú)* tener un buen viaje.
4. *(vosotros)* divertirse mucho.
5. Ustedes pasarlo bien[1].
6. Ir bien el examen *(a vosotros)*.
7. Ustedes tener un feliz vuelo.
8. *(tú)* mejorarse rápidamente.
9. *(ella)* descansar bien.
10. *(vosotros)* ser muy felices.

202. Conjugar en pretérito imperfecto *(llevaba)* / pretérito perfecto simple *(llevé).*

Ejemplo: Mientras _____ *(él, vivir)* en Washington _____ *(él, publicar)* muchos libros. ⟶ *Mientras **vivía** en Washington **publicó** muchos libros.*

1. El año pasado _____ *(yo, vivir)* tres meses en las Canarias.
2. Mientras _____ *(pasar)* los manifestantes _____ *(producirse)* algunos desórdenes.
3. Mientras _____ *(nosotros, ir)* por la calle, un señor nos _____ *(él, preguntar)* la hora.
4. Mientras nos _____ *(él, contar)* chistes[2], nosotros _____ *(reírse)* como locos.
5. Mientras nos _____ *(ellos, servir)* el primer plato, _____ *(llegar)* Pepe.
6. Cuando _____ *(aparecer)* el fantasma[3] todos _____ *(quedarse)* de piedra[4].
7. Me _____ *(él, escribir)* una carta verdaderamente ofensiva.
8. Cuando el camión _____ *(adelantar)* por la derecha, yo _____ *(temer)* un accidente mortal.
9. El viento _____ *(golpear)* la ventana y _____ *(romperse)* los cristales.
10. Todas las veces que le _____ *(doler[5])* la cabeza, _____ *(él, tomar)* una aspirina y _____ *(él, meterse)* en cama.

203. Unir transformando.

Ejemplo: No es el motor: es el embrague. ⟶ ***No** es el motor **sino** el embrague.*

1. No me duele el estómago: me duele el vientre.
2. Yo no soy el empleado: soy el director.
3. No quiero comprar un Renault: quiero comprar un Peugeot.
4. No queremos ser un peso: queremos ser una ayuda.
5. El Prado no está en Londres: el Prado está en Madrid.

---

[1] *pasarlo bien/mal,* divertirse, vivir bien / mal.
[2] *chiste,* dicho, frase, ocurrencia que tiene gracia y provoca risa.
[3] *fantasma,* nombre dado a supuestas apariciones no pertenecientes al mundo de los vivos.
[4] [quedar] *de piedra,* estupefacto.
[5] *doler,* causar dolor una parte determinada del cuerpo.

6. Algunos viajes no los recuerdo por el lugar a donde iba: los recuerdo por el libro que leí durante el viaje.

7. Esta sinfonía no es de Beethoven: es una sinfonía de Brahms.

8. No necesita usted gafas de cerca: necesita gafas de lejos.

9. No quiero beber café: quiero beber té.

10. Este señor no es mi marido: es mi cuñado[1].

204. Completar con *alguien / nadie.*

Ejemplo: –¿Hay _____ aquí? –No, no hay _____ ⟶

⟶ –¿Hay **alguien** aquí? –No, no hay **nadie.**

1. _____ afirma que la tercera guerra mundial es inevitable.

2. No hay _____ que sepa lo que ha pasado.

3. –¿Me ha llamado _____ anoche? –No, no le ha llamado_____.

4. ¿Hay _____ que sepa cómo funciona esta máquina?

5. Me parece que aquí _____ quiere hacer nada.

6. ¿Sabe usted si _____ está dispuesto a comprar esta finca?

7. No tiene a _____ en este mundo.

8. Te hemos llamado varias veces pero no ha contestado_____.

205. Transformar con *aunque.*

Ejemplo: Parecen pequeños, pero no lo son. ⟶ **Aunque** parecen pequeños, no lo son.

1. Hace mucho frío, pero a pesar de ello vamos de excursión.

2. Parece tonto, pero no lo es.

3. Esta máquina de escribir es nueva, pero funciona muy mal.

4. Nos han visto perfectamente, pero no nos han saludado.

5. Me han arreglado el coche, pero no funciona.

6. Les hemos escrito[2] un montón de veces, pero ellos no han contestado nunca.

7. Estas manzanas están un poco verdes, pero están muy ricas.

8. Esta gallina ha hervido más de una hora, pero todavía está dura.

9. Te lo hemos repetido mil veces, pero todavía no te ha entrado en la cabeza.

10. Estas botas[3] son feas, pero son muy cómodas.

---

[1] *cuñado,* cónyuge de un hermano o hermana, y hermano o hermana del cónyuge.

[2] *escrito,* participio de escribir.

[3] *bota,* calzado que cubre el pie y la pierna.

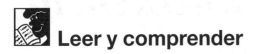

Leer y comprender

El Madrid romántico
por CARLOS GURMÉNDEZ

Suspiros germánicos llamaban irónicamente los críticos literarios a las obras de los románticos españoles, es decir, a los que pensaban sus emociones y sentimentalizaban sus pensamientos en poesías, dramas y novelas. Sí, es verdad, la esencia del romanticismo alemán consistía en llegar a una conciencia lúcida y sutil de los estados íntimos, al saber absoluto sobre sí mismo. Por el contrario[1], los clásicos mediterráneos afirmaban que con los nebulosos sentimientos nórdicos no se hace poesía ni arte.

Madrid tiene su Museo Romántico en la calle de San Mateo, donde encontramos una ambientación histórica multicolor y confusa, muy típicamente romántica. Aquí encontramos con gozo un pequeño cuadro de Vicente Palmaroli: *Bécquer en su lecho de muerte;* un retrato de José Zorrilla de Antonio Esquivel, y las pistolas famosas de Larra.

Recorramos las calles evocadoras de los grandes románticos españoles. Así, visitemos la calle de Núñez de Arce y recordemos la figura del poeta vallisoletano[2] que, cuando tenía 30 años, en una poesía, veía blancos sus cabellos, el alma apagada y fría. ¿Realmente sentía lo que decía? El mal del siglo o el dolor cósmico obligaba a los poetas románticos a fingir sufrimientos que no padecían. Sin duda gozaban de compadecerse a sí mismos.

Luego nos acercamos a la calle de Larra, pensador agudo y crítico implacable de la sociedad de su tiempo. Quizá Larra expresa como ninguno de los románticos la esencia patética e irreflexiva del romanticismo español. Y llegamos a la calle de Espronceda, que va de la calle de Ponzano a la de Zurbano, y que evoca al poeta del dolor profundo y sincero del canto a Teresa, la más arrebatada y conmovedora de las poesías románticas.

*

Más tarde llegamos a la calle de Víctor Hugo, el padre de todo el romanticismo latino, del que decía André Gide que *¡hélas!* era el más grande poeta de Francia. Para Hugo, la melancolía es el placer de la tristeza: en esta definición eterna, es decir, el placer de la tristeza, rezuma toda la esencia de la sentimentalidad romántica, volcada en el análisis voluptuoso del yo como eje ideal del universo-mundo. Por fin llegamos a la calle de los Hermanos Bécquer: Valeriano era un exquisito y delicado pintor romántico, y Gustavo Adolfo quizá el más grande poeta lírico español. Sí, la intensidad reflexiva de sus versos, su quintaesencia y concentrada emoción lírica, lo convierten en la expresión más alta del romanticismo español.

Por último nos queda la calle de Zorrilla, autor de *Don Juan Tenorio.* Nos recuerda al poeta más grandiosamente retórico y a veces vacuo y declamatorio del romanticismo, pero también al autor del *Drama del alma.* Para terminar, ¿qué podemos decir del romanticismo en general? Esfuerzo de reflexión de la conciencia para llegar al descubrimiento del ser humano, pero en este proceso reflexivo se atomiza la subjetividad en confidencias ociosas o en pateticos cantos declamatorios. Y ello se debe a que el romántico se rompe por todas partes como un cristal y no está nunca satisfecho porque su vida es disonancia. El mal del romántico consiste en encerrarse en su subjetividad, desinteresándose de la realidad y de la vida.

EL PAÍS
23 de marzo de 1989 - Madrid

206. Contestar.

1. ¿Cuál es, en opinión del autor, la esencia del romanticismo alemán?

2. ¿Qué tiene en común el poeta Núñez de Arce con otros poetas románticos?

3. ¿Qué dice el autor del romanticismo en general?

---

[1] *por el contrario,* en cambio.
[2] *vallisoletano,* natural de la ciudad de Valladolid.

Hablar

La última vez que estuve en Londres tuve una experiencia horrorosa.

Hice un viaje tranquilo y ameno, pero nada más llegar al aeropuerto, empezaron los problemas.

Cuando llegué delante del control de pasaportes, entregué tranquilamente mi pasaporte.

Observé en seguida en la cara del policía una expresión de sorpresa.

Cogió un fichero y empezó a consultarlo con frenesí. Sacó una ficha y miró atentamente la foto. No hacía más que mirar la foto y luego fijar su mirada en mi rostro.

Hizo un gesto triunfante.

Me puse muy nervioso. Le dije: ¿Qué pasa? ¿Qué tiene mi pasaporte?

Dijo unas palabras en inglés. Comprendí que más o menos decía: "No se aleje de aquí. Espere..."

Al cabo de un rato vino con otros dos policías.

Uno de ellos me preguntó: "¿Se llama usted José Pérez López?" Dije que sí.

Me pusieron las esposas. Me dijeron: "Venga con nosotros a la comisaría."

Yo traté de expresarles mi indignación, pero no pude hacer más que seguirles.

En la Comisaría algunos policías hablaban frenéticamente entre sí y consultaban ficheros. Por fin entró uno que trajo otros documentos, quiso ver de nuevo mi pasaporte y, susurró algo al oído del policía que hablaba conmigo.

Éste se levantó de la mesa tratando de sonreírme y de decirme en español que se disculpaba, que se trataba de un error.

Luego supe que José Pérez López también era el nombre de un peligroso asesino de origen hispánico que la policía británica estaba buscando desde hacía mucho tiempo.

¡Maldita coincidencia!

Observar y recordar

PRETÉRITO PERFECTO SIMPLE

ESTAR	TENER	PODER	PONER	SABER
est**uve**	t**uve**	p**ude**	p**use**	s**upe**
est**uviste**	t**uviste**	p**udiste**	p**usiste**	s**upiste**
est**uvo**	t**uvo**	p**udo**	p**uso**	s**upo**
est**uvimos**	t**uvimos**	p**udimos**	p**usimos**	s**upimos**
est**uvisteis**	t**uvisteis**	p**udisteis**	p**usisteis**	s**upisteis**
est**uvieron**	t**uvieron**	p**udieron**	p**usieron**	s**upieron**

HACER	TRAER	DECIR	VENIR	QUERER
h**ice**	tra**je**	d**ije**	v**ine**	qu**ise**
h**iciste**	tra**jiste**	d**ijiste**	v**iniste**	qu**isiste**
h**izo**	tra**jo**	d**ijo**	v**ino**	qu**iso**
h**icimos**	tra**jimos**	d**ijimos**	v**inimos**	qu**isimos**
h**icisteis**	tra**jisteis**	d**ijisteis**	v**inisteis**	qu**isisteis**
h**icieron**	tra**jeron**	d**ijeron**	v**inieron**	qu**isieron**

↓

IRREGULARIDAD PROPIA

---

hay .... había .... ha habido .... **hubo** ⟶ **IMPERSONAL: INVARIABLE**

Nada más llegar al aeropuerto, empezaron los problemas. ⟶ **NADA MÁS + INFINITIVO**
(= inmediatamente después de llegar)

• **No** hacía **más que** mirar las fotos.
• **No** pude hacer **más que** seguirles. ⟶ **NO... MÁS QUE**
(= sólo miraba / sólo pude hacer)

Trataba de sonreírme. ⟶ **TRATAR DE + INFINITIVO**
(= hacía lo posible / intentaba)

• **Es** el nombre de un asesino. ⟶ Sé **que es** el nombre de un asesino.
• **Era** el nombre de un asesino. ⟶ Sabía **que era** el nombre de un asesino.

estilo directo   estilo indirecto

Más o menos decía: "no se aleje".
(= aproximadamente)

Por fin hubo uno que entró donde estábamos.
(= ¡finalmente!, ¡era hora!)

¡ATENCIÓN!
• La policía le estaba buscando **desde hacía** mucho tiempo.

↕ pasado

• La policía le busca **desde hace** mucho tiempo.

presente

¡ALTO!   FORMACIÓN DE ADJETIVOS

horror + -oso ⟶ horror**oso-a**
peligr[o] + -oso ⟶ peligr**oso-a**
trabaja[r] + -d-or ⟶ trabaja**dor-a**
triunfa[r] + -ante ⟶ triunf**ante** ⎤
sobresali[r] + -ente ⟶ sobresali**ente** ⎦ ⟶ participio presente

 **Practicar**

207. Hacer frases en pretérito perfecto simple *(llevé).*

Ejemplo:

LA SEÑORA: EN SU CASA

cocinar — poner / mesa — comer

➡ *La señora cocinó, puso la mesa y comió.*

MANUEL: EN EL AEROPUERTO

llegar / aeropuerto — mostrar / pasaporte — retirar / maleta — decir: "no tener nada que declarar"

TÚ: EN CORREOS

entrar / Correos — poner / sello / carta — hacer / cola — entregar / carta / ventanilla

VOSOTROS: EN MI CASA

venir / mi casa — estar / dos horas — tener / discusión — salir / enfadados

YO: EN EL EXAMEN

presentarse / examen — ponerse / nervioso — no saber / contestar — retirarse

LOS SEÑORES: EN LA CALLE

llegar / coche — buscar / aparcamiento — poder / aparcar — estar contentos / tener suerte

208. Decir el infinitivo y buscar en el diccionario.

Ejemplo: Agradezco su amabilidad.

1. ¡Permanezca inmóvil mientras le saco[1] la foto!

2. Nos indujo a mentir.

3. Carezco de pruebas para demostrar su culpabilidad.

4. ¡Antes de planchar las camisas, humedézcalas!

5. ¡No riña a los niños: son muy pequeños!

6. Impidieron entrar a los que no iban decentemente vestidos.

7. Estamos seguros de que esto no sirve para nada.

8. Me adhiero a su propuesta.

9. Le sugirieron no comprar un coche de segunda mano.

10. Invirtió una gran cantidad de dinero en acciones.

209. Conjugar el verbo entre paréntesis.

Ejemplos: • Sé que _____ (él, ser) un asesino. ⟶ *Sé que **es** un asesino.*

• Sabía que _____ (él, ser) un asesino. ⟶ *Sabía que **era** un asesino.*

1. Dijo que _____ (él, llamarse) José Pérez.

2. Sostiene que este niño _____ (ser) su hijo.

3. Afirmó que no _____ (ella, tener) dinero.

4. Dicen que _____ (ellos, vivir) en la calle de Mallorca.

5. Aseguraba que _____ (él, ir) a América cada verano.

6. Pensaban que yo _____ (ser) el hombre de la ficha.

7. Creían que no _____ (ellos, estar) en casa.

8. Se acordó qué _____ (él, tener) que llamarme antes de partir.

9. Consideramos que usted _____ (ser) persona muy competente en esta materia.

10. Pensé que _____ (sonar) el teléfono, pero era la puerta de casa.

210. Formar adjetivos con: -oso, a / -d-or, a / participio presente.

Ejemplo: Este filme es _____ (horror). ⟶ *Este filme es **horroroso**.*

1. Es un pisito muy _____ (silencio) y alegre.

2. Hay que prohibir la fabricación de productos _____ (contaminar[2]).

3. En el examen mereció la calificación de _____ (sobresalir) cum laude.

4. Este libro no es _____ (interesar) en absoluto.

5. Sus palabras son muy _____ (consolar).

---

[1] *sacar,* hacer.

[2] *contaminar,* alterar la pureza de algo.

6. Éste es un hecho absolutamente _____ (escándalo).

7. Le ha mordido un perro _____ (rabia[1]).

8. Tiene un carácter verdaderamente _____ (odio).

9. Don Fernando Ledesma de la Peña resultó _____ (merecer) del Premio Nobel en Biología.

10. El resultado del lanzamiento del satélite artificial ha sido _____ (desastre).

211. Completar con *alguien / algun[o] - a... / nadie/ningun[o] - a...*

Ejemplo: _____ te ha buscado esta mañana, pero no sé quién era. ⟶

⟶ ***Alguien** te ha buscado esta mañana, pero no sé quién era.*

1. Aquí no hay _____ dispuesto a ayudarnos.

2. He comprado _____ cositas para la casa.

3. _____ clientes se han quejado[2] de la mercancía que les hemos enviado.

4. Pregunté a los turistas si estaban contentos: _____ dijeron que sí, otros que no.

5. Esta mañana no se ha presentado _____ empleado en la oficina.

6. _____ me saludó por la calle, pero yo no le reconocí.

7. Encuentro[3] que _____ cosas personales no se deben decir en público.

8. El incremento publicitario no ha dado resultado _____.

9. Hace sólo una semana que vivimos en esta ciudad y todavía no conocemos a _____.

10. No tengo _____ deseo de hablar con él.

212. Transformar con *no... más que.*

Ejemplo: Lo único que hacía era mirar las fotos. ⟶ ***No** hacía **más que** mirar las fotos.*

1. Lo único que podemos hacer es acompañarte a la estación.

2. Lo único que hace es escuchar música rock.

3. Lo único que dice es 'mamá' y 'papá'.

4. El único idioma extranjero que conozco es el inglés.

5. Lo único que lee son tebeos[4].

6. Lo único que en este momento puedo hacer es escucharte.

7. Tiene úlcera y lo único que puede comer son hervidos.

8. En este estado lo único que puede usted hacer es meterse en cama.

9. Lo único que podéis hacer es pedirles disculpas.

10. Desde aquí lo único que se ve son los tejados de las casas.

---

[1] *rabia,* enfermedad que transmiten los perros al morder a alguien.

[2] *quejarse,* lamentarse.

[3] *encontrar,* opinar, considerar.

[4] *tebeo* (< TBO), publicación periódica infantil a base de viñetas; cómic.

Leer y comprender

San Pedro de Roda
por JUAN GUTIÉRREZ MALLA

Cuando llegamos a la cumbre, descolgamos las mochilas[1]. El cielo no estaba completamente despejado: una neblilla[2] casi imperceptible nos impedía ver con claridad las cimas nevadas del Pirineo, que se divisaban a lo lejos. Las nubes que cubrían el cielo no nos impidieron distinguir los montes más bajos y cercanos; sus laderas descendían suavemente hasta el llano, recubiertas de un verde oscuro e intenso.

A nuestros pies, se extendía una vasta llanura atravesada de derecha a izquierda por un río de cauce ancho y poco profundo que discurría lento y desembocaba en el mar que teníamos a nuestra izquierda.

A ambos lados del río, grandes extensiones de cultivos trazaban en el terreno rectángulos irregulares de color verde claro, verde oscuro, verde brillante, amarillo o pajizo y, donde el suelo estaba preparado para la siembra, de color marrón-rojizo. Junto al río, sobre todo en su margen derecha, crecían cañas apretadas en pequeños y desordenados grupos. El agua del río brillaba grisácea e inmóvil, como muerta, en contraste con el agua del mar azul-verde, que batía sus olas, con poca fuerza, en la línea curva de la playa.

La playa formaba allí una amplia bahía de arena fina y rosada. En la orilla, la espuma del agua dibujaba una cinta blanca rizada y ondulosa[3].

Cuando por un momento el sol apareció entre dos nubes, el azul intenso del mar produjo un sorprendente contraste con el color verde claro de los campos y el curso incolor pero brillante de las aguas turbias del río. Se distinguían, diseminadas, algunas casas de campo, pero el cielo algo nuboso y la luz blanquecina impidieron la visión detallada de los labradores diminutos trabajando la tierra con sus máquinas agrícolas, animales y pajares. El monte desde donde contemplábamos el mar y el valle, estaba recubierto de bosque y, en la parte más soleada, la que daba al mar, cubría el suelo un matorral[4] tupido y oloroso más bien árido, que, sin embargo, parecía, de lejos, un manto vegetal regular entre verdoso y morado.

El bosque era de encinas, pinos y matas, y aunque era claro, resultaba impenetrable por la mucha y espesa maleza[5] de su suelo. Notamos una extensa mancha negruzca y desolada, sin duda efecto de uno de los tantos incendios que en verano devastan esta zona. El cielo se nubló mayormente y sobre nuestras cabezas se posó una nube oscura, casi negra. Cayeron algunas gotas, gruesas. Empezamos a descender cuesta abajo[6].

A nuestras espaldas quedaba, erguido en la cima, con sus torres mochas y macizas, el antiguo monasterio de San Pedro de Roda, mitad templo y mitad castillo, hoy en ruinas, abandonado en una soledad imponente y desolada.

Paisajes de España
Valladolid, 1988

213. Contestar.

1. ¿Qué se ve desde la cima de San Pedro de Roda?
2. ¿Qué tiempo hacía en la ocasión descrita y qué consecuencia tuvo para la contemplación del paisaje?
3. ¿Cómo es el monasterio de San Pedro de Roda?

---

[1] *mochila,* saco para ir de excursión que se lleva a la espalda.

[2] *neblilla,* diminutivo de niebla (a veces los diminutivos se forman con el sufijo *-illo-a*).

[3] <*onduloso,* que forma ondas, como la superficie del mar o las llamas de fuego.

[4] *matorral,* campo de vegetación baja.

[5] *maleza,* abundancia de hierbas malas.

[6] *cuesta abajo/arriba,* en dirección hacia abajo / arriba.

El mejor de todos

Hablar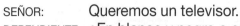

SEÑOR:	Queremos un televisor.
DEPENDIENTE:	¿En blanco y negro o en color?
SEÑORA:	En color, naturalmente. ¡En blanco y negro ya no lo tiene nadie!
	La imagen de este televisor blanco es muy nítida. Es más nítida que la de este negro, ¿verdad Juan?
SEÑOR:	A mí me parece que es igual que el otro.

SEÑORA:	¿Usted qué dice, usted que entiende de eso?
DEPENDIENTE:	Ve usted, eso depende. Más o menos son iguales. Lo que pasa es que el blanco es mayor que el negro. Este negro es de 18 pulgadas mientras que el blanco es de 22 pulgadas, ¿comprende?

SEÑORA:	¡Ah, ocupa más espacio! ¡Menos mal que nos lo ha dicho, Juan! ¡Ya no me acordaba! A nosotros nos falta espacio, ¿sabe?
DEPENDIENTE:	No señora, es tan grande como el otro: ocupa tanto espacio como el otro. Yo le hablo de la pantalla.

SEÑORA:	¡Ah, la pantalla! Tiene usted razón. ¿Lo ves, Juan? Efectivamente, esta pantalla es mayor que la otra. El color más bonito de todos es éste, ¿a que sí, Juan?
SEÑOR:	Para mí es el peor de todos. Demasiado contraste, ¿tengo razón o no? Dígalo usted.
DEPENDIENTE:	Eso se arregla pronto. No hay más que girar este botón. Si quiere más color a la derecha, si quiere menos, a la izquierda.

SEÑOR:	Oiga, ¿cuál es el mejor de todos?
DEPENDIENTE:	Cualquiera de estos es excelente. Éste, sin embargo, es superior a todos: no sólo coge las emisoras nacionales, sino también las extranjeras.
	Acaba de llegar de Alemania, es un modelo muy moderno. Es de importación directa.

SEÑOR:	¿Cuánto cuesta?
DEPENDIENTE:	Cuesta mil doscientos euros.
SEÑORA:	¡Qué me dice!
DEPENDIENTE:	¡Señora, es el más caro de todos!
	¡Usted me ha pedido el mejor!
	¡El precio de estos otros es inferior!

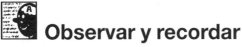

Observar y recordar

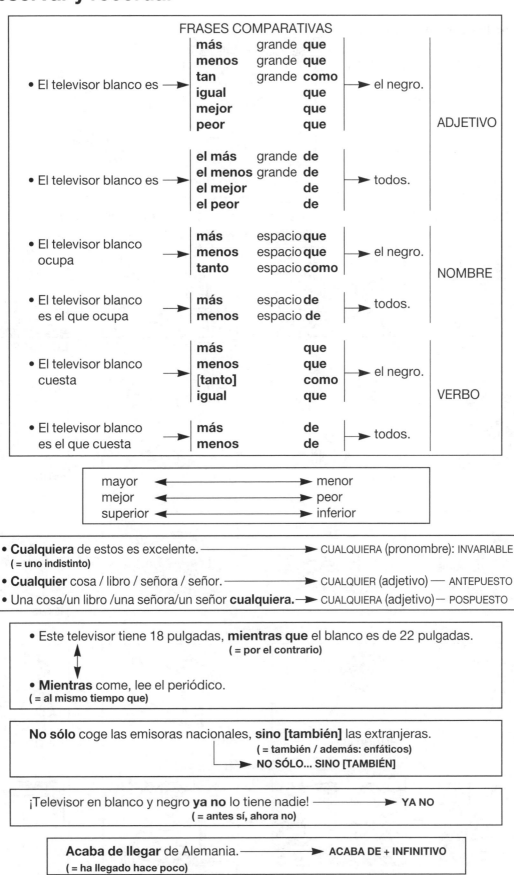

FRASES COMPARATIVAS

- El televisor blanco es → **más** grande **que** / **menos** grande **que** / **tan** grande **como** / **igual que** / **mejor que** / **peor que** → el negro. — ADJETIVO

- El televisor blanco es → **el más** grande **de** / **el menos** grande **de** / **el mejor de** / **el peor de** → todos. — ADJETIVO

- El televisor blanco ocupa → **más** espacio **que** / **menos** espacio **que** / **tanto** espacio **como** → el negro. — NOMBRE

- El televisor blanco es el que ocupa → **más** espacio **de** / **menos** espacio **de** → todos. — NOMBRE

- El televisor blanco cuesta → **más que** / **menos que** / **[tanto] como** / **igual que** → el negro. — VERBO

- El televisor blanco es el que cuesta → **más de** / **menos de** → todos. — VERBO

---

mayor	⟷	menor
mejor	⟷	peor
superior	⟷	inferior

- **Cualquiera** de estos es excelente. ──────→ CUALQUIERA (pronombre): INVARIABLE
  (= uno indistinto)
- **Cualquier** cosa / libro / señora / señor. ──────→ CUALQUIER (adjetivo) — ANTEPUESTO
- Una cosa/un libro /una señora/un señor **cualquiera.** → CUALQUIERA (adjetivo) — POSPUESTO

- Este televisor tiene 18 pulgadas, **mientras que** el blanco es de 22 pulgadas.
  (= por el contrario)

↕

- **Mientras** come, lee el periódico.
  (= al mismo tiempo que)

No sólo coge las emisoras nacionales, **sino [también]** las extranjeras.
  (= también / además: enfáticos)
  ──→ NO SÓLO... SINO [TAMBIÉN]

¡Televisor en blanco y negro **ya no** lo tiene nadie! ──────→ YA NO
  (= antes sí, ahora no)

Acaba de llegar de Alemania. ──────→ ACABA DE + INFINITIVO
  (= ha llegado hace poco)

 **Practicar**

214. Hacer frases libremente.

Ejemplo:

SER JOVEN / VIEJO

José → Luis → Pedro

→ [
  - *José es más joven que Luis y Luis es más viejo que José, pero es más joven que Pedro.*
  - *Pedro es más viejo que José y que Luis, Pedro es el más viejo de todos.*
  - *José y Luis son más jóvenes que Pedro; José es el más joven de todos.*

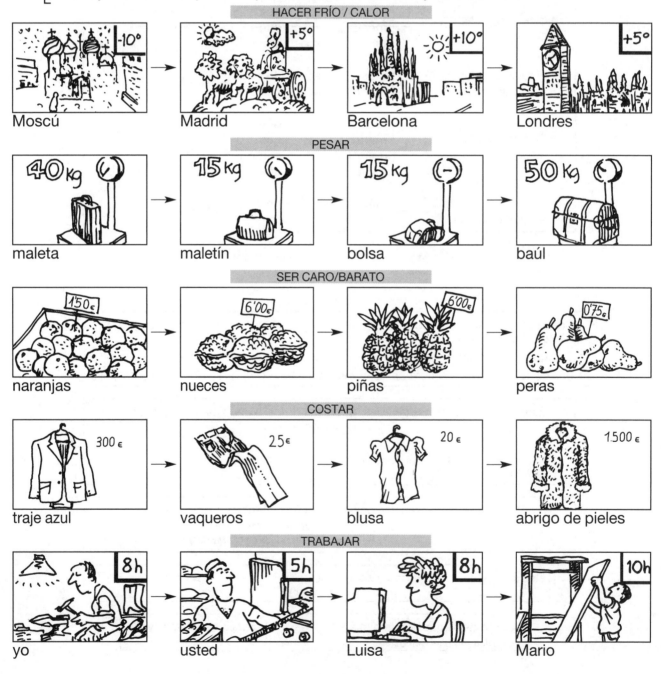

HACER FRÍO / CALOR

Moscú −10° → Madrid +5° → Barcelona +10° → Londres +5°

PESAR

maleta 40 kg → maletín 15 kg → bolsa 15 kg (−) → baúl 50 kg

SER CARO/BARATO

naranjas 1'50€ → nueces 6'00€ → piñas 6'00€ → peras 0'75€

COSTAR

traje azul 300€ → vaqueros 25€ → blusa 20€ → abrigo de pieles 1.500€

TRABAJAR

yo 8h → usted 5h → Luisa 8h → Mario 10h

215. Completar con *mientras / mientras que.*

Ejemplo. Este televisor es de 18 pulgadas _____ el blanco es de 22 pulgadas.

⟶ *Este televisor es de 18 pulgadas **mientras que** el blanco es de 22 pulgadas.*

1. _____ viajo en tren leo siempre un libro.
2. Mi marido es muy joven _____ el tuyo es muy viejo.
3. _____ se afeita canta y silba una canción.
4. A él le gusta mucho el cine _____ yo lo detesto[1].
5. _____ estoy atendiendo a la señora le ruego que no me interrumpa.
6. Hay personas que no tienen para comer _____ otras tiran la comida.
7. Esta ropa de algodón lávala a sesenta grados _____ la de lana lávala a cuarenta grados.
8. Nosotros pasamos las vacaciones de Pascua en la montaña _____ mis cuñados prefieren pasarlas en la playa.
9. Envíe estas cartas por correo normal _____ estas otras envíelas certificadas.
10. _____ le hago la radiografía no se mueva ni respire.

216. Transformar con *no... más que.*

Ejemplo: Sólo hay que girar este botón. ⟶ ***No** hay **más que** girar este botón.*

1. Para llamar al extranjero sólo necesitas marcar el prefijo del país.
2. En esta farmacia sólo vendemos productos homeopáticos.
3. Estas plantas sólo pueden estar en el interior.
4. Durante la sequía[2] sólo nos dan el agua de cinco a nueve de la tarde.
5. Sólo pueden entrar en la universidad los que están inscritos en ella.
6. Sólo podemos quedarnos aquí un par de horas.
7. En este barrio sólo hay una panadería.
8. Todavía no ha hecho la mili porque sólo tiene diecisiete años.
9. Es vegetariano y sólo come fruta y verdura.
10. Este año sólo hemos tenido quince días de vacaciones.

217. Transformar con *acabar de + infinitivo.*

Ejemplo: Este televisor ha llegado hace poco de Alemania. ⟶

⟶ *Este televisor **acaba de llegar** de Alemania.*

1. He hablado con él hace poco.
2. Hace poco hemos encontrado a nuestros amigos.
3. Me han arreglado el embrague del coche hace poco.
4. Han comprado hace poco las entradas para todos.
5. La policía española ha detenido hace poco al peligroso asesino.

---

[1] *detestar,* sentir disgusto, aversión por algo o alguien, odiar.
[2] *sequía,* falta de lluvia durante un largo período de tiempo.

6. –¿Has leído esta novela? –Sí la he leído hace poco.

7. –¿Está el jefe? –No, ha salido hace poco.

8. Hace poco los arqueólogos han descubierto[1] una necrópolis romana.

9. Hace poco ha salido del quirófano[2] y todavía está bajo anestesia[3].

10. Los científicos han observado hace poco una nueva estrella.

218. Transformar con *ya no*.

Ejemplo: Antes todos tenían televisor en blanco y negro, pero ahora no lo tiene nadie.

⟶ *Ya no* lo tiene nadie.

1. Antes nos veíamos a menudo pero ahora no.

2. Antes fumaba dos paquetes de cigarrillos al día pero ahora no.

3. Antes iba al gimnasio todas las semanas pero ahora no.

4. Antes salíamos mucho de noche pero ahora no.

5. Antes tenía dolor de cabeza pero ahora no.

6. Antes estaba muy de moda la minifalda pero ahora no.

7. Antes daba muchos conciertos en los Estados Unidos pero ahora no.

8. Antes frutas y verduras eran sabrosas pero ahora no.

9. Antes cogían el autobús para ir al trabajo pero ahora no.

10. Antes se maquillaba mucho pero ahora no.

219. Conjugar en pretérito perfecto simple *(llevé)* / pretérito perfecto compuesto *(he llevado)*.

Ejemplo: Esta mañana _____ *(nosotros, ir)* a comprar un televisor. ⟶

⟶ Esta mañana **hemos ido** a comprar un televisor.

1. En aquella ocasión _____ *(ellos, estar)* muy amables conmigo y _____ *(querer)* invitarme a su casa.

2. Este año _____ *(nosotros, tener)* muy mala suerte en los negocios[4].

3. Esta semana no _____ *(yo, concluir)* nada.

4 _____ *(él, volver)* de su viaje a África el mes pasado y nos _____ *(él, traer)* una pulsera de marfil.

5. El otro día _____ *(ella, decidir)* no beber más.

6. No _____ *(nosotros, poder)* ir a tu casa la semana pasada porque estábamos con gripe[5].

7. El lunes pasado _____ *(ellos, celebrar)* el cumpleaños de Pepe y su madre _____ *(hacer)* un pastel de chocolate.

8. Durante el interrogatorio los abogados le _____ *(hacer)* muchas preguntas pero él no _____ *(querer)* contestar y no_____ *(decir)* nada.

9. –¿No te _____ *(escribir)* José hasta ahora? –Sí, me _____ *(él, escribir)* un montón de veces.

10. El domingo pasado _____ *(yo, estar)* todo el santo día en casa.

---

[1] *descubierto* (< descubrir), hallar algo antes desconocido.

[2] *quirófano*, sala operatoria.

[3] *anestesia*, acción de privar artificialmente un órgano de su sensibilidad.

[4] *negocio*, actividad comercial con fines de lucro.

[5] *gripe*, enfermedad típicamente invernal de síntomas catarrales.

Arqueólogos norteamericanos afirman que la cultura andina es tan antigua como las pirámides

por ALBERT MONTAGUT

Un grupo de arqueólogos norteamericanos ha confirmado que la sociedad andina comenzó a estructurarse hace 5.000 (cinco mil) años, mientras lejos de allí comenzaban a construirse las grandes pirámides de Egipto y a formarse las ciudades sumerias de Mesopotamia.

Una serie de descubrimientos, que ahora los especialistas han ordenado y analizado, permiten afirmar la existencia de una sociedad civilizada en el Nuevo Mundo, que desarrolló un crecimiento urbano en el que no faltaron las transacciones comerciales ni las grandes edificaciones.

La civilización andina era compleja y supo planear su desarrollo metropolitano con avanzadas ideas arquitectónicas no exentas de recursos artísticos de gran belleza. A lo largo de los últimos años se han descubierto numerosos restos de aquella civilización.

El rompecabezas que ahora han compuesto los estudiosos permite fijar aquella sociedad en una zona de Perú denominada Pampa de Las Llamas-Moseke, al norte de Lima, según informa el *The New York Times.*

Los primeros hallazgos[1] permitieron fijar que la cultura andina comenzó a desarrollarse 1.000 (mil) años antes que la centroamericana, tradicionalmente considerada como la cultura precolombina más madura y avanzada.

Richard Burger, uno de los arqueólogos que han confirmado esta teoría, opina que "hay que comenzar a poner en tela de juicio[2] la idea de que el Viejo Mundo comenzó a desarrollarse mucho antes que el Nuevo Mundo". Burger, de la Yale University, es uno de los especialistas que ha interpretado la información procedente de las excavaciones llevadas a cabo[3] en Perú.

La cultura andina, sin embargo, no alcanzó los logros de los egipcios y no cedió a sus sucesores, los incas, las vías para conseguir el dominio de la escritura y la invención de la rueda. Todo parece indicar, sin embargo, que "el asentamiento humano en Perú fue mucho más espectacular que los hallados en México". Así al menos lo cree otro arqueólogo, Kent Flannery, de la Universidad de Michigan.

Los estudios indican también que la civilización andina comenzó a formarse en la costa. Sus gentes vivían de la pesca, y, aunque no tenemos ninguna explicación coherente para justificar este hecho, se desplazaron luego hacia las montañas y los valles de Las Llamas-Moseke. Allí desarrollaron una floreciente economía basada en la agricultura, a pesar de las bajas temperaturas de la zona, su aridez y su altura.

Edificación de 10 plantas.

Es en esa zona, la de la Pampa de Las Llamas-Moseke, donde dos arqueólogos norteamericanos de la Universidad Panamericana de Edimburgo (Tejas) encontraron una edificación de 10 plantas en forma de U: su construcción se efectuó, como mínimo, hace 3.500 (tres mil quinientos) años.

A través del estudio del resto de ese edificio, diversas obras de arte y restos funerarios, los arqueólogos han diseñado un esquema social en el que sus miembros vestían túnicas de algodón, capas, calzones y se alimentaban de boniatos[4], carne de ciervo y ocasionalmente de pescado. Se tiene conocimiento de que, como los aztecas, practicaban sacrificios humanos.

EL PAÍS
5 de octubre de 1989 - Madrid

220. Contestar.

1. ¿Cómo era la civilización andina según los recientes descubrimientos?

2. ¿Cómo es la civilización andina comparada con las otras civilizaciones de América y las del Viejo Mundo?

3. ¿Qué nos dicen dichos descubrimientos sobre la vida cotidiana de los andinos?

---

[1] *hallazgo* (< hallar), descubrimiento.
[2] *poner en tela de juicio,* poner en discusión.
[3] *llevar a cabo,* realizar.
[4] *boniato,* patata dulce.

TEST DE CONTROL N.º 3 (Unidades 21-30)

3.1. Conjugar en imperfecto de indicativo *(llevaba).*

    1. Cuando yo _____ *(ser)* niño, _____ *(ir)* al colegio de los Jesuitas.

    2. _____ *(haber)* mucha gente en el teatro: no se _____ *(oír)* ni se _____ *(ver)* nada.

    3. _____ *(él, levantarse)* a las siete y _____ *(él, ponerse)* en seguida a trabajar.

    4. Todas las veces que _____ *(ella, ir)* al peluquero, _____ *(ella, cortarse)* el pelo y lo _____ *(teñir)* de rubio.

    5. Cuando _____ *(venir)* la asistenta, _____ *(ella, fregar)* el suelo _____ *(quitar)* el polvo, _____ *(poner)* la lavadora y _____ *(planchar).*

3.2. Conjugar en pretérito perfecto de indicativo *(he llevado).*

    1. ¿Quién _____ *(romper)* el espejo del baño?

    2. Esta mañana _____ *(nosotros, lavar)* el coche.

    3. _____ *(ellos, abrir)* una nueva tienda de plásticos y _____ *(ellos, dar)* un regalo a los primeros diez clientes.

    4. El sermón del Obispo _____ *(ser)* muy emocionante.

    5. _____ *(ellos, dormir)* toda la tarde y _____ *(ellos, despertarse)* poco antes de la cena.

3.3. Completar con *mí / ti / él...*

    1. Esta carta es para _____ *(tú)* y esta postal es para _____ *(el jefe).*

    2. ¿Quieres ir con _____ *(yo)* a los toros?

    3. Habla demasiado de _____ *(él mismo).*

    4. Entre _____ *(nosotros)* hay mucha confianza.

    5. –¿Por quién preguntan? –Preguntan por _____ *(usted).*

3.4. Completar con *alguien / nadie / algo / nada.*

    1. –¿Ha ocurrido _____? No, no ha ocurrido _____.

    2. Ha llamado _____ pero no ha dicho quién es.

    3. No hay _____ que sepa la verdad sobre este asunto.

    4. _____ de lo que dice nos interesa.

    5. –¿Ha quedado _____ de la comida de ayer? –No, no ha quedado _____.

3.5. Completar con *hace // hacía* [que] */ desde hace / hacía.*

    1. Nos conocimos *(diez años atrás).*

    2. Me duele una muela *(durante un mes).*

    3. Partió para América *(un año atrás).*

    4. Está nadando *(durante dos horas).*

    5. No llovía *(durante dos meses).*

3.6. Conjugar en presente de subjuntivo *(lleve)* o imperativo *(¡lleva tú / no lleves!).*

    1. Tal vez _____ *(yo, salir)* de paseo esta tarde.

2. ¡_____ *(tú, ir)* a votar el domingo!

3. No _____ *(vosotros, hacer)* nada de postre: lo traigo yo.

4. ¿Tenéis un examen el lunes? ¡que _____ *(vosotros, tener)* mucha suerte!

5. ¡_____ *(ustedes, seguir)* rigurosamente las instrucciones!

3.7. Sustituir la parte subrayada por el pronombre personal-complemento.

1. Acompaño a las señoras a la puerta.

2. Damos un consejo a nuestros clientes.

3. Veo al señor Pérez muy preocupado.

4. Devuelvo a la bibliotecaria los libros que me ha prestado.

5. ¡Señor, saludamos a usted muy cordialmente!

3.8. Sustituir las partes subrayadas por los pronombres-complemento.

1. Decimos a ti lo que nos ha ocurrido.

2. ¿Han dado las calificaciones a vosotros?

3. Han robado el coche a nosotros.

4. El banco no ha prestado a mí dinero.

5. ¡Dejad a nosotros el perro!

3.9. Conjugar en pretérito perfecto simple *(llevé)*.

1. La moto _____ *(quedar)* sin gasolina y _____ *(yo, tener)* que seguir andando.

2. _____ *(nosotros, querer)* entrar en el camerino pero nos lo _____ *(ellos, impedir)*.

3. Me _____ *(ellos, pedir)* ayuda y yo _____ *(hacer)* todo lo que _____ *(poder)*.

4. El camarero _____ *(traer)* el agua hirviendo y nosotros _____ *(hacer)* una manzanilla.

5. Los vecinos _____ *(poner)* el tocadiscos demasiado alto y yo _____ *(quejarse)*.

3.10. Decir la palabra que significa lo que se indica entre paréntesis.

1. Yo soy italiano _____ *(por el contrario)* John es inglés.

2. _____ *(de improviso)* se oyó un disparo.

3. Las entradas para la Ópera están _____ *(no completamente)* agotadas.

4. Estamos _____ *(un poco)* cansados del viaje.

5. _____ *(a pesar de que)* ha vivido muchos años en España, no sabe español.

3.11. Transformar la parte subrayada con *acabar de / nada más / al + infinitivo.*

1. Cuando entró, saludo a todos cordialmente.

2. Inmediatamente después de darle el chupete, el nene cesó de llorar.

3. Le han llamado ahora mismo.

4. Cuando dijeron su nombre, se puso en pie.

5. He recibido hace poco su telegrama.

Hablar

El año pasado fue uno de los más felices de mi vida.

Fui elegido por la organización Camel Trophy entre miles de candidatos para participar en la expedición que todos los años se realiza en la selva de Zaire, en el corazón de África.

Tras superar la prueba de selección, tuve que someterme a un duro entrenamiento.

Yo formaba parte de la caravana española. Primero fuimos hasta Kinshasa junto con los demás equipos de otras nacionalidades.

Nuestra meta era llegar a Kisangani a través de más de mil millas, llenas de dificultades y obstáculos.

La fatiga fue indescriptible, ya que no dormimos casi nunca, pero las sorpresas y emociones fueron muchísimas.

Una vez nos perdimos en medio de la selva y para buscar el camino nos vimos obligados a talar árboles con la motosierra. Tardamos más de cuatro horas para avanzar quinientos metros.

Otro día dimos con un afluente del río Congo. Ya que no había ningún vado, construimos un puente con troncos para pasar el río.

Una mañana, cuando menos lo pensábamos, oímos un rugido espantoso y al volvernos vimos cuatro o cinco leones, que afortunadamente huyeron enseguida y se adentraron en la selva.

No hablo de la humedad, del calor sofocante y de los insectos, que masacraron el cuerpo de un explorador, que al cabo de poco tiempo murió de resultas de ello.

Fue una aventura fantástica y apasionante, aunque llena de peligros, incomodidades y riesgos.

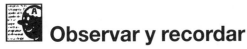

Observar y recordar

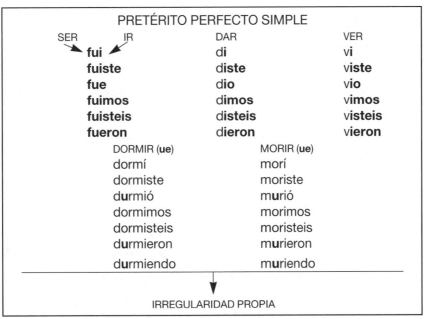

PRETÉRITO PERFECTO SIMPLE

SER	IR	DAR	VER
fui		**di**	**vi**
fuiste		**diste**	**viste**
fue		**dio**	**vio**
fuimos		**dimos**	**vimos**
fuisteis		**disteis**	**visteis**
fueron		**dieron**	**vieron**

DORMIR (ue)	MORIR (ue)
dormí	morí
dormiste	moriste
d**u**rmió	m**u**rió
dormimos	morimos
dormisteis	moristeis
d**u**rmieron	m**u**rieron
d**u**rmiendo	m**u**riendo

IRREGULARIDAD PROPIA

¡ATENCIÓN! LEER ——— le [i] eron ——————► leyeron
HUIR ——— hu [i] eron ——————► huyeron ——► VOCAL + I + VOCAL : I > Y
OÍR ——— o [i] ó ——————► oyó

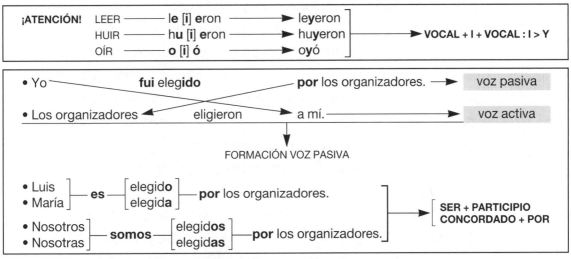

• Yo ——— **fui** eleg**ido** ——— **por** los organizadores. ——► voz pasiva

• Los organizadores ◄——— eligieron ———► a mí. ——————► voz activa

FORMACIÓN VOZ PASIVA

• Luis
• María] **es** [elegid**o** / elegid**a**] **por** los organizadores.]
• Nosotros
• Nosotras] **somos** [elegid**os** / elegid**as**] **por** los organizadores.] ——► **SER + PARTICIPIO CONCORDADO + POR**

Tardamos **más / menos de** cuatro horas. ——► **MÁS / MENOS DE**
(= superamos / no superamos)

La fatiga fue mucha **ya que** no dormimos.
(= porque)

• Fue **uno de** los años más felices de mi vida.
(= de entre)
• Fui elegido **entre** miles de candidatos.
(= en medio de)

Llegamos a Kisangani **a través de** mil millas.
(medio)

Tras superar la prueba de selección... ——► **TRAS + INFINITIVO**
(= después de superar)

Dimos con un afluente del río Congo. ——► **DAR CON**
(= encontramos inesperadamente)

 **Practicar**

221. Conjugar el verbo entre paréntesis.

   Ejemplo: El año pasado _____ (ser) uno de los más felices de mi vida.
   ⟶ *El año pasado **fue** uno de los más felices de mi vida.*

_____ (yo, ser) elegido por la organización Camel Trophy entre miles de candidatos para participar en la expedición que todos los años _____ (realizarse) en la selva de Zaire, en el corazón de África. Tras superar la prueba de selección, _____ (yo, tener) que someterme a un duro entrenamiento.

Yo _____ (formar) parte de la caravana española. Primero _____ (nosotros, ir) hasta Kinshasa junto con los demás equipos de otras nacionalidades. Nuestra meta _____ (ser) llegar a Kinsangani a través de más de mil millas, llenas de dificultades y obstáculos.

La fatiga _____ (ser) indescriptible, ya que no _____ (nosotros, dormir) casi nunca, pero las sorpresas y emociones _____ (ser) muchísimas. Una vez _____ (nosotros, perderse) en medio de la selva y para buscar el camino _____ (nosotros, verse) obligados a talar árboles con la motosierra. _____ (nosotros, tardar) más de cuatro horas para avanzar quinientos metros.

Otro día _____ (nosotros, dar) con un afluente del río Congo. Ya que no _____ (haber) ningún vado, _____ (nosotros, construir) un puente con troncos para pasar el río.

Una mañana, cuando menos lo _____ (nosotros, pensar), _____ (nosotros, oír) un rugido espantoso y al volvernos _____ (nosotros, ver) cuatro o cinco leones, que afortunadamente _____ (ellos, huir) enseguida y _____ (ellos, adentrarse) en la selva.

No _____ (yo, hablar) de la humedad, del calor sofocante y de los insectos, que _____ (los insectos, masacrar) el cuerpo de un explorador, que al cabo de poco tiempo _____ (él, morir) de resultas de ello.

_____ (ser) una aventura fantástica y apasionante, aunque llena de peligros, incomodidades y riesgos.

222. Transformar en voz pasiva.

Ejemplo: Los organizadores me eligieron a mí. ——→ *Fui elegido por los organizadores.*

1. La policía detuvo a diez terroristas.
2. El jardinero ha cortado el césped.
3. El coche ha atropellado[1] al perro.
4. Los vecinos descubrieron a los ladrones.
5. Los lectores consultan la enciclopedia.
6. El abogado defiende al acusado.
7. Los exploradores talaron los árboles de la selva.
8. Los insectos masacraron el cuerpo de un explorador.
9. Los ingenieros construyeron un nuevo puente sobre el río Congo.
10. Fernando Ledesma de la Peña ganó el premio Nobel.

223. Decir la forma contraria de la parte subrayada.

Ejemplo: Me siento aquí delante. ——→ *Me siento aquí* **detrás.**

1. Nadie sabe lo que pasó ayer.
2. Sigan ustedes adelante y encontrarán la calle que buscan.
3. Le espero aquí fuera.
4. Si usted permite, me pongo aquí, a su derecha.
5. Han construido un edificio muy alto delante de mi casa.
6. ¿Tú también participaste en el Camel Trophy?
7. ¡Ponte un jersey encima de la camisa porque hace mucho frío!
8. Desde hace un mes fumo sólo cigarrillos sin filtro.
9. Siempre me llama a esta hora de la noche.
10. Vivimos muy cerca de la estación.
11. Llegaron muy pronto a la cita.
12. El Land Rover va muy despacio.

224. Transformar con *más / menos de.*

Ejemplo: Tardamos mucho en superar el obstáculo: _____ cuatro horas.

——→ *Tardamos mucho en superar el obstáculo:* **más de** *cuatro horas.*

1. He trabajado _____ diez horas: estoy cansadísimo.
2. Este chico es muy inteligente: mucho _____ lo que pensábamos.
3. La biblioteca tiene muchísimos libros: _____ un millón.
4. No va al colegio porque todavía es muy pequeño: tiene _____ cinco años.
5. Es un whisky de gran calidad: por esto cuesta _____ treinta y cinco euros.

---

[1] *atropellar,* topar con violencia o pasar por encima un vehículo.

6. Este año los muertos por accidentes de coche han sido pocos: _____ lo calculado.

7. Es una moto rapidísima: va a _____ doscientos kilómetros por hora.

8. En la conferencia no había casi nadie: _____ quince personas.

9. Aquí yo soy la más joven porque tengo _____ veintiún años.

10. Este manzano este año ha producido mucho: ha dado _____ lo previsto.

225. Completar con *a / con / contra / de / desde / en / hasta / para / por / sin / tras.*

Ejemplo: Mañana vamos _____ excursión _____ la Sierra _____ Gredos.

⟶ *Mañana vamos **de** excursión **a** la Sierra **de** Gredos.*

1. Tiene diabetes[1] y toma el café _____ azúcar.

2. No pudo presentarse al concurso _____ falta de requisitos.

3. Este regalo es _____ los novios.

4. _____ dos horas _____ espera, _____ fin me recibió.

5. _____ la Torre Eiffel se ve todo París.

6. Nosotros llegamos sólo _____ la ciudad _____ Kinshasa _____ los demás exploradores.

7. Todo el mundo se puso _____ él: no supo cómo defenderse.

8. El recorrido fue muy dificultoso _____ las lluvias torrenciales.

9. Es una pulsera _____ oro _____ el valor _____ más _____ seis cientos euros.

10. Aquella noche nos quedamos _____ la tienda _____ campaña.

11. Éste es uno _____ los pianistas más famosos _____ el mundo.

12. Llegaron _____ Zaire _____ primeras horas _____ la mañana.

226. Completar con el sustantivo o el adjetivo relacionado con la palabra entre paréntesis.

Ejemplo: Arqueólogos _____ (de Norte América) afirman que [...]

⟶ *Arqueólogos **norteamericanos** afirman que [...]*

Una serie de[1] _____ (descubrir) que ahora los especialistas han ordenado y analizado, permiten afirmar la[2] _____ (existir) de una sociedad[3] _____ (que tiene civilización) en el nuevo mundo, que desarrolló un[4] _____ (crecer) urbano en el que no faltaron las transacciones[5] _____ (del comercio) ni las grandes[6] _____ (edificar). La civilización[7] _____ (de los Andes) era compleja y supo planear su[8] _____ (desarrollar) con avanzadas ideas[9] _____ (de arquitectura) no exentas de[10] _____ (recurrir)[11] _____ (de arte) de gran belleza. A lo largo de los últimos años se han descubierto numerosos[12] _____ (restar) de aquella civilización.

La cultura[13] _____ (de los Andes) no alcanzó los[14] _____ (lograr) de los egipcios y no cedió a sus[15] _____ (suceder), los Incas, las vías para conseguir el[16] _____ (dominar) de la[17] _____ (escribir) y la[18] _____ (inventar) de la rueda. Todo parece indicar que el[19] _____ (asentarse) humano en Perú resultó mucho más[20] _____ (de espectáculo) que los hallados en México.

---

[1] *diabetes,* enfermedad debida a la insuficiente secreción de insulina y caracterizada por el aumento de azúcar en la sangre.

Cantarle las cuarenta[1] al jefe

por SARA GARCÍA CALLE

Los directivos de las empresas son 'examinados' por sus subordinados.

El pasado mes de abril 3.700 (tres mil setecientos) profesores de la Universidad Complutense de Madrid fueron evaluados por 36.000 (treinta y seis mil) alumnos que puntuaban de uno a siete en cuestiones como competencia en la materia, preparación de las clases, asistencia a las mismas, calidad de los exámenes,... La iniciativa, que fue recibida con regocijo por los estudiantes, no ha salido todo lo bien[2] que se esperaba porque los datos de la encuesta no estaban bien almacenados en la cinta magnética.

Primero han sido los profesores, y ahora les toca el turno[3] a los directivos de las empresas. Un programa de mejora de la eficiencia y efectividad de los ejecutivos ofrece un sistema por el que los subordinados evalúan a sus jefes. Existe una enorme diferencia entre cómo los directivos se ven a sí mismos y cómo los ven sus *curritos*[4]. La evaluación es anónima, aunque se conocen las personas que la hacen. La empresa que desarrolla este programa, Effetive Management Systems, explica que donde existe una persona que dirige a otras es inevitable que exista una divergencia vertical de opinión y evaluación.

La clave de este programa reside en ofrecer a los cargos de responsabilidad que se someten a él una retroinformación acerca de[5] su comportamiento y del efecto que produce en los demás. Se intenta evitar la frustración de muchas brillantes carreras como directivos por mirarse demasiado el ombligo[6]. Por desgracia, cuanto más asciende un ejecutivo, más afición le toma a esta práctica. Y más difícil resulta recibir una retroinformación. Esta carencia de datos acerca de su forma de desarrollar su labor profesional puede ser suplida por la evaluación anónima de la gente que trabaja a sus órdenes sobre 17 áreas distintas.

El programa es enfocado hacia el uso que el directivo hace de los cuatro estilos de liderazgo (dirigir, guiar, apoyar y delegar), y consiste en una reunión inicial entre el directivo, el consultor y los subordinados. Después, cada uno de los empleados se reúne con el consultor y completa un cuestionario de 60 preguntas en un ordenador. Este cuestionario también es contestado por el directivo. Una vez recibida la información, el consultor revisa los resultados y elabora su propio análisis con el ejecutivo.

La fase final es un estudio definitivo que identifica las fortalezas, debilidades, carencias, necesidades de desarrollo y sobrevaloraciones del directivo. Por otro lado, también se perfila un plan de acción para atacar los aspectos que van a tener un mayor impacto en la mejora de la actuación de su trabajo. Por último, el ejecutivo se reúne con aquellas personas que le han facilitado la retroinformación para establecer el compromiso ineludible de llevar a cabo[7] un plan de seguimiento de su labor. Los más incrédulos ante este sistema de evaluación de abajo arriba comentan los riesgos de ponerle nota[8] al jefe y las posibles represalias que ellos pueden tomar en contra de algunos trabajadores. "Aunque la evaluación es anónima, siempre hay reuniones de pasillo en las que uno se puede enterar de quién ha sido el infeliz que le ha dado pocos puntos".

EL PAÍS
10 diciembre de 1989 - Madrid

227. Contestar.

1. ¿Qué novedad se ha introducido en las universidades para controlar la calidad del profesorado?
2. ¿Qué prevé el plan de evaluación del personal de las empresas?
3. ¿Qué consecuencias positivas y negativas se esperan de dicha práctica?

---

[1] *cantar las cuarenta* a alguien, decirle claramente las quejas que se tienen de él.
[2] *salir bien/mal,* dar buen/mal resultado.
[3] *tocar el turno,* ser el momento en que corresponde a alguien hacer o recibir algo.
[4] *currito,* trabajador.
[5] *acerca de,* sobre.
[6] *mirarse al ombligo,* complacerse consigo mismo.
[7] *llevar a cabo,* realizar.
[8] *poner nota,* dar una calificación en un examen.

Organización perfecta

 Hablar

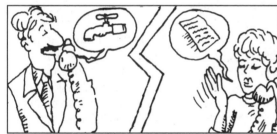

SR. ALONSO: Sanitarios Alonso al habla. ¿Está el señor Rubio?

SECRETARIA: No, en este momento no está. Si quiere dejarle un recado...

SR. ALONSO: Se trata del pedido de lavabos que hicimos hace tres semanas...

SECRETARIA: Ah, sí, recuerdo perfectamente. Se los mandamos hace alrededor de quince días.

SR. ALONSO: Pues todavía no han llegado. Dígaselo urgentemente al señor Rubio porque este retraso nos está causando graves perjuicios.
Por cierto, en el último envío nos hemos encontrado con siete bañeras defectuosas.

SECRETARIA: Se trata, en efecto, de una partida defectuosa. Estamos perfectamente al corriente de ello. No se preocupe usted por eso: mándennoslas que se las cambiamos.
Ya sabe usted que respondemos siempre de nuestros artículos.

SR. ALONSO: Ustedes han de comprender que tenemos una serie de compromisos con nuestros clientes; todo eso perjudica mucho nuestra imagen.
Por cierto, todavía estamos esperando la factura de los grifos que nos mandaron hace dos meses.

SECRETARIA: Tiene usted razón. El contable ha estado muy ocupado con el inventario y la contabilidad se ha atrasado un poco. De todos modos no se preocupe usted, que se lo digo al contable y se la remitimos enseguida.

SR. ALONSO: Otra cosa, señorita: envíennos también cuanto antes el listín de precios puesto al día.

SECRETARIA: Descuide: se lo mandamos inmediatamente por telefax. ¿Me da el número?

SR. ALONSO: Creo que ya lo tienen, pero se lo vuelvo a dar. Es el 91-875 43 21. ¡Sobre todo los lavabos, ¿eh?! ¡que nos corren mucha prisa!

SECRETARIA: Descuide, señor Alonso. Le llamamos hoy mismo y le decimos algo.

SR. ALONSO: Hasta luego, entonces. Muchas gracias.

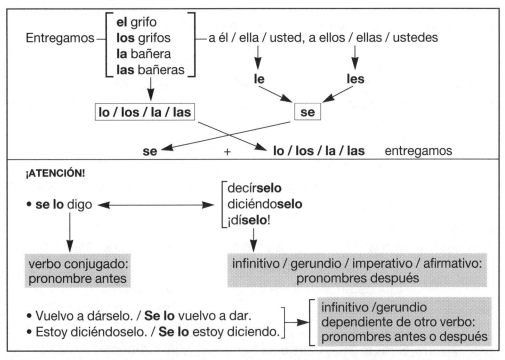

Entregamos ⎡ **el** grifo
                los grifos
                la bañera
                las bañeras ⎤ — a él / ella / usted, a ellos / ellas / ustedes

le   les

lo / los / la / las   **se**

se   +   **lo / los / la / las**   entregamos

¡ATENCIÓN!

• **se lo** digo ⟷ ⎡ decír**selo**
                         diciéndo**selo**
                         ¡dí**selo**! ⎤

verbo conjugado:
pronombre antes

infinitivo / gerundio / imperativo / afirmativo:
pronombres después

• Vuelvo a dárselo. / **Se lo** vuelvo a dar.
• Estoy diciéndoselo. / **Se lo** estoy diciendo.

infinitivo /gerundio
dependiente de otro verbo:
pronombres antes o después

Ustedes **han de** comprender que esto nos perjudica. ⟶ **HABER DE + INFINITIVO**
(= deben / tienen que)

Creo que ya lo tienen, pero se lo **vuelvo a dar.** ⟶ **VOLVER A + INFINITIVO**
(= doy de nuevo / otra vez)

Se lo mandamos hace **alrededor de** quince días.
(= unos / aproximadamente)

Por cierto, todavía estamos esperando la factura.
(= a propósito de lo que se está diciendo)

Envíennos **cuanto antes** el listín de precios.
(= lo más pronto posible)

Sobre todo los lavabos, ¿eh?
(= me interesan especialmente / pongan especial atención en)

Nos **corren** mucha **prisa.** ⟶ **CORRER PRISA**
(= son urgentes para nosotros)

¡ATENCIÓN!
FORMACIÓN DE SUSTANTIVOS ABSTRACTOS
fácil + idad ⟶ facil**idad**
feliz + idad ⟶ felic**idad**
sincer[o] + idad ⟶ sincer**idad**
conta[ble] + bilidad ⟶ conta**bilidad**

 **Practicar**

228. Completar con el o los pronombres-complemento.

EN LA ZAPATERÍA

DEPENDIENTA: ¿(a usted)[1] _____ están atendiendo, señora?

SEÑORA: No. Deseo ver esos zapatos que están ahí fuera en el escaparate.

Enséñe[2] _____ (a mí, los zapatos): esos marrones cerrados con cordones.

DEPENDIENTA: [3]_____ (a usted, los zapatos) enseño enseguida, señora: ¿que número?

SEÑORA: Número 36.

DEPENDIENTA: Ahora[4] _____ (a usted, los zapatos) traigo. Mientras tanto, siéntese, por favor.

Aquí están, pruébese[5] _____ (los zapatos).

SEÑORA: A primera vista[6] _____ (a mí) parecen algo estrechos, pero me[7] _____ (los zapatos) pruebo.

DEPENDIENTA: Son un 36. ¿Cómo se [8]_____ (los zapatos) siente?

SEÑORA: Me[9]_____ (los zapatos) siento un poco estrechos aquí en la punta.

DEPENDIENTA: Podemos alargár[10] _____ (a usted, los zapatos) un poco. [11]_____ (a usted, los zapatos) ponemos en la forma y ya está.

SEÑORA: ¿Y si[12] _____ (a mí, los zapatos) compro más grandes?

DEPENDIENTA: Yo no[13] _____ (a usted, eso) aconsejo, señora. De todos modos, yo _____ (a usted, los zapatos) traigo y se [15]_____ (los zapatos) prueba. Aquí están. Marrones del 36 y medio no[16] _____ (a nosotros) quedan;[17] _____ (los zapatos) tengo iguales, pero negros. Pruébese [18]_____ (los zapatos), y así vemos si son demasiado grandes.

¿Ve usted? Ya[19] _____ (a usted, eso) decía yo: el 36 y medio es grande.[20] _____ (a usted) pongo esos marrones en la forma.

SEÑORA: Por cierto, que el otro día mi hija vino a comprar[21] _____ (a ella misma) estas zapatillas y[22] _____ (a mi hija) van estrechas. ¿Puede usted cambiár[23] _____ (a mi hija, las zapatillas)?

DEPENDIENTA: ¿Tiene usted el ticket de caja?

SEÑORA: No, no[24]_____ (a mí) ha dado ningún ticket.

DEPENDIENTA: Pues díga[25] _____ (a su hija, eso) a su hija: que [26]_____ (a mí) traiga el tícket y yo[27] _____ (a su hija, las zapatillas) cambio con mucho gusto.

229. Sustituir con _haber de_ la parte subrayada.

Ejemplo: Ustedes tienen que comprender que esto nos perjudica mucho. ———▶

———▶ _Ustedes **han de** comprender que esto nos perjudica mucho._

1. Tenemos que decírselo cuanto antes.
2. Mañana debo ir al médico.
3. Ustedes deben presentar un documento.
4. Tienes que engrasar[1] un poco el motor.
5. Tengo que decirte una cosa muy importante.
6. ¿Deben reservar una habitación individual o doble[2]?
7. Teníais que ser un poco más amables con él.
8. Debes lavar el parabrisas[3] del coche.
9. Tienen que prestar mucha atención a lo que dice.
10. Debemos ver esta película porque es muy buena[4].

230. Transformar con _volver a_ + _infinitivo_.

Ejemplo: Le doy otra vez el número de telefax. ———▶

———▶ _**Vuelvo a darle** / **le vuelvo a dar** el número de telefax._

1. Hemos leído otra vez el _Quijote_.
2. Ha ganado de nuevo el primer premio.
3. Nos vimos otra vez al cabo de dos días.
4. Tome usted de nuevo la aspirina dentro de seis horas.
5. Han decidido hacer huelga de nuevo la semana que viene.
6. Tengo que llevar otra vez el abrigo a la tintorería.
7. Pasen ustedes de nuevo dentro de media hora.
8. ¡Mira: llueve otra vez!
9. Se presentó de nuevo al examen de historia.
10. Han cerrado otra vez la calle para hacer obras.

231. Completar con _algo / alguien / algún[o]-a-os-as / nada / nadie / ningún[o]-a-os-as._

Ejemplo: _____ tiene _____ idea de lo que ha ocurrido. ———▶

———▶ _**Nadie** tiene **ninguna** idea de lo que ha ocurrido._

1. _____ estudiosos sostienen que la civilización andina es anterior a la de Egipto.
2. –¿Hay _____ en la sala? –No, señor, todavía no ha llegado_____.
3. En este asunto hay _____ que no veo claro.
4. Hoy no he recibido _____ llamada telefónica.
5. En _____ circunstancias él no sabe cómo comportarse.

---

[1] _engrasar,_ poner grasa en un mecanismo para hacerlo funcionar mejor.

[2] [habitación] _individual,_ para una persona; [habitación] _doble,_ para dos personas.

[3] _parabrisas,_ cristal de la parte anterior del automóvil.

[4] _bueno,_ se dice de las cosas de calidad.

6. Ha estado aquí toda la tarde y no ha dicho _____.

7. En la expedición a Zaire no había _____ alemán.

8. No tengo _____ ganas de acompañarte al entierro.

9. Susurró _____ al oído del comisario de policía y se marchó.

10. Aquí _____ está mintiendo.

232. Conjugar en presente *de* subjuntivo *(lleve)*.

Ejemplo: Tal vez nos _____ *(él, llamar)* esta tarde. ⟶ *Tal vez nos **llame** esta tarde.*

1. El servicio meteorológico ha anunciado que mañana quizá _____ *(llover, **ue**)*.

2. Nos ha dicho que _____ *(nosotros, ir)* a su despacho cuanto antes.

3. ¡Que _____ *(tener)* ustedes mucha suerte!

4. El conserje nos ha ordenado que _____ *(nosotros, salir)* inmediatamente porque van a cerrar el museo.

5. Aquel cartel advierte que _____ *(vosotros, conducir)* despacio.

6. Me ha sugerido que _____ *(yo, poner)* el remitente en el sobre de la carta.

7. Quizá con este aparatito usted _____ *(oír)* mejor.

8. Nos ha dicho que _____ *(nosotros, seguir i)*, odo recto por esta calle.

9. Tal vez _____ *(ellos, dar)* a los obreros un regalo para Navidades.

10. ¡Que les _____ *(ir)* todo bien!

233. Decir la palabra que significa lo que se indica entre paréntesis.

Ejemplo: –¿España es un país europeo? –_____ *(¡naturalmente!)* ⟶
⟶ *–¿España es un país europeo? –¡**Claro**!*

1. ¡Envíennos la mercancía _____ *(lo más pronto posible)*!

2. ¡Hágame este vestido en dos días: me _____ *(es urgente)*!

3. Han aplazado[1] la reunión a mañana; _____ *(a propósito de esto)*, ¿has avisado a Pepe?

4. El metro ha tardado _____ *(aproximadamente, más o menos, unos)* diez minutos en llegar.

5. El mes pasado fue uno _____ *(entre)* los más tristes de mi vida.

6. Paseábamos por la selva y _____ *(encontramos inesperadamente)* una jirafa.

7. _____ *(después de)* cortar la cebolla muy fina, échala a la sartén[2].

8. No pudieron construir el edificio _____ *(porque)* no les dieron el permiso.

9. –Mañana lunes, ¿hay clase? –¡ _____ ! *(¡naturalmente!)*.

10. _____ *(después de)* pensarlo mucho, _____ *(encontramos inesperadamente)* la solución.

---

[1] *aplazar,* retrasar algo.

[2] *sartén,* recipiente circular de poco fondo y con mango, que se usa para freír.

Leer y comprender

Los españoles creen que la salud es lo más importante para ser feliz

OBSESIONADOS por su salud, menos preocupados por el dinero de lo que se creía, conservadores en el amor y desdeñosos de la política: los españoles de los noventa preparan nuevos valores para afrontar la recta final[1] del siglo veinte.

Él trata de dejar de fumar por enésima vez y ella repite de nuevo dieta, pero no por coquetería. Es, sobre todo, por su salud: él y ella coinciden en que eso es lo que realmente importa. Escondido en uno de los más íntimos rincones de su cerebro, un temor compartido: el cáncer. El SIDA, de momento, sólo preocupa a unos cuantos.

El dinero, sí, claro, importa, pero no tanto.

Nuestro español y nuestra española medios están casados. Al fin y al cabo, el matrimonio les parece aún el mejor de los sistemas posibles, aunque nadie niega que tiene sus fallos. Y a la hora de elegir pareja, el español de los noventa demuestra ser fiel a los más estrictos cánones del sainete[2] de posguerra: ellas prefieren un médico o un abogado (38,2%) y ellos una eficiente ama de casa (32%).

Los españoles que se preparan para cruzar el umbral de la década de los noventa se preocupan cada vez más[3] de su salud y algo del dinero, mientras que en el amor son sencillamente conservadores y abominan de la política.

"¿Sano yo? ¡Pues claro! Sólo me drogo de vez en cuando; fumo, sí; pero sólo bebo los fines de semana". Esa respuesta, que dejó virtualmente "congelado" al encuestador del Instituto Opina, es pintoresca, aunque no fue la única por el estilo. Se trata, además, de un claro indicio que la salud es un valor social en alza[4], algo que en la España de hoy da prestigio, más allá de todas las otras consideraciones.

Los españoles de los noventa están tan obsesionados por estar sanos que, si han de elegir, prefieren estar sanos antes que[5] vivos. Más del setenta por ciento (73%) de los encuestados prefiere vivir sano, aunque sólo hasta los setenta años, antes que llegar a los noventa arrastrando achaques.

Si prefieren estar muertos a enfermos, ustedes mismos pueden deducir que nadie (un 2%) considera que tiene una vida poco sana: los especialistas en salud pública no suelen pensar lo mismo, pero ellos no eran los encuestados. Lo cierto es que la gran mayoría de los españoles cree llevar una vida sana, pero sin abusar.

Sólo un diez por ciento de los encuestados se considera "muy sano". El resto hace lo que puede: deja de fumar, hace dietas –casi todas las españolas las han sufrido y muchas más de una vez–; come menos sal; huye de las grasas; hace más deporte y se llena de vitaminas para estar en forma.

¡Cáncer! lagarto, lagarto[6]. Eso ni nombrarlo. Uno de cada dos españoles lo teme más que a todas las otras cosas en el mundo, mientras que el tan mencionado SIDA preocupa a un catorce por ciento de los hombres, en segundo lugar después del cáncer.

El cáncer es el coco[7] de los españoles de los noventa, pero aparece también una nueva amenaza que gana terreno: las enfermedades psicológicas (mencionadas por el 11%). Los más jóvenes, sobre todo, son los más preocupados por su salud mental, anticipando en España una necesidad propia de sociedades opulentas. Así las cosas, estar enfermo en la España de los noventa va a ser muy duro.

LA VANGUARDIA
3 de octubre de 1989 - Barcelona

234. Contestar.

1. ¿Cuál es la escala de valores de los españoles respecto a lo que consideran más importante en la vida?

2. ¿Qué suelen hacer los españoles para "estar en forma"?

3. ¿Qué indicios existen en la mentalidad española que son propios de las sociedades modernas y opulentas?

---

[1] *recta final,* último tramo de una carrera o competición.

[2] *sainete,* pieza teatral cómica, satírica y popular.

[3] *cada vez más,* progresivamente más.

[4] *en alza,* que crece o aumenta.

[5] *preferir* una cosa *antes que* otra, preferir una cosa a otra.

[6] *lagarto,* reptil; aquí para exorcizar un daño o peligro .

[7] *coco,* en el lenguaje infantil, ser fantástico con el que se asusta a los niños.

Hablar

GERENTE: Señor Alonso, bienvenido a Madrid. Creo que ya nos conocemos, ¿verdad?

Sr. ALONSO: No, no creo que nos hayamos visto nunca hasta ahora. ¡Encantado!

GERENTE: Lamento que haya tenido que venir personalmente para este asunto de los lavabos...

Sr. ALONSO: Ya que por teléfono no resolvíamos nada, he decidido venir. Es necesario que resuelva esta cuestión hoy mismo. El lunes pasado teníamos que entregar 160 lavabos para unas viviendas en construcción... dése cuenta...

GERENTE: Siento de veras que les hayamos causado este trastorno. Quiero que sepa que por nuestra parte hemos hecho todo lo debido. Mire usted, aquí está la copia del pedido, con fecha 24 de marzo.

Sr. ALONSO: Permita que lo vea... En efecto, aquí no veo que haya ningún error...
Más vale que llame usted a la fábrica. Es probable que haya habido un extravío...

GERENTE: Llamé justo ayer, y me repitieron que la mercancía salió de Madrid el día uno de abril...
De todos modos, como dice usted muy bien, es mejor que hable directamente con el responsable de expediciones.

[al teléfono]

El Sr. Alonso en persona está aquí en nuestras oficinas para el asunto de los lavabos destinados a Barcelona. Nos parece muy extraño que todavía no los haya recibido.
Le ruego [que] controle la documentación de expedición...
¡¡¿Qué dice? ¿A San Sebastián?!! ¡Había que mandarlos a Barcelona! Les pido envíen inmediatamente otros 160 lavabos a esa dirección: Sanitarios Alonso, calle Génova, 3, Barcelona.
Se trata de un error de señas. Bueno, por lo menos hemos aclarado el misterio.
Le ruego nos disculpe.

Observar y recordar

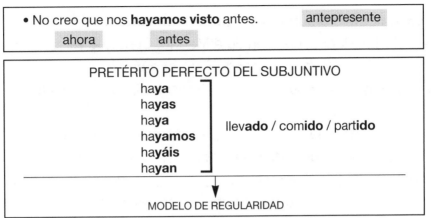

• No creo que nos **hayamos visto** antes.   antepresente

ahora   antes

PRETÉRITO PERFECTO DEL SUBJUNTIVO

ha**ya**
ha**yas**
ha**ya**
ha**yamos**   llev**ado** / com**ido** / part**ido**
ha**yáis**
ha**yan**

MODELO DE REGULARIDAD

• **No creo** que nos **hayamos visto** antes.
  Es probable que **haya habido** un extravío.
  duda

• **Lamento** que **haya tenido** que venir.
  Nos parece extraño que no **hayan llegado**.
  Es mejor que **hable** con el responsable.
  reacción mental o psicológica

• **Quiero** que **sepa** que hemos hecho lo debido.
  Le **ruego** nos **disculpe**.
  mandato / ruego

→ subordinadas del presente:
VERBO + PRESENTE SUBJUNTIVO

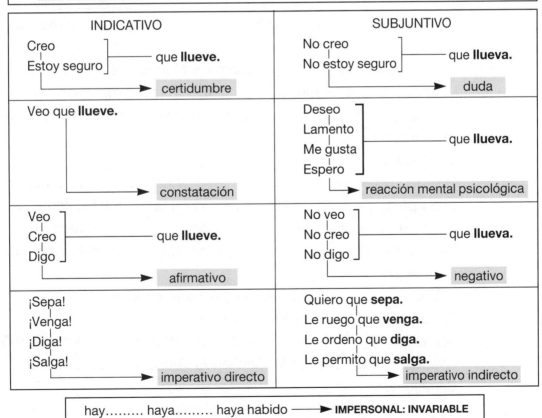

INDICATIVO	SUBJUNTIVO
Creo ⎤ que **llueve**. Estoy seguro ⎦ → certidumbre	No creo ⎤ que **llueva**. No estoy seguro ⎦ → duda
Veo que **llueve**. → constatación	Deseo ⎤ Lamento ⎮ que **llueva**. Me gusta ⎮ Espero ⎦ → reacción mental psicológica
Veo ⎤ Creo ⎮ que **llueve**. Digo ⎦ → afirmativo	No veo ⎤ No creo ⎮ que **llueva**. No digo ⎦ → negativo
¡Sepa! ¡Venga! ¡Diga! ¡Salga! → imperativo directo	Quiero que **sepa**. Le ruego que **venga**. Le ordeno que **diga**. Le permito que **salga**. → imperativo indirecto

---

hay......... haya......... haya habido ──→ **IMPERSONAL: INVARIABLE**

---

resolver ─────────────→ **RESUELTO**
                        IRREGULARIDAD PROPIA

 **Practicar**

235. Conjugar en indicativo o subjuntivo, según convenga.

GERENTE: Señor Alonso, bienvenido a Madrid. Creo que ya _____ _____ (nosotros, conocerse), ¿verdad?

Sr. ALONSO: No, no creo que _____ (nosotros, verse) nunca hasta ahora. ¡Encantado!

GERENTE: Lamento que _____ (usted, tener) que venir personalmente para este asunto de los lavabos.

Sr. ALONSO: Ya que por teléfono no _____ (nosotros, resolver) nada, _____ (yo, decidir) venir. Es necesario que _____ (yo, resolver) esta cuestión hoy mismo. El lunes pasado _____ (nosotros, tener) que entregar 160 lavabos para unas viviendas en construcción. _____ (usted, darse) cuenta.

GERENTE: Siento de veras que les _____ (nosotros, causar) este trastorno. Quiero que _____ (usted, saber) que por nuestra parte _____ (nosotros, hacer) todo lo debido. Mire usted, aquí _____ (estar) la copia del pedido, con fecha 24 de marzo.

Sr. ALONSO: Permita que lo _____ (yo, ver). En efecto, aquí no veo que _____ (haber) ningún error. Más vale que _____ (llamar) usted a la fábrica. Es probable que _____ (haber) un extravío.

GERENTE: _____ (yo, llamar) justo ayer y me _____ (ellos, repetir, **i**) que la mercancía _____ (salir) de Madrid el día uno de abril. De todos modos, como _____ (decir) usted muy bien, es mejor que _____ (yo, hablar) directamente con el responsable de expediciones.

[al teléfono]

El señor Alonso en persona _____ (estar) aquí en nuestras oficinas para el asunto de los lavabos destinados a Barcelona. Nos parece muy extraño que todavía no los _____ (él, recibir).

Le ruego que _____ (usted, controlar) la documentación de expedición.

¡¡¿Qué _____ (usted, decir)? ¿A San Sebastián?!! ¡_____ (haber) que mandarlos a Barcelona!

Les pido _____ (ustedes, enviar) inmediatamente otros 160 lavabos a esa dirección: Sanitarios Alonso, calle Génova, 3, Barcelona.

_____ (tratarse) de un error de señas. Bueno, por lo menos _____ (nosotros, aclarar) el misterio.

Le ruego nos _____ (usted, disculpar).

236. Conjugar en presente de indicativo (llevo) o de subjuntivo (lleve), según convenga.

Ejemplo: Creo que _____ (él, tener) quince años. ———▶ Creo que **tiene** quince años.

1. No creemos que _____ (él, hablar) inglés como dice.

2. Deseo que _____ (tú, descansar) bien esta noche.

3. Vemos que _____ (ellos, estar) enfadados.

4. Dicen que _____ (ellas, ser) americanas.

5. Lamento que usted _____ (pasar) un mal rato.

6. Me alegra mucho que ustedes _____ (estar) mejor.

7. Notamos que esta máquina _____ (funcionar) divinamente.

8. No estoy seguro de que mi hijo _____ (pasar) los exámenes.

9. Siento que usted _____ (tener) que esperar.

10. Dudo mucho que este baúl _____ (pesar) poco.

237. Transformar la parte subrayada con se + lo / la / los / las.

Ejemplo: Doy el libro a Miguel. ———▶ **Se lo** doy.

1. El médico dice la verdad al enfermo.

2. Damos las gracias a las señoras por escrito.

3. Entrego a usted el cheque mañana.

4. Hemos mandado a ustedes la factura esta semana.

5. Regalamos estos guantes a nuestro suegro.

6. Quiero decir a él lo que me ha pasado.

7. Tenemos que comunicar a los automovilistas que esta calle permanecerá cerrada.

8. ¡Envía el paquete a José por correo aéreo!

9. Señor, ¿envuelvo a usted la camisa en un papel para regalo?

10. ¿Ponemos a ustedes los zapatos en una bolsa o en una caja?

238. Formar sustantivos abstractos con -idad /-bilidad.

Ejemplo: Lleva él la _____ (contable) de la casa. ———▶

———▶ Lleva él la **contabilidad** de la casa.

1. Está con una gran _____ (débil).

2. ¡Hay que ver la _____ (veloz) de este coche!

3. Este crucigrama es de una _____ (fácil) increíble.

4. Me gusta mucho por su _____ (sincero) y _____ (sensible).

5. Nos ha atendido con gran _____ (amable).

6. No veo la _____ *(útil)* de este aparato[1].

7. Vamos despacio por esta carretera porque la _____ *(visible)* es escasa.

8. Esta marca de moto se distingue por su _____ *(fiable)*.

9. Tiene una gran _____ *(hábil)* para hacer bricolage[2].

10. Hay que tomar esta tisana[3] con _____ *(continuo)*.

239. Conjugar el verbo entre paréntesis en pretérito perfecto simple *(llevé) (vocal + i + vocal: i > y)*.

Ejemplo: Afortunadamente, en aquella ocasión los leones _____ (huir). ———➤

———➤ *Afortunadamente, en aquella ocasión los leones **huyeron**.*

1. Los _____ *(ellos, recluir)* en una cárcel de seguridad cerca de Madrid.

2. _____ *(yo, concluir)* la charla sobre Lorca citando unos versos del poeta.

3. Los editores _____ *(retribuir[4])* muy mal a los traductores.

4. El hijo mayor _____ *(contribuir)* al mantenimiento de la familia.

5. Algo en el wáter _____ *(obstruir[5])* el paso del agua.

6. Cuando sonó la alarma, el ladrón _____ *(huir)*.

7. _____ *(diluir, vosotros)* el contenido del sobre en un poco de agua.

8. _____ *(ellos, construir)* una catedral en medio del desierto.

9. De repente los exploradores _____ *(oír)* el rugido de los leones.

10. En su vocación militar _____ *(influir)* mucho su familia.

240. Decir la palabra que significa lo que se indica entre paréntesis.

Ejemplo: _____ *(exclusivamente)* pueden participar los que tienen más de veinte [años. ———➤ ***Sólo** pueden participar los que tienen más de veinte años.*

1. _____ *(en la actualidad)* la vida está muy cara.

2. Apareció un elefante y se marchó _____ *(inmediatamente)*.

3. Es persona muy competente y _____ *(y también más)* muy simpática.

4. _____ *(quizá)* mañana haga mal tiempo.

5. –¿Nos vemos en la cafetería o en la plaza? –_____ *(es indiferente, no importa)*.

6. Este centro comercial está abierto _____ *(también y además)* los días festivos.

7. Tuvimos que recorrer _____ *(más o menos)* mil millas antes de llegar a la capital.

8. Se oyó el trueno y _____ *(simultáneamente)* se vio el rayo.

9. Por favor, llame usted _____ *(una vez más)* porque ahora no está el encargado.

10. No puedo ponerme estos pantalones porque son_____ *(con exceso)* cortos.

---

[1] *aparato,* máquina.
[2] *bricolaje,* actividad manual de reparación o construcción de objetos hecha por diversión o pasatiempo.
[3] *tisana,* bebida medicinal de hierbas.

[4] *retribuir,* dar a alguien dinero a cambio de un servicio.
[5] *obstruir,* situarse algo de tal modo que impide el paso, especialmente en una tubería.

Rafael Orozco, la madurez de un artista

por JUSTO ROMERO

Rafael Orozco es, junto con Alicia de Larrocha y Joaquín Achúcarro, el pianista español de mayor proyección internacional. Nacido en Córdoba el año 1946, residente en Roma desde hace varios años, virtuoso del teclado por excelencia, Orozco ha declarado a MONSALVAT: "Me encuentro en la madurez de mi carrera". Una fulgurante carrera que comenzó a los siete años en su ciudad natal con su tía Carmen Flores, profesora de piano del conservatorio cordobés. Allí realiza toda la carrera, que concluye con catorce años. Luego, el inevitable y necesario paso por Madrid. Un año en Siena, con la Academia Chigiana, y vuelta a España, donde trabaja con Alexis Weissenberg. Luego, el premio de Leeds, que le catapultó[1] a las mayores salas de concierto del mundo. A lo largo de esta entrevista, se constata que los 42 años de Rafael Orozco representan "la madurez de un artista".

–¿Qué supuso Weissenberg en su formación y en su carrera?

–Bueno, Weissenberg es un excelente pianista, con el que tuve la suerte de trabajar durante un tiempo en Madrid. Pero cuando comencé a trabajar con él yo era un pianista formado. Naturalmente me influyó, pero mi forma de tocar no tiene nada que ver con[2] la suya.

–¿Quién ha sido, entonces, la persona que más ha influido en usted como músico?

–No hay una persona, sino muchas; un poquito de aquí, un poquito de allá... Pero si tengo que decir una, señalo a María Curcio. No como pianista, ya que cuando la conocí mi técnica estaba ya desarrollada y consolidada, sino como músico. Los seis años que, tras obtener el premio de Leeds viví en Londres, estuve en contacto con ella y si no puedo considerarla como maestra, sus orientaciones e indicaciones han sido siempre muy importantes para mí.

–¿Qué piensa de la actual situación de la música en España?

–Tengo que decirle que la situación de la música en España ha mejorado de forma extraordinaria. El *consumismo* de la música ha ganado mucho.

–¿Qué cree que ha motivado este cambio?

–Las razones parecen evidentes. Antes, España estaba al margen de[3] los circuitos de las grandes orquestas, de los grandes solistas. Hoy estas orquestas, estos solistas, actúan regularmente aquí. Algo inimaginable hace no muchos años. La mejora en la calidad de la oferta ha provocado un ostensible aumento en la demanda musical.

–¿Por qué los conciertos de orquestas españolas cada vez despiertan menos[4] interés en el público?

–Es que en España, y en los países latinos en general, no puede haber orquestas como las centroeuropeas. Es cuestión de temperamento. El problema es que el músico latino es un músico reivindicativo. Lo reivindica todo: menos ensayos, otro horario, días libres..., etcétera. Y así no puede sonar bien una orquesta. Naturalmente hay otras causas, pero la fundamental es ésa.

–Pero en Italia, por ejemplo, la Orquesta de la Scala de Milán, la de la RAI de Turín, tienen muy buen nivel.

–Sí, pero en modo alguno[5] comparable al de las orquestas centroeuropeas.

–¿Le interesa la música contemporánea?

–Es la música que se escribe hoy. Quiero decir con esto que es la música de mi tiempo, de mi generación, y por lo tanto me interesa. Pero como intérprete soy un pianista convencional. Por propia elección mi actividad se centra en el repertorio tradicional.

–¿El repertorio español figura en sus conciertos?

–Sí, desde luego. La *Suite Iberia* completa, Falla, etcétera. Pero tengo predilección por Albéniz.

La entrevista termina bruscamente. Al concertarla[6], Orozco dijo que solamente disponía de media hora, ya que tenía que tomar un avión a Londres, donde el día siguiente daba un recital. Ayer allí, hoy aquí y mañana allá. Es la solitaria condición de nómada de un concertista.

MONSALVAT
Marzo de 1989, núm. 169 - Barcelona

241. Contestar.

1. ¿Qué pianistas han influido en la formación de Rafael Orozco?
2. ¿Cuál es la situación de la música y de las orquestas en España?
3. ¿Qué vida conduce Rafael Orozco en la actualidad?

---

[1] *catapultar,* lanzar a uno a algo bueno o malo.
[2] *tener algo/nada que ver una cosa con otra,* guardar alguna/ninguna relación entre sí.
[3] *al margen de,* fuera de.
[4] *cada vez... más/menos,* más/menos progresivamente.
[5] *en modo alguno,* en absoluto, para nada.
[6] *concertar* [una cita, una entrevista], fijarla, establecerla.

Hablar

JUAN: ¿Adónde iréis este año de vacaciones?
PEDRO: Todavía no lo hemos decidido. A Teresa le gustaría ir a Grecia, pero yo preferiría ir a Oriente, a China... o al Japón, algo exótico, ¿sabes?
JUAN: ¿Y cómo acabará este asunto?
PEDRO: Yo creo que al final iremos a donde quiere Teresa. Ya sabes, las mujeres son las mujeres...

JUAN: ¿Iréis en coche?
PEDRO: No, no estoy para hacer tres mil kilómetros de carretera... Ya se lo he dicho a Teresa: si decidimos ir a Grecia, cogeremos un avión; llegados allí, alquilaremos un coche.

Luego será cuestión de coger esos transbordadores que te llevan a las islas y dar la vuelta por ahí... Pero no te creas, al final ya verás que nos quedamos en casa.

JUAN: ¿Y por qué?
PEDRO: Porque Teresa es así: primero hace muchos planes, iremos aquí, iremos allá... Cuando uno la oye, pensaría que se va a comer el globo... y luego empieza con el cuento de siempre:

Y las plantas, ¿quién las regará? Y el gato, ¿a quién se lo dejaremos? Y el pobre perro, ¿qué será de él? nos lo llevamos...
Figúrate si yo me pongo a viajar por esos mundos de Dios con el perro, ¡no faltaría más!

JUAN: Oye, ¿por qué no hacemos una cosa? ¿Por qué no nos vamos tú y yo al Japón, así, con la excusa de los negocios... ¿eh?
PEDRO: No es una mala idea, desde luego. Ya me lo pensaré...

Observar y recordar

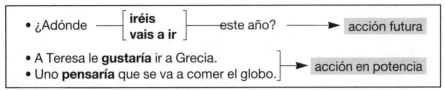

- ¿Adónde ── **iréis** / **vais a ir** ── este año? ──▶ acción futura

- A Teresa le **gustaría** ir a Grecia.
- Uno **pensaría** que se va a comer el globo. ──▶ acción en potencia

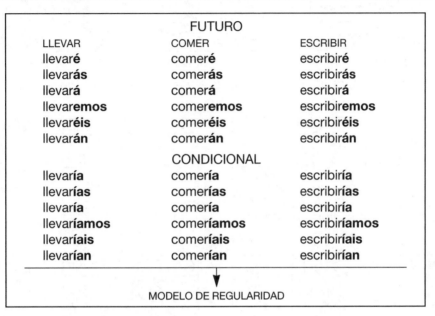

FUTURO

LLEVAR	COMER	ESCRIBIR
llevar**é**	comer**é**	escribir**é**
llevar**ás**	comer**ás**	escribir**ás**
llevar**á**	comer**á**	escribir**á**
llevar**emos**	comer**emos**	escribir**emos**
llevar**éis**	comer**éis**	escribir**éis**
llevar**án**	comer**án**	escribir**án**

CONDICIONAL

llevar**ía**	comer**ía**	escribir**ía**
llevar**ías**	comer**ías**	escribir**ías**
llevar**ía**	comer**ía**	escribir**ía**
llevar**íamos**	comer**íamos**	escribir**íamos**
llevar**íais**	comer**íais**	escribir**íais**
llevar**ían**	comer**ían**	escribir**ían**

↓

MODELO DE REGULARIDAD

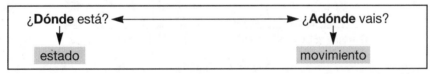

¿**Dónde** está? ◀──────────▶ ¿**Adónde** vais?

↓   ↓

estado   movimiento

Cuando **uno** la oye, pensaría que se va a comer el globo. ──▶ **UNO: IMPERSONAL**
(= una persona)

Llegados allí, alquilaremos un coche. ──▶ **PARTICIPIO TEMPORAL**
(= una vez llegados / cuando hayamos llegado)

- Al final **ya** verás que nos quedamos en casa.
- **Ya** me lo pensaré. ──▶ **YA: REFORZATIVO**

No es una mala idea, **desde luego.**
(= indiscutiblemente / sin duda)

¡**No faltaría más!** ──▶ para rechazar una pretensión inadmisible
(= ¡sólo faltaría eso / sería el colmo!)

No estoy para hacer tres mil kilómetros. ──▶ **NO ESTAR PARA**
(= no estoy en condiciones de)

 **Practicar**

242. Hacer frases.

Ejemplo:

NOSOTROS: ESTE VERANO

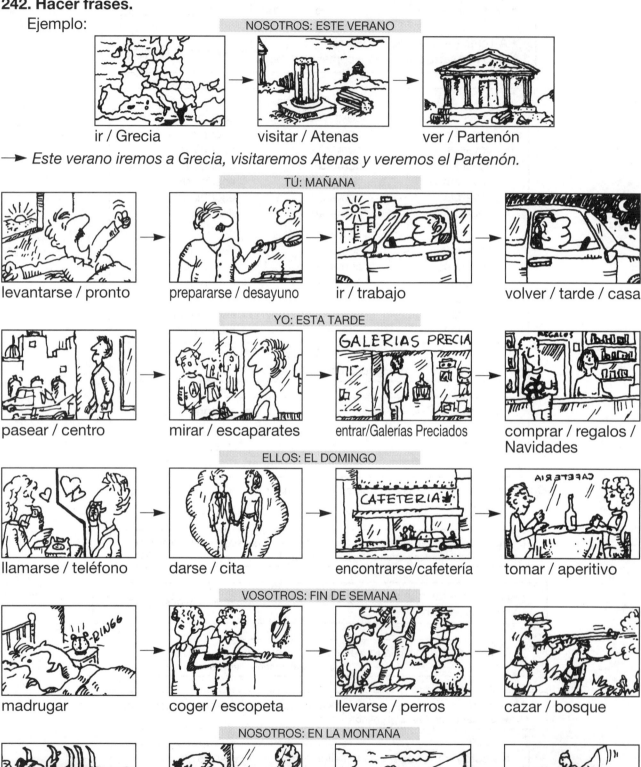

ir / Grecia   visitar / Atenas   ver / Partenón

→ *Este verano iremos a Grecia, visitaremos Atenas y veremos el Partenón.*

TÚ: MAÑANA

levantarse / pronto   preparase / desayuno   ir / trabajo   volver / tarde / casa

YO: ESTA TARDE

pasear / centro   mirar / escaparates   entrar/Galerías Preciados   comprar / regalos / Navidades

ELLOS: EL DOMINGO

llamarse / teléfono   darse / cita   encontrarse/cafetería   tomar / aperitivo

VOSOTROS: FIN DE SEMANA

madrugar   coger / escopeta   llevarse / perros   cazar / bosque

NOSOTROS: EN LA MONTAÑA

coger / esquíes   sacar / abono   subir / teleférico   esquiar / todo el día

243. Conjugar en condicional *(llevaría).*

Ejemplo: En este momento _____ *(nosotros, preferir)* estar en la playa.

⟶ *En este momento **preferiríamos** estar en la playa.*

1. ¿Te _____ *(gustar)* tomar un helado?

2. ¡No _____ *(yo, trabajar)* nunca en aquella oficina!

3. _____ *(nosotros, conocer)* con mucho gusto a vuestros amigos.

4. ¿Os _____ *(apetecer)* ir al cine esta noche?

5. Me _____ *(gustar)* mucho ser bailarina.

6. ¿Usted _____ *(lavar)* la ropa de lana en la lavadora?

7. ¿_____ *(tú, ir)* de vacaciones con él?

8. ¿_____ *(ustedes, comprar)* esta alfombra a ese precio?

9. Yo les _____ *(llamar)* enseguida para avisarles.

10. ¡Señor, yo _____ *(controlar)* la presión[1] de los neumáticos[2]!

244. Completar con el participio *(llevado).*

Ejemplo: _____ *(nosotros, llegar)* allí, alquilaremos un coche. ⟶

⟶ ***Llegados*** *allí, alquilaremos un coche.*

1. _____ *(hacer)* las maletas, las metimos en el maletero.

2. Los astronautas, _____ *(llegar)* a la Luna, plantaron la bandera.

3. _____ *(leer)* el periódico, se lo di a un viajero del mismo compartimiento.

4. _____ *(terminar)* la conferencia, el público aplaudió entusiasta.

5. _____ *(reconocer)* por la víctima, el ladrón tuvo que confesar la verdad.

6. _____ *(poner, **ue**)* las cadenas a las ruedas del coche, emprendimos[3] el viaje.

7. _____ *(ver)* el escaso interés de los colaboradores, abandonó la empresa.

8. _____ *(cesar)* la lluvia, salió de nuevo el sol.

9. _____ *(aclarar*[4]*)* el asunto, pude regresar a Madrid.

10. _____ *(echar)* las cartas al buzón, se acordó de que no llevaban sello.

245. Conjugar en pretérito perfecto simple *(llevé).*

Ejemplo: El año pasado _____ *(nosotros, ir)* a África. ⟶

⟶ *El año pasado **fuimos** a África.*

1. _____ *(ser)* un espectáculo verdaderamente estupendo.

2. _____ *(ellos, dormir)* toda la noche a la intemperie[5].

3. Le _____ *(nosotros, dar)* las gracias por lo que _____ *(él, hacer)* por nosotros.

4. Don Fernando Ledesma de la Peña _____ *(morir)* en su ciudad natal.

5. Iba tan tranquilo por el bosque cuando de repente _____ *(yo, ver)* un tigre.

---

[1] *presión,* fuerza ejercida sobre la superficie de un cuerpo por un gas.

[2] *neumático,* tubo de goma con aire a presión que envuelve las ruedas de los vehículos.

[3] *emprender,* iniciar una acción.

[4] *aclarar,* explicar, poner en claro, resolver.

[5] *a la intemperie,* al aire libre, sin techo protector.

6. _____ (ellos, ir) al night club y _____ (ellos, bailar) toda la noche.

7. _____ (él, ser) mordido por un perro rabioso.

8. _____ (nosotros, dar) una propina considerable al botones.

9. Anoche[1] no _____ (yo, dormir) nada.

10. _____ (ellos, morir) de resultas de una infección.

246. Transformar con *acabar de / volver a + infinitivo.*

Ejemplos: • Ha hablado con él hace poco. ——▶ *Acaba de hablar* con él.

• Mañana pasaré otra vez por aquí. ——▶ Mañana *volveré a pasar* por aquí.

1. Ha llamado de nuevo el señor Alonso.

2. Hace poco he terminado la carrera de medicina.

3. Este año iremos otra vez a Grecia.

4. Pedimos otra vez una ración de patatas fritas[2] porque están riquísimas.

5. Hace poco he puesto un anuncio en el periódico.

6. ¿Está de nuevo enfermo?

7. ¡Manden otra vez los lavabos porque urgen verdaderamente!

8. –¿Les han comunicado ya la noticia? –Sí, nos la han comunicado hace poco.

9. ¡Meta de nuevo el pollo en el horno porque todavía no está hecho[3]!

10. Hemos restaurado hace poco la vieja casa del pueblo.

247. Transformar con *ya no.*

Ejemplo: Antes nos veíamos siempre, pero ahora no. ——▶ *Ya no nos vemos.*

1. Antes sabía tocar el piano estupendamente, pero ahora no.

2. Antes me gustaba ir por el mundo en autostop, pero ahora no.

3. Antes tenían una gran pasión por la filatelia, pero ahora no.

4. Antes en invierno nevaba mucho, pero ahora no.

5. Antes trabajaba de mecánico en un taller, pero ahora no.

6. Antes en los colegios se pegaba a los niños, pero ahora no.

7. Antes el servicio militar era obligatorio, pero ahora no.

8. Antes circulaban monedas de cinco céntimos, pero ahora no.

9. Antes se podía ir en autopista a más de doscientos kilómetros por hora, pero ahora no.

10. Antes las locomotoras[4] eran de vapor, pero ahora no.

---

[1] *anoche,* la noche anterior a hoy.

[2] *frito,* participio pasado irregular de freír.

[3] *estar muy / poco hecho,* estar una comida muy / poco cocida.

[4] *locomotora,* máquina que arrastra los vagones del tren.

Leer y comprender

Almodóvar, al borde de un ataque de Óscar
Entrevista exclusiva tras conocer la nominación de "Mujeres al borde de un ataque de nervios"

MADRID.-Son las cuatro de la tarde del miércoles cuando me cuelo[1] en el apartamento de Pedro Almodóvar, cuando todavía no hace ni una hora que los españoles nos hemos enterado de que su película *Mujeres al borde de un ataque de nervios* ha sido nominada entre las cinco mejores películas extranjeras con opción al Óscar.

El cineasta manchego convive con el caos de peores tiempos. Si el salón está dominado por el plástico, la cocina te sitúa en Nápoles cuando Sofía Loren aún no se había entregado a la cirugía para afinar su imagen. Hay sábanas tendidas en el interior, una foto dedicada de Billy Wilder, y él devora ávidamente unas lentejas sacadas de su bote correspondiente. Tiene, eso sí, una botella de champaña francés con la que brindar por la noticia que le ha regalado Carmen Maura.

–*Una pregunta madura e inteligente: ¿cómo te sientes?*

–Como que me han quitado un gran peso de encima[2]. Siempre me había imaginado que los nervios llegarían en el momento de esperar que me den o no el Óscar, esa misma noche, y para nada. No he podido dormir en toda la noche. Pero ahora respiro por fin tranquilo, me sentía como comprometido con España. Sé que puedo salir a la calle con la cabeza muy alta porque han convertido lo del Óscar en algo muy similar a un acontecimiento deportivo.

–*Ahora ya no puedes hacer nada, el éxito final no depende de una buena jugada.*

Exacto, me siento muy importante en este sentido. A partir de ahora yo me limitaré a ir a Los Ángeles y, eso sí, trataré de ser lo más simpático posible. De hecho ya llevo una buena temporada en campaña de simpatía[3] cuando voy allí, me comporto como el nieto ideal, soy un chico sin fisuras, finísimo, nada ordinario[4].

–*¿Has soñado muchas veces con la posibilidad de ganar un Óscar?*

–No, lo digo en serio. Lo que sí soñaba es con la posibilidad de llegar hasta el fin. Lo que quiero es llegar allí y vivirlo todo, desde estar instalado en una villa a asistir a todas y cada una de las fiestas que se den. Disfrutar del mogollón[5] de la ceremonia y luego, si me lo dan, pues encantado de la vida[6]. Y si no, pues regresaré de gran perdedor, que es un papel también de lo más lucido.

–*Creo que "Mujeres..." lleva recaudados tres millones de dólares (unos trescientos sesenta millones de pesetas) en el mercado americano y sigue en cartel[7].*

–Sí, al parecer batiremos el récord de taquilla dentro del cine europeo en aquel mercado. Pero lo mejor es que, por primera vez en la historia del cine español, el cine americano hará un *remake* de una película nuestra. Esta semana pasada he firmado el contrato y se rodará este mismo año por la Tri-Star y Jane Fonda, con ella al frente del reparto.

–*Tu preferirías a Cher, he leído...*

–¡Huy, qué va!, ahora mismo soy super fan de Jane Fonda, ella es sin duda la actriz adecuada.

–*¿Cómo tienes de adelantado el guión de tu próxima película?*

–Acabo de finalizar una nueva versión y ya no se llamará *La mujer tóxica*, tengo dudas entre otros dos títulos, *El secuestrador amable* y *La noche madrileña*. Este último es el que más me gusta, porque significa exactamente lo contrario de lo que se entiende por noche madrileña. Me está saliendo una película durísima, en la que se mata mucho y la gente es muy infeliz y está todo el tiempo al borde del abismo. Será todo menos un documental promocional de lo que sucede cualquier noche en Madrid.

–*Los protagonistas serán los mismos.*

–Sí, por el momento.

DIARIO 16
17 de febrero de 1989 - Madrid

248. Contestar.

1. ¿Cómo encuentra el entrevistador a Almodóvar?
2. ¿Qué piensa hacer Almodóvar en Estados Unidos?
3. ¿Qué proyectos filmográficos tiene Almodóvar para el futuro inmediato?

---

[1] *colarse,* voz coloquial, entrar en un lugar sin ser notado.

[2] *quitarse un peso de encima,* liberarse de una preocupación o algo molesto.

[3] *llevo una buena temporada en campaña de simpatía,* (llevar + tiempo), hace una buena temporada que estoy en campaña de simpatía.

[4] *ordinario,* vulgar, sin finura.

[5] *mogollón,* cosa grande y confusa.

[6] *pues encantado de la vida,* pues muy bien, estaré muy contento.

[7] *estar/seguir en cartel,* estar o seguir en programa un espectáculo.

 Hablar

Esta casa tiene una larga historia. Era la mansión de la familia Robledo, la cual ha vivido aquí durante generaciones y generaciones.

Los últimos herederos de la casa era un matrimonio que tenía dos hijos, uno de los cuales desde muy joven se trasladó a América.

La hija, en cambio, se casó con el conde de Villabegoña, por cuyo motivo fue a vivir al castillo de esta conocida familia.

A la muerte del conde de Villabegoña (cuya esposa murió hace unos cinco años), vivió en esta casa su único hijo, quien murió jovencísimo en una cacería.

El único heredero que queda, el viejo tío de América, soltero y sin hijos, como no tiene ninguna intención de venirse a Europa, ha puesto la casa en venta.

La casa tiene tres pisos, uno de los cuales, el de arriba de todo, nunca ha sido habitado.

Las otras dos plantas contienen quince habitaciones, ocho de las cuales están en la planta baja y las otras siete en el segundo piso.

Detrás, la casa tiene un jardín grandísimo en el cual hay árboles seculares y plantas exóticas, donde, si es necesario, sería posible construir una casita.

El viejo heredero de América pide por esta casa 625.000 euros, lo cual hace difícil la venta. En efecto, lleva ya siete años en venta.

El Ayuntamiento lleva dos años negociando la adquisición de la finca, pero ahora dicen que tal vez la compre una empresa japonesa cuyo nombre, por el momento, permanece secreto.

Observar y recordar

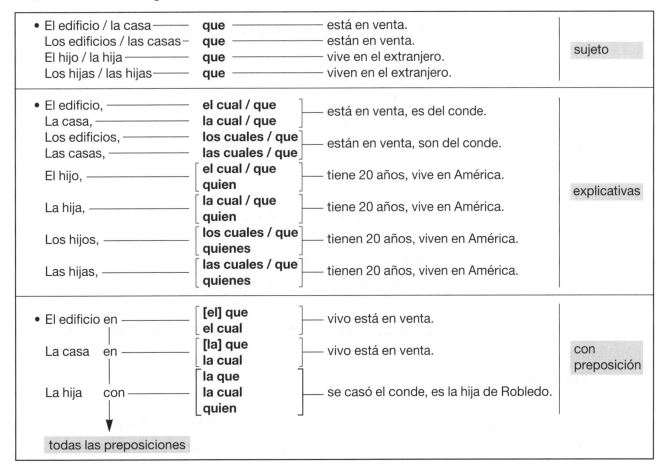

• El edificio / la casa	**que**	está en venta.	
Los edificios / las casas	**que**	están en venta.	sujeto
El hijo / la hija	**que**	vive en el extranjero.	
Los hijas / las hijas	**que**	viven en el extranjero.	

• El edificio,	**el cual / que**	está en venta, es del conde.	
La casa,	**la cual / que**		
Los edificios,	**los cuales / que**	están en venta, son del conde.	
Las casas,	**las cuales / que**		
El hijo,	**el cual / que** / **quien**	tiene 20 años, vive en América.	explicativas
La hija,	**la cual / que** / **quien**	tiene 20 años, vive en América.	
Los hijos,	**los cuales / que** / **quienes**	tienen 20 años, viven en América.	
Las hijas,	**las cuales / que** / **quienes**	tienen 20 años, viven en América.	

• El edificio en	**[el] que** / **el cual**	vivo está en venta.	
La casa en	**[la] que** / **la cual**	vivo está en venta.	con preposición
La hija con	**la que** / **la cual** / **quien**	se casó el conde, es la hija de Robledo.	

todas las preposiciones

• La comprará una empresa japonesa, **cuyo** nombre permanece secreto.
(= el nombre de la cual)

• Es el conde de Villabegoña, **cuya** esposa murió hace unos cinco años.
(= la esposa del cual)

• La hija se casó con el conde, **por cuyo motivo** fue a vivir al castillo.
(= motivo por el cual)

• La casa tiene un jardín ——— **en el cual / en [el] que** / **donde** ——— hay árboles seculares.

El precio es muy alto, **lo cual / lo que** hace difícil la venta.
(= la cual cosa)

• La casa **lleva siete años** en venta. ——➤ **LLEVAR + TIEMPO**
(= hace siete años que está)

• El Ayuntamiento **lleva** dos años **negociando** la compra. ➤ **LLEVAR + GERUNDIO**
(= hace dos años que negocia)

El tío, **como** no tiene intención de venirse a Europa, ha puesto la casa en venta. ——➤ causal antepuesta
(= porque / ya que)

 **Practicar**

249. Completar con los pronombres relativos, precedidos o no del artículo.

Esta casa tiene una larga historia.

Era la mansión de la familia Robledo, _____ ha vivido aquí durante generaciones y generaciones.

Los últimos herederos de la casa era un matrimonio _____ tenía dos hijos, uno de _____ desde muy joven se trasladó a América.

La hija, en cambio, se casó con el conde de Villabegoña, por _____ motivo se fue a vivir al castillo de esta conocida familia.

A la muerte del conde de Villabegoña (_____ su esposa murió hace unos cinco años), vivió en esta casa su único hijo, _____ murió jovencísimo en una cacería.

El único heredero _____ queda, el viejo tío de América, soltero y sin hijos, como no tiene ninguna intención de venirse a Europa, ha puesto la casa en venta.

La casa tiene tres pisos, uno de _____, el de arriba de todo, nunca ha sido habitado.

Las otras dos plantas contienen quince habitaciones, ocho de _____, están en la planta baja y las otras siete en el segundo piso.

Detrás, la casa tiene un jardín grandísimo en _____ hay árboles seculares y plantas exóticas, _____, si es necesario, sería posible construir una casita.

El viejo heredero de América pide por esta casa 625.000 euros, _____ hace difícil la venta. [...]

El Ayuntamiento lleva dos años negociando la adquisición de la finca, pero ahora dicen que tal vez la compre una empresa japonesa _____ nombre, por el momento, permanece secreto.

250. Transformar la parte subrayada con *cuyo-a-os-as*.

Ejemplo: La comprará una empresa japonesa <u>el nombre de la cual</u> permanece secreto.

⟶ *La comprará una empresa japonesa, **cuyo** nombre permanece secreto.*

1. El pintor, <u>los cuadros del cual</u> fueron expuestos en la galería de Arte Moderno, ha muerto en un accidente aéreo.
2. Los señores, <u>los hijos de los cuales</u> conoces, son amigos nuestros de toda la vida.
3. El edificio, <u>la fachada del cual</u> están restaurando, pertenece a los condes de Villalonga.
4. Estas obras, <u>el presupuesto de las cuales</u> ya conocemos, empezarán la semana próxima.
5. Este periódico, <u>el director del cual</u> es de extrema izquierda, ha sido secuestrado.
6. Esta es la tienda de tejidos de seda, <u>el propietario de la cual</u> es chino.
7. Los clientes, <u>las cuentas de los cuales</u> superen los sesenta mil euros, se beneficiarán de un interés especial.
8. El espectáculo, <u>la recaudación[1] del cual</u> está destinada a los países del tercer mundo, ha tenido un éxito extraordinario.

251. Unir con *como* / *porque*.

Ejemplos: • Llueve: nos quedamos en casa. ⟶ ***Como*** *llueve, nos quedamos en casa.*
• Nos quedamos en casa: llueve. ⟶ *Nos quedamos en casa **porque** llueve.*

1. No sabía que daba una fiesta: no he ido.
2. Tenemos frío: la calefacción no funciona.
3. No hemos recibido todavía los lavabos: llamamos a los Sanitarios Alonso.
4. No hablo con él: estoy ofendido por lo que ha dicho.
5. Han perdido el tren: han llegado con retraso.
6. No tenemos espacio en casa: hemos puesto un sofá-cama.
7. No se resuelve nada por teléfono: voy personalmente.
8. Tiene mucho dinero: no necesita trabajar.
9. No tenemos nada que hacer aquí: nos vamos.
10. Siéntense a otra mesa: ésta está reservada.
11. Repítaselo otra vez y en voz alta: es sordo.
12. Los pasajeros hablaban mucho: no pude concentrarme[2] en la lectura.

252. Transformar con *llevar* + *gerundio*.

Ejemplo: El Ayuntamiento hace dos años que negocia la compra. ⟶
⟶ *El Ayuntamiento **lleva** dos años **negociando** la compra.*

1. Hace tres meses que busca trabajo.
2. Hace veinticuatro horas que nieva.
3. Hace más de media hora que le esperamos.
4. Hace varias horas que trata de llamar a la empresa.
5. Hace muchos años que se entrena al fútbol.

---

[1] *recaudación* (< recaudar), cantidad de dinero percibida de la venta de entradas de un espectáculo.

[2] *concentrarse,* dedicar intensamente la atención a algo.

6. Hace un año que salgo con él.

7. Hace cinco meses que vive en China.

8. Hace seis años que estudian piano.

9. Hace más de un mes que dicen que aumentarán el precio de la gasolina.

10. Hace más de una hora que discuten.

253. Conjugar en presente de indicativo (llevo) o de subjuntivo (lleve).

Ejemplo: Quiero que ustedes _____ (saber) la verdad. ⟶

⟶ Quiero que ustedes **sepan** la verdad.

1. Vemos que _____ (tú, tener) mucho trabajo y que no _____ (tú, poder) salir con nosotros.

2. Estoy convencido de que me _____ (ellos, estar) engañando.

3. Todos desean que el abuelo _____ (sanar) pronto.

4. ¿No te parece extraordinario que nos _____ (ellos, aumentar) el sueldo?

5. Le ruego que _____ (usted, volver) mañana, porque ahora tengo una visita.

6. Mis padres no me permiten que _____ (yo, salir) con él.

7. Espero que mañana no _____ (haber) huelga de transportes.

8. Desean que _____ (nosotros, pasar) el fin de semana en su finca.

9. Noto que su hijo _____ (estar) muy delgado.

10. Os ordeno que _____ (vosotros, salir) inmediatamente de aquí.

11. Lamentamos que _____ (ustedes, tener) tantos disgustos.

12. Desea que no me _____ (suceder) nada malo en la expedición.

254. Completar con a / con / contra / de / entre / hasta / para / por / sin / sobre / tras.

Ejemplo: Esta ventana da _____ el patio. ⟶ Esta ventana da **al** patio.

1. Abra usted la puerta principal _____ la casa _____ esta llave.

2. La torre se encuentra situada _____ la cumbre _____ la colina.

3. Envíen la carta _____ correo certificado.

4. Vayan ustedes _____ el final _____ esta calle y luego giren _____ la derecha.

5. El avión se estrelló _____ una montaña _____ causa _____ la niebla.

6. Ponga la lavadora _____ la nevera y el lavavajillas.

7. _____ insultar a todos, se marchó _____ saludar _____ nadie.

8. _____ la mesa _____ el despacho _____ mi jefe hay siempre un montón _____ papeles.

9. Hace todo lo posible _____ resultar simpático _____ sus compañeros _____ trabajo.

10. Han puesto la casa _____ venta porque no tienen ninguna intención _____ trasladarse _____ Europa.

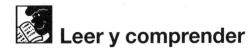 **Leer y comprender**

Blanco, sereno, silencioso
por LUIS ROSALES, de la Real Academia Española

Como todos los jóvenes escritores de entonces, yo acudía frecuentemente al lugar donde dejaba verse[1] Antonio Machado[2]. Él acudía al café Varela, allí, muy cerca de la Puerta del Sol, a una tertulia[3] en la que, curiosamente, Machado apenas hablaba. Recuerdo que, por entonces, circulaban opiniones negativas sobre su persona: que si era sucio, desaliñado... Yo sólo puedo decir que era un hombre guapísimo, blanco, con una serenidad extraña en la cara, una serenidad que conmovía.

Era también el hombre más silencioso que he visto nunca. Tanto, que he pasado allí alguna tarde sin oírle decir una sola palabra.

No era Machado hombre de escribir en los cafés. El Varela era, además, un café con música y griterío, no un lugar propicio para la creación literaria. Tampoco recuerdo haberle visto discutir nunca. Ni yo ni nadie. Incluso cuando abordaba los temas más polémicos, Machado no se inmutaba. ¡Qué rostro más limpio, más honrado![4]

Era modestísimo. Tantas veces se ha dicho, que me da vergüenza repetirlo. Pero es verdad. Era como en su verso, "en el buen sentido de la palabra, bueno". Y el hombre más sereno que he visto nunca. Sereno y escéptico. Él sabía la poca importancia del papel[5] que los escritores tienen en España.

Yo tuve con él una gran entrevista ocurrida, quizá, dos o tres meses antes de estallar nuestra guerra. En realidad, aquel fue un encuentro entre Antonio Machado y Pepe Bergamín, al que yo asistí privilegiado y mudo.

Muy poco después de aquella entrevista, él se marchó a Valencia y yo a Granada. Aquel, pues, fue el último encuentro. Años después, acabada la guerra, yo fui contertulio, a diario[6], de su hermano Manuel[7]. Por él me enteraba de las cosas de Antonio, de lo mal que lo pasaban[8] él y su madre, incluso de la falta de víveres. Me resulta difícil comparar el recuerdo de aquel rostro bello y sereno en el café Varela con las imágenes de los últimos tiempos, de su repentino adelgazamiento y envejecimiento. Por Manuel también supe de su muerte, ocurrida en Colliure sólo un día después de la de su madre, sin él saberlo... ¡Qué triste todo!

Manuel Machado frecuentaba la redacción de *Cuadernos Hispanoamericanos*, que dedicó a su hermano un gran homenaje en su tercer número. Un homenaje con el que muchos correspondíamos en aquel tiempo tan duro a la generosa presencia poética de un poeta mayor. Allí también he publicado muchos poemas de Antonio que yo guardaba y que no vieron la luz antes. No eran autógrafos, sino transcripciones... Su memoria aún[9] debería hacerse presente algunas veces más.

Un día el gobernador de Segovia, Villanueva, que era buen amigo mío, quiso recordar el paso del poeta como catedrático de francés en su instituto[10]. Nos dio todas las facilidades para podernos reunir allí un nutrido grupo de poetas y escritores, amigos y admiradores de Machado. Fue un encuentro intenso y emotivo. Recuerdo bien la impresión que me causó visitar, en una pensión, el pequeño cuarto en el que, durante aquellos años, vivió Antonio Machado: su modestia fue para mí como una visión del alma misma de su poesía.

ABC
18 de febrero de 1989 - Madrid

255. Contestar.

1. ¿Cómo era Antonio Machado según el recuerdo del autor?

2. ¿Qué le contaba el hermano Manuel al autor acerca de la vida que conducía en aquellos años Antonio Machado?

3. A la muerte del poeta, ¿qué se hizo para rendir homenaje a su memoria?

---

[1] *dejarse ver,* ir a sitios donde hay otras personas.

[2] *Antonio Machado* es uno de los mayores poetas españoles del presente siglo (1875-1939).

[3] *tertulia,* grupo de personas que se reúnen habitualmente para conversar o divertirse.

[4] *¡qué rostro más limpio, más honrado!* =¡qué rostro limpio y honrado! (*más,* intensificativo).

[5] *papel,* rol, función.

[6] *a diario,* todos los días, diariamente.

[7] también *Manuel Machado* fue un insigne poeta.

[8] *pasarlo bien/mal,* divertirse, estar bien/sufrir, estar mal.

[9] *aún* = todavía.

[10] *instituto,* centro público y estatal de segunda enseñanza.

Hablar

El otro día iba paseando tranquilamente por la calle cuando de repente alguien me dio un empujón y me encontré sin darme cuenta en el suelo.

Al principio me asusté tanto que me eché a gritar como un condenado.

Luego comprendí que no me había hecho daño, pero en cuanto puse la mano en el bolsillo trasero de los pantalones, donde acostumbro a llevar la cartera, advertí que me la habían robado.

Se me acercaron varias personas para preguntarme si necesitaba ayuda.

Dije lo de la cartera e inmediatamente un muchacho dijo que había visto a un sujeto que corría por aquel lado de la calle y que sin duda era el ladrón.

En cuanto hubo dicho eso, se echó a correr dando unas zancadas tan grandes que parecía una pantera. Después de unos segundos le vi desaparecer a lo lejos.

Al cabo de cierto tiempo, volvió diciendo que lo había visto y seguido un buen rato, pero que en un momento dado se había metido en una callejuela y lo había perdido de vista.

Yo no sabía cómo agradecérselo, así que nos metimos en un café y le ofrecí una copa con los pocos céntimos que llevaba sueltas en el bolsillo.

Cuando hubimos terminado de tomarnos la copa, yo me dirigí a una comisaría de Policía para denunciar que me habían robado, pues, además del dinero, que no era mucho, llevaba en la cartera el carnet de identidad y la tarjeta de crédito.

Observar y recordar

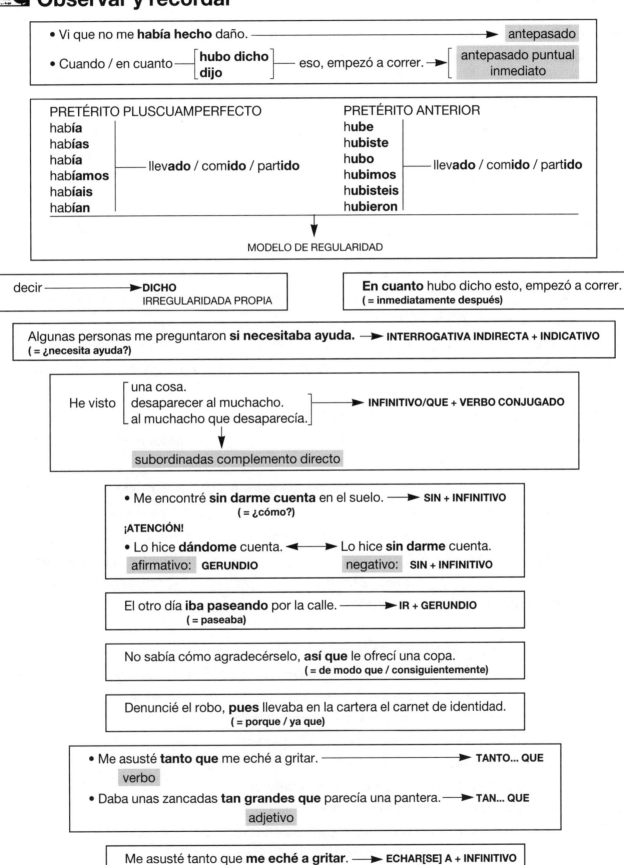

- Vi que no me **había hecho** daño. ────────────────────▶ antepasado

- Cuando / en cuanto ─ [**hubo dicho** / **dijo**] ─ eso, empezó a correr. ▶ [antepasado puntual inmediato]

PRETÉRITO PLUSCUAMPERFECTO	PRETÉRITO ANTERIOR
había	hube
habías	hubiste
había ── llevado / comido / partido	hubo ── llevado / comido / partido
habíamos	hubimos
habíais	hubisteis
habían	hubieron

MODELO DE REGULARIDAD

decir ──────────▶ **DICHO**
IRREGULARIDADA PROPIA

En cuanto hubo dicho esto, empezó a correr.
(= inmediatamente después)

Algunas personas me preguntaron **si necesitaba ayuda.** ──▶ INTERROGATIVA INDIRECTA + INDICATIVO
(= ¿necesita ayuda?)

He visto [una cosa. / desaparecer al muchacho. / al muchacho que desaparecía.] ──▶ INFINITIVO/QUE + VERBO CONJUGADO

subordinadas complemento directo

- Me encontré **sin darme cuenta** en el suelo. ──▶ SIN + INFINITIVO
(= ¿cómo?)

¡ATENCIÓN!

- Lo hice **dándome** cuenta. ◀──▶ Lo hice **sin darme** cuenta.
afirmativo: GERUNDIO   negativo: SIN + INFINITIVO

El otro día **iba paseando** por la calle. ────▶ IR + GERUNDIO
(= paseaba)

No sabía cómo agradecérselo, **así que** le ofrecí una copa.
(= de modo que / consiguientemente)

Denuncié el robo, **pues** llevaba en la cartera el carnet de identidad.
(= porque / ya que)

- Me asusté **tanto que** me eché a gritar. ──────────────▶ TANTO... QUE
verbo

- Daba unas zancadas **tan grandes que** parecía una pantera. ──▶ TAN... QUE
adjetivo

Me asusté tanto que **me eché a gritar**. ──▶ ECHAR[SE] A + INFINITIVO
(= empecé súbitamente a gritar)

 **Practicar**

256. Conjugar los verbos en pretérito imperfecto *(llevaba)*, pretérito pluscuamperfecto *(había llevado)* o pretérito anterior *(hube llevado)*.

El otro día _____ *(yo, ir)* paseando tranquilamente por la calle cuando de repente alguien me dio un empujón y me encontré sin darme cuenta en el suelo.

Al principio me asusté tanto que me eché a gritar como un condenado. Luego comprendí que no _____ *(yo, hacerse)* daño, pero en cuanto puse la mano en el bolsillo trasero de los pantalones, donde acostumbro a llevar la cartera, advertí que me la _____ *(ellos, robar)*.

Se me acercaron varias personas para preguntarme si _____ *(yo, necesitar)* ayuda.

Dije lo de la cartera e inmediatamente un muchacho dijo que _____ *(él, ver)* a un sujeto que _____ *(él, correr)* por aquel lado de la calle y que sin duda _____ *(él, ser)* el ladrón.

En cuanto _____ *(él muchacho, decir)* eso, se echó a correr dando unas zancadas tan grandes que _____ *(él, parecer)* una pantera. Después de unos segundos le vi desaparecer a lo lejos.

Al cabo de cierto tiempo, volvió diciendo que lo _____ *(él, ver)* y seguido un buen rato, pero que en un momento dado _____ *(el sujeto, meterse)* en una callejuela y lo _____ *(el muchacho, perder)* de vista.

Yo no _____ *(saber)* cómo agradecérselo, así que nos metimos en un café y le ofrecí una copa con los pocos céntimos que _____ *(yo, llevar)* sueltas en el bolsillo.

Cuando _____ *(nosotros, terminar)* de tomarnos la copa, yo me dirigí a una comisaría de Policía para denunciar que me _____ *(ellos, robar)*, pues, además del dinero, que no _____ *(dinero, ser)* mucho, _____ *(yo, llevar)* en la cartera el carnet de identidad y la tarjeta de crédito.

257. Unir con una interrogativa indirecta.

Ejemplo: Varias personas se me acercaron para preguntarme: ¿necesita ayuda? ——→

——→ *Varias personas se me acercaron para preguntarme **si necesitaba ayuda.***

1. El policía me preguntó: ¿ha visto usted la cara del ladrón?
2. Nos preguntaron: ¿han reservado ya las habitaciones?
3. El médico quiso saber: ¿el enfermo ha tomado la medicina?
4. Preguntó a la portera: ¿han arreglado ya el ascensor?
5. Le llamé para saber: ¿ha recibido ya la mercancía?
6. El profesor preguntó a los estudiantes: ¿habéis encontrado difícil la prueba?
7. El guardia me preguntó: ¿se ha puesto el cinturón de seguridad?
8. Preguntó: ¿ha ganado el partido de fútbol el Barcelona?

258. Unir con *infinitivo* / *que + verbo conjugado* en *indicativo* / *subjuntivo*.

Ejemplo: He visto: el muchacho desaparecía. ➤

➤ He **visto desaparecer al** muchacho. / He visto **que** el muchacho **desaparecía**.

1. Vemos: los niños juegan en el jardín.

2. Le ruego: envíenos el catálogo.

3. Dicen: somos extranjeros.

4. Han decidido: compraremos un chalet.

5. Vi: el pintor pintaba un cuadro.

6. El guardia nos ordena: no dejéis el coche en la acera.

7. Observamos: el enfermo mejora día tras día.

8. Me aconseja: cruce el cheque.

9. Vemos: los cazadores se adentran en el bosque con las escopetas al hombro.

10. Afirman: no hemos recibido el paquete.

11. Veíamos: los soldados desfilaban por la calle.

12. Les rogamos: no fumen en la sala de espera.

259. Transformar en frases negativas.

Ejemplo: Lo hice *dándome cuenta* de ello. ➤ Lo hice **sin darme** cuenta de ello.

1. Hablaba leyendo sus apuntes.

2. Le sacaron la muela del juicio poniéndole anestesia.

3. Toca el piano mirando la partitura.

4. Cruza la calle respetando el semáforo.

5. Llamó a la policía para denunciar el atraco declarando su nombre.

6. Come siempre masticando bien.

7. Gana un montón de dinero trabajando mucho.

8. Se marcharon saludando a los presentes.

260. Transformar con *ir + gerundio*.

Ejemplo: El otro día *paseaba* por la calle cuando de repente alguien me dio un empujón.

➤ El otro día **iba paseando** por la calle cuando de repente alguien me dio un empujón.

1. Cada día se descubren nuevos fármacos para combatir el cáncer.

2. El asado cuece lentamente en el horno.

3. La nieve se deshacía poco a poco por efecto del sol.

4. La serpiente se acercaba a su víctima.

5. Con este vientecillo la ropa se seca.

6. Durante aquellos años aprendí el oficio de restaurador.

7. Veo que su inglés mejora mucho.

8. La empresa sustituye a los viejos empleados con otros más jóvenes.

261. Transformar con echar [se] + infinitivo.

Ejemplo: Empecé a gritar súbitamente como un condenado. ⟶
⟶ **Me eché a gritar** como un condenado.

1. La maestra riñó al muchacho severamente y éste empezó a llorar súbitamente.
2. Nos contó un chiste muy bueno y todos empezamos a reír súbitamente.
3. El guardia tocó el pito y el motorista empezó a correr súbitamente.
4. Cuando menos lo esperábamos empezó a sollozar súbitamente.
5. El loco empezó a gritar súbitamente.

262. Unir con así que / pues.

Ejemplos: • No sabía cómo agradecérselo: le ofrecí una copa. ⟶
⟶ No sabía cómo agradecérselo, **así que** le ofrecí una copa.
• Denuncié el robo: llevaba el carnet de identidad en la cartera. ⟶
⟶ Denuncié el robo, **pues** llevaba el carnet de identidad en la cartera.

1. Hacía un tiempo horrible: decidimos quedarnos en casa.
2. Llevé el transistor al técnico: no funcionaba.
3. Necesitaba una transfusión de sangre: tuvieron que internarle.
4. Pagó con la tarjeta de crédito: no llevaba bastante dinero.
5. Me retiraron el carnet de conducir: conducía medio borracho[1].
6. El perro contrajo la rabia: el veterinario tuvo que sacrificarlo.
7. He perdido las llaves de casa: no puedo entrar.
8. Abandonaron la empresa: no ofrecía bastantes garantías.
9. No he hecho la transferencia bancaria: todavía no he recibido la factura.
10. Está muy cansada: se va a la cama ahora mismo.

263. Unir transformando con tan / tanto... que.

Ejemplo: Empezó a correr dando unas zancadas muy grandes: parecía una pantera.
⟶ Empezó a correr dando unas zancadas **tan** grandes **que** parecía una pantera.

1. Vivían en una casa muy grande: parecía una catedral.
2. El libro era muy interesante: pasé la noche entera leyéndolo.
3. Ha viajado mucho en su vida: ahora no desea moverse de casa.
4. La medicina es muy amarga: la tomo con un poco de azúcar.
5. Es muy ingenuo: se le puede hacer creer cualquier cosa.
6. He comido mucho: me ha entrado somnolencia.
7. El agua estaba muy fría: le provocó un corte de digestión.
8. Este vino es muy ligero: lo puede beber todo el mundo.
9. Ha llovido mucho: se han producido numerosas inundaciones.
10. La escalada a esta montaña es muy peligrosa: sólo unos pocos se han atrevido a subirla.
11. Han nadado mucho: tienen la piel de gallina.
12. Este helado está muy rico: me lo como todo.

---

[1] borracho, persona que ha ingerido bebidas alcohólicas en exceso.

Leer y comprender

Una corta vida dedicada al montañismo
por DARÍO RODRÍGUEZ

El alpinista es un hombre frágil, como cualquier otro, para quien la superación de una cascada de hielo es razón suficiente para renunciar a las comodidades del hombre cotidiano. Rafa no era un masoquista ni un suicida, sino todo lo contrario.

Tenía 24 años y estudiaba quinto curso de Geológicas. Pero su gran pasión era la montaña. Una pasión que le había llevado a los Alpes, los Andes y ahora al Himalaya para intentar el techo del mundo. Pero su refugio secreto, el lugar donde gustaba permanecer días y semanas, era el Circo de Gredos, en la sierra abulense.[1] Era un gran escalador en hielo –la escalada en roca prácticamente no le interesaba–, posiblemente uno de los mejores especialistas de la nueva generación de escaladores castellanos.

La escalada en hielo es un deporte minoritario, en peligro de extinción, y Rafa se había convertido en el eje motivador de los escaladores habituales de la zona. Conocía el nombre, la situación, las condiciones de todas las cascadas, y se impulsaba a sí mismo y a los demás a repetirlas o a realizarlas por primera vez. Esta pasión por la escalada en hielo le permitía superar su mayor defecto: la pereza. Era tranquilo, relajado, pero nunca cuando se trataba de madrugar para ir a escalar.

Rafa no se limitaba a vivir plenamente su deporte. Quería transmitir a los demás sus vivencias y sus conocimientos. Era una de las personas que más sabía en España sobre montaña. Su primer artículo me lo trajo cuando tenía 16 años. Desde entonces se convirtió en un colaborador habitual de la revista. Es cierto que casi había que forzarle a escribir y que sólo lo hacía sobre los temas que le gustaban. Pero también era capaz de condensar y transmitir en pocas palabras lo que él había aprendido releyendo cientos de libros. Y además dibujaba increíblemente bien.

Esta es la imagen que me queda de Rafa: sentado tranquilamente en la redacción, inmune al paso del tiempo, releyendo libros y revistas de montaña, buscando siempre esa pared de hielo vertical con la que soñar.

La expedición al Everest era para él su oportunidad de iniciarse en el gran juego del himalayismo. Tenía la experiencia suficiente acumulada en sus escaladas en Gredos, los Alpes, los Andes como para intentar[2] con posibilidades de éxito el techo del mundo. Y sin lugar a dudas[3] era uno de los elementos fuertes de esa expedición, en la que sólo un pequeño grupo contaba con la experiencia y la capacidad necesarias para un reto de estas características. Pero este es un problema que nada tiene que ver con su muerte. Rafa ha muerto víctima de un alud[4], muchas veces imposible de prever.

EL PAÍS
15 de septiembre de 1990 - Madrid

264. Contestar.

1. ¿Cómo era la personalidad de Rafa según nos dice el autor?

2. ¿Qué representaba Rafa en España?

3. ¿Cuáles eran los intereses de Rafa?

4. ¿Cómo ha fallecido Rafa?

---

[1] *abulense,* de la provincia de Ávila.
[2] tenía *experiencia suficiente... como para intentar,* su experiencia era suficiente para intentar.
[3] *sin lugar a dudas,* sin duda, indiscutiblemente.
[4] *alud,* gran masa de nieve que se derrumba de una montaña.

TEST DE CONTROL N.º 4 (Unidades 31-36)

4.1. Completar con *más/menos... que/ de, tan/tanto... como,* según se indica entre paréntesis.

1. Este año ha hecho _____ frío _____ el año pasado (–).
2. No es _____ rico _____ aparenta (=).
3. Es muy joven: no tiene _____ _____ veinte años (+).
4. Este armario ocupa _____ espacio _____ la librería (=).
5. Esta prueba ha resultado _____ difícil _____ lo que esperaba (+).

4.2. Sustituir las partes subrayadas por los pronombres-complemento.

1. Regalamos un osito de peluche a nuestra sobrinita.
2. El molinero entregó los sacos de harina al panadero.
3. Pagaremos a ustedes la factura.
4. Daré a vosotros las calificaciones de los exámenes mañana.
5. ¡Devuelva a nosotros el artículo defectuoso!

4.3. Conjugar en imperfecto *(llevaba)* o pretérito imperfecto simple de indicativo *(llevé).*

1. Mientras _____ *(ellos, estar)* de vacaciones en las Canarias, _____ *(ellos, ir)* a Gambia.
2. Ayer _____ *(hacer)* buen tiempo y _____ *(nosotros, dar)* un paseo por el campo.
3. El lunes _____ *(yo, estar)* muy fatigado y _____ *(dormir)* toda la tarde.
4. Mientras _____ *(ellos, circular)* por la autopista, _____ *(ellos, ver)* un accidente mortal.
5. Durante la expedición, le _____ *(picar)* un insecto y _____ *(él, morirse).*

4.4. Transformar en la forma pasiva.

1. Un desconocido violó a la muchacha.
2. Los expertos resolvieron inmediatamente el problema.
3. La policía descubrió varios paquetes de droga.
4. El equipo británico batió al equipo español.
5. El mismísimo dueño sorprendió al ladrón.

4.5. Conjugar en futuro *(llevaré)* o condicional *(llevaría).*

1. El año que viene _____ *(yo, matricularse)* en la Facultad de Medicina.
2. Nos _____ *(gustar)* mucho hacer un crucero por el Mediterráneo.
3. ¿No le _____ *(importar)* quitarse el sombrero, que no veo el escenario?
4. El domingo _____ *(nosotros, preparar)* un pastel de chocolate.
5. La soprano _____ *(cantar)* una canción sudamericana.

4.6. Completar con *que / quien-es / cuyo-a-os-as / el-la-lo-los-las cual-es*

1. El producto _____ me ha vendido no vale nada.
2. _____ tenga una buena idea que la diga.

3. Esta novela, _____ autor es alemán, es de ciencia ficción.

4. Encontró trabajo, _____ le permitió independizarse de su familia.

5. Las personas de _____ estáis hablando yo no las conozco de nada.

4.7. Conjugar en presente de indicativo *(llevo)* o subjuntivo *(lleve)*.

1. Veo que _____ *(tú, estar)* muy preocupado: ¿qué te _____ *(pasar)*?

2. Lamentamos que no _____ *(él, tener)* otra oportunidad de trabajo.

3. Les ruego que _____ *(ustedes, rellenar)* el impreso en letra de imprenta.

4. Creo que el presidente _____ *(ir)* a dimitir.

5. Es probable que _____ *(nosotros, pasar)* por su oficina esta tarde.

4.8. Conjugar en pretérito perfecto de indicativo *(he llevado)* o subjuntivo *(haya llevado)*.

1. Nos alegra mucho que su hijo _____ *(poder)* entrar en la Academia.

2. Veo que _____ *(tú, cortarse)* el pelo.

3. Están seguros de que _____ *(ser)* él quien los _____ *(delatar)*.

4. No creemos que _____ *(usted, cometer)* ese error.

5. Espero que _____ *(vosotros, mandar)* la carta certificada.

4.9. Transformar la parte subrayada con *haber de / volver a / echar[se] a + infinitivo*.

1. Le digo de nuevo que en esta tienda no se admiten cheques.

2. Debemos disculparnos con ustedes por lo ocurrido.

3. Cuando contó lo que le había pasado, todos empezaron súbitamente a reír.

4. He leído otra vez el artículo, pero no lo he comprendido.

5. Tras robar el bolso, el ladrón empezó súbitamente a correr.

4.10. Conjugar en pretérito pluscuamperfecto *(había llevado)* o pretérito anterior *(hube llevado)* de indicativo.

1. Cuando entramos en casa, vimos que _____ *(inundarse)* el cuarto de baño.

2. Cuando llegasteis a la taquilla, os dijeron que ya _____ *(ellos, vender)* todas las entradas.

3. Cuando el guitarrista _____ *(terminar)* de tocar, el público aplaudió.

4. Cuando llegaron a la estación, el tren ya _____ *(salir)*.

5. Después que el dentista le _____ *(poner)* la anestesia, le sacó la muela.

4.11. Acentuar.

1. Podeis bañaros en este rio.

2. No sabia que aquella region habia obtenido la autonomia.

3. Se rie por cualquier tonteria.

4. El otro dia Maria fue a visitar a su tio Manuel.

5. El petroleo ha contaminado esta estupenda bahia del Mediterraneo.

Hablar

JESÚS: Ésta es la casa que hemos comprado. Nos ha costado muy poco. Es una casa vieja que haremos restaurar a principios de otoño. Así, cuando vengamos para las vacaciones de verano, las obras ya habrán terminado.

PEDRO: Habrá que hacer reformas a fondo. Tendréis que llamar a un arquitecto, supongo...

JESÚS: No te creas...No está tan mal como parece. Haremos el tejado nuevo y luego pintaremos la fachada.

PEDRO: ¡Pues estáis frescos! ¿Cuánto valdrá el tejado? ¡Hoy día las obras cuestan mucho!

JESÚS: No sabría decírtelo. Todavía no nos han hecho el presupuesto.

PEDRO: Y dentro, ¿cómo está la casa?

JESÚS: Entra. Ves, aquí en la planta baja haremos el comedor, la sala y la cocina. Mari-Luz querría la cocina muy grande... ¿Tú qué opinas?

PEDRO: Yo diría que es mejor el comedor grande y la cocina pequeña, si no, aquí en la sala no cabrá nada...

JESÚS: Es lo que yo digo... A Mari-Luz le gustaría una chimenea en la sala. No estoy convencido. ¿Tú qué harías?

PEDRO: Yo no soy partidario de las chimeneas: ensucian mucho y son peligrosas.

JESÚS: Creo que pondremos estufitas... nos saldrá más barato.

PEDRO: Yo creo que vendrá a costaros lo mismo, pero por lo menos no tendréis problemas de frío.

¿Y el jardín? Lo veo muy abandonado...

JESÚS: Cuando esté arreglado, será precioso. Haré todo un césped, como un prado a la inglesa...

PEDRO: Yo pondría un surtidor ahí en medio, haría muy bien.

JESÚS: ¿Tú crees? Mari-Luz querría unos parterres llenos de flores. Ahora le ha dado por las flores... Ya sabes como son las mujeres, ¡tienen cada idea!

PEDRO: Pues a mí lo de los parterres me parece una idea estupenda, pero, ¿sabes lo que te digo?: yo creo que más valdría comprar una casa nueva: os saldría más barata y estaríais mucho más cómodos.

Observar y recordar

- Cuando el jardín **esté** arreglado, **será** precioso. ────────────► | temporal futura |
  (presente del subjuntivo)   (futuro)

- Cuando **vengamos** para las vacaciones, las obras ya **habrán terminado.** ──► | temporal antefutura |
  (presente de subjuntivo)   (futuro compuesto)

FUTURO COMPUESTO

habr**é**
habr**ás**
habr**á** | llev**ado** / com**ido** / part**ido**
hab**remos**
habr**éis**
habr**án**

↓

MODELO DE REGULARIDAD

FUTURO

HACER	DECIR	TENER	HABER
har**é**	dir**é**	ten**dré**	habr**é**
har**ás**	dir**ás**	ten**drás**	habr**ás**
har**á**	dir**á**	ten**drá**	habr**á**
har**emos**	dir**emos**	ten**dremos**	hab**remos**
har**éis**	dir**éis**	ten**dréis**	habr**éis**
har**án**	dir**án**	ten**drán**	habr**án**

↓   ↓   CONDICIONAL ↓   ↓

HACER	DECIR	TENER	HABER
har**ía**	dir**ía**	ten**dría**	hab**ría**
har**ías**	dir**ías**	ten**drías**	hab**rías**
har**ía**	dir**ía**	ten**dría**	hab**ría**
har**íamos**	dir**íamos**	ten**dríamos**	hab**ríamos**
har**íais**	dir**íais**	ten**dríais**	hab**ríais**
har**ían**	dir**ían**	ten**drían**	hab**rían**

↓   ↓

IRREGULARIDAD PROPIA   MODELO DE IRREGULARIDAD

como **tener:** poner: PONDRÉ; salir: SALDRÉ; valer: VALDRÉ; venir: VENDRÉ
como **haber:** caber: CABRÉ; saber: SABRÉ; poder: PODRÉ; querer: QUERRÉ.

Así, cuando vengamos para las vacaciones, las obras ya habrán terminado.
(= de esta forma)

Ahora a Mari-Luz le **ha dado por** las flores. ─────► **DAR POR**
(= repentinamente siente interés por)

Vendrá a costaros lo mismo. ─────► **VENIR A + INFINITIVO**
(= os costará aproximadamente)

 **Practicar**

265. Conjugar en futuro *(llevará)* el verbo entre paréntesis.

Ejemplo: _____ *(haber)* que hacer reformas. ⟶ ***Habrá*** *que hacer reformas.*

1. Mañana _____ *(nosotros, tener)* que levantarnos temprano.

2. ¿Cuánto _____ *(valer)* este coche?

3. Seguramente estas maletas no _____ *(caber)* todas en el maletero.

4. ¿Cuándo _____ *(vosotros, venir)* a mi casa a almorzar?

5. Los actores _____ *(poner)* en escena una comedia de Calderón.

6. Los hijos no _____ *(querer)* separarse de sus padres.

7. Probablemente no _____ *(nosotros poder)* asistir al entierro.

8. A causa de una avería, el avión _____ *(salir)* con retraso.

9. ¿_____ *(saber)* los excursionistas encontrar el camino?

10. _____ *(ellos, hacer)* reformas en el establecimiento.

11. ¿Qué _____ *(ella, decir)* cuando sepa que la han expulsado del colegio?

12. Estoy seguro de que _____ *(nosotros, tener)* otras oportunidades de vernos.

266. Decir la palabra que significa lo que se indica entre paréntesis.

Ejemplo: Estas navidades he recibido _____ *(una gran cantidad de)* christmas[1].

⟶ *Estas navidades he recibido **un montón de** christmas.*

1. Deja el paraguas fuera de la puerta: _____ *(de esta forma)* no mojas el suelo.

2. ¡Has llegado, _____ *(¡finalmente! ¡era hora!):* hace media hora que te esperamos!

3. Hace una temporada que le _____ *(siente interés repentinamente por)* la filatelia.

4. Estábamos en la playa cuando _____ *(de improviso, súbitamente)* se oyeron unos gritos.

5. Sabiendo que no ibas a venir, _____ *(como mínimo)* podías avisarnos.

6. Esta idea que se te ha ocurrido no es nada mala, _____ *(indiscutiblemente)*.

7. ¿Ha muerto de infarto? ¡_____ *(¿de veras? ¡es increíble!)!:* era tan joven!

8. Después de lo que ha hecho, estoy _____ *(no completamente)* ofendido con él.

9. Este sombrero es estupendo y te _____ *(está bien)*.

10. En esta llanura[2] _____ *(con frecuencia, muchas veces)* en otoño hay niebla.

11. Los pescadores vuelven _____ *(a la hora en que empieza a oscurecer)*.

12. _____ *(hemos sentido repentinamente interés por)* ir en bicicleta.

13. La pobre está _____ *(un poco)* deprimida.

---

[1] *christma,* felicitación navideña.
[2] *llanura,* extensión grande de terreno llano.

267. Plurales.

Ejemplo: _____ *(el sillón)* está cerca de la ventana. ——→

——→ ***Los sillones*** *están cerca de la ventana.*

1. En muchas _____ *(ciudad)* españolas hay bonitos _____ *(jardín)*.

2. En _____ *(la calle)* de Madrid hay numerosos _____ *(árbol)*.

3. _____ *(el Rey)* de España hacen _____ *(su vacación)* en la isla de Mallorca.

4. _____ *(el lápiz)* están sobre el escritorio.

5. _____ *(el camión)* están parados en la gasolinera.

6. En la Tienda de Iberia venden _____ *(collar)* de perlas.

7. Apago _____ *(la luz)* del coche.

8. _____ *(el autobús)* que llevan al aeropuerto no pasan por aquí.

9. Karl y Peter son _____ *(estudiante)* alemanes.

10. El apartamento tiene dos _____ *(balcón)* y cuatro _____ *(ventana)*.

207. Hacer frases.

Ejemplo:

¿QUÉ HARÍAS TÚ EN LA HABITACIÓN?

colgar / cuadros   poner / alfombra   cambiar / sillones

——→ *Yo colgaría unos cuadros, pondría una alfombra y cambiaría los sillones.*

¿QUÉ HARÍAMOS NOSOTROS EN EL JARDÍN?

plantar / árboles   poner / surtidor   cortar / césped   hacer / senderito

¿QUÉ HARÍAS TÚ MAÑANA?

salir / temprano   hacer / compra   ir / tu casa   comer / juntas

¿QUÉ HARÍAMOS NOSOTROS EL DOMINGO?

venir / aquí   poner / discos   tener tiempo / charlar   poder invitar / chicas

269. Conjugar el verbo entre paréntesis en el tiempo y modo adecuados.

Ejemplos: • Cuando el jardín _____ *(estar)* arreglado, será precioso.

— ▶ *Cuando el jardín esté arreglado, será precioso.*

• Cuando el jardín esté arreglado, _____ *(él, ser)* precioso.

— ▶ *Cuando el jardín esté arreglado, será precioso.*

1. Cuando _____ *(yo, ser)* mayor, estudiaré para ingeniero.

2. Cuando cese de llover, _____ *(nosotros, salir)* a dar un paseo.

3. Cuando _____ *(tú, cobrar)* el sueldo, pagarás el alquiler del piso.

4. Cuando _____ *(él, sentirse)* mejor, podrá levantarse de la cama.

5. Cuando _____ *(vosotros, venir)* a mi casa, os enseñaré las fotos de las vacaciones.

6. Cuando esté lista la comida, _____ *(nosotros, poner)* la mesa.

7. Cuando _____ *(oírse)* la sirena, iremos al refugio.

8. Cuando _____ *(llegar)* el momento, tomaremos una decisión.

9. Cuando termine la conferencia, _____ *(haber)* un refresco.

10. Cuando _____ *(estar)* hecho el tejado, pintarán la fachada.

270. Unir y hacer frases.

Ejemplo: Cuando cante el gallo, ya le ——▶   (ellos) fusilar

——▶ *Cuando cante el gallo, ya le habrán fusilado.*

1. Cuando suban al avión, ya   comer / sopa

2. Cuando comamos el segundo plato, ya   volver / campo

3. Cuando llegue la policía, los ladrones ya   (ellos) pasar/control de pasaportes

4. Cuando esté en el quirófano, ya le   fugarse

5. Cuando se ponga el sol, los campesinos ya   dormir

6. Cuando le contraten, ya   cobrar / sueldo

7. Cuando le metan en la cárcel, ya   (nosotros) comprar / billetes

8. Cuando compre el coche, yo ya   hacer / servicio militar

9. Cuando subamos al autobús, ya   sacar / carnet de conducir

10. Cuando llegue el día treinta, los obreros ya procesar

Leer y comprender

El cine Doré, nueva sede de la Filmoteca española

por LUIS PRADO

El cine Doré, construido en 1923 y uno de los pocos edificios modernistas[1] de Madrid, albergará durante los próximos 50 años las dos nuevas salas de proyección de la Filmoteca Española. La realización de este proyecto, que data de hace casi siete años, ha costado más de 500 millones de pesetas. En el acto oficial de la inauguración, a la que asistirá el ministro de Cultura, se proyectarán fragmentos de viejas películas.

El legendario *palacio de las pipas* madrileño, situado en la calle de Santa Isabel, contará a partir de ahora con dos modernas salas dotadas de traducción simultánea y dos proyectores de 35 milímetros, para evitar cortar las colas de las películas mediante un pase[2] de bobinas automático, además de otro de 16 milímetros cada una. La sala 1 tendrá un aforo de 318 butacas, y la sala 2, con capacidad para 118 personas, incluirá una sala para visionado de vídeo y películas en formato super 8.

Además, el nuevo Doré dispondrá de cine de verano y bar en la antigua terraza del edificio, y en el vestíbulo los espectadores podrán disfrutar de restaurante, librería especializada en cine y monitores de televisión donde informarse de la programación.

Las salas quedarán abiertas al público mañana miércoles, y se mantienen los precios de 150 pesetas la sesión y 1.200 el abono por 10 películas.

Chema Prado, director en funciones de la Filmoteca Nacional, afirma "que se ha buscado la comodidad de los espectadores" y anuncia su intención de convertir este nuevo espacio de la Filmoteca Española en un "foro de debates con cineastas extranjeros y españoles".

La programación de marzo estará formada por cuatro ciclos: *Presentado por...,* en la que distintos directores, guionistas[3] y operadores de cine español elegirán los seis títulos que deseen (du-rante este mes serán los directores Luis García Berlanga, principal impulsor de una sede fija para la Filmoteca Española cuando fue su director, y Pedro Almodóvar); *Las filmotecas presentan,* para conocer el cine clásico de otros países, que comenzará con seis películas seleccionadas por la cinemateca de Estocolmo; *Basis Films,* productora de la República Federal de Alemania dedicada al cine social, y *El otro cine. En recuerdo de José Ignacio Fernández Bourgon,* homenaje a este grafista y crítico cinematográfico muerto hace dos meses, en el que se proyectarán filmes independientes que tienen muy difícil el acceso a los circuitos de exhibición comercial.

Asimismo, los sábados se destinarán a un ciclo sobre el cine latinoamericano actual, que empezará con Argentina. Está prevista la celebración frecuente de coloquios con profesionales del cine nacional e internacional tras la proyección de las películas.

El cine Doré, una barraca desde 1912, que se construyó como tal en 1923 por el arquitecto Críspulo Moro, fue cerrado al público en 1963 y abandonado a su suerte desde entonces. En 1982 el Ayuntamiento de Madrid lo compró por 40 millones de pesetas, y un año más tarde lo cedió al Ministerio de Cultura por 30 años, plazo que fue más tarde ampliado.

EL PAÍS
28 de febrero de 1989 - Madrid

---

271. Contestar.

1. ¿Cómo será la nueva Filmoteca Española de Madrid?

2. ¿Qué programas fijos piensa ofrecer la Filmoteca al público?

3. ¿Cómo se ha pasado del viejo *palacio de las pipas* a la actual Filmoteca?

---

[1] *modernista,* de estilo liberty.
[2] *pase,* (< pasar), acto de trasladar de una parte a otra.

[3] *guionista,* en el cine, persona que escribe los diálogos de un filme.

Hablar

MUJER: ¿Has visto a los nuevos inquilinos del tercer piso?

MARIDO: Sí que los he visto. Parece un matrimonio muy educado.

MUJER: ¿Qué edad tendrá él? Para mí debe [de] tener sesenta años, ¡como mínimo, eh! ¿A ti qué te parece?

MARIDO: No los he mirado mucho, la verdad, pero no creo que él tenga más de sesenta.

MUJER: Él siempre está en casa. Escribe mucho a máquina. Desde aquí se oye perfectamente: tic, tac, tic, tac. Se pone a escribir a primera hora de la mañana y sigue escribiendo toda la tarde.

MARIDO: Será periodista...

MUJER: Quizá sea escritor, novelista, poeta, ¿quién sabe?

Ahora llevo algunos días sin verlo. ¡Qué extraño!

MARIDO: ¿Qué tiene de extraño? Habrá ido de viaje...

MUJER: ¿Sabes una cosa?: su cara me resulta conocida; debo haberle visto en alguna parte.

MARIDO: Si es escritor, puede que lo hayamos visto por la tele.

MUJER: ¡Seguro!, el año pasado, ¿te acuerdas?, en ocasión del premio Arcadia... Ahora me acuerdo: era aquél que iba acompañado de una mujer alta, muy bien vestida...

MARIDO: Sería su mujer...

MUJER: No creo, porque la señora que he visto abajo es muy diferente. Ésta debe ser enfermera o algo así. Está muy poco en casa. Por la mañana vuelve justo antes de que yo salga de casa.

MARIDO: Probablemente hace el turno de noche, ¿qué quieres que te diga?...

MUJER: ¡Será!...

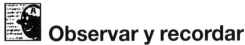
Observar y recordar

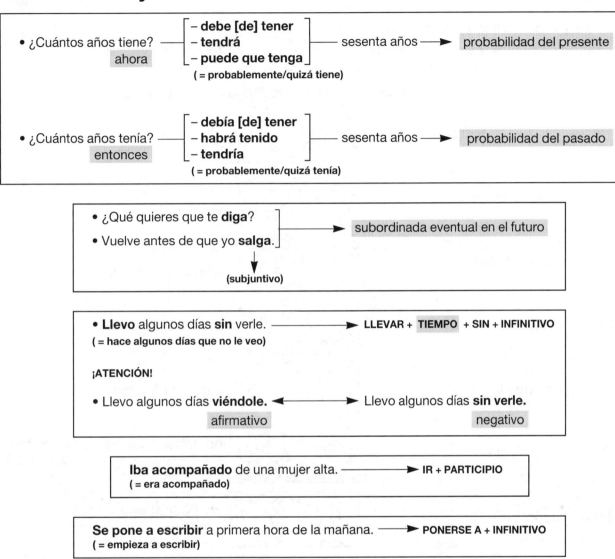

- ¿Cuántos años tiene?
  ahora
  - debe [de] tener
  - tendrá
  - puede que tenga
  (= probablemente/quizá tiene)
  — sesenta años → probabilidad del presente

- ¿Cuántos años tenía?
  entonces
  - debía [de] tener
  - habrá tenido
  - tendría
  (= probablemente/quizá tenía)
  — sesenta años → probabilidad del pasado

- ¿Qué quieres que te **diga**?
- Vuelve antes de que yo **salga**.
  → subordinada eventual en el futuro

  ↓
  (subjuntivo)

- **Llevo** algunos días **sin** verle. ——→ **LLEVAR +** TIEMPO **+ SIN + INFINITIVO**
(= hace algunos días que no le veo)

¡ATENCIÓN!

- Llevo algunos días **viéndole.** ←——→ Llevo algunos días **sin verle.**
  afirmativo   negativo

Iba acompañado de una mujer alta. ——→ **IR + PARTICIPIO**
(= era acompañado)

Se pone a escribir a primera hora de la mañana. ——→ **PONERSE A + INFINITIVO**
(= empieza a escribir)

Sigue (o continúa) escribiendo toda la tarde. ——→ **SEGUIR/CONTINUAR + GERUNDIO**
(= escribe por la mañana y continúa por la tarde)

Practicar

272. Unir y hacer frases libremente.

Ejemplo: Es muy viejo: ⟶  tener / noventa años

⟶ *Tendrá / debe [de] tener / puede que tenga / noventa años.*

1. Tienes la frente muy caliente:  ellos / salir

2. El coche se ha parado:  ellos / cortar / electricidad

3. No contestan al teléfono:  yo / no haber / dormido bastante

4. No me dirige la palabra:  tú / tener fiebre

5. No se enciende la luz:  ser / dientecitos

6. Os veo muy alegres:  no haber / gasolina / depósito

7. Tengo sueño:  él / estar ofendido / conmigo

8. El nene llora mucho:  recibir / buenas noticias / esta mañana

273. Transformar.

Ejemplo: Hace algunos días que no le veo. ⟶ **Llevo** algunos días **sin** verle.

1. Hace un mes que no llueve.
2. Hacía una semana que no hablaba con nadie.
3. Hace cinco años que no vamos a un teatro.
4. Hacía dos meses que no fumaba.
5. Hace una semana que no riegas las plantas.
6. Hace tres días que no prueban bocado.
7. Hacía diez años que no pintaban la casa.
8. Hace veinte años que no vuelve a su patria.
9. Hace más de tres años que no cogéis un avión.
10. Hacía cinco meses que no comunicaba con sus familiares.

274. Completar con *el-la-los-las que / cual-es / quien-es / cuyo-a-os-as*.

Ejemplo: La muela _____ me sacaron era la del juicio. ———➤

———➤ *La muela **que** me sacaron era la del juicio.*

1. _____ están hablando son expertos en la materia.
2. Había muchas personalidades del espectáculo entre _____ reconocí a Ingmar Bergmann.
3. El cine a _____ fuimos anoche se incendió.
4. Sólo las personas _____ rédito supere los seis mil euros tendrán que hacer la declaración de la renta.
5. Los espectadores, _____ iban todos de etiqueta, asistieron al estreno.
6. El señor _____ lleva la pajarita[1] es el violinista de la orquesta.
7. Los coches, _____ encendido es electrónico, consumen menos gasolina.
8. El pueblo vasco, _____ elecciones se celebrarán el próximo domingo, se halla en el norte de España.

275. Transformar.

Ejemplos: • Era acompañado de una mujer. ➤ ***Iba acompañado** de una mujer.*

• Empieza a escribir a las 7. ——➤ ***Se pone a** escribir a las 7.*

1. El delincuente era escoltado por dos policías.
2. A veces empieza a discutir animosamente por cualquier cosa.
3. La procesión era precedida por la imagen de la Virgen.
4. Normalmente empieza a trabajar a primeras horas de la mañana.
5. Empezaron a bailar en medio de la plaza.
6. El féretro era seguido por una multitud.
7. Cuando empieza a pontificar es insoportable.
8. El guardia empezó a multar a todos los conductores que no llevaban puesto el cinturón de seguridad.
9. En cuanto llegó al despacho empezó a abrir la correspondencia.
10. Las invectivas eran dirigidas al presidente del Gobierno.

276. Completar con *todo-a-os-as / nada*.

Ejemplo: –Muchas gracias por _____ . –De _____ ———➤

———➤ *–Muchas gracias por **todo**. –De **nada**.*

1. Con estas gafas no veo _____ .
2. No te doy ese cuadro por _____ del mundo.
3. _____ esas cosas que están diciendo no me interesan para _____ .
4. Es muy generosa: lo daría _____ a _____ el mundo.
5. En esta casa _____ está estropeado: es un desastre.
6. Os veo _____ muy preocupados.
7. _____ ustedes han sido muy amables conmigo.
8. _____ las personas presentes tienen derecho a votar.

---

[1] *pajarita,* corbata en forma de lazo.

277. Conjugar el verbo entre paréntesis en el tiempo y modo adecuados.

Ejemplo: Ésta es la casa que _____ (nosotros, comprar). ⟶

⟶ *Ésta es la casa que **hemos comprado**.*

JESÚS: Nos ha costado muy poco. Es una casa vieja que _____ (nosotros, hacer) restaurar a principios de otoño. Así, cuando _____ (nosotros, venir) para las vacaciones de verano, las obras ya _____ (terminar).

PEDRO: _____ (hacer) que hacer reformas a fondo. _____ (vosotros, tener) que llamar a un arquitecto, supongo...

JESÚS: No te _____ (tú, creer)... No está tan mal como _____ (parecer). _____ (nosotros, hacer) el tejado nuevo y luego _____ (nosotros, pintar) la fachada.

PEDRO: ¡Pues _____ (vosotros, estar) frescos! ¿Cuánto _____ (valer) el tejado? ¡Hoy día las obras _____ (costar) mucho!

JESÚS: No _____ (yo, saber) decírtelo. Todavía no nos _____ (ellos, hacer) el presupuesto.

PEDRO: Y dentro, ¿cómo _____ (estar) la casa?

JESÚS: Entra. Ves, aquí en la planta baja _____ (nosotros, hacer) el comedor, la sala y la cocina. Mari-Luz _____ (querer) la cocina muy grande... ¿Tú qué opinas?

PEDRO: Yo _____ (decir) que es mejor el comedor grande y la cocina pequeña, si no, aquí en la sala no _____ (caber) nada...

JESÚS: Es lo que yo _____ (decir)... A Mari-Luz le _____ (gustar) una chimenea en la sala. No no _____ (yo, estar) convencido. ¿Tú qué _____ (hacer)?

PEDRO: Yo no soy partidario de las chimeneas: ensucian mucho y son peligrosas.

JESÚS: Creo que _____ (nosotros, poner) estufitas... nos _____ (salir) más barato.

PEDRO: Yo creo que _____ (eso, venir) a costaros lo mismo, pero por lo menos no _____ (vosotros, tener) problemas de frío. ¿Y el jardín? Lo veo muy abandonado...

JESÚS: Cuando _____ (él, estar) arreglado, _____ (él, ser) precioso. _____ (yo, hacer) todo un césped, como un prado a la inglesa...

PEDRO: Yo _____ (poner) un surtidor ahí en medio, _____ (eso, hacer) muy bien.

JESÚS: ¿Tú crees? Mari-Luz _____ (querer) unos parterres llenos de flores. Ahora le ha dado por las flores... Ya sabes como _____ (ser) las mujeres, ¡tienen cada idea!

PEDRO: Pues a mí lo de los parterres me parece una idea estupenda, pero, ¿sabes lo que te _____ (yo, decir)?: yo creo que más _____ (valer) comprar una casa nueva: os _____ (ella, salir) más barata y _____ (vosotros, estar) mucho más cómodos.

© 1988. Ediciones B., SA., por acuerdo con Promo VIP, SA.

---

[1] *golpe,* acción rápida y violenta, especialmente criminosa.

[2] *zarpa,* mano de ciertos animales, como el león, el tigre, el gato.

[3] *no dejar rastro,* no dejar señales o indicios.

[4] *caco,* ladrón.

39 | *Un caso urgente*

 Hablar

SEÑOR: Buenos días, señorita. Necesito que el doctor me reciba ahora mismo.

ENFERMERA: No creo que hoy pueda recibirle. El doctor tiene muchas visitas. Ya lo ve, hay mucha gente que está esperando.

SEÑOR: Tengo un dolor de muelas espantoso, dése cuenta. Aunque tenga que esperar un poco, no importa. Lo importante es que me saque esta maldita muela hoy mismo.

ENFERMERA: Ya le he dicho que el doctor hoy está ocupadísimo, ¿cómo tengo que decírselo? Ya ve usted la agenda: lo tengo todo lleno.

Excepto que alguien llame diciendo que no puede venir o que alguien no se presente. En tal caso insistiré para que el doctor le reciba.

SEÑOR: ¡Oh, muchas gracias, señorita! Es usted muy amable. ¡Ojalá alguien no venga!

ENFERMERA: Se lo diré al doctor en cuanto llegue. Ahora pase a la sala de espera.

SEÑOR: ¿Cómo? ¿El doctor todavía no está aquí?

ENFERMERA: No. El doctor ha dejado dicho que hoy llegará a las cinco: ahora son apenas las tres.

SEÑOR: ¡Madre mía! ¡Todavía faltan dos horas! Quizá es mejor que me vaya y busque otro dentista, a ver si tengo más suerte, porque si no, acabaré volviéndome loco.

ENFERMERA: No, vale más que espere: ya verá cómo de un momento a otro llama alguien diciendo que no puede venir.
¡Siempre pasa lo mismo!

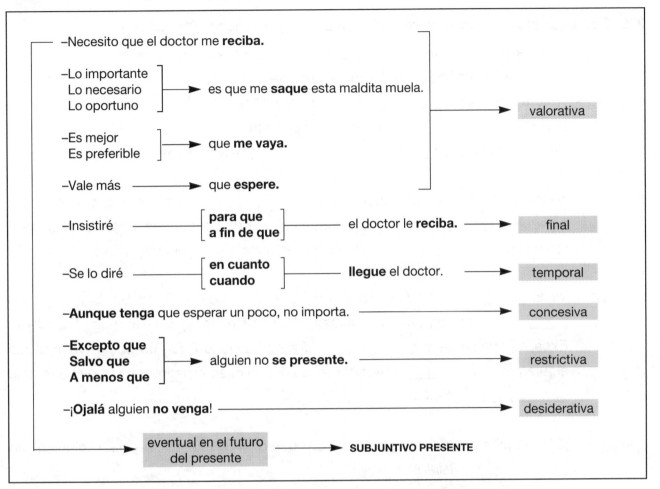

–Necesito que el doctor me **reciba.**

–Lo importante
Lo necesario
Lo oportuno → es que me **saque** esta maldita muela.

–Es mejor
Es preferible → que **me vaya.**

–Vale más → que **espere.**

valorativa

–Insistiré **para que**
a fin de que el doctor le **reciba.** → final

–Se lo diré **en cuanto**
cuando **llegue** el doctor. → temporal

–**Aunque tenga** que esperar un poco, no importa. → concesiva

–**Excepto que**
Salvo que
A menos que → alguien no **se presente.** → restrictiva

–**¡Ojalá** alguien **no venga!** → desiderativa

eventual en el futuro
del presente → **SUBJUNTIVO PRESENTE**

¡Ojalá alguien no **pueda** venir! → **OJALÁ + SUBJUNTIVO**
(= espero / deseo vivamente que)

El doctor **ha dejado dicho** que llegará a las cinco. → **DEJAR + PARTICIPIO**
(= ha dicho definitivamente que)

Quizá es mejor que me vaya y busque otro dentista, porque si no,
acabaré volviéndome loco. → **ACABAR + GERUNDIO**
(= al final me volveré)

Ahora son **apenas** las tres.
(= escasamente / tan sólo)

A ver si tengo más suerte.
(= veamos)

Si no, acabaré **volviéndome** loco. → **VOLVERSE**
(= transformándome / convirtiéndome)

 **Practicar**

278. Conjugar el verbo entre paréntesis en el tiempo y modo adecuados.

Ejemplo: Necesito que el doctor me _____ (él, recibir). ———➤

———➤ *Necesito que el doctor me* **reciba.**

ENFERMERA: No creo que hoy _____ (él, poder) recibirle.

El doctor _____ (tener) muchas visitas.

Ya lo ve, hay mucha gente que _____ (estar) esperando.

SEÑOR: Tengo un dolor de muelas espantoso, _____ (usted, darse) cuenta.

Aunque _____ (yo, tener) que esperar un poco, no importa. Lo importan-

te es que me _____ (él, sacar) esta maldita muela hoy mismo.

ENFERMERA: Ya le _____ (yo, decir) que el doctor hoy está ocupadísimo, ¿cómo

_____ (yo, tener) que decírselo? Ya ve usted la agenda: lo tengo todo lleno.

Excepto que alguien _____ (llamar) diciendo que no puede venir o que

alguien no _____ (presentarse). En tal caso insistiré para que el doctor le

_____ (recibir).

SEÑOR: ¡Oh, muchas gracias, señorita! Es usted muy amable. ¡Ojalá alguien no

_____ (venir)!

ENFERMERA: Se lo diré al doctor en cuanto _____ (él, llegar). Ahora _____

(usted, pasar) a la sala de espera.

SEÑOR: ¿Cómo, el doctor todavía no _____ (estar) aquí?

ENFERMERA: No. El doctor ha dejado dicho que hoy _____ (él, llegar) a las cinco: aho-

ra son apenas las tres.

SEÑOR: ¡Madre mía! ¡Todavía faltan dos horas! Quizá es mejor que _____ (yo, irse)

y _____ (yo, buscar) otro dentista, a ver si _____ (yo, tener) más

suerte, porque si no, _____ (yo, acabar) volviéndome loco.

ENFERMERA: No, vale más que _____ (usted, esperar): ya verá cómo de un momento a

otro _____ (llamar) alguien diciendo que no _____ (él, poder) venir.

¡Siempre _____ (pasar) lo mismo!

279. Transformar.

Ejemplos: • El doctor ha dicho (*definitivamente*) que llegará a las cinco. ⟶
⟶ El doctor ha **dejado dicho** que llegará a las cinco.

• Al final me volveré loco. ⟶ **Acabaré volviéndome** loco.

1. Empezó diciendo que no tenía hambre y al final se comió media tarta.
2. Antes de salir, arregla (*definitivamente*) tu habitación.
3. Estaban discutiendo animadamente y al final se pelearon.
4. Hinchó demasiado el globo[1] y al final éste explotó.
5. Apunto aquí (*definitivamente*) mi nueva dirección.
6. Lucharon animosamente, pero al final se rindieron al enemigo.
7. Solucionaron (*definitivamente*) el problema.
8. Estoy aguantando, pero al final perderé la paciencia.
9. Ya he dicho (*definitivamente*) lo que hay que hacer.
10. El reo negó repetidamente, pero al final confesó su delito.

280. Conjugar el verbo en cursiva.

Ejemplo: ¡Ojalá alguien no *venir*! ⟶ *¡Ojalá alguien no **venga**!*

1. ¡Ojalá no *llover* esta tarde!
2. ¡Ojalá el doctor *sacarle* la muela!
3. ¡Ojalá no *haber* disparos durante la manifestación!
4. ¡Ojalá los jueces *absolver* a los acusados!
5. ¡Ojalá *(nosotros) llegar* a tiempo a la cita!
6. ¡Ojalá él no *morirse* tan joven!
7. ¡Ojalá el profesor *aprobarte*!
8. ¡Ojalá *(vosotros) ganar* el primer premio!

281. Conjugar el verbo entre paréntesis en presente de subjuntivo (*lleve*).

Ejemplo: Aunque _____ (*yo, tener*) que esperar un poco, no importa. ⟶
⟶ Aunque **tenga** que esperar un poco, no importa.

1. Aunque _____ (*hacer*) frío, saldremos al campo.
2. Aunque _____ (*él, costar*) mucho, compraremos el Ferrari.
3. Aunque le _____ (*ellos, torturar*), no revelará el nombre de los cómplices.
4. No les recibiremos aunque _____ (*ellos, insistir*).
5. Aunque le _____ (*ellos, ofrecer*) la presidencia, la rehusará.
6. Aunque no _____ (*vosotros, tener*) fiebre, no os levantaréis de la cama.
7. Aunque el equipo _____ (*ganar*) este partido, no ganará la Copa.
8. Tenéis que trabajar aunque no os _____ (*apetecer*).

---

[1] *globo,* bolsa de material flexible e impermeable que se puede hinchar.

282. Conjugar el verbo entre paréntesis en pretérito perfecto simple (llevé).

Ejemplo: Le _____ (dar) un ataque de nervios. ——→ Le **dio** un ataque de nervios.

1. ¿Qué _____ (ellos, decir) cuando _____ (vosotros, poner) el coche en su jardín?

2. No nos _____ (ellos, traer) nada de su viaje al Perú.

3. Le _____ (conducir) yo mismo al abogado.

4. No _____ (tú, saber) contestarle apropiadamente.

5. ¿ _____ (vosotros, irse) sin darle las gracias?: _____ (vosotros, hacer) muy mal.

6. Cuando los ladrones _____ (oír) la alarma, _____ (ellos, huir) a toda prisa.

7. _____ (nosotros, tener) que esperar el autocar más de una hora.

8. No _____ (ellos, poder) asistir, porque tenían otro compromiso.

9. No _____ (él, decir) adónde iba, pero yo _____ (suponer) que había ido a la discoteca.

10. En cuanto _____ (ellos, llegar) al hotel, _____ (ellos, deshacer) las maletas.

283. Completar con pero / en cambio.

Ejemplo: Yo vivo en Madrid; mis padres, _____, viven en Sevilla. ——→
——→ Yo vivo en Madrid, mis padres, **en cambio**, viven en Sevilla.

1. La habitación de este hotel es grande _____ oscura.

2. La bufanda es nueva; los guantes, _____, son viejos.

3. Pepe es muy inteligente _____ holgazán.

4. Mi hermano es moreno; yo, _____, soy rubia.

5. Karl es alemán _____ habla muy bien el español.

6. Tu casa es muy grande; la mía, _____, es pequeña.

7. Peter es inglés; su novia, _____, es japonesa _____ habla muy bien el inglés.

284. Transformar con seguir + gerundio / venir a + infinitivo.

Ejemplos: • Escribe toda la mañana y todavía escribe por la tarde. ——→
——→ Escribe por la mañana y **sigue escribiendo** por la tarde.
• Las estufas os costarán aproximadamente lo mismo. ——→
——→ Las estufas **vendrán a costaros** lo mismo.

1. El coche cuesta aproximadamente doce mil euros.

2. Hacía frío ayer y hoy todavía hace frío.

3. Este melón pesa aproximadamente un kilo.

4. Ayer estuvimos esperando al electricista y hoy todavía lo esperamos.

5. Esta mañana te dolía la muela y esta tarde todavía te duele.

6. El artículo dice aproximadamente que se prevé un incremento de la población.

7. Los inquilinos protestaron por el aumento del alquiler y todavía protestan.

8. Me sugirió aproximadamente que era mejor no insistir en ello.

9. El año pasado la maestra tenía manía a nuestro hijo y este año todavía le tiene manía.

10. El médico le dijo aproximadamente que tenía cáncer.

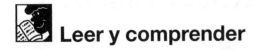

Leer y comprender

Tenderos en pie de guerra[1]

por MIKEL MUEZ

Los comerciantes de alimentación de Pamplona y su comarca[2] se encuentran en pie de guerra contra la proliferación de rastros[3] y mercadillos de venta ambulante. Desde el pasado miércoles la casi totalidad de los establecimientos de venta de productos alimenticios de la capital navarra y su comarca, y todos los mercados públicos existentes, mantienen una huelga indefinida que es también secundada, desde el pasado 10 de septiembre, por los mayoristas de frutas y verduras que abastecen a un cuarto de millón de personas residentes en esta área, el 50% de la población navarra.

La escasez de algunos alimentos ha comenzado a dejarse notar[4] en Pamplona mientras los huelguistas insisten en exigir del Ayuntamiento la desaparición de al menos uno de los dos mercados dominicales que se desarrollan en la capital. El viernes, al cumplirse el tercer día de huelga, los piquetes de comerciantes originaron desórdenes a las puertas de algunos grandes supermercados que se encontraban abiertos. La policía tuvo que proteger los comercios y se produjeron enfrentamientos verbales entre huelguistas y consumidores. Algunas personas causaron desperfectos en el interior de los supermercados y arrojaron productos alimenticios por los suelos mientras el clima de crispación se agudizaba. Cinco personas fueron detenidas.

La lucha contra este tipo de venta ambulante por parte del ramo[5] de la alimentación comenzó a primeros de año. Los comerciantes realizaron ya una huelga en febrero alegando que mercadillos y rastros constituyen una competencia desleal que les produce pérdidas anuales en el comercio estable superiores a 1.000 millones de pesetas, sin pagar impuestos y sin una adecuada regulación legal. La batalla había comenzado al intentar el Ayuntamiento trasladar el único rastro existente a otra zona de la ciudad en la que causara menos molestias. El intento provocó enfrentamientos de orden público con vendedores y vecinos, y posteriormente generó la aparición de dos rastros simultáneos, en la nueva y en la antigua ubicación. Para los comerciantes, aquello fue demasiado.

Tras la huelga, mayoristas, minoristas, consumidores y Ayuntamiento llegaron a un acuerdo para controlar la situación. El alcalde de Pamplona ha recordado que en este intervalo de tiempo se ha aprobado la primera ordenanza municipal reguladora de la venta ambulante, pero ha insistido en que los dos mercadillos seguirán funcionando hasta que en diciembre finalicen las autorizaciones municipales de uno de ellos.

Rastros

El presidente de la Asociación de Detallistas de Alimentación, considera que el Ayuntamiento no ha jugado limpio[6] y exige que se acote la proliferación de rastros. "Las absurdas palabras de los políticos de esta ciudad", dijo al comienzo de la huelga, "han calentado[7] aún más el comercio que ya no aguanta esto".

El Ayuntamiento se ha dirigido a los huelguistas recordándoles la obligación legal de mantener abiertos los puestos y mercados y ha anunciado la aplicación de sanciones. El presidente contestó que no habría "ni servicios mínimos ni máximos".

Carniceros y pescaderos pararon durante el pasado miércoles en solidaridad con la huelga. Panaderías, lecherías, carnicerías y pescaderías estudian la posibilidad de sumarse a la huelga a partir de mañana lunes de forma indefinida.

EL PAÍS
17 de septiembre de 1989 - Madrid

285. Contestar.

1. ¿De qué se quejan los comerciantes? ¿Cómo se quejan?

2. ¿Por qué consideran que los mercados ambulantes son un abuso?

3. ¿Cómo responde la autoridad a sus quejas?

---

[1] *en pie de guerra,* se dice del pueblo o ejército que en tiempo de paz lo tiene todo dispuesto para hacer la guerra.

[2] *comarca,* región geográfica, no administrativa.

[3] *rastro,* mercado ambulante.

[4] *dejarse [notar],* ser percibible.

[5] *ramo,* sector.

[6] *jugar limpio,* actuar con honradez.

[7] *calentarse,* enardecerse, animarse, ponerse grave y tensa una situación.

Hablar

ENTREVISTADOR:	Oiga señor, una pregunta: ¿qué haría usted si le tocaran seis millones de euros?
SEÑOR:	Dejaría de trabajar, eso lo primero.
ENTREVISTADOR:	¿Y usted, señora?
SEÑORA:	Yo no, porque si dejara de trabajar me aburriría como una ostra.
SEÑOR:	¡Pero si se está tan bien sin hacer nada! ¡Qué ideas tiene la gente!
SEÑORA:	Pues mire, yo no.
ENTREVISTADOR:	¿Qué haría entonces si pudiera disponer de ese dinero?
SEÑORA:	Montaría un negocio... una boutique o algo así...
SEÑOR:	¡Pues no le daría poca lata la tienda!
SEÑORA:	Ya sé, pero aunque me diese trabajo estoy segura de que me lo pasaría estupendamente.
ENTREVISTADOR:	Pasemos a otra pregunta. Si pudiera elegir, ¿qué escogería: el aplauso, el poder o el dinero? A ver este señor...
OTRO SEÑOR:	Yo el poder, desde luego. Ya me gustaría mandar un poco, que hasta ahora no he hecho más que obedecer...
SEÑORITA:	Pues yo el aplauso. ¡Cuánto me gustaría subir a un escenario, soltar un aria de Donizetti y no poder ni acabar por los aplausos! ¡Eso sí que sería precioso...!
ENTREVISTADOR:	A ver, otra pregunta. Si su pareja no tuviese ninguna limitación de dinero, ¿qué regalo sería el más deseado?
SEÑORA:	A mí me haría una ilusión muy grande un abrigo de visón...
SEÑORITA:	¡Qué horror, esos pobres animales! Yo aunque me lo regalaran no me lo pondría...
ENTREVISTADOR:	Otra pregunta, ésta sólo para caballeros... Si pudiera elegir, ¿a qué heroína de ficción debería parecerse su esposa?
SEÑOR:	Bueno, yo estoy casado y mi Teresa francamente no veo que se parezca a ninguna estrella...
ENTREVISTADOR:	Bueno, en el suponer que se hubiese casado con otra...
SEÑOR:	Bueno, si hubiera encontrado a una como Gilda, no me lo habría pensado dos veces, por supuesto...
MUCHACHO:	Pues yo, aunque hubiese encontrado a la mismísima Brigitte Bardot, me habría casado igualmente con mi Angelita, que es un cielo...

Observar y recordar

- **Si** le **tocaran** seis millones de euros, ¿qué **haría**? ──────────▶ condicional del presente

- **Si hubiera encontrado** a una como Gilda, no me lo **habría pensado** dos veces. ──▶ condicional del pasado

---

- **Aunque** me **diese** trabajo, me lo **pasaría** estupendamente. ──────────▶ concesiva del presente

- **Aunque hubiera encontrado** a Brigitte Bardot, **me habría casado** con mi Angelita. ──▶ concesiva del pasado

---

PRETÉRITO IMPERFECTO DE SUBJUNTIVO

LLEVAR	COMER	PARTIR
llev**ara** / llev**ase**	com**iera** / com**iese**	part**iera** / part**iese**
llev**aras** / llev**ases**	com**ieras** / com**ieses**	part**ieras** / part**ieses**
llev**ara** / llev**ase**	com**iera** / com**iese**	part**iera** / part**iese**
llev**áramos** / llev**ásemos**	com**iéramos** / com**iésemos**	part**iéramos** / part**iésemos**
llev**arais** / llev**aseis**	com**ierais** / com**ieseis**	part**ierais** / part**ieseis**
llev**aran** / llev**asen**	com**ieran** / com**iesen**	part**ieran** / part**iesen**

↓
MODELO DE REGULARIDAD

FORMACIÓN DE LA IRREGULARIDAD

pedir:	PIDIÓ	──────▶	PIDIERA / PIDIESE
dar:	DI	──────▶	DIERA / DIESE
hacer:	HICE	──────▶	HICIERA / HICIESE
venir:	VINE	──────▶	VINIERA / VINIESE
conducir:	CONDUJE	──────▶	CONDUJERA / CONDUJESE (CONDU~~X~~IERA)
	etc.		

PRETÉRITO PLUSCUAMPERFECTO DE SUBJUNTIVO

h**ubiera** / h**ubiese**
h**ubieras** / h**ubieses**
h**ubiera** / h**ubiese**   ──▶ llev**ado** / com**ido** / part**ido**
h**ubiéramos** / h**ubiésemos**
h**ubierais** / h**ubieseis**
h**ubieran** / h**ubiesen**

MODELO DE REGULARIDAD

CONDICIONAL COMPUESTO

hab**ría**
hab**rías**
hab**ría**   ──▶ llev**ado** / com**ido** / part**ido**
hab**ríamos**
hab**rían**
hab**ría**

MODELO DE REGULARIDAD

Si pudiera, **dejaría de** trabajar. ──────▶ **DEJAR DE + INFINITIVO**
(= cesaría de trabajar / no trabajaría más)

 **Practicar**

286. Unir y hacer frases condicionales.

Ejemplo: Si _____ *(yo, poder)* elegir  escoger / abrigo de pieles

⟶ *Si **pudiera** / **pudiese** elegir, **escogería** un abrigo de pieles.*

1. Si me _____ *(tocar)* la lotería  él / levantarse / cama

2. Si él no _____ *(tener)* fiebre  nosotros / coger / taxi

3. Si _____ *(hacer)* sol  comer / bocadillo

4. Si _____ *(haber)* huelga de tranvías  ver / mejor escenario

5. Si _____ *(ellos,tener)* hambre  comprar / casa

6. Si nosotros _____ *(ser)* mayores  conducir / yo

7. Si _____ *(tú, ponerse)* las gafas  nosotros ir / campo

8. Si yo _____ *(saber)* conducir  poder / votar

9. Si le _____ *(doler)* la muela  nosotros instalar / cuarto de baño

10. Si _____ *(ellos, traer)* la lavadora  usted ir / dentista

11. Si _____ *(ellos, echar)* una buena [película  beber / refrescos

12. Si _____ *(vosotros, tener)* sed  ellos ir / cine

287. Transformar las frases en pasado.

Ejemplo: Si pudiera elegir, escogería el aplauso. ⟶

⟶ *Si **hubiera / hubiese podido** elegir, **habría escogido** el aplauso.*

1. Si me lo presentasen, iría a saludarle.
2. Si viniera a mi casa, le enseñaría las fotos de la boda.
3. Si tuviéramos tiempo, haríamos un poco de deporte.
4. Si no lloviese, saldríamos de paseo.
5. Si hubiera sitio, aparcaría en la calle.
6. Si supiese mecanografía, escribiría a máquina.
7. Si no estuviera tan lejos, irían andando.
8. Si sonara el teléfono, no contestaría.
9. Si fuese más joven, subiría a la montaña.
10. Si pusieran el contestador automático, sería más cómodo.

288. Transformar.

Ejemplo: ¡Me gusta mucho! ⟶ *¡**Cuánto** me gusta!*

1. ¡Pesa mucho esta maleta!
2. ¡Aquella señora habla mucho!
3. ¡La vida ha subido mucho!
4. ¡Llovió mucho el año pasado!
5. ¡Quisiera ayudarle mucho!
6. ¡Cuesta mucho este collar!
7. ¡Esta gente trabaja mucho!
8. ¡Sufría mucho el pobre!
9. ¡Nos gustaría mucho viajar!
10. ¡El niño llora mucho!

289. Transformar con dejar *de / llevar... sin / ponerse a* + infinitivo.

Ejemplo: Cesaría de trabajar ahora mismo. ⟶ ***Dejaría de** trabajar ahora mismo.*

1. El tren ya no pasa por nuestro pueblo.
2. Empezó a gritar sin ningún motivo.
3. Ya no trabajan en nuestra empresa.
4. Hace dos días que no se ven.
5. Empezamos a comer a las dos de la tarde.
6. Hace más de media hora que no pasa el autobús.
7. He cesado de frecuentar la cafetería de los artistas.
8. Empezó a cantar en medio de la calle.
9. Ya no se interesa por la política.
10. Hace tres años que no abre un libro.

290. Unir y transformar con *tan / tanto... que.*

Ejemplo: Daba unas zancadas muy grandes: parecía una pantera. ——→

——→ *Daba unas zancadas **tan** grandes **que** parecía una pantera.*

1. Era una persona muy bondadosa: todo el mundo le quería.

2. Eran unos bultos[1] muy pesados: nadie podía levantarlos.

3. Habla muy bajo: no se le oye nada.

4. Conducen muy despacio: resultan exasperantes.

5. El ladrón corría mucho: la policía no le cogió.

6. Era muy obtuso: no entendía nada.

7. Gastó un montón de dinero: se arruinó.

8. Sopló un viento muy fuerte: derribó los árboles del jardín.

9. Por la noche, vuelvo muy tarde: ni siquiera veo a mis hijos.

10. Es muy embustero[2]: nadie le cree.

291. Completar con *quién-es / qué / cómo / dónde.*

Ejemplo: ¿Con _____ estabas hablando? ——→ *¿Con **quién** estabas hablando?*

1. ¿Para _____ eran las ensaladas?

2. Perdón, ¿_____ está la Plaza Mayor?

3. –¿_____ son aquellos señores? –Son muy amables.

4. –¿De _____ son ustedes? –Somos de Alemania.

5. ¿_____ funciona este ordenador?

6. ¿_____ estaba haciendo el presidente?

7. –¿_____ está el cine Apolo? –Está en el centro de Madrid.

8. ¿_____ podemos ir al Centro Comercial?

9. –¿Con _____ salisteis anoche? –Con Pepe y Luisa.

10. –¿_____ estudiáis en la universidad? –Derecho.

11. –¿_____ le acusaron de estafa? –Sus propios compañeros.

12. ¿Para _____ es este regalo?

---

[1] *bulto,* paquete o fardo.

[2] *embustero,* persona que tiene el vicio de mentir.

Leer y comprender

Ambulancia
por MANUEL VICENT

Frente al portal de la mansión donde vive el banquero esperaba la ambulancia a las nueve de la mañana. La ciudad estaba totalmente colapsada y las emisoras de radio pronosticaban continuamente el caos para el resto de los días. Con zapatos lujosos de piel de cabra, traje azul y la mandíbula bruñida desde hacía poco tiempo, el banquero bajó de su aposento y en el zaguán fue recibido por dos enfermeros con bata blanca que no eran sino el mecánico de toda la vida y el secretario particular. Con las reverencias de costumbre, estos servidores abrieron la puerta posterior de la ambulancia, el banquero se introdujo en ella a gatas[1], se tumbó impávido en la camilla y el vehículo arrancó en dirección al despacho del banco situado en el centro de la capital. El atasco general se presentó al doblar[2] la primera esquina. El mecánico disfrazado de celador[3] puso en marcha la sirena, que comenzó a ulular exigiendo el paso. Ante semejante estrépito los coches bloqueados se ponían trabajosamente a un lado, los guardias le franqueaban todos los cruces y tragándose[4] semáforos rojos a través de la inmensa barri-

cada del tráfico volaba la ambulancia y en su interior iba el banquero tumbado en la camilla fumando el primer puro de la jornada. Desde el mes pasado toda la ciudad se hallaba paralizada por el nudo[5] definitivo formado en la circulación y los expertos afirmaban que ese colapso iba a durar algunos años, tal vez hasta el final del milenio o aún más. En este momento sonaban otras sirenas, destellaban ráfagas amarillas los capós[6] de otras ambulancias. En ellas viajaban otros potentados[7] con una flor en el ojal, echados en las parihuelas y no todos se dirigían al trabajo. Muchos comerciantes adinerados, prohombres de la política o hijos de papá también utilizaban la ambulancia sólo para tomar una copa en su bar preferido, pero este banquero que salió de su mansión a las nueve de la mañana era más consecuente[8]. Había montado su despacho en la novena plata de un hospital y ahora su ambulancia le acababa de dejar en la sala de urgencias después de haber atravesado el caos de la ciudad.

EL PAÍS
10 de diciembre de 1989 - Madrid

---

292. Contestar.

1. ¿Cómo resuelve el banquero el problema del tráfico y de los atascos?

2. ¿Qué ocurre en la calle al pasar la ambulancia?

3. ¿En que se diferencia el banquero de los demás potentados que recurren a la misma solución?

---

[1] *a gatas*, a cuatro patas.
[2] *doblar*, girar, volver un ángulo.
[3] *celador*, enfermero.
[4] *tragarse*, comerse devorando.

[5] *nudo*, atasco.
[6] *capó*, cubierta del motor del coche.
[7] *potentado*, persona rica y poderosa.
[8] *consecuente*, coherente.

41

Un testigo... sospechoso

 Hablar

POLICÍA: Estuvo aquí ése que dice que está dispuesto a declarar sobre el homicidio de la calle de Torrijos.

JEFE: Vaya, de haberlo sabido, no me habría movido de aquí esta mañana...¿Qué dijo?

POLICÍA: Dijo que quería hablar con usted. Que iba a pasar por aquí esta tarde, pero yo ya le dije que esta tarde usted no vendría...
Dijo que pasaría mañana por la mañana a eso de las once...

JEFE: ¿Usted cree que podemos fiarnos de su testimonio?
Es un testigo inteligente, pero tengo la impresión de que tiene una imaginación un tanto exaltada.

POLICÍA: No sé. Él insiste que desde su casa se domina perfectamente el apartamento donde se produjo el asesinato.
Dijo usted que iría a verle...

JEFE: Sí, pasé por allí, pero él no estaba en casa. Al no estar él, aproveché para hablar un poco con la portera. Está completamente loca. Tiene el terror de la policía y en cuanto me ha visto, se ha puesto histérica y me ha dicho casi gritando: "Yo no sé nada, yo no he visto nada, de saber algo , se lo diría, se lo juro..."
¿Le ha contado algo nuevo el tipo ese?

POLICÍA: Lo de siempre: que él había visto muchas veces a ese hombre que visitaba a la señora. Según él, aquella noche ese mismo hombre habría ido a su casa a eso de las dos de la madrugada y habría abierto el portal con su propia llave, que él había visto muy bien cómo se la sacaba del bolsillo...

JEFE: ¡Yo quisiera saber cómo ha podido ver esos detalles: vive en un octavo piso!

POLICÍA: ¡Eso es lo que digo yo!
De todas formas, me dijo que tenía que contarle a usted una cosa que disiparía todas sus dudas. Dijo que era un secreto.

JEFE: ¡Uhm! No querría que fuese un mitómano...

POLICÍA: ¡Ya pudiera ser! ¡Desde luego no sería el primero!

 **Observar y recordar**

- Yo ya le dije que usted no **vendría**. ⟶ futuro del pasado
  (condicional)

OBSERVE

- Dice que ⎡ **vendrá** ⎤ mañana. ⟶ futuro del presente
  ⎣ **va a venir** ⎦

- Dijo que ⎡ **vendría** ⎤ mañana. ⟶ futuro del pasado
  ⎣ **iba a venir** ⎦

Según él, **habría ido** a su casa a las dos de la madrugada. ⟶ suposición del pasado
(= parece que ha ido)

- No **querría / quisiera** que fuese un mitómano.

- Yo **querría / quisiera** saber cómo ha podido ver esos detalles.

- ¡Ya **podría / pudiera** ser!

- **Debería / debiera** ir a verla. ⟶ sólo estos tres verbos en todas las personas

---

- **De saber** algo, se lo **diría**. ⟶ **DE + INFINITIVO SIMPLE**
  (= si supiera algo)

- **De haberlo sabido**, no me habría movido de aquí. ⟶ **DE + INFINITIVO COMPUESTO**
  (= si lo hubiera sabido)

Tiene una imaginación **un tanto** exaltada.
(= algo/un poco)

Pasaré **a eso de** las once.
(= más o menos/alrededor de)

Acabaré **volviéndome** loco. ⟷ **Se ha puesto** histérica.

VOLVERSE: definitivo   PONERSE: transitorio

Al no **estar** él, hablé con la portera. ⟷ **AL + INFINITIVO:** causal
(= dado que / como él no estaba)

293. Hacer frases con el tiempo condicional simple (llevaría).

Ejemplo:

El policía dijo que

ver / casa   hablar / portera

→ *El policía dijo que **vería** la casa y **hablaría** con la portera.*

Las previsiones del tiempo dijeron que

avecinarse / nueva pertubación

llover / tres días

soplar / viento / norte

hacer / frío

El dirigente comunicó que

coger / avión de las 8

llegar / noche

dormir / hotel

estar / oficina a las 9

La asistenta prometió que

pasar / aspirador

quitar / polvo

ir / compra

poner / mesa

El médico de guardia decidió que

desinfectar / herida

dar / tres puntos

poner / venda

recetar / calmante

Los albañiles dijeron que

poner / andamio

reparar / balcones

cambiar / tejas

pintar / fachada

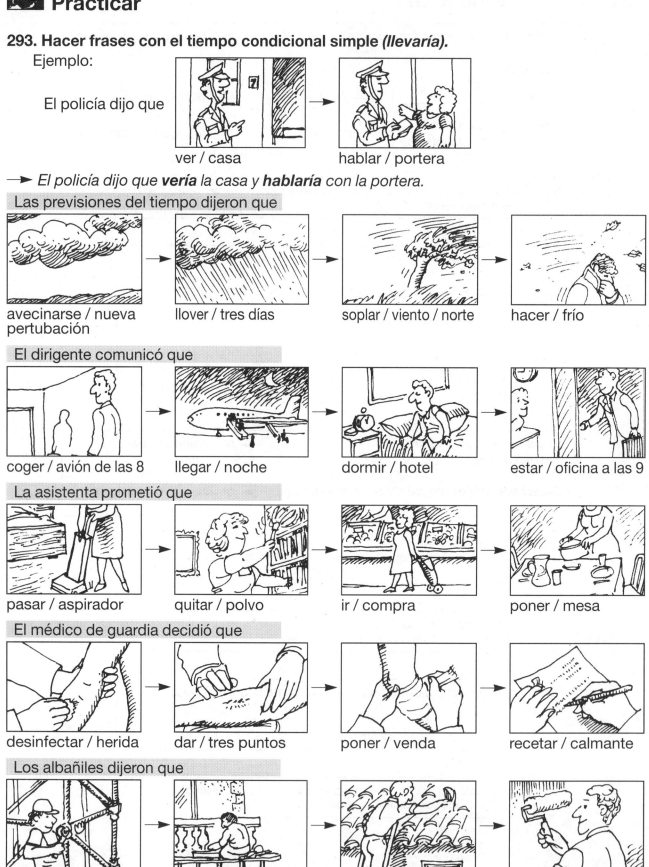

294. Transformar con *de + infinitivo simple / compuesto*.

Ejemplos: • Si supiera algo, se lo diría. ——► *De saber algo, se lo diría.*

• Si hubiera sabido algo, se lo habría dicho. ——► *De haber sabido algo, se lo*
[*habría dicho.*

1. Si hubieran mandado un fax, ya estaríamos enterados.
2. Si no tuviera una coartada tan perfecta, ya le habrían condenado.
3. Si yo supiera a qué hora llega el tren, iría a recogerles.
4. Si lloviera un poco más, los campos estarían más verdes.
5. Si hubieran tomado un antibiótico, no habría sobrevenido esta infección.
6. Si las tiendas estuviesen abiertas, podríamos ir de compras.
7. Si hubieras advertido a la Telefónica, el teléfono ya funcionaría.
8. Si supieran su nombre, podrían contactarles.
9. Si me concedieran un préstamo, montaría una tienda.
10. Si conocieras el inglés, podrías presentarte a esta oferta de trabajo.

295. Trasladar al pasado.

Ejemplo: Dice que vendrá mañana. ——► *Dijo que vendría al día siguiente.*

1. Aseguran que va a disminuir el precio de los coches.
2. Promete que se quedará con nosotros todo el fin de semana.
3. Estoy seguro de que no hablará.
4. Ya sabemos que encontrará una excusa para no venir.
5. Asegura que nos va a pagar antes de finalizar el año.
6. Dice que saldrá para Málaga el lunes.
7. Afirman que pondrán moqueta en todas las habitaciones.
8. Le aseguran que le será otorgado un indulto.
9. Se dice que inaugurarán una nueva galería de arte.
10. Anuncian que van a hacer una subasta de todos los muebles del marqués.

296. Transformar en el tiempo condicional compuesto *(habría llevado)*.

Ejemplo: Según él, ese hombre parece que ha ido a su casa. ——►
——► *Según él, ese hombre habría ido a su casa.*

1. Según se ha dicho, los norteamericanos han mandado ayudas económicas al tercer mundo.
2. Según todos los indicios, ha sido descubierto un espía en la base militar.
3. Según el parte médico, falleció a causa de un ataque cardíaco.
4. Al parecer, el asesino volvió al lugar del delito.
5. Según informaciones indiscretas, la policía ha identificado una banda de narcotraficantes.
6. Según dijeron los arqueólogos, se ha descubierto una necrópolis en el desierto.

297. Conjugar los verbos entre paréntesis.

Ejemplo: Oiga señor, una pregunta: ¿qué haría usted si le _____ (tocar) seis millones de euros? ⟶ *Oiga señor, una pregunta: ¿qué haría usted si le **tocaran** seis [millones de euros?*

SEÑOR: _____ (yo, dejar) de trabajar, eso lo primero.

ENTREVISTADOR: ¿Y usted, señora?

SEÑORA: Yo no, porque si dejara de trabajar _____ (yo, aburrirse) como una ostra.

SEÑOR: ¡Pero si se está tan bien sin hacer nada! ¡Qué ideas tiene la gente!

SEÑORA: Pues mire, yo no.

ENTREVISTADOR: ¿Qué haría entonces si _____ (usted, poder) disponer de ese dinero?

SEÑORA: _____ (yo, montar) un negocio... una boutique o algo así...

SEÑOR: ¡Pues no le _____ (dar) poca lata la tienda!

SEÑORA: Ya sé, pero aunque me _____ (la tienda, dar) trabajo estoy segura de que me lo pasaría estupendamente.

ENTREVISTADOR: _____ (nosotros, pasar) a otra pregunta. Si _____ (usted, poder) elegir, ¿qué _____ (usted, escoger): el aplauso, el poder o el dinero? A ver este señor...

OTRO SEÑOR: Yo el poder, desde luego. Ya me _____ (gustar) mandar un poco, que hasta ahora no he hecho más que obedecer...

SEÑORITA: Pues yo el aplauso. ¡Cuánto me _____ (gustar) subir a un escenario, soltar un aria de Donizetti y no poder ni acabar por los aplausos! ¡Eso sí que _____ (ser) precioso!

ENTREVISTADOR: A ver, otra pregunta. Si su pareja no _____ (tener) ninguna limitación de dinero, ¿qué regalo sería el más deseado?

SEÑORA: A mí me _____ (hacer) una ilusión muy grande un abrigo de visón.

SEÑORITA: ¡Qué horror, esos pobres animales! Yo aunque me lo _____ (ellos, regalar) no me lo pondría.

ENTREVISTADOR: Otra pregunta, ésta sólo para caballeros. Si _____ (usted, poder) elegir, ¿a qué heroína de ficción debería parecerse su esposa?

SEÑOR: Bueno, yo estoy casado y mi Teresa francamente no veo que _____ (ella, parecerse) a ninguna estrella...

ENTREVISTADOR: Bueno, en el suponer que _____ (usted, casarse) con otra...

SEÑOR: Bueno, si _____ (yo, encontrar) a una como Gilda, no me lo _____ (yo, pensar) dos veces, por supuesto.

MUCHACHO: –Pues yo, aunque _____ (encontrar) a la mismísima Brigitte Bardot, me habría casado igualmente con mi Angelita, que es un cielo...

La caza

por HÉCTOR TIZÓN

Ella había llegado sólo para decirle que no iba a ir, o para decirle que había ido porque no pudo advertirle que no iría. Estaban los dos de pie, mirándose, en el cuarto que había sido siempre la habitación de las mujeres y que sólo se abría, desde cuando no había mujeres en su familia, para limpiarlo y ventilarlo, dejando todo sin mover, las cosas y los muebles como estuvieron siempre, incluso aquel bastidor[1] con asiento donde algo como una flor de grandes pétalos bordada en lana, una flor que nunca nadie había visto ni sabía su nombre, yacía a medio terminar en el lienzo que había perdido la tensión que alguna vez tuvo, amarillento por el polvo acumulado y el tiempo; y se miraban, él la veía y también ella lo veía a él sin haberse puesto de acuerdo para mirarse así, como dos niños temerosos y en silencio y a escondidas y alertas no como dos cazadores, sino como dos presas furtivas, estrujándose las manos tal vez, ella sin aún quitarse el sombrero que era como una capelina con sus alas abatidas que le ensombrecían las mejillas calientes y quizá con los labios levemente torcidos por el llanto o por algo que era la represión de un gesto de llanto dichoso, como una debilidad contenida y por un momento en los ojos de los dos apareció el resplandor de una intensa felicidad y la agitación de ambos, juntas, fue como la de los niños que de pronto paran de correr. Él había amanecido allí, en la casa antigua y en aquel cuarto y había visto transcurrir la noche y llegar el día, la media mañana cenicienta a través de los cristales aún con los mismos visillos de cuando había mujeres en la familia, con el alma aflijida y dichosa deseando que todo llegara y que pasara y que todo fuera como un episodio de la imaginación al que llamaríamos realidad, que todo fuera como la realidad intensa de un sueño de quien ama la vida y que por eso no quiere comenzar a vivir, como una gracia impotente o muerta o paralizante. La atrajo de pronto y quiso acariciarle los cabellos torpemente, pero ella dijo que no estrechándose junto a él. Y él dijo "Nos iremos de aquí. Nos iremos lejos de aquí". Pero ella dijo que no podrían irse de aquí; que nadie puede irse. Ella dijo que todo lo que miraba o tocaba pertenecía a este lugar, sus abuelos, sus padres y las ruinas y todos los que nacieron y están muertos.

–Y los fantasmas -murmuró él–. Vámonos –dijo él y la apartó como para que sus palabras se entendieran mejor–. No es posible vivir en una casa donde aún se mudan las sábanas todas las semanas en las camas donde hace mucho nadie no duerme ni dormirá nadie porque todos han muerto.

En ese momento, a lo lejos, dos o más perros comenzaron a reñir, unos perros furiosos y nuevos, sustitutos de los otros, éstos, que no había visto nacer ni crecer. Ella fue a sentarse en el sillón junto al viejo bastidor.

–No –dijo–. No la miraba, parecía observar algo en el muro empapelado y oscuro del fondo. Uno de los perros, el vencido, comenzó a aullar escapando.

–No –dijo ella–. Nunca llegaríamos a ningún lado.

CUADERNOS HISPANOAMERICANOS
mayo 1991, n. 491, pp. 35-6 - Madrid

298. Contestar.

1. ¿Qué es, en qué estado se encuentra y qué ocurre en la habitación donde se han dado cita el hombre y la mujer?

2. ¿Qué le propone el hombre a la mujer y cómo responde ella?

3. ¿Qué tienen de extraño la situación y el lugar?

---

[1] *bastidor,* armazón en el que se pone tirante una tela para bordar.

42

Un mal día

 Hablar

Ayer tenía que coger el puente aéreo para Barcelona, donde tenía una reunión a las siete de la tarde.

A las dos estaba almorzando con unos clientes en el restaurante.

Al llegar a los postres, le dije al camarero que me llamara un taxi.

Vino varias a veces a decirme que todos los números de los taxis estaban comunicando. Al final me dijo que había encontrado uno que le había dicho que había mucho tráfico y que esperara media hora.

Cuando llegó, le dije al taxista que me llevara al aeropuerto a toda prisa.

No llegábamos nunca, como si el aeropuerto estuviera en la otra parte del mundo.

Cuando llegamos, me dijo que el coste de la carrera era de 40 euros. Miré el taxímetro y vi que no había estado funcionando en todo el tiempo.

Se lo hice observar y él me contestó que para el aeropuerto la tarifa era fija y era ésta. ¡Como si yo no supiera muy bien cuánto cuesta ir al aeropuerto en taxi!

Le dije que cuando regresara a Madrid iría a quejarme a la compañía de taxis, que aquello era un robo...

Se puso como una fiera. Por un momento temí que me diera una bofetada.

Pagué, salí del taxi furioso, di un portazo y me metí en el aeropuerto.

Vi que el primer avión para Barcelona era a las cinco. Me senté en espera de que anunciaran el vuelo por los altavoces. De repente me di cuenta que estaba ahí ese pesado de Antonio Rueda.

Hice lo posible para que no me viera. ¡Sólo me hubiera faltado oír a ese majadero!

Cuando anunciaron el embarque de mi avión, me dirigí a la puerta de salida.

Allí la azafata me dijo que le diera la tarjeta de embarque. Me quedé estupefacto, porque yo no tenía ninguna tarjeta.

Por lo visto a causa de la contrariedad y de los nervios levanté la voz más de lo debido porque ella me rogó que me calmara, que no era el caso de insultar y que me pusiera en la cola del mostrador, que allí me darían la tarjeta para el próximo vuelo; que al fin y al cabo no era una tragedia, que no encontraba que hubiera para tanto.

–Me gustaría que estuviese usted en mi lugar –le dije– y que tuviera usted una reunión en Barcelona a las siete como yo...

Fui al mostrador. La cola era larguísima. Cuando por fin llegó mi turno, me dijeron que el avión de las seis estaba completo y que me daban la tarjeta para el puente aéreo de las siete.

¡Habría querido que me tragara la tierra!

Observar y recordar

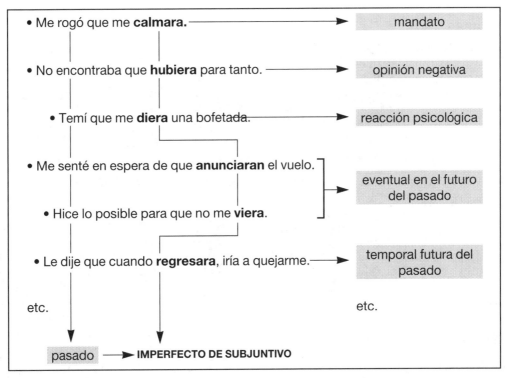

- Me rogó que me **calmara.** → mandato
- No encontraba que **hubiera** para tanto. → opinión negativa
- Temí que me **diera** una bofetada. → reacción psicológica
- Me senté en espera de que **anunciaran** el vuelo. ⎤
- Hice lo posible para que no me **viera.** ⎦ → eventual en el futuro del pasado
- Le dije que cuando **regresara**, iría a quejarme. → temporal futura del pasado

etc.   etc.

pasado → **IMPERFECTO DE SUBJUNTIVO**

- Me **gustaría** que estuviese usted en mi lugar. → potencial del presente
  (condicional)
- **Habría / hubiera querido** que me tragara la tierra. ⎤
- Sólo me **habría / hubiera faltado** oír a aquel majadero. ⎦ → potencial del pasado
  (condicional compuesto o pretérito pluscuamperfecto de subjuntivo)

¡**Como si** yo no **supiera** cuánto cuesta ir al aeropuerto! → **COMO SI + IMPERFECTO SUBJUNTIVO**

OBSERVE LA CONCORDANCIA DE LOS TIEMPOS

AHORA	ENTONCES
• Me ruega que me **calme.**	→ Me rogó que me **calmara.**
• Dice que **espere.**	→ Dijo que **esperara.**
• Le digo que cuando **regrese, iré** a quejarme.	→ Le dije que cuando **regresara, iría** a quejarme.
• Hago lo posible para que no me **vea.**	→ Hice lo posible para que no me **viera.**
• Me **gustaría** que estuviera usted en mi lugar.	→ Me **habría gustado** que estuviera usted en mi lugar.
• No encuentro que **haya** para tanto.	→ No encontraba que **hubiera** para tanto.

Formación de sustantivos de golpe

puerta → puerta + azo → puertazo → port**azo.**

 **Practicar**

299. Hacer frases.

Ejemplo: La azafata me dijo que

no levantar / voz   calmarse   ponerse / cola

→ *La azafata me dijo que no **levantara** la voz, que me **calmara** y que me **pusiera** en la cola.*

El médico me dijo que

desnudarse   sacar/lengua   toser   respirar / profundamente

La dependienta nos dijo que

elegir / prenda   pasar / probador   ponerse / la prenda   mirarse / espejo

El cliente no creía que

taxi / tardar tanto   haber / tráfico   llegar tarde / aeropuerto   costar / carrera / 40,00 euros

El psiconoalista le dijo que

echarse / diván   relajarse   cerrar / ojos   hablar / libremente

El taxista os rogó que

cerrar / puerta despacio   no fumar   no abrir / ventanilla   no hablar / tan alto

300. Trasladar al pasado.

Ejemplo: Me ruega que me calme. ——→ Me **rogó** que me **calmara**.

1. Te digo que te calles.
2. Esperan que salga el sol.
3. Dice que cuando tenga tiempo pasará por aquí.
4. Nos lo comunicarán para que tengamos conocimiento de ello.
5. Aconsejan que cuando haya elecciones todos vayamos a votar.
6. La iglesia ruega que se ayude a los pobres.
7. Nos alegramos que usted esté mejor.
8. Prometen que cuando compren la barca nos llevarán a Ibiza.
9. Le ponen alcohol para que no se le infecte la herida.
10. Nos gustaría que te eligieran a ti como presidente.
11. El camarero nos sugiere que tomemos una copita.
12. Temo que llueva.

301. Completar con *al final / por fin.*

Ejemplo: El camarero _____ me dijo que había encontrado un taxi.——→

——→ *El camarero **al final** me dijo que había encontrado un taxi.*

1. ¡Arreglan esta calle, _____!
2. ¡_____ te has decidido a buscar trabajo!
3. Estaba muy enfermo y sufría mucho:_____ se mató.
4. Habló tanto y tan alto que _____ se quedó sin voz.
5. Se estuvo conteniendo todo el rato, pero _____ explotó.
6. ¡El tren está llegando, _____!
7. El río fue creciendo día tras día y _____ se desbordó.
8. Después de tantos meses de sequía, ¡_____ un poco de agua!
9. La situación era muy agobiante, pero _____ todo se solucionó.
10. ¡_____ han terminado las clases!

302. Formar sustantivos de golpe.

Ejemplo: Di un _____ *(puerta)* y me metí en el aeropuerto. ——→

——→ *Di un **portazo** y me metí en el aeropuerto.*

1. Han empezado las obras en el piso de arriba y se oyen unos _____ *(martillo)* tremendos.
2. Se abrió paso entre la gente a _____ *(codo)*.
3. Juan y María con sólo verse se enamoraron: fue un verdadero _____ *(flecha)*.
4. El futbolista dio un _____ *(balón)* y marcó un gol.
5. El gato le dio un _____ *(arañar)* en la pierna.
6. La policía dio un _____ *(porra)* a uno de los manifestantes.
7. Le mataron a _____ *(cuchillo)*.
8. Borraron su nombre de la lista de un _____ *(pluma)*.

303. Conjugar el verbo entre paréntesis.

Ejemplo: No llegábamos nunca como si el aeropuerto _____ (estar) en la otra parte del mundo. ⟶ *No llegábamos nunca como si el aeropuerto* **estuviera** [o **estuviese** *en la otra parte del mundo.*

1. Se puso a llorar como si se le _____ (haber) muerto alguien.
2. A pesar de ser joven, se viste como si _____ (ser) una vieja.
3. Se lo comieron todo como si _____ (llevar) una semana sin comer.
4. Me lo pide con insistencia como si yo _____ (poder) hacer algo.
5. Habla como si todos _____ (ser) sordos.
6. Se comporta todavía como si _____ (tener) quince años.
7. En cuanto ve un rayo de sol, se desnuda como si_____ (nosotros, estar) en pleno verano.
8. La cerradura se abre con dificultad como si le _____ (faltar) aceite.
9. Nos lo dice como si nos _____ (echar) en cara algo.
10. Tengo unos temblores como si _____ (tener) fiebre.

304. Decir la palabra que significa lo que se indica entre paréntesis.

Ejemplo: Tiene una imaginación _____ (algo, un poco) exaltada. ⟶
⟶ *Tiene una imaginación* **un tanto** *exaltada.*

1. Tendrá _____ (escasamente) veinte años.
2. Llegaremos _____ (aproximadamente a) las ocho.
3. Esta película es _____ (algo, un poco) pesada e incomprensible.
4. _____ (a propósito de lo que se está diciendo) todavía no me han dado los intereses bancarios.
5. ¡Comuníquennos _____ (lo más pronto posible) lo que decidan!
6. _____ (sin duda) usted tiene un hijo que es un genio.
7. _____ (escasamente) tiene fuerzas para dar un paseíto por el jardín.
8. No sabía cómo agradecérselo, _____ (de modo que) le envié un ramo de flores.
9. La redacción debe tener _____ (como mínimo) cinco páginas.
10. El color rojo le _____ (estar) a usted muy bien.

305. Completar con *acabar / seguir / ir / llevar* + gerundio.

Ejemplo: El profesor empezó advirtiendo y _____ (amenazar). ⟶
⟶ *El profesor empezó advirtiendo y* **acabó amenazando**.

1. Hace diez años le apasionaba la astrología y todavía le _____ (apasionar).
2. Las patatas _____ (asarse) poco a poco en el horno.
3. El testigo mintió en el primer juicio y _____ (mentir) en los siguientes.
4. Debe de estar muy enfermo: _____ (adelgazar) día tras día.
5. _____ (ellos, analizar) el problema del desarme desde hace un año.
6. El público al principio se mostró frío, pero al final _____ (aplaudir).
7. A pesar de haber ido al dentista, la muela aún me _____ (doler).
8. El pobre _____ (decir) a todo el mundo que es víctima de persecuciones.

San Manuel Bueno, mártir

por MIGUEL DE UNAMUNO

De nuestro Don Manuel me acuerdo como si fuese cosa de ayer, siendo yo niña, a mis diez años, antes de que me llevaran al Colegio de Religiosas de la ciudad catedralicia de Renada. Tendría él, nuestro santo, entonces unos treinta y siete años. Era alto, delgado, erguido, llevaba la cabeza como nuestra Peña del Buitre lleva su cresta, y había en su ojos toda la hondura azul de nuestro lago. Se llevaba las miradas de todos, y tras ellas los corazones, y él al mirarnos parecía, traspasando la carne como un cristal, mirarnos al corazón. Todos le queríamos, pero sobre todo los niños.¡Qué cosas nos decía! Eran cosas, no palabras. Empezaba el pueblo a olerle la santidad; se sentía lleno y embriagado de su aroma.

Entonces fue cuando mi hermano Lázaro, que estaba en América, de donde nos mandaba regularmente dinero con que vivíamos en decorosa holgura, hizo que mi madre me mandase al Colegio de Religiosas, a que se completara fuera de la aldea mi educación, y eso aunque a él, a Lázaro, no le hiciesen mucha gracia las monjas. "Pero como ahí –nos escribía– no hay hasta ahora, que yo sepa, colegios laicos y progresivos, y menos para señoritas, hay que atenerse a lo que haya. Lo importante es que Angelita se pula y que no siga entre zafias aldeanas." Y entré en el Colegio, pensando en un principio hacerme en él maestra, pero luego se me atragantó la pedagogía.

En el colegio conocí a niñas de la ciudad e intimé con algunas de ellas. Pero seguía atenta a las cosas y a las gentes de nuestra aldea, de la que recibía frecuentes noticias y tal vez alguna visita. Y hasta al Colegio llegaba la fama de nuestro párroco, de quien empezaba a hablarse en la ciudad episcopal. Las monjas no hacían sino interrogarme respecto a él.

Desde muy niña alimenté, no sé bien, curiosidades, preocupaciones e inquietudes debidas, en parte al menos, a aquel revoltijo de libros de mi padre, y todo ello se me medró en el Colegio, en el trato, sobre todo con una compañera que se me aficionó desmedidamente y que unas veces me proponía que entrásemos juntas a la vez en un mismo convento, jurándonos y hasta afirmando el juramento con nuestra sangre, hermandad perpetua, y otras veces me hablaba con los ojos semicerrados, de novios y de aventuras matrimoniales. Por cierto que no he vuelto a saber de ella ni de su suerte. Y eso que cuando se hablaba de nuestro Don Manuel, o cuando mi madre me decía algo de él en sus cartas –y era en casi todas–, que yo leía a mi amiga, ésta exclamaba como en arrobo: "¡Qué suerte, chica, la de poder vivir cerca de un santo así, de un santo vivo, de carne y hueso, y poder besarle la mano! Cuando vuelvas a tu pueblo escríbeme mucho, mucho y cuéntame de él".

Pasé en el colegio unos cinco años, que ahora se me pierden como un sueño de madrugada en la lejanía del recuerdo, y a los quince volví a mi Valverde de Lucerna. Ya toda ella era Don Manuel; Don Manuel con el lago y con la montaña. Llegué ansiosa de conocerle, de ponerme bajo su protección, de que él me marcara el sendero de mi vida.

Decíase que había entrado en el Seminario para hacerse cura, con el fin de atender a los hijos de una su hermana recién viuda, de servirles de padre; que en el Seminario se había distinguido por su agudeza mental y su talento y que había rechazado ofertas de brillante carrera eclesiástica porque él no quería ser sino de su Valverde de Lucerna, de su aldea perdida como un broche entre el lago y la montaña que se mira en él.

¡Y cómo quería a los suyos! Su vida era arreglar matrimonios desavenidos, reducir a sus padres hijos indómitos o reducir los padres a sus hijos, y sobre todo consolar a los amargados y atediados[1] y ayudar a todos a bien morir.

Me acuerdo, entre otras cosas, de que al volver de la ciudad la desgraciada hija de la tía Rabona, que se había perdido y volvió, soltera y desahuciada, trayendo un hijito consigo, Don Manuel no paró hasta que hizo que se casase con ella un antiguo novio, Perote, y reconociese como suya a la criatura, diciéndole:

–Mira, da padre a este pobre crío que no le tiene más que en el cielo.

–¡Pero Don Manuel, si no es mía la culpa...!

–¡Quién lo sabe, hijo, quién lo sabe...!, y sobre todo no se trata de culpa.

Y hoy el pobre Perote, inválido, paralítico, tiene como báculo y consuelo de su vida al hijo aquel que, contagiado de la santidad de Don Manuel, reconoció por suyo no siéndolo.

San Manuel Bueno, mártir y tres historias más,
Madrid, Espasa-Calpe 1963, pp. 25-28.

306. Contestar.

1. ¿Cómo era Don Manuel?

2. ¿Qué hacía la madre de la narradora en aquella época? ¿Qué deseaba para su hija?

3. ¿Qué experiencias tuvo la niña en el colegio?

4. ¿Qué se cuenta de don Manuel?

---

[1] *atediar* (< tedio), tener fastidio de algo, aborrecer una cosa.

TEST DE CONTROL N.º 5 (Unidades 37-42)

5.1. Conjugar en futuro *(llevaré)* o futuro compuesto *(habré llevado)* de indicativo.

1. Cuando pases a buscarnos, ya _____ *(nosotros, acabar)* de comer.

2. _____ *(tener)* usted listo su nuevo pasaporte para la semana que viene.

3. Ya _____ *(tú, ver)* que no _____ *(él, venir)*.

4. Cuando siembren el maíz, ya _____ *(ellos, abonar)* el campo.

5. Estoy seguro de que el piano aquí no _____ *(caber)*.

5.2. Conjugar en condicional *(llevaría)* o imperfecto de subjuntivo *(llevara / llevase)*.

1. Si _____ *(nosotros, tener)* tiempo, nos quedaríamos un rato más.

2. Si no estuviera tan cansado, _____ *(yo, ir)* contigo a cazar.

3. Si _____ *(él, saber)* su dirección, le enviaría un telegrama.

4. Si no hubiera niebla, _____ *(ellos, coger)* el avión para ir a Roma.

5. Si _____ *(vosotros, poseer)* un huerto, ¿plantaríais árboles frutales?

5.3. Conjugar en presente de indicativo *(llevo)* o subjuntivo *(lleve)*.

1. Cuando _____ *(ellas, empezar)* a hablar, no paran.

2. Cuando _____ *(tú, ser)* mayor, podrás votar.

3. Iremos aunque no _____ *(ser)* necesario.

4. Pagaré en cuanto _____ *(yo, recibir)* la mercancía.

5. En cuanto se le _____ *(contradecir)*, se pone furiosa.

5.4. Conjugar en imperfecto de indicativo *(llevaba)* o subjuntivo *(llevara / llevase)*.

1. Temíamos que _____ *(él, suicidarse)*.

2. Nos ordenaron que _____ *(nosotros, guardar)* silencio.

3. Vimos que _____ *(ella, estar)* de buen humor.

4. Estaban seguros de que yo _____ *(ser)* el culpable.

5. El médico nos rogó que mientras _____ *(él, visitar)* al enfermo, _____
(nosotros, salir) de la habitación.

5.5. Conjugar en condicional *(llevaría)* o condicional compuesto *(habría llevado)*.

1. Ya sabíamos que no te _____ *(ellos, elegir)*.

2. Según indiscreciones _____ *(ellos, sobornar)* al ministro.

3. Los meteorólogos aseguraron que _____ *(dejar)* de llover pronto.

4. Me prometió que me _____ *(él, dar)* su apoyo.

5. Según la prensa extranjera, _____ *(ellos, ejecutar)* a numerosos presos políticos.

5.6. Transformar la parte subrayada con *deber de/dejar de/dar por/ ponerse a + infinitivo.*

1. Probablemente a esta hora están almorzando.
2. Empezó a hablar sin que nadie le diera la palabra.
3. Le han entrado ganas repentinamente de hacer alpinismo.
4. Si tuviéramos suficiente voluntad, no fumaríamos más.
5. He escuchado por radio que los aviones funcionan regularmente: probablemente han desconvocado la huelga.

5.7. Transformar la parte subrayada con *acabar / seguir / llevar + gerundio o llevar sin + infinitivo.*

1. Me he opuesto siempre y siempre me opondré.
2. Empezó su discurso humildemente y al final habló con arrogancia.
3. Hace muchos años que la humanidad está contaminando el medio ambiente.
4. Hace tres semanas que no se baña.
5. Se comía las uñas cuando era niño y todavía se las come.

5.8. Decir lo que significa lo que se indica entre paréntesis.

1. En el concierto había _____ *(escasamente)* cincuenta personas.
2. Estamos _____ *(algo / un poco)* molestos por su conducta.
3. Puso el despertador _____ *(porque / ya que)* tenía que madrugar.
4. Es un equilibrista estupendo, _____ *(indiscutiblemente / sin duda).*
5. Cuando a _____ *(una persona)* le acusan sin motivo, se indigna.

5.9. Conjugar en condicional compuesto *(habría llevado)* o pretérito perfecto de subjuntivo *(hubiera / hubiese llevado).*

1. Aunque me hubieran regalado un abrigo de visón, no me lo _____ *(poner).*
2. Si tú _____ *(tener)* la posibilidad de estudiar, ¿qué estudios habrías elegido?
3. Aunque nos hubieran invitado, no _____ *(nosotros, ir)* a su fiesta.
4. Si _____ *(yo, tener)* la suerte de conocerte antes, me habría casado contigo.
5. Si no hubieran encontrado un atasco en la carretera, _____ *(ellos, llegar)* a la hora establecida.

5.10. Trasladar al pasado.

1. Me promete que nos prestará la grabadora.
2. Temo que suspendan el espectáculo.
3. Estoy seguro de que encontrará una excusa para no ir a la boda.
4. El jardinero nos aconseja que no cortemos todavía las rosas.
5. La azafata dice a los pasajeros que salgan por la puerta delantera.

LETRAS DEL ALFABETO ESPAÑOL

MAYÚSCULAS	MINÚSCULAS	LECTURAS
A	a	*a*
B	b	*be*
C	c	*ce*
CH	ch	*ce hache*
D	d	*de*
E	e	*e*
F	f	*efe*
G	g	*ge*
H	h	*hache*
I	i	*i*
J	j	*jota*
K	k	*ka*
L	l	*ele*
LL	ll	*elle*
M	m	*eme*
N	n	*ene*
Ñ	ñ	*eñe*
O	o	*o*
P	p	*pe*
Q	q	*ku*
R	r	*erre*
S	s	*ese*
T	t	*te*
U	u	*u*
V	v	*uve*
W	w	*doble uve*
X	x	*equis*
Y	y	*i griega*
Z	z	*zeta*

PARADIGMA DE LA CONJUGACIÓN DE LOS VERBOS REGULARES

1.ª conjugación	2.ª conjugación	3.ª conjugación
LLEVAR	COMER	PARTIR

Infinitivo simple			Infinitivo compuesto	
llevar	comer	partir	haber llevado / comido / partido	

Gerundio simple			Gerundio compuesto	
llevando	comiendo	partiendo	habiendo llevado / comido / partido	

Participio		
llevado	comido	partido

INDICATIVO

Presente

llevo	como	parto
llevas	comes	partes
lleva	come	parte
llevamos	comemos	partimos
lleváis	coméis	partís
llevan	comen	parten

Pretérito imperfecto

llevaba	comía	partía
llevabas	comías	partías
llevaba	comía	partía
llevábamos	comíamos	partíamos
llevabais	comíais	partíais
llevaban	comían	partían

Pretérito perfecto simple

llevé	comí	partí
llevaste	comiste	partiste
llevó	comió	partió
llevamos	comimos	partimos
llevasteis	comisteis	partisteis
llevaron	comieron	partieron

Futuro

llevaré	comeré	partiré
llevarás	comerás	partirás
llevará	comerá	partirá
llevaremos	comeremos	partiremos
llevaréis	comeréis	partiréis
llevarán	comerán	partirán

Condicional

llevaría	comería	partiría
llevarías	comerías	partirías
llevaría	comería	partiría
llevaríamos	comeríamos	partiríamos
llevaríais	comeríais	partiríais
llevarían	comerían	partirían

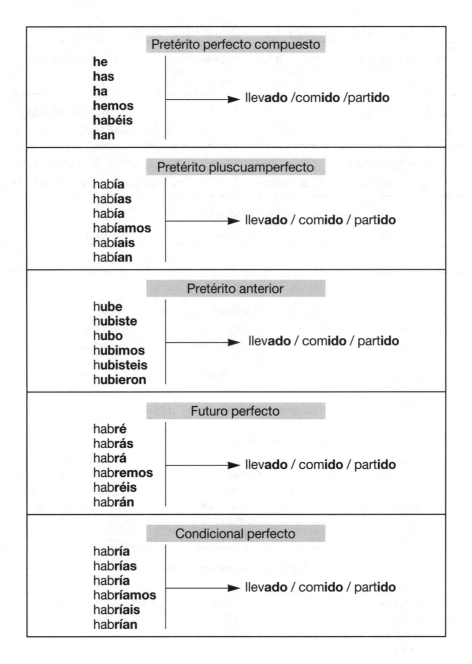

Pretérito perfecto compuesto

he
has
ha
hemos
habéis
han

→ llevado /comido /partido

Pretérito pluscuamperfecto

había
habías
había
habíamos
habíais
habían

→ llevado / comido / partido

Pretérito anterior

hube
hubiste
hubo
hubimos
hubisteis
hubieron

→ llevado / comido / partido

Futuro perfecto

habré
habrás
habrá
habremos
habréis
habrán

→ llevado / comido / partido

Condicional perfecto

habría
habrías
habría
habríamos
habríais
habrían

→ llevado / comido / partido

SUBJUNTIVO

Presente

lleve	coma	parta
lleves	comas	partas
lleve	coma	parta
llevemos	comamos	partamos
llevéis	comáis	partáis
lleven	coman	partan

Pretérito imperfecto

llevara / llevase	comiera / comiese	partiera / partiese
llevaras / llevases	comieras / comieses	partieras / partieses
llevara / llevase	comiera / comiese	partiera / partiese
lleváramos / llevásemos	comiéramos /comiésemos	partiéramos / partiésemos
llevarais / llevaseis	comierais / comieseis	partierais / partieseis
llevaran / llevasen	comieran / comiesen	partieran / partiesen

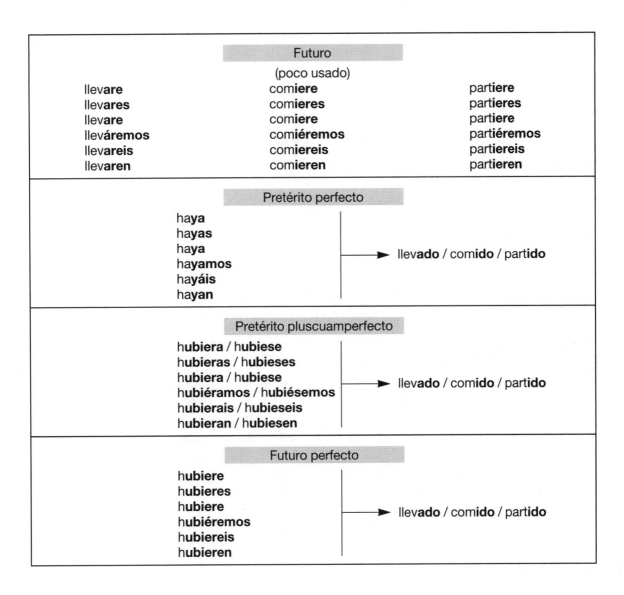

Futuro		
	(poco usado)	
llevare	comiere	partiere
llevares	comieres	partieres
llevare	comiere	partiere
lleváremos	comiéremos	partiéremos
llevareis	comiereis	partiereis
llevaren	comieren	partieren

Pretérito perfecto

haya
hayas
haya
hayamos
hayáis
hayan

→ llevado / comido / partido

Pretérito pluscuamperfecto

hubiera / hubiese
hubieras / hubieses
hubiera / hubiese
hubiéramos / hubiésemos
hubierais / hubieseis
hubieran / hubiesen

→ llevado / comido / partido

Futuro perfecto

hubiere
hubieres
hubiere
hubiéremos
hubiereis
hubieren

→ llevado / comido / partido

IMPERATIVO

Presente

...	...	...
lleva	come	parte
lleve	coma	parta
llevemos	comamos	partamos
llevad	comed	partid
lleven	coman	partan

SOLUCIONARIO

Los ejercicios precedidos de un asterisco (*) admiten soluciones distintas de las aquí indicadas.

Los ejercicios de comprensión relativos a las lecturas de la sección LEER Y COMPRENDER admiten numerosas e imprevisibles respuestas. Justo a título de ejemplo y para tener una idea de lo que debe hacerse en dicho ejercicio, se dan aquí las soluciones de las primeras dieciocho unidades; en las restantes unidades deberá contestarse con absoluta libertad.

Las soluciones de los TESTS DE CONTROL se hallan al final de las soluciones de todos los ejercicios.

UNIDAD 1

1. Esto es un tornillo. // Esto es una rama. // Esto es un hueso. // Esto es un camión. // Esto es una nuez. // Esto es un vaso.// // Esto es un diario. // Esto es un autobús. // Esto es un peine. // Esto es una rueda. // Esto es un libro. // Esto es un cuchillo. // Esto es un león. // Esto es un volcán. // Esto es una manzana. // Esto es un armario. // Esto es un semáforo. // Esto es un camello. // Esto es un pastel. // Esto es una televisión. // Esto es una pizarra. // Esto es una oca. // Esto es un camino. // Esto es una corbata. // Esto es un pan. // Esto es un faro. // Esto es una radio. // Esto es un pasaporte.

2. bicicleta // cubo // máquina // cerilla // pera // rayo // cañón // cilindro // taza // zueco // queso // playa // volcán // cuchillo // tornillo // león // cazo // huevo // lápiz // silla // cuadro // manzana // rueda // chaqueta.

3. Esto es un abanico. // Esto es una botella. // Esto es un colador. // Esto es una puerta. // Esto es una cerveza. // Esto es un coñac. // Esto es un collar. // Esto es una ventana. // Esto es un sillón. // Esto es un gato. // Esto es un anillo. // Esto es un vestido. // Esto es un cenicero. // Esto es un sombrero. // Esto es una postal. // Esto es un disco.

4. 1. No, no es azúcar, es una toallita.
2. Sí, es pimienta.
3. No, no es una toallita, es leche.
4. No, no es leche, es un palillo.
5. Sí, es sal.
6. No, no es un palillo, es azúcar.

5.

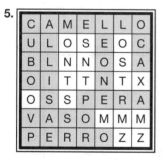

UNIDAD 2

6. 1. Son unos autobuses.
2. Son unos semáforos.
3. Son unas máquinas.
4. Son unos tornillos.
5. Son unos vasos.
6. Son unos panes.
7. Son unas nueces.
8. Son unos pasaportes.
9. Son unos coladores.
10. Son unas postales.

7. 1. Es un reloj.
2. Es un lápiz.
3. Es una jaula.
4. Es una media.
5. Es un juguete.
6. Es un pingüino.
7. Es una guitarra.
8. Es un rey.
9. Es una toallita.
10. Es un gorro.

8. raqueta // colador // coñac // acueducto // cazo // chaqueta //abanico// cuchillo // volcán // cuadro // queso // corbata.

9. **ANIMALES:** gusano, pingüino, perro, serpiente, león, oca, jirafa.
COMIDAS: huevo, manzana, pastel, pan, pera.
OBJETOS CASA: jaula, paragüero, colador, cuchillo, cuadro, tijeras, silla, televisión, llave, cubo, armario, reloj.

10. DICTADO

zapatos // lápices // cereza // cruz // peseta // casa // bolsillo // cisne // pez // cazador // cebolla // cementerio.

11. DICTADO

muñeca // araña // gallo // sello // rayas // llaves // caña // playa // reyes // niño // olla //collar.

12.
1. Sí, son unos billeteros.
2. Sí, son unos cigarrillos.
3. No, no es un coñac, es un perfume.
4. No, no es un abanico, es un despertador.
5. Sí, son unos relojes.
6. No, no es un perfume, es un bolígrafo.
7. No, no son unas corbatas, son unos abanicos.
8. Sí, es un pañuelo.
9. No, no son unos encendedores, son unos puros.
10. No, no son unos puros, son unos relojes.
11. Sí, es un perfume.
12. No, no es un bolígrafo, es un coñac.

UNIDAD 3

13.
1. los / la
2. las / el
3. las / los
4. el
5. la / los
6. las / el
7. los / del
8. el / del

14.
1. una
2. el
3. un o el
4. el / del
5. la / la
6. la / los
7. una
8. un

15.
1. quién
2. qué
3. quiénes
4. qué
5. quién
6. qué
7. qué
8. qué
9. qué
10. quién

16.
1. este
2. esta
3. esto
4. este
5. estas
6. esta
7. esto
8. esta / estos
9. esto
10. estos

17.
1. Son unos cañones de guerra.
2. Son los lápices del alumno.
3. Son unas flores del jardín.
4. Son unas máquinas de escribir.
5. Son unas redes de pesca.
6. Son unos camiones de Alemania.
7. Son unos pasteles de manzana.
8. Son los reyes de España.
9. Son unos sillones del despacho.
10. Son unas postales de Madrid.

18. DICTADO

es una naranja; es un garaje; es un pijama; son unas gafas; son unas jirafas; es un jamón; es una jaula; son unos gemelos; es una navaja; son unos guantes; es una caja; es una guía de teléfonos; son unos gusanos; es una página del libro; son unas jeringas; es un jardín; es un ingeniero; es un conejo; es un lago; es un jardinero; son unas agujas; es una cajero; son unas ginebras; es un cirujano.

*19. DESAYUNO: café, tostada, mantequilla y mermelada.
   ALMUERZO: huevo, patatas, ensalada, vino y pastel de la casa.
   CENA: chuleta, tomate, arroz, agua y manzana.

UNIDAD 4

20. [1]eres / [2]soy / [3]es
[4]eres / [5]soy / [6]eres / [7]soy
[8]es / [9]es / [10]es / [11]es
[12]es / [13]es

21. [1]sois / [2]somos / [3]sois / [4]somos
[5]sois / [6]somos / [7]somos
[8]sois / [9]somos / [10]somos
[11]es / [12]soy
[13]eres / [14]soy

22.
La madre es delgada.
El abuelo es viejo.
La hija es joven.
La suegra es gorda.
La secretaria es alta.
El vendedor es bajo.
El taxista es listo.
La criada es tonta.

La portera es simpática.
La doctora es antipática.
La enfermera es bonita.
El policía es feo.
La falda es larga.
El pantalón es corto.
Los zapatos son caros.
Los pañuelos son baratos.

La chaqueta es nueva.
El sombrero es viejo.
El abrigo es grande.
Los jerseys son pequeños.
John y Peter son ingleses.
Irene es griega.
Katerina es rusa.
Françoise es francesa.

23.
1. es
2. está / está
3. sois / somos
4. está / está
5. eres
6. es / es
7. están / están
8. estáis / estamos
9. son / son
10. es / soy

24.
1. delgada
2. pequeña / vieja
3. inteligente o listo
4. jóvenes
5. gordas
6. limpia
7. fea / vieja / antipática
8. pequeños
9. feo
10. tontos

25.
1. quién
2. quiénes
3. qué
4. quién
5. quiénes
6. quién
7. qué
8. qué

26. DICTADO

Juan y Javier Romero son amigos. // Este señor gordo y feo es el director. // Estos zapatos son grandes y viejos. // Paco es fontanero y Luis es electricista. // ¿Es vendedor usted? // No, yo soy oficinista. // La jirafa es muy alta. // Éstas son las gafas del ingeniero. // El dentista es muy inteligente.

27. HOSPITAL: ayudantes dentistas; enfermera.
EMPRESA: mecanógrafas; traductores; electricistas; mensajeros; técnico incendios; representante; secretarias; camionero.
CASA: señora seria; criada; chica ayudante cocina; chica cuidado niños.
ESCUELA: profesor; secretarias.

UNIDAD 5

*28.
1. en
2. al lado de
3. debajo del
4. sobre o encima de
5. a la derecha
6. en
7. detrás de
8. delante de
9. entre
10. encima del o sobre
11. debajo de
12. en

29.
1. hay
2. están
3. están
4. está
5. hay / hay
6. hay / están
7. hay
8. hay
9. hay
10. está

30.
1. muchos
2. muy
3. muy
4. muchas
5. muy
6. muy
7. muy
8. muchas
9. muy
10. muy

31.
1. algunos
2. ningún
3. algunos
4. algunos / algunos
5. ningún
6. algunas / ningunas
7. ningunos
8. ningún / ninguna
9. ninguna
10. ningún / ninguna

32.
1. para
2. de
3. para
4. con / con
5. del
6. para
7. con
8. con
9. del
10. de / de / de

33.
1. también
2. tampoco
3. también
4. también
5. tampoco
6. también
7. también
8. también

34. uno; dos; tres; cuatro; cinco; seis; siete; ocho; nueve; diez; once; doce; trece; catorce; quince; dieciséis; diecisiete; dieciocho; diecinueve; veinte; veintiuno; veintidós; veintitrés; veinticuatro; veinticinco; veintiséis; veintisiete; veintiocho; veintinueve; treinta.

35. DICTADO

María está en la cocina. En el lavavajillas hay un cazo y algunos platos y vasos sucios. El coche está en el garaje. La alfombra está debajo del sillón. Javier y Jorge están en el despacho del abogado. Algunos traductores son extranjeros. Es un electricista muy experto. La lámpara de pie está al lado del escritorio.

*36.
SEÑOR: camisa blanca; pantalones grises; chaqueta beige; corbata rayas rojas; cinturón marrón.
SEÑORA: falda negra; blusa cuadros rosa; zapatos negros; pañuelo flores amarillas; chaquetón gris.
NIÑO: vaqueros azules; camiseta blanca; calcetines azules; jersey blanco.

UNIDAD 6

37. El mecánico mira la moto, cambia la rueda, arregla el motor, cobra el dinero.
Los espectadores hablan, callan, escuchan el concierto, aplauden la orquesta.
La cocinera lava la verdura, corta el tomate, guisa el pollo, come.
Los amigos comen un bocadillo, beben vino, conversan, pagan la cuenta.
Tú lavas la ropa, secas la ropa en el balcón, planchas la ropa, colocas la ropa en los cajones.
El cartero toca el timbre, sube las escaleras, entrega la carta, baja las escaleras.
Usted coge el auricular, marca el número, escucha la señal, habla con un cliente.

38. 1. están bebiendo / están comiendo
2. estamos colocando
3. está arreglando
4. está cortando

5. están hablando
6. estamos aprendiendo
7. están mirando

8. está hablando
9. está dirigiendo
10. está limpiando

39. 1. escriben
2. toman / bebemos
3. coge / cojo
4. suben

5. toca
6. cambiamos
7. escucha

8. comen / comemos
9. enseñan
10. dirijo

40. 1. Las chaquetas son viejas.
2. Los guantes son grises.
3. Los zapatos son marrones.
4. Estos diccionarios son grandes.
5. Estas casas son bonitas.

6. Los chicos son ingleses.
7. Los mecánicos son muy inteligentes.
8. Las cocineras son muy gordas.
9. Los jerseys son azules.
10. Estos motores son alemanes.

41. 1. cuándo
2. dónde

3. dónde
4. dónde

5. cuándo
6. dónde

7. cuándo
8. cuándo

42. DICTADO

El señor Iglesias es director de una empresa de construcción. El despacho del señor Iglesias está en Madrid. Es grande, luminoso y confortable. En el despacho hay unas sillas para los clientes, un sillón, una mesa grande y muchas plantas.

La secretaria del señor Iglesias es joven, muy bonita y simpática; es mecanógrafa y habla inglés y francés.

La empresa del señor Iglesias es muy importante; en ella trabajan muchos empleados.

43. 1. (F)
2. (V)

3. (V)
4. (F)

5. (V)
6. (F)

7. (F)
8. (V)

UNIDAD 7

44. Son los huesos del perro: son sus huesos.
Son las flores de la secretaria: son sus flores.
Es la taza del abuelo: es su taza.
Son las llaves del portero: son sus llaves.
Es la jeringa del enfermero: es su jeringa.
Son las barcas de los pescadores: son sus barcas.
Es el pescado de los señores: es su pescado.
Son los patines de Pepito: son sus patines.

Son las pelotas de los niños: son sus pelotas.
Son los zapatos del tío: son sus zapatos.
Son las gafas del profesor: son sus gafas.
Es el libro del lector: es su libro.
Es el martillo del carpintero: es su martillo.
Son los pinceles del pintor: son sus pinceles.
Es la guitarra del guitarrista: es su guitarra.
Es el cinturón de María: es su cinturón.

45. 1. nuestro
2. tuyo

3. suyos
4. nuestras

5. suya
6. suyo

7. suyo
8. nuestras

46. 1. aquel
2. aquellos
3. aquel
4. aquellas

5. aquellas
6. aquella
7. aquellas

8. aquel
9. aquellas
10. aquellos

47. 1. entre
2. sobre
3. en
4. sobre

5. de / de
6. de / entre / de / de
7. de / de / de

8. en / del / para / con
9. entre
10. de

48. 1. exclusivamente
2. correctamente

3. generalmente
4. sencillamente / claramente

5. agradablemente
6. locamente

7. estupendamente
8. únicamente

49. 1. Las señoras que están en la cafetería están hablando.
2. El señor que está en la calle es Julio Pérez.
3. Los libros que están en la estantería son de derecho.
4. El lápiz que está en el bote es de la secretaria.

5. El señor que habla con los clientes es un dependiente.
6. Los abrigos que están allí no son nuestros.
7. El coche que está aparcado en la plaza es mío.
8. El perro que está en el jardín es de Ana.

50. DICTADO

Luis y Eduardo son amigos y estudian en la Universidad de Sevilla. Estudian en la facultad de Ingeniería.

Hoy Luis está en casa de Eduardo para estudiar: están preparando el examen de matemáticas.

Luis es inteligente y trabajador; Eduardo, en cambio, estudia poco pero pasa siempre los exámenes: tiene mucha suerte.

Luis vive en una pensión para estudiantes: no es de Sevilla, es de un pueblo de la provincia.

51.
1. tenis	5. golf	9. camping	13. teléfono	17. juegos para niños
2. excursionismo	6. iglesia	10. equitación	14. estación autobús	18. lavabo
3. farmacia	7. televisión	11. funicular	15. ascensor	
4. ducha	8. información turística	12. teleférico	16. piscina al aire libre	

UNIDAD 8

52. ¹desea // ²tengo // ³tienen // ⁴está // ⁵tengo // ⁶tenemos // ⁷tenemos // ⁸son // ⁹tienen // ¹⁰tengo // ¹¹tenemos // ¹²tengo // ¹³tengo // ¹⁴están // ¹⁵tiene // ¹⁶prepararnos // ¹⁷tengo // ¹⁸tiene // ¹⁹tengo // ²⁰tienen // ²¹tenemos.

53.
1. coge un taxi	5. estudian toda la noche	9. coméis un bocadillo
2. bebemos una coca-cola	6. abrimos la ventana	10. tomo bicarbonato
3. coges el teléfono y hablas con él	7. leo el periódico	11. pagamos nosotros la cuenta
4. cambio dinero en el Banco de Bilbao	8. toma una aspirina	12. miráis la televisión

54.
1. hacen	3. hace	5. hacéis	7. hace	9. hago
2. haces	4. hacen	6. hago	8. hace	10. hacen

55.
1. inteligentemente	5. detalladamente	8. silenciosamente
2. Fácilmente	6. alegremente	9. atentamente
3. cortésmente	7. estupendamente	10. largamente
4. hábilmente		

56.
1. quizás	3. además	5. un montón de	7. en cambio	9. enseguida
2. bueno	4. sólo	6. tenemos ganas de	8. hoy	10. es capaz de

57. ¡Es-toy fa-tal hoy! No ten-go ga-nas de tra-ba-jar.
Yo tam-po-co. Ten-go do-lor de ca-be-za.
Qui-zás es el ca-lor. El ter-mo-mé-tro mar-ca cua-ren-ta gra-dos.
Sí, ten-go un ca-lor es-pan-to-so.
A-quí cer-ca te-ne-mos un bar...
Es una mag-ní-fi-ca i-de-a, pe-ro ten-go un mon-tón de tra-ba-jo.¿Qué ha-go?
Yo tam-bién ten-go mu-cho tra-ba-jo, pe-ro no im-por-ta. A-de-más el je-fe no es-tá.
¡Oh! ¡E-se no es-tá nun-ca!
Ho-la, bue-nas tar-des.
¿Qué to-man? ¿Un a-pe-ri-ti-vo?
No, yo ten-go sed: una cer-ve-za muy fres-ca.
Yo ten-go ham-bre: un bo-ca-di-llo de ja-món y un va-so de vi-no blan-co.
En-se-gui-da.
¡Tran-qui-lo! ¡No te-ne-mos pri-sa!
¡No, no-so-tros nun-ca te-ne-mos pri-sa!
¡Tie-nes siem-pre i-de-as ge-nia-les, Ra-món!
¡La pe-re-za a-vi-va el in-ge-nio, a-mi-go!

58.
1. (F)	3. (V)	5. (F)	7. (V)
2. (F)	4. (V)	6. (F)	

UNIDAD 9

59.
1. se puede // está // girar a la derecha	6. pueden // es // dirección única
2. podemos // podemos // hay un aparcamiento	7. puedo // puedes // hay un hospital
3. se puede // está // adelantar	8. aparcamos // se puede // está prohibido
4. puedes // está	9. giro // puedes // es
5. podemos // se puede // hay // está // girar a la izquierda	10. podemos // hay

60.
1. soñar	3. calentar	5. regar	7. costar	9. cerrar
2. almorzar	4. dormir	6. colgar	8. encontrar	10. perder

61.
1. tampoco	3. debajo del	5. nunca	7. debajo del	9. leo siempre
2. detrás de	4. bien	6. cerca de	8. aquí	10. lejos del

62.
1. estacionado	3. lavadas	5. pintadas	7. preparada	9. pagada // pagada
2. cerrada	4. cansados	6. arreglado	8. planchada // colocada	10. situado

63. ¹es // ²soy // ³soy // ⁴está // ⁵estoy // ⁶son // ⁷son // ⁸es // ⁹soy // ¹⁰es // ¹¹soy // ¹²está // ¹³estoy // ¹⁴está // ¹⁵estoy // ¹⁶es.

64.
1. donde	3. donde	5. dónde	7. dónde
2. dónde	4. donde	6. donde	8. donde

65. DICTADO

¿Por dónde se pasa? // Por ahí, donde está la plaza. Aparcamos el coche y cogemos un autobús. // ¡No se puede circular por la ciudad en coche: ésta es la cuestión! // ¡Ahí hay un sitio libre! // No, José, ahí no se puede aparcar: es un vado permanente. // ¡Es igual: aparcamos y basta! // No, José, en la puerta hay un letrero: "llamamos grúa". Y allí hay un guardia. // ¡Aquí hay un estacionamiento! // ¿Dónde? ¿Está lejos? // No, está cerca. El cartel indica a la izquierda. // ¡Aquí no podemos girar: está prohibido girar a la izquierda... // Es verdad. Giramos por la otra calle. // ¿Qué pasa aquí? // ¡Obras: paso prohibido! Tampoco se puede pasar por esta calle. ¡Por allí, ...! // ¡No podemos entrar: el aparcamiento está ocupado! // ¡Basta! ¡Dejo el coche aquí en segunda fila! // ¡La multa, José! ¡Yo pienso en la multa! // ¡Tú piensas en la multa pero yo pierdo la paciencia: pagamos la multa y basta!

*66. 1. Peter Standish es un catedrático inglés, presidente de la AEPE.
2. La AEPE es la Asociación Europea de Profesores de Español.
3. Se debe a tres causas fundamentales: 1. España está de moda en todas partes; 2. Hispanoamérica también es muy actual y con su aumento demográfico son muchas las personas que hablan español en el mundo; el español es un idioma fácil de aprender para los extranjeros.
4. Es fonológicamente sencillo.
5. El establecimiento del "numerus clausus" y el reciclaje de muchos profesores de otros idiomas, obligados a enseñar el español.
6. Se estudia siempre el francés o el inglés.

UNIDAD 10

*67. Por la tarde vamos al museo, miramos los cuadros, salimos del museo y volvemos a casa por la noche.
Por la mañana vais al taller, coméis a mediodía, volvéis al taller por la tarde y salís del taller por la noche.
Por la mañana usted va al mercado, mira el pescado, compra el pescado y paga la cuenta.
Por la mañana los niños van a la playa y toman el sol; por la tarde beben Coca-Cola y comen un bocadillo.
Por la mañana el ladrón va al banco, amenaza al cajero, roba el dinero y escapa del banco.

68.
1. [1]en // [2]cerca de // [3]del
2. [4]a // [5]en //[6]en
3. [7]en // [8]a // [9]en
4. [10]en // [11]a // [12]val
5. [13]por // [14]al // [15]en // [16]lejos de
6. [17]a // [18]a // [19]para // [20]para
7. [21]antes de

8. [22]después de // [23]al
9. [24]por // [25]al // [26]de // [27]al // [28]con
10. [29]después del // [30]a // [31]con // [32]hasta // [33]de // [34]va // [35]para
11. [36]antes de
12. [37]después de // [38]a // [39]en // [40]con // [41]hasta // [42]por
13. [43]a
14. [44]en lugar de // [45]con // [46]a

69.
1. a	3. al	5. al	7. Ø	9. al
2. Ø	4. a	6. Ø	8. Ø	10. a

70.
1. Esta tarde, en lugar de ir a la cafetería, vamos a casa de Teresa.
2. Hoy, en lugar de ir al trabajo en coche, voy en tren.
3. María, en lugar de comprar pescado, compra carne.
4. Mi padre, en lugar de dejar el coche en la calle, lleva el coche al garaje.
5. En lugar de llamar a Carmen por teléfono, voy directamente a su casa.
6. Esta tarde, en lugar de leer el periódico, escucho la radio.
7. Hoy, en lugar de comer en casa, comemos en el restaurante.
8. Ella, en lugar de abrir la ventana, abre la puerta.
9. En lugar de coger el ascensor, subo a pie.
10. Este año, en lugar de ir a la playa, vamos a la montaña.

71.
1. vas // yendo	3. vais // vemos	5. veo	7. voy
2. vemos	4. saliendo	6. salgo	8. sale

72. DICTADO

Cádiz y Málaga están en el sur de España. // Las palabras monosílabas no llevan ningún acento. // Los árboles de este jardín están enfermos. // El alcázar es un castillo árabe. // La ciudad de Ávila está en Castilla. // Aquella mecanógrafa escribe a máquina con mucha rapidez. // Esta lámpara del despacho es muy original. // No vamos al hospital, vamos a una clínica privada. // Por aquí no se puede pasar: es dirección única. // ¿Es aquí la parada del autobús? // No, está allí, delante de la farmacia.

*73. 1. El teatro es el guardián de las tradiciones y las particularidades de una nación.
2. Reflejan el modo de vida y el modo de ser de una sociedad.
3. Aprueba o desaprueba la imagen que los actores ofrecen de la sociedad.
4. Porque refuerza el entendimiento de su propia identidad.
5. Favorece una mejor comprensión de los países.
6. Es esencial para la pervivencia de la riqueza y variedad de la cultura humana.

UNIDAD 11

74. ¹a las nueve de la mañana
²a las diez
³a las doce
⁴hasta las tres de la tarde
⁵a las tres de la tarde
⁶a las cuatro de la tarde
⁷hasta las siete de la tarde
⁸a las ocho de la tarde
⁹a las nueve de la noche
¹⁰a las diez de la noche
¹¹a las once de la noche
¹²a las doce de la noche
¹³hasta la una
¹⁴las dos de la madrugada

75. ¹acostumbra // ²suele // ³suele // ⁴acostumbra // ⁵suele // ⁶acostumbra // ⁷suele // ⁸acostumbra // ⁹suele.

76. 1. dentista
2. cartero
3. criado // cocinera
4. representante
5. camionero
6. enfermeras
7. portero
8. violinista
9. ayudantes
10. telefonista

77. 1. Voy a la cama porque tengo sueño.
2. Hoy Pedro va a la fábrica porque es su turno.
3. Llamo al médico porque el pequeño está enfermo.
4. Cerramos la ventana porque tenemos frío.
5. No puede ir porque no tiene tiempo.
6. Estudias mucho porque el lunes tienes un examen.
7. Coge el autobús porque no tiene coche.
8. Compro este libro porque es muy interesante.
9. No podemos comprar esta casa porque es muy cara.
10. No puedo aparcar porque no hay puesto libre en este aparcamiento.

78. 1. suelo
2. calentamos
3. riega
4. sueña
5. piensan
6. cuesta
7. muestra
8. comienzan
9. enciendo
10. cierra

79. 1. Es su bicicleta.
2. Son sus zapatillas.
3. Es su comida.
4. Es mi reloj.
5. Son nuestros cafés.
6. Son sus juguetes.
7. Es su familia.
8. Son vuestros pasaportes.
9. Son sus abrigos.
10. Son sus partituras.

80. 1. sólo
2. de vez en cuando
3. quizá
4. un montón de
5. incluso
6. en cambio
7. enseguida
8. aproximadamente
9. hoy
10. es igual

81. DICTADO
El señor Martínez es empleado en un banco. Todos los días coge el tren a las ocho de la mañana para llegar a la oficina a las nueve. Muchas veces el tren lleva retraso y en lugar de llegar a las nueve llega un poco más tarde. El señor Martínez trabaja hasta las tres de la tarde y después vuelve a casa para almorzar. Por la tarde hace algunos trabajos en casa, cuida el jardín, lava el coche, lleva el perro al parque y va a la compra. Por la noche a veces invita a sus amigos y comen juntos. Muchas veces después de cenar, en lugar de ver la televisión, va al cine o a una discoteca.

*82. 1. Van por primera vez a votar para elegir el Parlamento europeo.
2. Tienen conciencia de su nacionalidad, pero también tienen conciencia de que son europeos.
3. Se encuentra en condiciones de inferioridad para competir con Estados Unidos y Japón.
4. Elevar los niveles de supernacionalidad.
5. Una mayoría favorable a los poderes del Parlamento y a la creación de un Ejecutivo europeo.

83. es < ser // van < ir // es < ser // está < estar // permanece < permanecer // hay < haber // somos < ser // debe < deber // ayudan < ayudar // es < ser // es < ser // hay < haber // aprueban < aprobar // son < ser // es < ser // se encuentra < encontrarse // se inician < iniciarse // es < ser // centrado < centrar // puede < poder.

84. Nos levantamos, nos lavamos la cara, nos afeitamos y nos peinamos.
Te cepillas los dientes, te desnudas, te pones el pijama y te acuestas.
Usted se sienta en la butaca, se pone las gafas, se duerme y al final se levanta.
Las clientes se quitan el vestido, se prueban el vestido, se miran en el espejo y se llevan el vestido a casa.
Os ponéis el bañador, os tumbáis en la arena, os echáis al agua y os bañáis.

85. 1. poniendo   3. dicen   5. me pongo   7. dice   9. pongo
2. oigo   4. oye   6. ponemos   8. oyendo   10. se pone

86. 1. Mientras tú friegas los platos, yo barro el suelo.
2. Mientras va por la calle, mira los escaparates.
3. Mientras usted prueba este vestido, yo atiendo a esta otra clienta.
4. Mientras habla por teléfono, toma nota.
5. Mientras los niños están en la guardería, nosotras vamos de compras.
6. Mientras el mecánico arregla el motor, nosotros vamos a tomar un café.
7. Mientras conversáis, fumáis un cigarrillo.
8. Mientras pasea por el bosque, coge flores.
9. Mientras el peluquero corta el pelo a la señora, la manicura le arregla las uñas.
10. Mientras llevan al herido al hospital, suena la sirena de la ambulancia.

87. 1. está   3. estamos   5. son   7. están   9. está
2. es   4. es // está   6. es // está   8. está // está   10. sois // estáis

88. 1. detrás de   4. debajo del   7. lejos   10. delante
2. poco   5. después de   8. también   11. a la izquierda
3. tarde   6. mal   9. vais siempre   12. allí

89. 1. en   4. en   7. en   10. en   13. en
2. a   5. en   8. a   11. a // a // a   14. a // al
3. al   6. en // en   9. en // en   12. a // en

90. DICTADO
En el mundo de hoy, cuando Europa se encuentra, precisamente a causa de su división, en condiciones de inferioridad para competir con Estados Unidos y Japón en terrenos decisivos, y cuando se inician en el Este mutaciones importantes para el futuro del continente, es importante para Europa elevar los tímidos niveles de supernacionalidad. Un debate electoral centrado de verdad sobre los temas europeos probablemente puede favorecer una corriente mayoritaria favorable al reforzamiento de los poderes del Parlamento europeo.

*91. 1. Desinfecta la herida, evita las hemorragias y facilita la cura y la cicatrización de las heridas.
2. El limón con agua caliente resuelve los casos de intoxicación gastrointestinal, ayuda a expulsar los tóxicos y equilibra todo el aparato digestivo.
3. En casos de catarro, bronquitis, etcétera, el limón elimina las impurezas y tiene acción antibiótica.
4. El limón también es útil para los problemas de la piel y también de los nervios; se utiliza para los problemas del intestino, ayudando a expulsar la tenia y las lombrices.

UNIDAD 13

92. [1]ordene // [2]friegue   [12]meta
[3]abra // [4]airee // [5]quite   [13]limpie // [14]descuelgue // [15]meta
[6]barra // [7]pase   [16]lleve
[8]ordene // [9]meta   [17]limpie // [18]recuerde
[10]compre // [11]prepare   [19]descanse // [20]descanse

93. 1. bebed una cerveza   5. escuchemos música   9. limpia los zapatos
2. coge un taxi   6. abra la ventana   10. estudiad tarde y noche
3. toma bicarbonato   7. llamad a Julio por teléfono   11. compremos algo en el mercado
4. come un bocadillo   8. cambiemos pesetas en el banco   12. entrad por la ventana

94. 1. dicen   3. decís   5. diciendo // digo   7. oís   9. digo
2. dice   4. oigo   6. dicen   8. oyen   10. dice // diciendo

95. 1. corteses   3. alegres   5. francesas   7. azules   9. españolas
2. inteligentes // fieles   4. hábiles   6. brillantes   8. alemanes   10. felices

96. 1. cuando tenemos   3. cuando no trabajan   5. cuando no funciona   7. cuando no tenemos   9. cuando vas
2. cuando no tiene   4. cuando María llega   6. cuando tenéis   8. cuando compra   10. cuando está

97. DICTADO

La vitalidad en la demanda del idioma español está produciendo el reciclaje de muchos profesores de francés, obligados a enseñar el español. En la actualidad, no pueden crearse más cátedras: falta profesorado. La inercia y la rigidez de la enseñanza tradicional de la segunda lengua en Europa, donde tradicionalmente se estudia siempre el francés o el inglés, y la ineficacia de la política cultural de Madrid en el exterior, dejan el español en un estado de total abandono.

*98. 1. Área o superficie plana contenida dentro de la circunferencia.
2. Representa el proceso de emanación y retorno, el punto de partida y el punto de llegada.
3. Para los teólogos el círculo es símbolo de la divinidad y del cielo.
4. Para los geómetras es la forma más precisa y regular.
5. Se encuentra la irregularidad de las plantas de los edificios adaptados a la forma del ruedo.
6. Está situada en el centro de la ciudad antigua y hoy es el centro de Valencia.

UNIDAD 14

*99.

¹qué	⁵cuánto	⁹éste	¹³caras	¹⁷entonces	²¹céntimos	²⁵cuesta
²cuánto	⁶muy	¹⁰está	¹⁴cuánto	¹⁸cuántas	²²cuántas	²⁶sólo
³qué	⁷cuánto	¹¹qué	¹⁵el ó al	¹⁹tengo	²³están	
⁴cómo	⁸cuánto	¹²sólo	¹⁶cuánto	²⁰cuánto	²⁴quiero	

*100. –¿Qué desea señora? –Quiero un kilo de bistecs de ternera, una pata de medio kilo de cordero y seiscientos gramos de chuletas de cerdo.–¿Quiere algo más? –Sí, quiero un pollo no muy grande.

–¿Qué quiere? ¿Quiere manzanas? –No, necesito medio kilo de plátanos, tres cuartos de kilo de uva, dos quilos y medio de naranjas y seis limones. –¿No quiere un poco de verdura? –Sí, ochocientos gramos de guisantes y cuatrocientos gramos de judías. ¿Cuánto cuestan las coliflores? –Cuestan tres euros el kilo. –Entonces compro dos. Necesito también una lechuga muy verde.

–¿Qué desea hoy señora? –Necesito doscientos cincuenta gramos de jamón, cuatro salchichas de cerdo y un cuarto de kilo de mantequilla. –¿No quiere un poco de queso? –¿Está salado? –No, no está salado, es muy bueno. –Entonces quiero medio kilo de queso. –¿Cuánto cuesta todo junto? –Cuesta doce euros con veinte céntimos.

101.

1. cuántas	3. cuántos	5. cuánto	7. cuánto	9. cuánto
2. cuánto	4. cuántas	6. cuántos	8. cuánto	10. cuántas

102.

1. muy // mucho	3. muchas	5. mucho // mucho	7. mucha	9. muy
2. muchos	4. muy // muy	6. mucho//mucho	8. mucho	10. mucho

103.

1. me pongo	3. se lavan	5. nos tomamos	7. se sientan	9. se prepara
2. se afeita	4. te duchas	6. te despiertas	8. me bebo	10. os dormís

104. 1. ¡Cuánto cuesta este apartamento! 5. ¡Cuántas lámparas hay en esta sala!
2. ¡Qué feo es aquel cuadro! 6. ¡Cuánta gente hay en el concierto!
3. ¡Cuánto pesa este paquete! 7. ¡Qué bonito es este collar!
4. ¡Qué antipática es vuestra portera! 8. ¡Qué hábil es el mecánico!

*105. 1. Carmen tiene los cabellos blancos y las pupilas brillantes.
2. En los bailes de su juventud.
3. Las calles están desiertas.
4. Que tiene los dientes de espuma y los labios de cielo.
5. Se encuentran una joven turbia, un joven negro, una madre.
6. Uno vende el agua del mar, el otro lleva el agua del mar en su sangre y la madre llora el agua del mar.

UNIDAD 15

106.

¹va	¹³diga	³²tiene
²sé // ³dice	¹⁴que // ¹⁵a // ¹⁶retraso	³³tengo
⁴veo // ⁵tengo	¹⁷lleva	³⁴otra o una // ³⁵sabe // ³⁶tren
⁶dicen	¹⁸horas // ¹⁹cuánto	³⁷demasiado o muy // ³⁸dice // ³⁹anuncios
⁷sé // ⁸oigo // ⁹soy	²⁰viene // ²¹viene	⁴⁰voy me // ⁴¹me siento // ⁴²tomo
¹⁰está // ¹¹sabe	²²muchas // ²³pongo // ²⁴mucho//	⁴³puedo // ⁴⁴compre // ⁴⁵lee // ⁴⁶lee // ⁴⁷tiempo
¹²nada	²⁵hago // ²⁶en	⁴⁸sabe // ⁴⁹compro // ⁵⁰hago
	²⁷sé // ²⁸hay // ²⁹va // ³⁰tiene // ³¹otra	⁵¹es

107. 1. Lo sentimos mucho. 5. ¿Quién lo asegura? 9. Lo vemos.
2. Debo comunicarlo a los empleados. 6. Lo veo muy difícil. 10. Lo sabe muy bien.
3. Lo pensáis de veras. 7. Sí, pero lo dice en broma.
4. Lo dice la radio. 8. Lo notificamos a la clientela

108. 1. diga < decir
2. tengo < tener
3. vamos < ir
4. oigan < oír
5. salgo < salir
6. hago < hacer
7. oye < oír
8. pongo < poner
9. somos < ser
10. sé < saber

109. 1. aquí mismo
2. ¿de veras?
3. un montón de
4. seguro // seguro
5. luego
6. despacio
7. sólo // un rato
8. de vez en cuando
9. de nuevo
10. demasiado

110. 1. El acusado dice que es inocente.
2. Los empleados dicen que están muy cansados.
3. Los pobres afirman que no tienen dinero.
4. El enfermo dice que tiene dolor de cabeza.
5. La señora dice que está muy enfadada.
6. Vosotros decís que alquiláis el apartamento a una familia extranjera.
7. El director dice que no está de acuerdo.
8. Ustedes dicen que no pueden coger ese avión.
9. Tú afirmas que estás muy preocupado por su salud.
10. La radio dice que nieva en el Pirineo.

111. 1. marcando
2. jugando // bebiendo
3. poniendo
4. levantando // gesticulando
5. hablando // leyendo
6. usando.
7. cogiendo
8. tomando
9. conversando
10. limpiando

112. 1. traficantes
2. maquinista
3. basureros
4. peluquero
5. dependiente
6. bomberos
7. empleados
8. futbolistas
9. cantante
10. nadadores

*113. 1. Delante tiene un jardín y detrás un huerto; las habitaciones son espaciosas y ventiladas.
2. Se levanta temprano cuando oye los pájaros que cantan y las campanas de la iglesia.
3. Va hasta la plaza del pueblo para conversar con los viejos del pueblo.
4. Son viejos labriegos, aman la tierra y son amigos de los gorriones.
5. Está en orden y limpia. Se sienta a la mesa y toma su desayuno. Respira el aire que entra por la ventana.
6. Prefiere los libros sencillos y claros.
7. Ama a Beethoven, Mozart y Wagner.
8. Prefiere sobre todo Tiziano, Goya y Velázquez.

UNIDAD 16

114. Controle usted mismo con el texto de la página 106.

115. 1. cuál
2. qué
3. qué
4. cuáles
5. qué
6. cuál
7. qué
8. cuáles
9. qué
10. cuál

116. 1. tenemos que o debemos
2. hay que
3. hay que
4. tiene que o debe
5. tenemos que o debemos
6. hay que
7. tienen que o deben
8. tienes que o debes
9. hay que
10. tenéis que o debéis

117. 1. las del
2. las que
3. la de
4. el de
5. los de
6. las que
7. los de
8. los del
9. las que
10. el que

118. 1. Encendemos la calefacción porque tenemos mucho frío.
2. Acuesto a los niños porque es muy tarde.
3. Llevo el reloj al relojero porque está estropeado.
4. Llame usted de nuevo porque en este momento el jefe no está.
5. Regamos las plantas porque están secas.
6. Eche el arroz porque el agua está hirviendo.
7. Caliento de nuevo la sopa porque está fría.
8. Compre usted pan porque no tenemos en casa.
9. Hable en voz alta, por favor, porque soy un poco sordo.
10. Tiene usted que ponerse gafas porque no ve bien.

119. 1. tiemble < temblar
2. cuente < contar
3. encierran < encerrar
4. aprietan < apretar // quiero < querer
5. se duerme < dormirse
6. se acuerda < acordarse
7. apruebo < aprobar
8. entierran < enterrar
9. invierte < invertir
10. tueste < tostar

120. DICTADO

Yo trabajo en un banco, ¿y tú?, ¿dónde trabajas? // Si tenemos tiempo, vamos a tu casa esta noche. // El miércoles es fiesta y los periódicos no salen. // Vosotros tenéis mucha paciencia con él. // Sólo estáis contentos cuando ganáis en el juego. // –¿Cuántas cebollas quiere? ¿Un kilo? –Sí, sólo necesito un kilo. // –¿Cuándo es la reunión? –¿No lo sabéis? Es el próximo sábado. // –¿Es ésta tu maleta? –No, es aquélla que está ahí delante. // –¿Cuál es su dirección? –Calle de la Encarnación, número dieciséis. // –¿Dónde vivís? –En el Hotel Plaza de Jaén, habitación número veintidós.

*121.1. Es sobre todo un país antipático.
2. El grado de conocimiento, recuerdo y simpatía que tienen los españoles de los países de la Comunidad Europea.
3. Excluida España, son Francia, Italia, Gran Bretaña, Alemania y Portugal.
4. Son Italia y Holanda.
5. La propia España.
6. Porque es un país que protege mucho a los parados.
7. Los países que prefieren para ir de vacaciones son los países mediterráneos, sobre todo Italia, la propia España y Grecia.

UNIDAD 17

122. Levantémonos, lavémonos, afeitémonos y peinémonos.
Cepíllate los dientes, desnúdate, métete en la cama y duérmete con la música.
Quítese el abrigo, siéntese en la butaca, escuche la música y al final levántese.
Quítense el vestido, pruébense el vestido, mírense en el espejo y llévense el vestido a casa.
Tumbaos en la arena, echaos al agua, bañaos y secaos al sol.

123. 1. No cierre. 3. No escriba. 5. No bebáis. 7. No aplaudan. 9. No compréis.
2. No fuméis. 4. No ordenes. 6. No repare. 8. No escuches. 10. No guise.

124. 1. cuáles 3. quién 5. qué 7. cuáles 9. qué
2. qué 4. quiénes 6. cuál 8. quiénes 10. qué

125. 1. estoy 3. estáis 5. son // están 7. está 9. estamos
2. son 4. está 6. es 8. es // es // está 10. está

126. 1. espaciosas // ventiladas 5. matinal 9. limpio
2. grata 6. confuso 10. ruidosos
3. nerviosos 7. madrugadores 11. sencillos // claros
4. lejanas 8. impacientes // ansiosos 12. menudas

127. 1. se puede 4. se dice // dice 7. sabe 10. se entiende
2. se oye 5. se sabe 8. digo 11. oís
3. ves 6. se calcula 9. se ve 12. se oye

*128. 1. Ofrece muchos paseos por la ciudad y en su cintura.
2. Es un jardín urbano de ciento veinte hectáreas.
3. En la Gran Vía hay muchos cines y en la calle de Serrano hay muchas tiendas con bellos escaparates.
4. Parte de la Puerta del Sol y pasa por la Plaza Mayor, el Arco de Cuchilleros, la calle del Sacramento y llega a la Plaza de la Villa.
5. En la Plaza Mayor los domingos hay un mercado de sellos para coleccionistas, en la calle de San Nicolás hay una torre del siglo XII, y en la Plaza de Ramales está enterrado el pintor Velázquez.
6. El Palacio de las Cortes, el Museo del Prado, el Jardín Botánico, el Retiro y la fuente de Cibeles, emblema de Madrid.

UNIDAD 18

129. Tú nos conoces, nos recuerdas, nos escribes una postal y nos telefoneas.
El doctor me visita, me ausculta, me mira la garganta y me da una receta.
Ellos te encuentran, te dan la mano, te besan y te hablan.
La autoridad os denuncia, os procesa, os acusa y os encarcela.
El guardia urbano me para, me multa, me retira el carnet de conducir y me recoge el coche.

130. 1. los que 3. lo que 5. los que 7. al que 9. lo que
2. el que 4. los que 6. lo que 8. lo que 10. los que

131. 1. despiértate 3. lavaos 5. se mira 7. se sienten 9. acuéstate
2. nos quedamos 4. afeitarse 6. tómese 8. se moleste 10. os preocupéis

132. 1. de 3. a // de // de 5. por 7. a // hasta 9. al
2. a // de 4. para // de 6. sin 8. para // de 10. a // hasta // de

133. 1. al mismo tiempo   3. de vez en cuando   5. además   7. entonces   9. ahora mismo
     2. hoy   4. seguramente   6. es igual   8. de nuevo   10. ¡estupendo!

134. 1. diga   3. di   5. oíd   7. oigamos   9. diga
     2. oíd   4. digamos   6. digan   8. oigan   10. digáis

*135. 1. El plomo que se añade a la gasolina y que se transforma en gases de escape nocivos para los organismos vivos.
     2. Las lluvias ácidas tienen su origen en el azufre que emiten los vehículos.
     3. Porque las normas de calidad de la gasolina, según las obligaciones del Tratado de Roma, tienen que ser las mismas para todos los países de la Comunidad Europea.
     4. Porque inhibe la mayor parte de las funciones enzimáticas, provoca desórdenes en el sistema nervioso central y porque afecta la inteligencia y el comportamiento de los niños.
     5. Modificar los actuales motores, pensados para utilizar gasolina super, creando otros nuevos que favorezcan la mejor combustión de la mezcla aire-carburante.

UNIDAD 19

*136. En la montaña la temperatura llega a diez grados bajo cero.
En el centro de España generalmente hay fuertes heladas.
En Madrid a veces la temperatura desciende a cinco grados bajo cero.
En Andalucía generalmente hace mucho calor.
En Zaragoza, por las mañanas, a veces hay nueve grados.
En las Islas Baleares muchas veces hace viento.
En invierno en los picos de Europa hay violentas tormentas.
En la costa andaluza el cielo suele ser despejado.
Mañana en Sevilla el tiempo va a ser parcialmente nuboso.
En los meses de invierno, en Burgos suele haber llovizna.
En el mar Cantábrico, cuando hace viento, hay fuertes marejadas.
En Cataluña el cielo está cubierto.

137. 1. despacísimo   3. modernísima   5. enfadadísimo   7. dificilísima   9. lejísimos
     2. muchísimo   4. riquísimo   6. carísimo   8. larguísima   10. complicadísimo

138. 1. ¡Cuánta publicidad transmiten por televisión!   6. ¡Cuánta nieve hay en las montañas!
     2. ¡Cuántos papeles hay por la calle!   7. ¡Cuánto pesa esta maleta!
     3. ¡Cuánto llueve en este país!   8. ¡Qué azul y terso es el cielo de España!
     4. ¡Qué húmeda es esta región!   9. ¡Cuánto miedo me da esta niebla!
     5. ¡Qué pesada es aquella señora!   10. ¡Qué poca luz hay aquí!

139. 1. fuera de   5. fuera   9. dentro // fuera
     2. dentro de   6. antes   10. después
     3. dentro del   7. antes de // después de
     4. antes   8. dentro // fuera

140. 1. hay que   5. hay que   9. hay que
     2. tenemos que o debemos   6. hay que   10. tienes que o debes
     3. tiene que o debe   7. tenéis que o debéis
     4. hay que   8. hay que

141. 1. está diciendo   5. están yendo   9. está empezando
     2. están llegando   6. estoy viendo   10. estás pensando // estoy pensando
     3. estoy oyendo   7. está saliendo
     4. están poniendo   8. estáis yendo // estamos yendo

142. 1. El expreso de Madrid sale a las doce de la mañana.
     2. Abren a las nueve de la mañana.
     3. Cierran a las dos de la tarde.
     4. Tengo que ir al médico a las diez de la mañana.
     5. Terminan a las doce de la noche.
     6. Puedes telefonearnos a las siete de la tarde.
     7. Nos vemos a las diez de la noche.
     8. Es a las once de la mañana.
     9. Empieza a las cinco de la tarde.
     10. Tome las aspirinas a las ocho de la mañana y a las seis de la tarde.

*143. Respuesta libre.

UNIDAD 20

144. Usted escribe una carta, la dobla, la mete en el sobre y la echa al buzón.
Nosotros vemos las flores, las compramos, las pagamos y las regalamos.
Vosotros cogéis un cigarrillo, lo encendéis, lo fumáis y lo apagáis.
Tú haces una foto, la revelas, la amplías y la enmarcas.
Busco un periódico, lo encuentro, lo leo y anoto un anuncio.

145. ¹lo   ⁴lavarlo   ⁷prepáralo   ¹⁰dejarla
²abriéndola   ⁵las   ⁸levantarla
³ponla   ⁶déjalas   ⁹la

146.
1. Ella sabe cómo se llama el representante de la firma.
2. Usted no recuerda cuánto cuesta este piso.
3. No sabemos quién es aquel señor.
4. Sabéis dónde podemos aparcar.
5. No sabe cómo se va a Sevilla.
6. Usted sabe a qué hora llega el avión.
7. No sabe dónde comemos esta noche.
8. No sabes quiénes son estas personas.
9. No recuerdo dónde están los documentos.
10. Sabe dónde puedo encontrar un buzón.

147.
1. viene // trae
2. meto // meta
3. saca
4. van
5. ponga
6. quitáis
7. metas
8. vamos // llevamos
9. saca
10. viene

*148.
1. Después de cenar, miramos la televisión.
2. Antes de curar la herida, se lava las manos.
3. Después de llover sale el sol.
4. Antes de venir aquí, llamadme.
5. Antes de hablar, escúchame.
6. Después de la reunión, va al bar.
7. Después del almuerzo toma un café.
8. Antes de echarnos a la piscina, jugamos al tenis.
9. Antes de ir al trabajo, limpia la casa.
10. Después de visitar al paciente, da una receta al paciente.

149.
1. pequeño
2. corta
3. simpática
4. bajos
5. tonto
6. bonito
7. delgado
8. negro
9. baja
10. nuboso *o* cubierto

*150. Respuesta libre.

UNIDAD 21

*151. Cuando era pequeño, vivía en el pueblo, iba al colegio, jugaba en el parque y nadaba en el lago.
Cuando estabas en París, te levantabas tarde, desayunabas en el hotel, salías de paseo, mirabas los escaparates, visitabas los museos, subías a la torre Eiffel y cenabas en restaurantes de lujo.
Cuando erais novios, os veíais todos los días, os llamabais por teléfono todas las noches y los domingos ibais al cine.
Cuando teníamos dinero, vivíamos en una finca, teníamos criado y chófer y viajábamos mucho.

152.
1. al salir
2. al pulsar
3. al pasar
4. al oír
5. al llegar
6. al salir
7. al empezar
8. al mirar
9. al escuchar
10. al abrir

153.
1. casita
2. ventanitas
3. sopita
4. libritos
5. zapatitos
6. carita
7. cartita
8. pisito
9. ratito
10. mesita

154.
1. lo más difícil
2. lo preocupante
3. lo malo
4. lo raro
5. lo incomprensible
6. lo más impresionante
7. lo más extraño
8. lo prudente
9. lo terrible
10. lo divertido

155.
1. traducir
2. agradecer
3. digerir
4. sugerir
5. obedecer
6. mentir
7. introducir
8. aprobar
9. helar
10. renovar

156.
1. hojeándolo *o* lo estoy hojeando
2. verlos
3. muéstrenlos
4. escríbalo
5. los limpiamos
6. pueden ponerlos *o* los pueden poner
7. déjenlas
8. no los olvide
9. repasémoslos
10. las estudia

157. DICTADO
Un hombre robusto y corpulento de treinta y cinco años, sentado en una silla confortable y con las piernas desnudas cruzadas, mira ensimismado la diminuta piscina del gimnasio. El caballero se encuentra en la piscina del gimnasio Eurobuilding y su silueta moderadamente musculosa se refleja en el agua azul cloro. Lleva un bañador bermu-

das y ese detalle hace pensar inmediatamente en los mares del Sur. Todos los miércoles hace quince minutos de pesas, toma una sauna, reposa con un vaso de agua tónica entre las manos, antes de entrar en el agua fría. Sus gafas oscuras impiden saber si su expresión es feliz, pero trasmite la sensación que se trata de un hombre razonablemente hedonista, satisfecho de su forma y cuidadoso de su salud. Más tarde, sin prisas, recibe un masaje.

*158. Respuesta libre.

UNIDAD 22

159. Os aconsejamos que conduzcáis despacio, que miréis los carteles, que encendáis los faros y que no bebáis alcohol.
Él dice que es extranjero, que se llama John White, que vive en Londres y que está aquí de vacaciones.
El taxista te pide que cierres despacio la puerta, que no fumes, que abras la ventanilla y que no hables con él.
El profesor nos dice que nos sentemos, que escribamos nombre y apellidos, que escuchemos el dictado y que no copiemos.
Ellos afirman que son hermanos, que se parecen mucho, que trabajan en la misma tienda y que practican los mismos deportes.

160. [1]vosotras [4]ti [7]mí [10]conmigo [13]mí [16]mí [19]mí
[2]mí [5]ti [8]Sí [11]mí [14]contigo [17]nosotros [20]mí
[3]mí [6]mí [9]ti [12]mí [15]ti [18]ti [21]ellas o vosotras

161. 1. Hace diez años que vivimos... // Vivimos desde hace diez años...
2. Hace tres meses que voy... // Voy desde hace tres meses...
3. ¿Hace mucho tiempo que trabajas... //¿Trabajas desde hace mucho tiempo...
4. Hace trece días que no sale... // No sale desde hace trece días...
5. Hace dos meses que no llueve... // No llueve desde hace dos meses...
6. Hace un año que está en cartel... // Está en cartel desde hace un año...
7. Hace media hora que está telefoneando. // Está telefoneando desde hace media hora.
8. Hace mucho tiempo que no os vemos. // No os vemos desde hace mucho tiempo.
9. Hace cuatro meses que no cobran... // No cobran desde hace cuatro meses...
10. Hace un montón de tiempo que no nos escribe. // No nos escribe desde hace un montón de tiempo.

162. 1. seguimos   3. sirvo   5. se viste   7. corrige   9. persigue
     2. despiden   4. me despido   6. eligen   8. mide // mide   10. pedimos

163. 1. inestable   3. invivible   5. incontrolables   7. inservible   9. solucionable
     2. plegables   4. inconsolable   6. incorregibles   8. elegible   10. increíble

*164. Respuesta libre.

UNIDAD 23

165. Esta semana hemos visto a los representantes, hemos discutido con ellos, hemos llegado a un acuerdo y hemos firmado el contrato.
Usted este año ha trabajado mucho, ha ganado mucho dinero, ha ahorrado mucho y se ha cansado.
Esta tarde han ido a la discoteca, han bailado todo el tiempo, han conocido a muchachas simpáticas y se han divertido mucho.
El tiempo este mes ha sido seco, no ha llovido nunca, ha hecho sol y ha hecho viento.
Esta mañana he ido a Iberia, he retirado el billete, he pagado y he preguntado la hora del vuelo.

166. Controle usted mismo con el texto de la página 150.

167. 1. decido matricularme o que me matriculo
2. dice ser inocente o que es inocente
3. hemos establecido hacer un descuento sobre estos artículos o que hacemos un descuento sobre estos artículos
4. sostiene no haber mentido o que no ha mentido
5. dicen estar al corriente o que están al corriente
6. piensan estar en lo justo o que están en lo justo

7. tememos perder el tren *o* que perdemos el tren
8. confiesa haber tenido implicaciones *o* que ha tenido implicaciones
9. admitís haberos equivocado *o* que os habéis equivocado
10. asegura no haber abandonado nunca su puesto *o* que no ha abandonado nunca su puesto

168.
1. dulce como la miel
2. transparente como el cristal
3. claro como la luz del sol
4. dormir como un tronco
5. ponerse colorado como un tomate
6. sordo como una campana
7. lento como una tortuga
8. bueno como el pan
9. blando como la cera
10. ligero como una pluma
11. fresco como una rosa
12. negro como el carbón
13. grande como una catedral
14. pesado como el plomo
15. fuerte como un roble

*169. Respuesta libre.

UNIDAD 24

170. hay // hay // es // hay // tiene // tenemos // vamos // sacamos // hay // hay que // encendemos // hay // hace // encendemos // hay que // es // necesitamos // compramos // vamos // nos levantamos // se pone // estamos // son // me aburro // temo // es // están // tardo // metemos // es // es.

*171. Muchas veces los domingos íbamos de excursión al campo. Poníamos la comida en el cesto, y también nos llevábamos los juguetes; bajábamos las escaleras, mi hermana iba delante, y yo detrás. Papa sacaba el coche del garaje y poníamos la comida y los juguetes en el maletero. Cogíamos la carretera que llevaba a la sierra; en la autopista muchas veces encontrábamos mucho tráfico y a veces se producían atascos que nos tenían en la carretera horas y horas. Nos deteníamos siempre en un bosque muy bonito de robles que estaba cerca de la carretera y donde no había casi nadie. Papá aparcaba el coche debajo de un árbol; nosotros bajábamos del coche y ayudábamos a nuestros padres a sacar las cosas del maletero. Abríamos la mesa y las sillas plegables y las colocábamos a la sombra de un roble; mientras papá fumaba la pipa y mamá ponía la mesa, nosotros jugábamos a la pelota. Luego comíamos bocadillos y bebíamos un poco de vino. Después de almorzar, papá hacía la siesta debajo del árbol; luego paseaba por el bosque con mamá: parecían dos novios. Al atardecer recogíamos todas las cosas y volvíamos a casa felices y contentos.

172.
1. A pesar de que tenía coche, prefería ir andando.
2. A pesar de que es muy joven, ha decidido jubilarse.
3. A pesar de que la casa es muy pequeña, es bonita y alegre.
4. A pesar de que tenían mucho dinero, vivían como pobres.
5. A pesar de que el clima de esta ciudad es muy malo, a nosotros esta ciudad nos gusta.
6. A pesar de que es extranjero, se ha ambientado muy bien en este país.
7. ¿A pesar de que has visto tres veces esta película, quieres verla de nuevo?
8. A pesar de que no ve nada, no quiere ponerse las gafas.
9. A pesar de que es muy tímido, habla muy bien en público.
10. A pesar de que el médico te ha recomendado mil veces que no fumes, tú fumas.

173.
1. barbero
2. oyente
3. jugador
4. contribuyentes
5. recepcionista
6. planchadoras
7. banquero
8. domador
9. exploradores
10. investigador

174.
1. ya la hemos visto
2. todavía no la he leído
3. todavía no lo hemos hecho revisar
4. ya lo hemos consultado
5. ya lo he sacado
6. todavía no las he cambiado
7. todavía no me lo han pagado
8. ya lo he gastado
9. ya la hemos recibido
10. todavía no lo he acabado

175.
1. pidan
2. sírvanse
3. tíñete
4. despidamos
5. corrija
6. os vistáis
7. siga
8. elijamos
9. mida
10. te rías

176.
1. así
2. más bien
3. hace falta
4. unos cuantos
5. vale
6. mejor
7. junto al
8. un par de
9. unas
10. aquí mismo

*177. Respuesta libre.

178. estás, estar // ven, venir // está, estar // ten, tener // pruébate, probarse // parecen, parecer // creo, creer // llevas, llevar // parecen, parecer // son, ser // es, ser // sabes, saber // quiero, querer // se llevan, llevarse // lavándolos, lavar // pasa, pasar // encoja, encoger // son, ser // comprendes, comprender // vamos, ir // son, ser // es, ser // altera, alterar // sal, salir // míralos, mirar // están, estar // pruebo, probar // vé, ir // está, estar // dí, decir // parecen, parecer // sientan, sentar // son, ser // se arregla, arreglarse // haz, hacer // quieres,querer // hacemos, hacer // están, estar // estén, estar // pasa, pasar // tienes, tener.

179. Para enviar un paquete urgente, sal a la calle, busca un taxi, ve a Correos y envía el paquete.
Para ir a Madrid, crucen la plaza, doblen a la derecha, sigan todo recto y cojan la autopista.
Si tienes que coger el autobús, vé a la taquilla automática, introduce la moneda, recoge el billete y espera el autobús.
En caso de incendio, salga inmediatamente de la habitación, cierre la puerta, no coja el ascensor y no pierda la calma.
Para hacerse una radiografía, vaya a la ventanilla, saque el número, siéntese en la sala de espera y espere su turno.
Para coger el tren de las cinco, hagamos la maleta ahora, apresurémonos, llamemos a un taxi y vayamos a la estación.
Para pedir un libro en la biblioteca, consultad el fichero, rellenad la papeleta, poned la signatura y entregadla a la bibliotecaria.

180.
1. salero
2. ventilador
3. lavadora // aspiradora
4. maletero
5. comedor
6. encendedor
7. sombrero // perchero
8. llavero
9. calentador
10. radiador
11. probador
12. mostradores

181.
1. cuando entregan
2. si lo piensas o si se piensa
3. porque estás
4. cuando sale
5. si transportas o si se transporta
6. porque está
7. cuando se despidieron
8. si se compran
9. cuando se corren
10. porque son

182.
1. hay que
2. había que
3. tenéis que o debéis
4. tengo que o debo
5. había que
6. tienen que o deben
7. tienes que o debes
8. hay que
9. tenía que o debía
10. teníamos que o debíamos

183.
1. nuestra
2. sus
3. mi // el tuyo
4. suyo // nuestro
5. vuestra // la mía
6. su // la nuestra
7. tu
8. suya
9. su
10. vuestra

*184. Respuesta libre

185. Le mostramos la grabadora, le enseñamos su funcionamiento, le damos la garantía y le regalamos las pilas.
La ves de lejos, la saludas, la abrazas y le das un beso.
Lo o le llamáis por teléfono, lo o le invitáis a casa, le ofrecéis la comida, lo o le acompañáis a casa en coche.
La visita, le pone el termómetro, le pone una inyección y le receta unas pastillas.
Los [les] levanto de la cama, lo [les] baño, los [les] seco con la toalla y les pongo polvos de talco.

186.
1. A las nueve y media de la mañana // a la una de la tarde.
2. A las tres y cuarenta y cinco de la tarde o a las cuatro menos cuarto.
3. De nueve y media de la noche a las doce y diez de la noche.
4. A las tres en punto de la tarde.
5. A las siete y treinta y tres de la mañana // a las seis menos diez de la tarde.
6. A la una menos cuarto de la tarde.
7. A las doce menos cinco de la mañana.
8. Las once y cuarto de la noche.
9. A las diez y cuarenta y cinco o a las once menos cuarto de la noche.
10. A las cinco en punto de la tarde.

187.
1. secador
2. tablero
3. cenicero
4. monedero
5. consumidores
6. recibidor
7. ordenador
8. azucarero
9. vinagrera
10. colador
11. comprador // vendedor
12. florero

188.
1. enséñanos
2. consultándolo
3. molestarte
4. levantaos
5. encendiéndola
6. doblándolos
7. siéntese
8. considerándolo
9. regándolas
10. mírese

189.
1. tiene // se pone
2. venís // tengo
3. trae // vuelve
4. se oyen
5. van
6. hago
7. reconozco
8. pides
9. sé
10. digo // es

190. 1. Hace cinco años que no pintamos el piso *o* no pintamos el piso desde hace cinco años.
   2. Hace una hora que están entrevistándole *o* están entrevistándole desde hace una hora.
   3. Hace quince minutos que esperamos *o* esperamos desde hace quince minutos.
   4. Hace veinte años que nos conocemos *o* nos conocemos desde hace veinte años.
   5. Hace casi diez años que están construyendo *o* están construyendo desde hace casi diez años.
   6. Hace mucho tiempo que tenemos *o* tenemos desde hace mucho tiempo.
   7. Hace un montón de tiempo que no voy *o* no voy desde hace un montón de tiempo.
   8. Hace dos meses que se han divorciado *o* se han divorciado desde hace dos meses.
   9. Hace un mes que la calle está cerrada *o* está cerrada desde hace un mes.
   10. Hace veinte horas que le están operando *o* le están operando desde hace veinte horas.

*191. Respuesta libre.

UNIDAD 27

192. [1]estudié // [2]empecé // [3]me inscribí // [4]pensé // [5]llegué // [6]decidí // [7]me marché // [8]me trasladé // [9]busqué // [10]compré // [11]encontré // [12]me presenté // [13]aceptaron // [14]empecé // [15]me quedé // [16]trabajé // [17]aprendí // [18]gané // [19]pensé // [20]compré // [21]renové // [22]quedó.

193. 1. confirieron   3. hirvió   5. prefirieron   7. sirvió   9. repitieron
   2. sintió   4. mintió   6. pedimos   8. eligieron   10. despidieron

194. 1. introduje   3. redujeron   5. tradujiste   7. redujimos   9. se produjeron
   2. produjo   4. condujo // conduje 6. sedujo   8. se introdujo   10. tradujisteis

195. 1. da a   4. más bien   7. ante   10. durante
   2. unos   5. junto a   8. al amanecer   11. sin embargo
   3. a lo largo   6. claro   9. a menudo   12. ante

196. 1. dentro de   3. al cabo de   5. dentro de   7. al cabo de   9. dentro de
   2. al cabo de   4. dentro de   6. al cabo de   8. dentro de   10. al cabo de

197. 1. Hace diez años que vive *o* vive desde hace diez años.
   2. Hace un año [que] le operaron *o* le operaron hace un año.
   3. Hace un año que están reestructurando *o* están reestructurando desde hace un año.
   4. Hace siete años [que] le conocí *o* le conocí hace siete años.
   5. Hace más de una hora que están haciendo *o* están haciendo desde hace más de una hora.
   6. Hace diez minutos que está aplaudiendo *o* está aplaudiendo desde hace diez minutos.
   7. Hace un mes [que] salió *o* salió hace un mes.
   8. Hace dos años [que] se divorciaron *o* se divorciaron hace dos años.
   9. Hace más de tres horas que está nevando *o* está nevando desde hace más de tres horas.
   10. Hace unos minutos que ha llegado *o* ha llegado hace unos minutos.

198. DICTADO
   Los que, como yo mismo, hemos practicado la siesta en la época precientífica del sueño, recibimos esta noticia con satisfacción. Hasta ahora la siesta era un hábito de países tropicales, una costumbre latina, un capricho personal. Los que dormíamos la siesta contábamos lo bien que nos iba y tratábamos de convencer a los otros de los buenos efectos del sueño después de la comida. Pero eso no pasaba de la confidencia personal, de la afable exposición de las manías de cada uno y no tenía ningún valor científico, es decir, no probaba nada.
   Ahora, en cambio, parece cosa probada que el ser humano tiene una tendencia natural a dormir dos veces al día, que después de la siesta está mucho más despierto, que es capaz de prestar atención a una tarea y adoptar decisiones complicadas y, también, que está de mejor humor.

*199. Respuesta libre.

UNIDAD 28

200. [1]hacértelo // [2]me // [3]fíjate // [4]te lo // [5]póntelos // [6]quítatelos // [7]dámelos // [8]te los // [9]póntelos // [10]los // [11]arreglarlo // [12]te los // [13]te // [14]le // [15]pruébatelos // [16]te // [17]te los // [18]me // [19]me los // [20]quédate // [21]me // [22]te los // [23]me // [24]te la // [25]te // [26]te la // [27]me la // [28]me // [29]te la // [30]te la.

201. 1. que pasen   3. que tengas   5. que lo pasen   7. que tengan   9. que descanse
   2. que se restablezca   4. que os divirtáis 6. que os vaya   8. que te mejores 10. que seáis

202. 1. viví
   2. pasaban // se produjeron
   3. íbamos // preguntó
   4. contaba // nos reíamos
   5. servían // llegó
   6. apareció // se quedaron
   7. escribió
   8. adelantó // temí
   9. golpeó *o* golpeaba // se rompieron
   10. dolía // tomaba // se metía

203. 1. No me duele el estómago sino el vientre.
2. Yo no soy el empleado sino el director.
3. No quiero comprar un Renault sino un Peugeot.
4. No queremos ser un peso sino una ayuda.
5. El Prado no está en Londres sino en Madrid.
6. No los recuerdo por el lugar sino por el libro que leí.
7. No es de Beethoven sino de Brahms.
8. No necesita gafas de cerca sino gafas de lejos.
9. No quiero beber café sino té.
10. Esta señor no es mi marido sino mi cuñado.

204. 1. alguien   3. alguien // nadie   5. nadie   7. nadie
2. nadie   4. alguien   6. alguien   8. nadie

205. 1. Aunque hace mucho frío vamos igualmente de excursión.
2. Aunque parece tonto no lo es.
3. Aunque esta máquina de escribir es nueva, funciona muy mal.
4. Aunque nos han visto perfectamente, no nos han saludado.
5. Aunque me han arreglado el coche, no funciona.
6. Aunque les hemos escrito un montón de veces, ellos no han contestado nunca.
7. Aunque estas manzanas están un poco verdes, están muy ricas.
8. Aunque esta gallina ha hervido más de una hora, todavía está dura.
9. Aunque te lo hemos repetido mil veces, todavía no te ha entrado en la cabeza.
10. Aunque estas botas son feas, son muy cómodas.

*206. Respuesta libre.

UNIDAD 29

207. Manuel llegó al aeropuerto, mostró el pasaporte, retiró la maleta y dijo "no tengo nada que declarar".
Tú entraste en Correos, pusiste el sello en la carta, hiciste la cola y entregaste la carta en la ventanilla.
Vosotros vinisteis a mi casa, estuvisteis dos horas, tuvisteis una discusión y salisteis de casa enfadados.
Me presenté en el examen, me puse nervioso, no supe contestar y me retiré del examen.
Los señores llegaron en coche, buscaron aparcamiento, pudieron aparcar y estuvieron muy contentos porque tuvieron mucha suerte.

208. 1. permanecer   3. carecer   5. reñir   7. servir   9. sugerir
2. inducir   4. humedecer   6. impedir   8. adherirse   10. invertir

209. 1. se llamaba   3. tenía   5. iba   7. estaban   9. es
2. es   4. viven   6. era   8. tenía   10. sonaba

210. 1. silencioso   3. sobresaliente   5. consoladoras   7. rabioso   9. merecedor
2. contaminantes   4. interesante   6. escandaloso   8. odioso   10. desastroso

211. 1. nadie   3. algunos   5. ningún   7. algunas   9. nadie
2. algunas   4. algunos   6. alguien   8. ninguno   10. ningún

212. 1. No podemos hacer más que acompañarte a la estación.
2. No hace más que escuchar música rock.
3. No dice más que "mamá" y "papá".
4. No conozco más que el inglés.
5. No lee más que tebeos.
6. No puedo hacer más que escucharte.
7. No puede comer más que hervidos.
8. No puede hacer más que meterse en cama.
9. No podéis hacer más que pedirle disculpas.
10. No se ven más que los tejados de las casas.

*213. Respuesta libre.

UNIDAD 30

*214. En Moscú hace más frío que en Madrid, en Barcelona hace más calor que en Moscú y Madrid, y en Londres hace tanto frío como en Madrid.
La maleta pesa más que el maletín, el maletín pesa tanto como la bolsa, pero el baúl es el que pesa más de todos.
Las naranjas son más baratas que las nueces, las nueces son tan caras como las piñas americanas, las peras son las más baratas de todas.

El traje azul cuesta más que los vaqueros, las blusa cuesta menos que los vaqueros, y el abrigo de pieles es el que cuesta más de todos.
Yo trabajo más que usted, trabajo tanto como Luisa, pero Mario trabaja más que usted, Luisa y yo.

215.

1. mientras	3. mientras	5. mientras	7. mientras que	9. mientras que
2. mientras que	4. mientras que	6. mientras que	8. mientras que	10. mientras

216.
1. no necesita más que marcar
2. no vendemos más que productos
3. no pueden estar más que en el interior
4. no nos dan el agua más que de cinco a nueve
5. no pueden entrar más que los que están inscritos en ella
6. no podemos quedarnos aquí más que un par de horas
7. no hay más que una panadería
8. no tiene más que diecisiete años
9. no comeré más que fruta y verdura
10. no hemos tenido más que quince días de vacaciones

217.

1. acabo de hablar con él	6. acabo de leerla
2. acabamos de encontrar	7. acaba de salir
3. acaban de arreglarme	8. acaban de descubrir
4. acaban de comprar las entradas	9. acaba de salir
5. acaba de detener	10. acaban de observar

218.

1. ya no nos vemos	6. ya no está de moda la minifalda
2. ya no fuma dos paquetes al día	7. ya no da conciertos en los Estados Unidos
3. ya no va al gimnasio	8. ya no son sabrosas
4. ya no salimos de noche	9. ya no cogen el autobús para ir al trabajo
5. ya no tengo dolor de cabeza	10. ya no se maquilla mucho

219.

1. estuvo // quiso	3. he concluido	5. decidió	7. celebraron // hizo	9. ha escrito // ha escrito
2. hemos tenido	4. volvió // trajo	6. pudimos	8. hicieron // dijo	10. estuve

*220. Respuesta libre.

UNIDAD 31

221. Controle usted mismo con el texto de la página 200.

222.
1. Diez terroristas fueron detenidos por la policía.
2. El césped fue cortado por el jardinero.
3. El perro ha sido atropellado por el coche.
4. Los ladrones fueron descubiertos por los vecinos.
5. La enciclopedia es consultada por los lectores.
6. El acusado es defendido por el abogado.
7. Los árboles de la selva fueron talados por los exploradores.
8. El cuerpo de un explorador fue masacrado por los insectos.
9. Un nuevo puente sobre el río Congo fue construido por los ingenieros.
10. El premio Nobel fue ganado por Fernando Ledesma de la Peña.

223.

1. alguien	4. izquierda	7. debajo de	10. lejos
2. atrás	5. bajo // detrás de	8. con	11. tarde
3. dentro	6. tampoco	9. nunca	12. rápido

224.

1. más de	3. más de	5. más de	7. más de	9. menos de
2. más de	4. menos de	6. menos de	8. menos de	10. más de

225.

1. sin	4. tras // de // por	7. contra	10. en // de
2. por	5. desde	8. por	11. de // del
3. para	6. hasta // de // con	9. de // del // de // de	12. a // a // de

226. [1]descubrimientos // [2]existencia // [3]civilizada // [4]crecimiento // [5]comerciales // [6]edificaciones // [7]andina // [8]desarrollo // [9]arquitectónicas // [10]recursos // [11]artísticos // [12]restos // [13]andina // [14]logros // [15]sucesores // [16]dominio // [17]escritura // [18]invención // [19]asentamiento // [20]espectacular.

*227. Respuesta libre.

UNIDAD 32

228. [1]la // [2]enséñemelos // [3]se los // [4]se los // [5]pruébeselos // [6]me // [7]los // [8]los // [9]los // [10]alargárselos // [11]se los // [12]me los // [13]se lo // [14]se los // [15]los // [16]nos // [17]los // [18]pruébeselos // [19]se lo // [20]le // [21]comprarse // [22]le // [23]cambiárselas // [24]me // [25]dígaselo // [26]me // [27]se las.

229. 1. hemos de 3. han de 5. he de 7. habíais de 9. han de
2. he de 4. has de 6. han de 8. has de 10. hemos de

230. 1. hemos vuelto a leer 6. tengo que volver a llevar
2. ha vuelto a ganar 7. vuelvan a pasar
3. volvimos a vernos o nos volvimos a ver 8. vuelve a llover
4. vuelva a tomar 9. volvió a presentarse
5. han decidido volver a hacer huelga 10. han vuelto a cerrar

231. 1. algunos 3. algo 5. algunas 7. ningún 9. algo
2. alguien // nadie 4. ninguna 6. nada 8. ningunas 10. alguien

232. 1. llueva 3. tengan 5. conduzcáis 7. oiga 9. den
2. vayamos 4. salgamos 6. ponga 8. sigamos 10. vaya

233. 1. cuanto antes 3. por cierto 5. de 7. tras 9. ¡claro!
2. corre prisa 4. alrededor de 6. dimos con 8. ya que 10. tras // dimos con

*234. Respuesta libre.

UNIDAD 33

235. Controle usted mismo con el texto de la página 212.

236. 1. hable 3. están 5. pase 7. funciona 9. tenga
2. descanses 4. son 6. estén 8. pase 10. pese

237. 1. se la 6. decírselo o se lo quiero decir
2. se las 7. comunicárselo o se lo tenemos que comunicar
3. se lo 8. envíaselo
4. se la 9. se la
5. se los 10. se los

238. 1. debilidad 5. amabilidad 9. habilidad
2. velocidad 6. utilidad 10. continuidad
3. facilidad 7. visibilidad
4. sinceridad // sensibilidad 8. fiabilidad

239. 1. recluyeron 5. obstruyó 9. oyeron
2. concluí 6. huyó 10. influyó
3. retribuyeron 7. diluisteis
4. contribuyó 8. construyeron

240. 1. hoy 5. es igual 9. otra vez o de nuevo
2. en seguida 6. incluso 10. demasiado
3. además 7. unas o alrededor de
4. tal vez 8. al mismo tiempo

*241. Respuesta libre.

UNIDAD 34

242. Te levantarás pronto, te prepararás el desayuno, irás al trabajo y volverás tarde a casa.
Pasearé por el centro, miraré los escaparates, entraré en Galerías Preciados y compraré regalos para las Navidades.
Se llamarán por teléfono, se darán una cita, se encontrarán en la cafetería y tomarán un aperitivo.
Madrugaréis, cogeréis la escopeta, os llevaréis los perros y cazaréis en el bosque.
Cogeremos los esquíes, sacaremos el abono, subiremos al o en el teleférico y esquiaremos todo el día.

243. 1. gustaría   3. conoceríamos   5. gustaría   7. irías   9. llamaría
2. trabajaría   4. apetecería   6. lavaría   8. comprarían   10. controlaría

244. 1. hechas   3. leído   5. reconocido   7. visto   9. aclarado
2. llegados   4. terminada   6. puestas   8. cesada   10. echadas

245. 1. fue   3. dimos // hizo   5. vio   7. fue   9. dormí
2. durmieron   4. murió   6. fueron // bailaron   8. dimos   10. murieron

246. 1. ha vuelto a llamar   6. ¿vuelve a estar enfermo?
2. acabo de terminar   7. vuelvan a mandar
3. volveremos a ir   8. acaban de comunicárnosla
4. volvemos a pedir   9. vuelva a meter
5. acabo de poner   10. acabamos de restaurar

247. 1. ya no lo sabe tocar   6. ya no se pegan
2. ya no me gusta   7. ya no es obligatorio
3. ya no la tienen   8. ya no circulan
4. ya no nieva   9. ya no se puede
5. ya no trabaja   10. ya no lo son

*248. Respuesta libre.

UNIDAD 35

249. Controle usted mismo con el texto de la página 224.

250. 1. cuyos cuadros   3. cuya fachada   5. cuyo director   7. cuyas cuentas
2. cuyos hijos   4. cuyo presupuesto   6. cuyo propietario   8. cuya recaudación

251. 1. Como no sabía que daba una fiesta, no he ido.
2. Tenemos frío porque la calefacción no funciona.
3. Como no hemos recibido todavía los lavabos, llamamos a los Sanitarios Alonso.
4. No hablo con él porque estoy ofendido por lo que ha dicho.
5. Han perdido el tren porque han llegado con retraso.
6. Como no tenemos espacio en casa, hemos puesto un sofá-cama.
7. Como no se resuelve nada por teléfono, voy personalmente.
8. Como tiene mucho dinero, no necesita trabajar.
9. Como no tenemos nada que hacer aquí, nos vamos.
10. Siéntense a otra mesa porque ésta está reservada.
11. Repítaselo otra vez y en voz alta porque es sordo.
12. Como los pasajeros hablaban mucho, no pude concentrarme en la lectura.

252. 1. Lleva tres meses buscando trabajo.
2. Lleva veinticuatro horas nevando.
3. Llevamos más de media hora esperándole.
4. Lleva varias horas tratando de llamar a la empresa.
5. Lleva muchos años entrenándose al fútbol.
6. Llevo un año saliendo con él.
7. Lleva cinco meses viviendo en China.
8. Llevan seis años estudiando piano.
9. Llevan más de un mes diciendo que aumentarán el precio de la gasolina.
10. Llevan más de una hora discutiendo.

253. 1. tienes // puedes   4. aumenten   7. haya   10. salgáis
2. están   5. vuelva   8. pasemos   11. tengan
3. sane   6. salga   9. está   12. suceda

254. 1. de // con   4. hasta // de // por o a   7. tras // sin // a   9. por o para // con // de
2. sobre // de   5. contra // a // de   8. sobre // del // de // de   10. en // de // a
3. por   6. entre

*255. Respuesta libre.

UNIDAD 36

256. Controle usted mismo con el texto de la página 230.

257.
1. Me preguntó si había visto
2. Nos preguntaron si habíamos reservado
3. Quiso saber si había tomado
4. Preguntó si habían arreglado
5. Le llamé para saber si había recibido
6. Preguntó si habían encontrado
7. Preguntó si me había puesto
8. Preguntó si había ganado

258.
1. Vemos jugar a los niños **o** vemos que los niños juegan.
2. Le ruego enviarnos el catálogo o le ruego que nos envíe el catálogo.
3. Dicen ser extranjeros o dicen que son extranjeros.
4. Han decidido comprar un chalet o han decidido que comprarán un chalet.
5. Vi al pintor pintar un cuadro o vi al pintor que pintaba un cuadro.
6. Nos ordena no dejar el coche o nos ordena que no dejemos el coche.
7. Observamos al enfermo mejorar u observamos que el enfermo mejora.
8. Me aconseja cruzar el cheque o me aconseja que cruce el cheque.
9. Vemos a las cazadores adentrarse o vemos a los cazadores que se adentran.
10. Afirman no haber recibido el paquete o afirman que no han recibido el paquete.
11. Veíamos desfilar a los soldados o veíamos que los soldados desfilaban.
12. Les rogamos no fumar o les rogamos que no fumen.

259.
1. sin leer
2. sin ponerle anestesia
3. sin mirar
4. sin respetar
5. sin declarar
6. sin masticar
7. sin trabajar
8. sin saludar

260.
1. van descubriéndose
2. va cociéndose
3. iba deshaciéndose
4. iba acercándose
5. va secándose
6. fui aprendiendo
7. va mejorando
8. va sustituyendo

261.
1. se echó a llorar
2. nos echamos a reír
3. se echó a correr
4. se echó a sollozar
5. se echó a gritar

262.
1. así que decidimos
2. pues no funcionaba
3. así que tuvieron
4. pues no llevaba
5. pues conducía
6. así que tuvo que matarlo
7. así que no puedo entrar
8. pues no ofrecía
9. pues no he recibido
10. así que se va a la cama

263.
1. tan grande que parecía
2. tan interesante que pasé
3. ha viajado tanto que no desea
4. tan amarga que la tomo
5. tan ingenuo que se le puede
6. tanto que me ha entrado
7. tan fría que le provocó
8. tan ligero que lo puede
9. ha llovido tanto que
10. tan peligrosa que sólo unos pocos
11. ha nadado tanto que
12. tan rico que

*264. Respuesta libre.

UNIDAD 37

265.
1. tendremos
2. valdrá
3. cabrán
4. vendréis
5. pondrán
6. querrán
7. podrás
8. saldrá
9. sabrán
10. harán
11. dirá
12. tendremos

266.
1. así
2. por fin
3. ha dado por
4. de repente
5. por lo menos
6. desde luego
7. ¡no me digas!
8. algo
9. sienta bien
10. a menudo
11. al atardecer
12. nos ha dado por
13. algo

267.
1. ciudades // jardines
2. las calles // árboles
3. los reyes // sus vacaciones
4. los lápices
5. los camiones
6. collares
7. las luces
8. los autobuses
9. estudiantes
10. balcones // ventanas

268. Plantaríamos unos árboles, pondríamos un surtidor, cortaríamos el césped y haríamos un senderito.
Saldría temprano, haría la compra, iría a tu casa y comeríamos juntos.
Vendríamos aquí, pondríamos unos discos, tendríamos tiempo para charlar y podríamos invitar a algunas chicas.

269.
1. sea
2. saldremos
3. cobres
4. se sienta
5. vengáis
6. pondremos
7. se oiga
8. llegue
9. habrá
10. esté

270. 1. habrán pasado el control de pasaportes.
2. habremos comido la sopa.
3. se habrán fugado.
4. le habrán dormido.
5. habrán vuelto del campo.

6. habrá hecho el servicio militar.
7. le habrán procesado.
8. habré sacado el carnet de conducir.
9. habrán comprado los billetes.
10. habrán cobrado el sueldo.

*271. Respuesta libre.

UNIDAD 38

272. 1. tendrás // debes de tener // puede que tengas fiebre.
2. no habrá // no debe de haber // puede que no haya gasolina.
3. habrán // deben de haber // puede que hayan salido.
4. estará // debe de estar // puede que esté ofendido.
5. habrán // deben de haber // puede que hayan cortado la electricidad.
6. habréis // debéis de haber // puede que hayáis recibido buenas noticias.
7. no habré // no debo de haber // puede que no haya dormido bastante.
8. serán // deben de ser // puede que sean los dientecitos.

273. 1. Lleva un mes sin llover.
2. Llevaba una semana sin hablar.
3. Llevamos cinco años sin ir.
4. Llevaba dos meses sin fumar.
5. Llevas una semana sin regar.

6. Llevan tres día sin probar bocado.
7. Llevaban diez años sin pintar.
8. Lleva veinte años sin volver.
9. Lleváis más de tres años sin coger.
10. Llevaba cinco meses sin comunicar.

274. 1. quienes o los que   3. al cual o al que   5. los cuales o quienes   7. cuyo
2. las cuales o las que   4. cuyo   6. que   8. cuyas

275. 1. iba escoltado
2. se pone a discutir
3. iba precedida
4. se pone a trabajar
5. se pusieron a bailar

6. iba seguido
7. se pone a pontificar
8. se puso a multar
9. se puso a abrir
10. iban dirigidas

276. 1. nada   3. todas // nada   5. todo   7. todos
2. nada   4. todo // todo   6. todos   8. todas

277. Controle usted mismo con el texto de la página 238.

UNIDAD 39

278. Controle usted mismo con el texto de la página 250.

279. 1. acabó comiéndose
2. deja arreglada tu habitación
3. acabaron peleándose
4. acabo explotando
5. dejo apuntada mi nueva dirección

6. acabaron rindiéndose
7. dejaron solucionado el problema
8. acabaré perdiendo
9. he dejado dicho lo que hay que hacer
10. acabó confesando

280. 1. llueva   3. haya   5. lleguemos   7. te aprueben
2. le saque   4. absuelvan   6. se muera   8. ganéis

281. 1. haga   3. torturan   5. ofrezcan   7. gane
2. cueste   4. insistan   6. tengáis   8. apetezca

282. 1. dijeron // pusisteis
2. trajeron
3. conduje
4. supiste
5. os fuisteis // hicisteis

6. oyeron // huyeron
7. tuvimos
8. pudieron
9. dijo // supuse
10. llegaron // deshicieron

283. 1. pero   3. pero   5. pero   7. en cambio // pero
2. en cambio   4. en cambio   6. en cambio

284. 1. viene a costar
2. sigue haciendo frío
3. viene a pesar
4. seguimos esperándolo
5. sigue doliéndote

6. viene a decir
7. siguen protestando
8. vino a sugerirme
9. sigue teniéndole
10. vino a decirle

*285. Respuesta libre.

UNIDAD 40

286. 1. Si me tocara / tocase la lotería, compraría una casa.
2. Si él no tuviera / tuviese fiebre, se levantaría de la cama.
3. Si hiciera / hiciese sol, iríamos al campo.
4. Si hubiera / hubiese huelga de tranvías, cogeríamos un taxi.
5. Si tuvieran / tuviesen hambre, comerían un bocadillo.
6. Si fuéramos / fuésemos mayores, podríamos votar.
7. Si te pusieras / pusieses las gafas, verías mejor el escenario.
8. Si yo supiera / supiese conducir, conduciría yo.
9. Si le doliera / doliese la muela, iría al dentista.
10. Si trajeran / trajesen la lavadora, la instalaríamos en el cuarto de baño.
11. Si echaran / echasen una buena película, irían al cine.
12. Si tuvierais / tuvieseis sed, beberíais refrescos.

287. 1. Si me lo hubieran / hubiesen presentado, habría ido a saludarle.
2. Si hubiera / hubiese venido a mi casa, le habría enseñado...
3. Si hubiéramos / hubiésemos tenido tiempo, habríamos hecho...
4. Si no hubiera / hubiese llovido, habríamos salido...
5. Si hubiera / hubiese habido sitio, habría aparcado...
6. Si hubiera / hubiese sabido mecanografía habría escrito...
7. Si no hubiera / hubiese estado tan lejos habrían ido...
8. Si hubiera / hubiese sonado el teléfono, no habría contestado...
9. Si hubiera / hubiese sido joven, habría subido...
10. Si hubieran / hubiesen puesto el contestador automático, habría sido...

288. 1. ¡Cuánto pesa esta maleta!
2. ¡Cuánto habla aquella señora!
3. ¡Cuánto ha subido la vida!
4. ¡Cuánto llovió el año pasado!
5. ¡Cuánto quisiera ayudarle!

6. ¡Cuánto cuesta este collar!
7. ¡Cuánto trabaja esta gente!
8. ¡Cuánto sufría el pobre!
9. ¡Cuánto nos gustaría viajar!
10. ¡Cuánto llora el niño!

289. 1. Ha dejado de pasar...
2. Se puso a gritar...
3. Han dejado de trabajar...
4. Llevan dos días sin verse...
5. Nos pusimos a comer...
6. Lleva más de media hora sin pasar...
7. He dejado de frecuentar...
8. Se puso a cantar...
9. Ha dejado de interesarse...
10. Lleva tres años sin abrir...

290. 1. Era una persona tan bondadosa que todo el mundo le quería.
2. Eran unos bultos tan pesados que nadie podía levantarlos.
3. Habla tan bajo que no se le oye nada.
4. Conducen tan despacio que resultan exasperantes.
5. El ladrón corría tanto que la policía no le cogió.
6. Era tan obtuso que no entendía nada.
7. Gastó tanto dinero que se arruinó.
8. Sopló un viento tan fuerte que derribó los árboles del jardín.
9. Vuelvo tan tarde que ni siquiera veo a mis hijos.
10. Es tan embustero que nadie le cree.

291. 1. quiénes
2. dónde
3. cómo

4. dónde
5. cómo
6. qué

7. dónde
8. cómo
9. quién o quiénes

10. qué
11. quiénes
12. quién

*292. Respuesta libre.

UNIDAD 41

293. se avecinaría una nueva perturbación, llovería tres días, soplaría viento del norte y haría mucho frío.
cogería el avión de las ocho, llegaría de noche, dormiría en un hotel y estaría en la oficina a las nueve de la mañana.
pasaría la aspiradora, quitaría el polvo, iría a la compra y pondría la mesa.
desinfectaría la herida, daría tres puntos, pondría una venda y recetaría un calmante.
pondrían el andamio, repararían los balcones, cambiarían las tejas y pintarían la fachada.

294. 1. de haber mandado
2. de no tener
3. de saber
4. de llover
5. de haber tomado
6. de estar abiertas
7. de haber advertido
8. de saber
9. de concederme
10. de conocer

295. 1. aseguraron que disminuiría o iba a disminuir
2. prometió que se quedaría
3. estaba seguro de que no hablaría
4. ya sabíamos que encontraría
5. aseguró que nos pagaría o nos iba apagar
6. dijo que saldría
7. afirmaron que pondrían
8. le aseguraron que le sería otorgado
9. se dijo que inaugurarían
10. anunciaron que harían o iban a hacer

296. 1. habrían mandado
2. habría sido descubierto
3. habría fallecido
4. habría vuelto
5. habría identificado
6. se habría descubierto

297. Controle usted mismo con el texto de la página 256.

*298. Respuesta libre.

UNIDAD 42

299. me desnudara // desnudase, sacara // sacarse la lengua, tosiera // tosiese y respirara // respirase profundamente
eligiéramos // eligiésemos una prenda, pasáramos // pasásemos al probador, nos pusiéramos // pusiésemos la prenda y nos miráramos // mirásemos al espejo.
el taxi tardara // tardase tanto, hubiera // hubiese tráfico, llegara // llegase tarde al aeropuerto y que la carrera le costara //costase seis mil pesetas.
se echara // echase en el diván, se relajara // relajase, cerrara // cerrase los ojos y hablara // hablase libremente.
cerrarais // cerraseis la puerta despacio, no fumarais // fumaseis, no abrierais // abririeseis la ventanilla y no hablarais // hablaseis tan alto

300. 1. Te dije que te callaras // callaseis.
2. Esperaban que saliera // saliese el sol.
3. Dijo que cuando tuviera // tuviese tiempo pasaría por aquí.
4. Nos lo comunicaron para que tuviéramos // tuviésemos conocimiento de ello.
5. Aconsejaron que cuando hubiera // hubiese elecciones, todos fuéramos a votar.
6. La iglesia rogó que se ayudara // ayudase a los pobres.
7. Nos alegramos que usted estuviera // estuviese mejor.
8. Prometieron que cuando compraran // comprasen la barca, nos llevarían a Ibiza.
9. Le pusieron alcohol para que no se le infectara // infectase la herida.
10. Nos habría gustado que te hubieran // hubiesen elegido.
11. El camarero nos sugirió que tomáramos // tomásemos una copita.
12. Temía que iba a lloviera //lloviese.

301. 1. por fin
2. por fin
3. al final
4. al final
5. al final
6. por fin
7. al final
8. por fin
9. al final
10. por fin

302. 1. martillazos
2. codazos
3. flechazo
4. balonazo
5. arañazo
6. porrazo
7. cuchillazos
8. plumazo

303. 1. hubiera o hubiese
2. fuera o fuese
3. llevaran o llevasen
4. pudiera o pudiese
5. fueran o fuesen
6. tuviera o tuviese
7. estuviéramos o estuviésemos
8. faltara o faltase
9. echara o echase
10. tuviera o tuviese

304. 1. apenas
2. alrededor de
3. un tanto
4. por cierto
5. cuanto antes
6. desde luego
7. apenas
8. así que
9. por lo menos
10. sienta

305. 1. sigue apasionado
2. van asándose
3. sigue mintiendo
4. va adelgazando
5. llevan analizando
6. acabó aplaudiendo
7. sigue doliendo
8. va diciendo

*306. Respuesta libre.

TEST DE CONTROL N.º 1 (Unidades 1-10)

1.1. 1. tazas / desayuno
2. cigarrillo / cerilla
3. máquina / funciona
4. gitano / toca / guitarra / mucha habilidad
5. almorzar / arroz / chuleta / naranja / cerveza

1.2. 1. Estos lápices son azules.
2. Los hermanos de Pedro son holgazanes pero muy inteligentes.
3. Los profesores de idiomas son ingleses.
4. Estos son unos pasteles de nueces.
5. Los leones son animales muy feroces.

1.3. 1. suyos
2. nuestros / los vuestros
3. suyos
4. suyo / suyo / nuestro
5. el mío / el tuyo

1.4. 1. trabajamos / estudian
2. mira / lee
3. coméis
4. escucho / toca
5. cogen / llegan

1.5. 1. está / estoy / estoy
2. son / están
3. son
4. está / está
5. está

1.6. 1. puedo / tengo
2. vemos / tiene
3. duermen / hacen
4. llueve / salgo
5. vamos / volvemos

1.7. 1. del / al / con
2. en / en
3. sin
4. a / por
5. con / en

1.8. 1. qué
2. dónde
3. dónde / cuándo
4. qué
5. quién / quiénes

1.9. 1. lejos
2. nunca
3. temprano o pronto
4. tampoco
5. después de

1.10. 1. Nápoles / volcán
2. jardín / árboles
3. teléfono / está / máquina / lámpara
4. escribís / bolígrafo
5. azúcar

TEST DE CONTROL N.º 2 (Unidades 11-20)

2.1. 1. oyen / digo
2. sabe / pongo
3. conozco
4. dice / produce
5. viene

2.2. 1. dejarlas / las
2. lo
3. la
4. los
5. lo

2.3. 1. ¡Qué elegante es esta señora!
2. ¡Cuánto pesa este paquete!
3. ¡Cuánto trabaja el ingeniero!
4. ¡Cuántos libros posee la biblioteca!
5. ¡Qué altas son estas torres!

2.4. 1. el de
2. los que
3. las del
4. la de
5. la de

2.5. 1. tenemos que
2. hay que
3. tienen que
4. tenéis que
5. hay que

2.6. 1. cada
2. todos
3. cada
4. todo
5. todas

2.7. 1. ciérrela
2. tómala
3. ponedlo
4. díganla
5. acostaos

2.8. 1. no lo comas
2. no las pongáis
3. no te sientes
4. no lo tomemos
5. no lo quite

2.9. 1. porque
2. si te portas
3. cuando llueve
4. porque
5. si llegas

2.10. 1. de vez en cuando
2. despacio
3. al mismo tiempo
4. otra vez o de nuevo
5. de acuerdo

2.11. 1. camión / aquí está
2. también / estáis
3. miércoles / periódicos
4. ésta / sí / él
5. tenéis / dieciséis / sí / sólo / dieciséis

TEST DE CONTROL N.º 3 (Unidades 21-30)

3.1. 1. era / iba
2. había / oía / veía
3. se levantaba / se ponía
4. iba / se cortaba / teñía
5. venía / fregaba / quitaba / ponía / planchaba

3.3. 1. ti / él
2. conmigo
3. sí [mismo]
4. nosotros
5. usted

3.2. 1. ha roto
2. hemos lavado
3. han abierto / han dado
4. ha sido
5. han dormido / se han despertado

3.4. 1. algo / nada
2. alguien
3. nadie
4. nada
5. algo / nada

3.5. 1. Nos conocimos hace diez años.
2. Hace un mes que me duele una muela o me duele una muela desde hace un mes.
3. Hace un año que partió para América.
4. Hace dos horas que están nadando o están nadando desde hace dos horas.
5. Hacía dos meses que no llovía o no llovía desde hacía dos meses.

3.6. 1. salga
2. ve
3. hagáis
4. tengáis
5. sigan

3.8. 1. te lo decimos
2. os las han dado
3. nos lo han robado
4. no me lo han prestado
5. dejádnoslo

3.10. 1. en cambio
2. de repente
3. casi
4. algo
5. aunque

3.7. 1. las acompaño
2. les damos
3. le o lo veo
4. le devuelvo
5. le saludamos

3.9. 1. quedó / tuve
2. quisimos / impidieron
3. pidieron / hice / pude
4. trajo / hicimos
5. pusieron / me quejé

3.11. 1. al entrar
2. nada más darle
3. acaban de llamarle
4. al decir
5. acabo de recibir

TEST DE CONTROL N.º 4 (Unidades 31-36)

4.1. 1. menos / que
2. tan / como
3. más de
4. tanto / como
5. más / de

4.2. 1. se lo
2. se los
3. se la
4. os las
5. devuélvanoslo

4.3. 1. estaban / fueron
2. hizo o hacía / dimos
3. estaba / dormí
4. circulaban / vieron
5. picó / se murió

4.4. 1. La muchacha fue violada por un desconocido.
2. El problema fue resuelto inmediatamente por los expertos.
3. Varios paquetes de droga fueron descubiertos por la policía.
4. El equipo español fue batido por el equipo británico.
5. El ladrón fue sorprendido por el mismísimo dueño.

4.5. 1. me matricularé
2. gustaría
3. importaría
4. prepararemos
5. cantará

4.6. 1. que
2. quién o el que
3. cuyo
4. lo cual
5. de quienes o de las que
o de las cuales

4.8. 1. haya podido
2. te has cortado
3. ha sido / ha delatado
4. haya cometido
5. hayáis mandado

4.10. 1. se había inundado
2. habían vendido
3. hubo terminado o terminó
4. había salido
5. hubo puesto

4.7. 1. estás / pasa
2. tenga
3. rellenen
4. va
5. pasemos

4.9. 1. vuelvo a decirle
2. hemos de disculparnos
3. se echaron a reír
4. he vuelto a leer
5. se echó a correr

4.11. 1. podéis / río
2. sabía / región / había / autonomía
3. ríe / tontería
4. día / María / tío
5. petróleo / bahía / Mediterráneo

5.1. 1. habremos acabado
2. tendrá
3. verás / vendrá
4. habrán / abonado
5. cabrá

5.2. 1. tuviéramos / tuviésemos
2. iría
3. supiera / supiese
4. cogerían
5. poseyerais / poseyeseis

5.3. 1. empiezan
2. seas
3. sea
4. reciba
5. contradice

5.4. 1. suicidara o suicidase
2. guardáramos o guardásemos
3. estaba
4. era
5. visitaba / saliéramos o saliésemos

5.5. 1. elegirían
2. habrían sobornado
3. dejaría
4. daría
5. habrían ejecutado

5.6. 1. deben de estar almorzando
2. se puso a hablar
3. le ha dado por
4. dejaríamos de fumar
5. deben de haber desconvocado

5.7. 1. seguiré oponiéndome
2. acabó hablando
3. lleva muchos años contaminando
4. lleva tres semanas sin bañarse
5. sigue comiéndoselas

5.8. 1. apenas
2. un tanto
3. puesto que
4. desde luego
5. uno

5.9. 1. habría puesto
2. hubieras o hubieses tenido
3. habríamos ido
4. hubiera o hubiese tenido
5. habrían llegado

5.10. 1. Me prometió que nos prestaría la grabadora.
2. Temía que suspendieran el espectáculo.
3. Estaba seguro de que encontraría una excusa para no ir a la boda.
4. El jardinero nos aconsejó que no cortáramos todavía las rosas.
5. La azafata dijo a los pasajeros que salieran / saliesen por la puerta delantera.

ÍNDICE ANALÍTICO
(los números se refieren a las páginas)

–*condicionales:* con gerundio, 139; si + indicativo, 101; si no, 169; si + subjuntivo, 257; de + infinitivo simple / compuesto, 263; como si + subjuntivo, 269.
–*consecutivas:* así, 239; así que, 231.
–*finales:* para,77; para que + subjuntivo, 251.
–*interrogativas indirectas:* dónde, 131; si, 231.
–*modales:* gerundio, 231; sin + infinitivo, 231.
–*restrictivas:* excepto, salvo...que + subjuntivo, 251.
–*temporales:* al + infinitivo, 139; cuando + indicativo, 77; cuando + subjuntivo, 239, 251, 269; en cuanto, 231; en cuanto + subjuntivo, 251; mientras, 83,193; nada más + infinitivo, 187; tras + infinitivo, 201; participio temporal, 219.

FRASES CON GERUNDIO

–modales, 101, 231.
–condicionales, 131.
–temporales/condicionales, 163.

FRASES CON INFINITIVO

–*al* + infinitivo, 139, 263.
–*de* + infinitivo , 263.
–*mejor* + infinitivo, 131.
–*nada más* + infinitivo, 187.

–*por* + infinitivo, 151.
–*sin* + infinitivo, 231.
–*tras* + infinitivo, 201.

FRASES CON PARTICIPIO, 219.

LÉXICO

verbos y formas verbales

– acostumbrar a, 77; [no] estar para, 219; meter, 131; ser, 33; tratar de 187;
correr prisa, 207; haber, 39; poner, 131; ser capaz de, 45; venir, 101,131;
dar a, 139; hacer, 125; ponerse, 83, 263; soler, 77; volverse, 151, 263.
dar con, 201; hacer falta, 113; quitar, 113, 131; tener, 57;
dar por, 239; ir, 101,131; sacar, 113,131; tener ganas de, 57;
estar, 33, 39; llevar, 131; sentar bien/mal, 163; traer, 131;

formas adverbiales

adverbios y locuciones adverbiales

– además, 57; atrás, 139, 169; donde, 63; [/mucho,-a...], 39;
adónde, 219; a través de, 201; dónde, 45, 63, 219; [ni] siquiera, 157;
adelante, 169; a veces, 69; durante, 157; nunca, 57;
a eso de, 263; casi, 69,169; en cambio, 33; por cierto, 207;
ahí, 57; cerca [de], 57; encima [de], 39; por el contrario, 33;
a la derecha, 39; como, 151; en efecto, 145; por fin, 187;
a la izquierda, 39; cómo, 33; en lugar de, 69; por lo menos, 181;
al fondo, 39; cuando, 77, enseguida, 57; pues, 101;
algunas / muchas veces..., cuándo, 45; en todo caso, 169; seguro / seguramente, 101;
83, 69; cuánto, 95; entonces, 83, 89, 139; siempre, 57;
al lado [de], 39; cuanto antes, 207; fuera [de], 107; sin embargo, 157;
al mismo tiempo, 83; debajo [de], 39; generalmente, 69; sobre todo, 207;
a lo largo de, 139; delante [de], 39; incluso, 77; solo / sólo, 45,83;
alrededor [de], 151, 207; demasiado, 95; junto [a], 125; tal vez, 163;
allí, 51, 57; dentro [de], 107, 119; lejos [de], 57; también, 39;
a menudo, 157; de repente, 181; luego, 95; tampoco, 39;
antes [de], 69; desde luego, 219; más, 51; tan, 119;
apenas, 251; despacio, 83; más bien, 125; todavía, 119;
aproximadamente, 77; después [de], 69; más o menos, 187; ya, 219.
aquí, 51, 57; de todos modos, 151; mientras, 83;
aquí mismo, 101; detrás [de], 39; mucho [/poco], 95;
así, 145; de vez en cuando, 77; muy, 33;

–adverbios en -*mente,* 51.

SÍLABAS, 57.

SINGULAR/PLURAL

–adjetivos, 33.
–sustantivos, 15, 21.

SONIDOS

–*vocales,* 15.
–*consonantes,* 15, 21.

VERBO: CONJUGACIÓN

INDICATIVO

presente *(llevo):*

–modelo de regularidad: las tres conjugaciones: -ar,-er,-ir, 45.
–modelo de irregularidad: -CER/-CIR>-ZCO,119; E>IE,63; E>I, 145; O>UE, 63.
–irregularidad propia: dar, 169; decir, 83; estar, 33; hacer, 57; ir, 69; oír, 83; poner, 83,131; saber, 101; salir, 69, ser, 33; tener, 57,131; traer, 169; venir, 101; ver, 69.

pretérito imperfecto *(llevaba):*

–modelo de regularidad: las tres conjugaciones: -ar,-er,-ir, 139.
–irregularidad propia: ir, 139; ser, 139; ver, 139.

pretérito perfecto simple *(llevé):*

–modelo de regularidad: las tres conjugaciones: -ar,-er, -ir, 175.
–modelo de irregularidad: E>I, -CIR>J, 175.
–rregularidad propia: dar, 201; decir, 187; dormir, 201; estar,187; haber, 187; hacer, 187; ir, 201; morir, 201; poder, 187; poner, 187; querer, 187; saber, 187; ser, 201; tener, 187; traer, 187; venir, 187; ver, 201.

pretérito perfecto *(he llevado):*

–modelo de regularidad: las tres conjugaciones: -ar,-er, ir, 151.

pretérito pluscuamperfecto *(había llevado):*

–modelo de regularidad: las tres conjugaciones: -ar,-er,-ir, 231.

pretérito anterior *(hube llevado):*

–modelo de regularidad: las tres conjugaciones: -ar,-er, ir, 231.

futuro *(llevaré):*

–modelo de regularidad: las tres conjugaciones: -ar,-er,-ir, 219.
–irregularidad propia: caber, 239; decir, 239; haber, 239; hacer, 239; poder, 239; poner, 239; querer, 239, saber, 239; salir, 239; tener, 239; valer, 239; venir, 239.

futuro compuesto *(habré llevado):*

–modelo de regularidad: las tres conjugaciones: -ar,-er, -ir, 239.

condicional *(llevaría):*

–modelo de regularidad: las tres conjugaciones: -ar,-er,-ir, 219.
–irregularidad propia: caber, 239; decir, 239; haber, 239; hacer, 239; poder, 239; poner, 239; querer, 239, saber, 239; salir, 239; tener, 239; valer, 239; venir, 239.

condicional compuesto *(habría llevado):*

–modelo de regularidad: las tres conjugaciones: -ar,-er,-ir, 257.

ÍNDICE ANALÍTICO POR ORDEN ALFABÉTICO
(los números se refieren a las páginas)

MANUAL PRÁCTICO DE LA FORMACION DE PALABRAS EN ESPAÑOL. *Waldo Pérez Cino*
140 páginas   ISBN: 84-7962-193-1

Una serie de ejercicios para practicar la sufijación y prefijación. Explicación introductoria a cada ejercicio. Niveles Elemental y Medio. Solucionario.

MANUAL PRÁCTICO DEL VOCABULARIO DEL ESPAÑOL. *Rafael del Moral / Laura del Olmo*
144 páginas   ISBN: 84-7962-202-4

La metodología desarrollada a lo largo de casi un centenar de variados ejercicios es la de agrupar las palabras en torno a decenas de campos semánticos. Niveles Elemental y Medio. Solucionario.

MANUAL PRÁCTICO DE LA PREPOSICIÓN ESPAÑOL A. *Waldo Pérez Cino*
144 páginas   ISBN: 84-7962-60-5

Al estudio de las preposiciones de uso frecuente se han añadido los siguientes anexos. a) Otras partículas prepositivas; b) Locuciones prepositivas y otros modismos preposicionales; c) Tipología funcional de las preposiciones; d) Régimen preposicional; e) Frases hechos y construcciones prepositivas. Múltiples ejercicios. Bibliografía y Solucionario.

MANUAL PRÁCTICO DE USOS Y DUDAS DEL ESPAÑOL. *Waldo Pérez Cino*
168 páginas   ISBN: 84-7962-164-8

Un cuaderno práctico sobre las zonas del léxico –verbos, sustantivos, adjetivos, varios-en cuyo uso el estudiante suele tener mayores dificultades. Cada grupo de entradas viene precedida por una breve reflexión gramatical, seguida de ejercicios. Solucionario.

CURSO BÁSICO DE REDACCIÓN. *Juan Luis Onieva Morales*
216 páginas   ISBN: 84-7962-006-4

Un texto de exposición clara y didáctica, apropiado para estudiantes extranjeros de niveles Básico y Medio. Sus numerosos esquemas y resúmenes sintácticos facilitan la comprensión del estudiante.

CURSO SUPERIOR DE REDACCIÓN. *Juan Luis Onieva Morales*
224 páginas   ISBN: 84-7962-042-0

Continuación del *Curso Básico de Redacción*. Niveles Medio y Superior. Cada una de las diez unidades que lo integran se estructuran en tres secciones: *Redacción, Gramática y redacción* y *Corrección de errores frecuentes*. Existe un *Solucionario* a disposición de los profesores.

NUEVO MÉTODO DE ORTOGRAFÍA. *Juan Luis Onieva Morales*
168 páginas.   ISBN: 84-7962-017-X

Un texto apropiado para los niveles Básico y Medio. Un método sencillo, claro y ameno. Cientos de ejercicios de práctica y comprobación. Dictados. Vocabulario ortográfico básico. Vocabulario cacográfico de cada letra. Respuestas a los ejercicios.

LOS VERBOS EN ESPAÑOL. *L. Busques y L. Bonzi*
312 páginas   ISBN: 84-7962-041-2

Comprende: 1. Uso del verbo; 2. Paradigma de la conjugación de los verbos regulares; 3. Conjugación de todos los verbos irregulares; 4. Régimen preposicional; 5. Formas de fuerte irregularidad respecto al infinitivo; 6. Índice general de todos los verbos regulares e irregulares del español.

LA ORACIÓN COMPUESTA EN ESPAÑOL. *María del Pilar Garcés*
192 páginas   ISBN: 84-7962-056-0

Obra apropiada para los niveles Medio y Superior. Dirigida al dominio de las estructuras gramaticales que presentan las oraciones compuestas. Especial atención se ha prestado a los nexos que se emplean para unir estas oraciones. Cientos de ejercicios. Solucionario a los Ejercicios.

NUEVO CURSO DE CONVERSACIÓN Y REDACCIÓN. (Niveles Elemental y Medio)
L. Busquets y L. Bonzi
320 páginas   ISBN: 84-7962-084-6

Específicamente concebido para estudiantes extranjeros que conozcan las estructuras morfológicas y sintácticas fundamentales del español. Cada una de sus 20 unidades están integradas por una lectura motivadora y dos bloques de ejercicios: uno oral y otro escrito. En este volumen se prepara al estudiante para describir, narrar, expresar sus ideas y argumentarlas. Corresponde a los niveles Elemental y Medio. Solucionario incorporado.

LAS FORMAS VERBALES: VALORES Y USOS. *María Pilar Garcés*

160 páginas   ISBN: 84-7962-100-1

Introducción progresiva al estudio de las formas verbales. El texto presenta de manera clara y precisa cuáles son los valores básicos de las formas verbales en español y cuáles son los valores que pueden adquirir cuando son utilizadas en una situación y en un contexto concretos, teniendo en cuenta que la actitud del hablante ante el enunciado o la presencia de otros elementos verbales puede modificar su valor básico y hacer que adquiera otros valores distintos. Cientos de ejercicios con su solucionario. Niveles Medio y Superior.

EJERCICIOS GRAMATICALES DEL ESPAÑOL. *L. Busquets y L. Bonzi*

328 páginas   ISBN: 84-7962-087-0

Amplio repaso de un material lingüístico que permite consolidar diversos aspectos morfológicos del idioma y profundizar en el estudio de la sintaxis y del léxico. Solucionario incorporado. Niveles Medio y Superior.

NUEVO CURSO DE CONVERSACION Y REDACCION. (Niveles Medio y Superior)
L. Busquets y L. Bonzi

304 páginas   ISBN: 84-7962-32-X

A partir de una amplia selección de textos literarios y periodísticos, esta obra es, una guía para la conversación y también para la redacción, consideradas ambas como un todo. El material didáctico aquí reunido sirve para introducir al estudiante en una fase relativamente avanzada en el aprendizaje del idioma, mediante el estudio y enriquecimiento del léxico y de la sintaxis.

DICCIONARIOS

DICCIONARIO MULTILINGÜE DE ECONOMÍA Y EMPRESA (Inglés, francés, italiano y alemán).
VV.AA.

252 páginas   ISBN: 84-7962-055-2

Un instrumento único y valioso para todos aquellos que se interesan por el léxico económico y empresarial del español. Su remisión al inglés, francés, italiano y alemán le confiere un valor de uso extraordinario. Incluye un Apéndice con las principales instituciones económicas internacionales.

DICCIONARIO PRÁCTICO DEL COMENTARIO DE TEXTOS LITERARIOS. *Rafael del Moral*

288 páginas   ISBN: 84-7962-071-4

Este Diccionario Práctico ha sido concebido para lograr una mejor comprensión y análisis de los textos literarios, para ello abre los cauces interpretativos más allá del concepto y del ejemplo. Cada entrada está formada por las siguientes partes: a) definición; b) ejemplos clave de la literatura española e hispanoamericana; c) comentario sobre el valor expresivo del término en el contexto del ejemplo.

DICCIONARIO GENERAL DE ABREVIATURAS ESPAÑOLAS. *Juan Carlos Galende*

312 páginas   ISBN: 84-7962-098-6

La obra recoge un amplio conjunto de abreviaturas y siglas desde el siglo XIII, momento del tránsito del latín al castellano, hasta la actualidad. Con un número superior a las 20.000 entradas, presentado de forma alfabética, este Diccionario incluye un repertorio referente no sólo a abreviaturas y siglas, sino también a fórmulas y expresiones documentales, lo que constituye una ayuda eficaz para este tipo de composiciones braquigráficas, tan frecuentes a lo largo de la historia, y no siempre fáciles de resolver. El volumen se completa con una amplia bibliografía.

DICCIONARIO TEMÁTICO DEL ESPAÑOL. *Rafael del Moral*

576 páginas   ISBN: 84-7962-099-4

Esta colección de sesenta mil palabras del español clasificadas en campos léxicos es una obra de inmediata utilidad para el estudiante. Constituye un instrumento único para la formación de un vocabulario práctico, de manera fácil y rápida. Algunas de sus características son: a) Para cada situación, un vocabulario apropiado; b) Adjetivos, adverbios y verbos clasificados por su uso; c) Índice general que facilita el acceso al término.

DICCIONARIO DE EUFEMISMOS y de expresiones eufemísticas del español actual
José Manuel Lechado García

216 páginas   ISBN: 84-7962-165-6

El primer Diccionario de eufemismos del español actual. Las definiciones incluyen el término disfémico (a menudo malsonante), la palabra tabú y la denominación correcta más común. Se trata, en suma, de una obra de consulta rigurosa y amena que resultará útil y de imprescindible lectura para profesores y estudiantes de español.